Langenscheidt

# Der Englisch-Kurs

Der komplette Sprachkurs
zum erfolgreichen Selbstlernen

von David Hilborne-Clarke und Pete Oldham

Langenscheidt

Berlin · München · Wien · Zürich · New York

**Langenscheidt**
**Der Englisch-Kurs**

von David Hilborne-Clarke und Pete Oldham

Pädagogische Beratung: Dr. Werner Kieweg, M.A.
Redaktion: Christian Frieser
Grafik: Kathrin Hälbich, Ute Weber

Konzeption und Projektleitung:
Gabriela Lindner, Dr. Olga Balboa Sánchez

Umschlaggestaltung: Independent Medien-Design

Fotos und Zeichnungen: siehe Quellennachweis S. 223

Umwelthinweis: gedruckt auf chlorfrei gebleichtem Papier



Druck: Appl, Wemding
Printed in Germany
www.langenscheidt.de

1. 2. 3. 4. 5. * 09 08 07 06 05

# Tipps zum Lernen

## *Liebe Leserin, lieber Leser,*

herzlich willkommen bei Ihrem neuen Englischkurs! Schön, dass Sie mit uns lernen wollen!
Sie begleiten uns durch den Alltag in verschiedenen englischsprachigen Ländern und bauen dabei fundierte Sprachkenntnisse auf.
Sie haben sich entschieden, nicht im Gruppenunterricht, sondern zu Hause und wahrscheinlich ohne Lehrer Englisch zu lernen. Wir lassen Sie dabei nicht allein, sondern geben Ihnen viele Hilfestellungen, Lerntipps und besonders ausführliche Erklärungen.
Ein Vorteil des Selbstlernens besteht darin, dass Sie das Lerntempo und die Dauer der Lerneinheiten selbst bestimmen können. Sehr effektiv lernen Sie, wenn Sie sich mehrmals in der Woche für einen kürzeren Zeitraum mit dem Englischen beschäftigen. Dieser Kurs kommt Ihnen dabei entgegen, denn die Lektionen sind in einzelne Lernschritte unterteilt. Für einen solchen Schritt brauchen Sie in der Regel nicht mehr als 20 bis 30 Minuten. Das Wörterlernen kommt natürlich noch hinzu. Aber das können Sie mit dem praktischen Wortschatztrainer auf Kassette bzw. CD „nebenher" erledigen.

## *Wie sind die Lektionen aufgebaut?*

Jede Lektion behandelt ein Thema aus dem Alltag eines englischsprachigen Landes. Die erste Seite führt Sie in dieses Thema ein – mit Bildern und auch mit einem kleinen englischen Text. Diesen Text müssen Sie nicht verstehen – wir haben ihn für Sie übersetzt. Er stimmt Sie auf das Thema der Lektion ein. Wenn Sie möchten, können Sie sich die fettgedruckten Wörter schon einprägen – sie werden Ihnen in der Lektion nämlich wieder begegnen. Die einzelnen Abschnitte der Lektionen führen Sie schrittweise und in überschaubaren Portionen immer weiter in das Thema ein. Dabei geben wir Ihnen die Möglichkeit, die neuen Formen und Regeln selbst zu entdecken. Sie sollten davon Gebrauch machen, denn was man sich selbst erarbeitet, merkt man sich besser. Weil wir schrittweise vorgehen, wird Ihnen auch die Grammatik in kleinen Häppchen präsentiert, aber am Ende jeder Lektion haben wir sie noch einmal übersichtlich für Sie zusammengefasst. Nach jedem Grammatikhäppchen folgen abwechslungsreiche Übungen, damit Sie gleich anwenden können, was Sie gelernt haben. Vergleichen Sie Ihre Lösungen dann sofort mit unseren Lösungen im Begleitbuch – so können Sie sicher sein, dass Sie sich nichts Falsches einprägen!
Auf die Lernabschnitte folgt **The final round!** – *Die letzte Übungsrunde,* in der Sie zusammenfassend den Stoff der gesamten Lektion üben können. Und Sie werden sehen: Sie können wirklich all das auf Englisch sagen, was wir Ihnen auf der Auftaktseite der Lektion versprochen haben!
Und dann gibt es am Ende jeder Lektion noch Ihr Geschenk. Mehr dazu jetzt gleich bei der

## *Erklärung der Symbole*

Ein Geschenk erhalten Sie am Ende jeder Lektion – zur Belohnung für's Lernen. Jetzt können Sie sich entspannen und in aller Ruhe einen interessanten Text zur Kultur, zur Geschichte, zu Gebräuchen oder zu bestimmten Regionen Großbritanniens oder der englischsprachigen Welt lesen – auf Englisch natürlich. Aber keine Angst: Wir haben alle neuen Wörter für Sie übersetzt, und Sie werden sich freuen, dass Sie schon so viel verstehen! Sie dürfen diese neuen Wörter natürlich gerne lernen, müssen es aber nicht – sie werden in den folgenden Lektionen nicht vorausgesetzt.

➤**G** Hier erwarten Sie neue Wendungen oder Grammatikerklärungen. Auf der letzten Seite jeder Lektion finden sie außerdem eine Zusammenstellung des gesamten Grammatikstoffes der Lektion. Und im Begleitbuch haben wir die im Kurs behandelte Grammatik systematisch für Sie zusammengestellt.

**1/12** Diese Texte oder Übungen können Sie auf der CD oder der Kassette hören. Die erste Zahl gibt die Nummer der CD bzw. Kassette an, die Zahl nach dem Schrägstrich ist die Indexnummer für die CD – hier also CD 1, Nummer 12. Wenn hinter dem CD-Symbol im Buch zwei Indexnummern angegeben sind, bedeutet das, dass wir den Text zweimal aufgenommen haben. Sie hören den Text zuerst in einer annähernd realistischen Fassung und mit Hintergrundgeräuschen. Anschließend können Sie den Text dann noch einmal hören, diesmal ohne Geräusche und in einem langsameren Sprechtempo.

Oft sind bei den Übungen Linien zum Hineinschreiben vorgegeben. Manchmal sollen Sie die Lösungen aber auch in ein Heft schreiben. Dies signalisiert Ihnen der Füller.

Hier erhalten Sie Hinweise zur Landeskunde, z. B. zu Besonderheiten im Verhalten, die wir Ihnen näher erklären möchten. Denn um sich in Großbritannien oder einem anderen englischsprachigen Land reibungslos verständigen zu können, brauchen Sie nicht nur die Sprache: Sie sollten auch wissen, wann Sie sich wie verhalten müssen und Sie sollten das Verhalten der Bewohner des jeweiligen Landes verstehen.

Die Glühbirne begegnet Ihnen in verschiedenen Teilen des Kurses: in den Lektionen, im Lektionswortschatz oder im Lösungsteil. Hier bekommen Sie Tipps zum Lernen.

## Wortschatz

Der Wortschatz dieses Kurses wird Ihnen in zwei verschiedenen Fassungen angeboten: als Gesamtwortschatz im Begleitbuch und als Lektionswortschatz im separaten Wortschatzheft. Der Gesamtwortschatz verzeichnet in alphabetischer Reihenfolge alle Wörter, die in diesem Kurs vorkommen – auch die „freiwilligen" Vokabeln der Geschenk-Texte sowie alle im Grammatikteil zu lernenden Wörter, wie z. B. die Personalpronomen. Er gibt ihre deutsche Bedeutung an und die Lektion, in der sie eingeführt werden.
Der Lektionswortschatz führt die neuen Wörter jeder Lektion in der Reihenfolge ihres Erscheinens auf. Wir haben ihn extra in einem separaten Heft untergebracht, damit Sie ihn ohne viel Aufwand mit sich nehmen und z. B. in öffentlichen Verkehrsmitteln, im Wartezimmer beim Arzt etc. hineinsehen und ihn sich einprägen können.
Zu jedem Ausdruck geben wir Ihnen die Aussprache in der Lautschrift an. Wenn Sie die Lautschriftzeichen nicht kennen oder Fragen zur Aussprache haben, können Sie die Grundlagen der Aussprache auch auf den Seiten 11 – 12 nachlesen.
Übrigens: besonders gut lernen Sie den Wortschatz der einzelnen Lektionen mit dem Wortschatztrainer auf CD bzw. Kassette. Hier können Sie sich die richtige Aussprache anhören und die Wörter in der Pause nachsprechen.

## Tests

Nach jeweils 5 Lektionen bieten wir Ihnen einen Zwischentest an. Hier können Sie feststellen, ob Sie bei dem Stoff dieser Lektionen noch Schwächen haben. Wenn das der Fall ist, schauen Sie sich die entsprechenden Abschnitte noch einmal an, lesen Sie noch einmal aufmerksam die Erklärungen und wiederholen Sie auch die Übungen. Erst dann sollten Sie sich den nächsten Lektionen zuwenden.
Die Zwischentests finden Sie am Ende des Begleitbuches, auf den Seiten 75 – 79.
Wenn Sie den Kurs beendet haben, bestätigen wir gerne Ihre Englischkenntnisse mit dem Langenscheidt-Zertifikat. Füllen Sie den beiliegenden Abschlusstest aus und schicken Sie ihn uns zu. Die Langenscheidt-Experten werten ihn dann aus und stellen Ihnen Ihr Zertifikat aus. Schicken Sie Ihren Test an: Langenscheidt KG, Redaktion Multimediales Lernen, Postfach 40 11 20, 80711 München.

## Unregelmäßige Verben

Auf den Seiten 73/74 des Begleitbuchs haben wir für Sie eine Liste aller unregelmäßigen Verben und ihrer Formen zusammengestellt, die Sie in diesem Kurs lernen. So können Sie jederzeit nachschlagen, wie Sie die unregelmäßigen Formen bilden.

## Wo finden Sie was?

| | |
|---|---|
| Lehrbuch: | Lektionen 1–20<br>Übersicht Themen und Situationen<br>Übersicht Grammatik |
| Begleitbuch: | Lösungen<br>Gesamtwortschatz<br>Grammatik im Überblick<br>Unregelmäßige Verben<br>Zwischentests 1–4 |
| Wortschatzheft: | Lektionswortschatz |
| CD/Kassette 1 – 3: | Hörtexte und Übungen der Lektionen 1–20 |
| CD/Kassette 4 – 6: | Wortschatztrainer |

Übrigens: Im Internet bieten wir Ihnen unter www.langenscheidt.de zusätzliche Übungen zu verschiedenen Lektion an.

## Unit 15 Down under

## Unit 16 Get Moving!

## Unit 17 Moving to California

## Unit 18 The National Trust

## Unit 19 The Hooligans

## Unit 20 Conversations in a pub

## Themen und Situationen

Die Zahlen verweisen auf die entsprechenden Lektionen.

## Übersicht Grammatik

Die Zahlen verweisen auf die entsprechenden Lektionen.

## Aussprache

1/1 Anders als im Deutschen liegen beim Englischen Schreibung und Aussprache of sehr weit auseinander.
So gibt es für ein und denselben Laut oft mehrere verschiedene Schreibweisen. Deshalb möchten wir Ihnen im Folgenden eine Übersicht über die wichtigsten Ausspracheregeln des Englischen anbieten.
Bei den Beispielwörtern haben wir uns an die im **British English** übliche Aussprache gehalten. Aber genau wie die deutsche Sprache kennt das Englische natürlich eine Vielzahl von länderspezifischen Varianten mit unterschiedlicher Aussprache und zum Teil auch Schreibung. An erster Stelle muss man in diesem Zusammenhang natürlich das **American English** nennen. Doch auch in Großbritannien selbst existiert eine Vielzahl von Dialekten, insbesondere im Norden oder in Schottland.
Im Verlauf dieses Kurses werden Sie neben dem **British English** auch das Englisch der USA und Australiens kennen lernen. Darüber hinaus haben Sie in einigen Lektionen Gelegenheit, auch Sprecher mit schottischem oder Yorkshire-Akzent zu hören. Und haben Sie keine Angst. Sie werden sehen, wie schnell Sie sich an die jeweilige Aussprache gewöhnen.

### Vokale

| Laut | Schreibung | Aussprache |
|---|---|---|
| [iː] | see | langes **i** wie in *nie* |
| [ɪ] | Mister | kurzes **i** wie in *dick* |
| [e] | next | **e** wie in *Deck* |
| [æ] | dad | kurzes **ä** wie in *hätte* |
| [ɒ] | job | offenes **o**, etwa wie in *job* (Mund mehr geöffnet) |
| [ɔː] | door | **o** wie in *Lord* |
| [ɑː] | park | langes **a** wie in *Zahn* |
| [ʊ] | look | kurzes **u** wie in *Butter* |
| [uː] | too | langes **u** wie in *Schuh* |
| [ʌ] | much | kurzes **a** wie in *Dach* |
| [ɜ] | German | wie in *flirten* |
| [ə] | afraid | wie das End **-e** in *Berge* |

### Diphtonge

| | | |
|---|---|---|
| [eɪ] | they | ähnlich wie *äi* |
| [əʊ] | moment | von **o** zu **u** gleiten lassen |
| [aɪ] | wife | etwa wie in *Mai* |
| [aʊ] | how | etwa wie in *blau* |
| [ɔɪ] | boy | etwa wie in *neu* |
| [ɪə] | here | kürzeres **i** als in *hier* |
| [eə] | there | etwa wie in *Bär* |
| [ʊə] | tour | etwa wie in *Kur* |

### Halbvokale

| | | |
|---|---|---|
| [w] | water | wie kurzes **u** |
| [j] | yes | wie in *ja* |

## Konsonanten

| | | |
|---|---|---|
| [l] | welcome | vor Konsonant oder am Wortende Zunge hinten leicht anheben |
| [r] | room | weder gerolltes noch Zäpfchen **-r** |
| [v] | very | wie stimmhaftes **f**, kein **w** |
| [s] | see | stimmloses **s** |
| [z] | is | stimmhaftes **s** |
| [ŋ] | English | wie **ng** in *Ding* |
| [ʃ] | shop | wie in *Tisch* |
| [tʃ] | much | wie **tsch** in *tschüs* |
| [ʒ] | television | stimmhaftes **sch** wie in *Genie* |
| [dʒ] | job | stimmhaftes **dsch** wie in *Job* |
| [θ] | thank you | stimmloses gelispeltes **s** |
| [ð] | with | stimmhaftes gelispeltes **s** |

Die neue Aussprache zu lernen funktioniert natürlich am besten, indem Sie möglichst viel Englisch hören und nachsprechen. Benutzen Sie deshalb die Begleit-Kassetten/CDs so oft wie möglich: In der Mittagspause, am Strand, beim Bügeln ... Überall dort, wo Sie sich darauf konzentrieren und gleich nachsprechen können.

Unit 1

# Hello

Hallo

In dieser Lektion lernen Sie anhand der Erfahrungen eines deutschen Ehepaares in England, wie man sich begrüßt und verabschiedet, wie man sich selber und jemand anders vorstellt und auch, wie man sehr einfache alltägliche Informationen formulieren kann.

**Wortschatz:** Familie, Beruf, Urlaub, Camping, Freizeit.

The Cobb **family from** Cambridge and the Kellers, a **married couple from** Dresden, are **on holiday**. They are at a caravan park **near** Sheringham, a **seaside resort** in Norfolk. The Cobbs' caravan is on Site 22; the Kellers' caravan is on Site 24 next door.

Es geht schon richtig los, nicht wahr? Aber erschrecken Sie nicht über den englischen Text, den Sie auf jeder ersten Seite einer neuen Lektion sehen. Er soll Sie auf das Thema der Lektion einstimmen, so wie auch die Fotos auf dieser Seite. Einige wichtige Wörter, die in diesem Text – und auch in der folgenden deutschen Übersetzung – fett gedruckt sind, werden Ihnen im Laufe der Lektion wieder begegnen. Sie müssen nicht den ganzen englischen Text verstehen, aber Sie können sich schon diese wichtigen Wörter merken.

Die **Familie** Cobb **aus** Cambridge und die Kellers, ein **Ehepaar aus** Dresden, sind **im Urlaub**. Sie sind in einem Wohnwagenpark **in der Nähe von** Sheringham, einem **Seebad** in (der Grafschaft) Norfolk. Der Wohnwagen der Cobbs steht auf Platz 22; der Wohnwagen der Kellers steht nebenan auf Platz 24.

# How do you do?

Es ist nett, Sie kennen zu lernen

## 1

1/2,3 Listen and introduce yourself.
Hören Sie zunächst zu und stellen Sie sich dann selbst vor.

*Tim:* Hello. I'm Tim Cobb from 22.
*Uli:* How do you do, Mr Cobb.
My name's Uli Keller.
*Tim:* You're German, are you?
*Uli:* That's right – from Dresden in Saxony.
*Tim:* Oh, yes. We're from Cambridge.

**How do you do?**, **Hello** und **How are you?** Trifft man jemanden zum ersten Mal, sagt man meistens **How do you do?**. Dies ist natürlich keine echte, informationssuchende Frage, sondern eine floskelartige Höflichkeitsformel. Daher entspricht sie eher der deutschen Formel *Es ist nett, Sie kennen zu lernen.*

Als Antwort auf **How do you do?** wird dieselbe Formel zusammen mit dem Namen der betreffenden Person einfach wiederholt:

My name's Mike Carr. How do you do? – How do you do, Mr Carr?

Beachten Sie bitte, dass **How do you do?** relativ formell klingt. In weniger formellen Situationen sagt man oft einfach **Hello**. Diese Begrüßungsformel wird im Englischen nicht als „zu salopp" betrachtet. Merken Sie sich dabei, dass **Hello** immer vorangestellt wird:

Hello. My name's Mike Carr. – Hello, Mr Carr.
It's nice to meet you.

Trifft man eine schon bekannte Person nach einiger Zeit wieder, sagt man **How are you?** Diese Frage entspricht also der deutschen Begrüßung *Wie geht es Ihnen?* Mögliche Antworten darauf sind z. B. **Fine, thanks** oder **Not too bad. Thanks.**

**Goodbye** und **Cheerio:** Die englische Entsprechung für *Auf Wiedersehen* bzw. *Auf Wiederhören* lautet **goodbye.** Andere lockere Formen von **goodbye** sind **bye-bye, 'bye** und – vor allem am Telefon – **'bye now.** Das deutsche *Tschüs* heißt auf Englisch **cheerio**.

**Good morning, Good afternoon** und **Good evening:** Beachten Sie, wie man diese drei Formeln im Englischen verwendet:

**Good morning** bis 12 Uhr mittags
*Guten Morgen, Guten Tag*
**Good afternoon** 12 Uhr bis 18 Uhr
*Guten Tag*
**Good evening** 18 Uhr bis Schlafenszeit
*Guten Abend*

## 2

Fill in the missing words.
Setzen Sie die fehlenden Wörter ein.

a. How do .............................. do?

b. My .............................. Birgit Klein.

c. You're .............................. Dresden, are you, Uli?

d. That's .............................. .

e. Uli ................ from Dresden ................ Saxony.

# How are you?

Wie geht es Ihnen?

**3** **1/4,5** Listen and repeat.
Hören Sie die Unterhaltung und sprechen Sie dann nach.

*Uli:* Hello, Mr Cobb. How are you?
*Tim:* I'm fine, thanks. Look, Mr Keller, we're neighbours at Happy Days for two weeks. I'm Tim.
*Uli:* Okay. My first name's Uli – oh, and this is my wife Anna.
*Tim:* How do you do, Anna? It's nice to meet you.
*Anna:* How do you do? It's nice to meet you, too, Tim.
*Tim:* I'd like to introduce you to my wife, but she isn't here at the moment. She's in town with the children. They're at the supermarket.
*Anna:* Oh, what a pity. Till later, then.

*Tim:* May I introduce my wife, Anna? This is Sally.
*Sally:* How do you do? It's nice to meet you Anna.
*Anna:* How do you do, Sally? And this is my husband Uli.
*Uli:* How do you do? It's nice to meet you.
*Sally:* It's my pleasure, Uli.
*Tim:* And these are our children: our daughter Helen – she's 15 – and this is her kid brother Nick, our son. He's 12.
*Nick:* Very funny, Dad.
*Tim:* Well, come on, you two. Say hello to Mr and Mrs Keller. Their caravan is next door.
*Helen:* Hello, Mrs Keller. Hello, Mr Keller.
*Nick:* Hello.
*Anna:* Hello – but I'm Anna and this is Uli. We're on holiday, aren't we?
*Helen:* Fine. Thank you. Oh, and this is Popper. She's our dog.
*Uli:* Well, we must be off, I'm afraid. Goodbye. It was nice talking to you.
*Tim:* Cheerio. See you later.
*Sally:* Bye-bye – and have a nice day.

## 4 Are the statements true ✔ or false ✗?

Sind die Aussagen richtig ✔ oder falsch ✗?

a. The Cobbs are from Camberley.
b. Anna and Uli are from Dresden.
c. The Cobbs and the Kellers are at a caravan park near Sheringham.
d. The name of the caravan park is Happy Days.
e. The two families are on holiday for three weeks.
f. Anna is Tim Cobb's wife.
g. Sally is at the supermarket in the caravan park.
h. The Cobbs' children are at the park with Tim.
i. Helen Cobb's brother Nick is 13.
j. The Kellers and the Cobbs are holiday neighbours.
k. The Kellers are a married couple from Dresden.

Die beiden Zeichen ✔ und ✗ sind in allen englischsprachigen Ländern üblich. Das Zeichen ✔ heißt **tick** und bedeutet *richtig*. Es wird auch als positives Vermerkzeichen in einer Liste gebraucht – die so markierten Dinge sind vorhanden oder erledigt worden. Das Zeichen ✗ heißt **cross** und bedeutet *falsch*. Es kann auch als negatives Vermerkzeichen in einer Liste gebraucht werden – die so markierten Dinge sind nicht vorhanden oder noch nicht besorgt oder erledigt worden.

## 5 Complete the sentences with words from the dialogues.

Vervollständigen Sie die Sätze mit Wörtern aus den Dialogen.

a. Hello. How ........................................ you? – I'm ........................................ , thanks.
b. The Cobbs and the Kellers are **n**........................................ at a caravan park.
c. The two **f**........................................ are at the park for two ........................................ .
d. Tim is Sally's ........................................ and Anna is Uli's ........................................ .
e. Helen is the Cobbs' ........................................ and Nick is their ........................................ .
f. The Kellers are **n**...................... **d**...................... to the Cobbs at the caravan park.
g. Sally is at the ........................................ in Sheringham.

## 6 What would you say in these situations? Use your own name etc. Look at the example first.

Wie würden Sie sich in diesen Situationen äußern? Benutzen Sie Ihren eigenen Namen usw. Sehen Sie sich zuerst das Beispiel an.

a. Sie möchten jemandem sagen, wie Sie heißen.
**My name's Beate Schmidt. / I'm Beate Schmidt.**

Sie möchten …

b. … jemandem Ihre Nationalität sagen.

........................................................................

c. … jemandem sagen, aus welcher Stadt Sie kommen.

........................................................................

d. … jemanden namens Nils Weber einem Dritten vorstellen.

........................................................................

........................................................................

e. … jemandem sagen, dass es nett ist, ihn kennen zu lernen.

........................................................................

........................................................................

f. … jemanden fragen, wie es ihm/ihr geht.

........................................................................

g. … sich bei zwei Leuten verabschieden und sagen, dass Sie sie nachher nochmals sehen werden.

........................................................................

........................................................................

........................................................................

**7** Fill out this registration form.
Füllen Sie dieses Anmeldeformular aus. Benutzen Sie Ihren eigenen Namen, Wohnsitz usw.

**HAPPY DAYS CARAVAN PARK**
SHERINGHAM, NORFOLK
**REGISTRATION FORM**
German Edition Deutsche Ausgabe

Surname ..........................................
Familienname

First name ..........................................
Vorname

Address / Wohnsitz
..........................................
Street Straße
..........................................
Town Stadt
..........................................
Country Staat

..........................................
Car Auto
..........................................
Make, Model Fabrikat, Modell
..........................................
Registration number Amtliches Kennzeichen

Do you wish to pay by credit card? Yes ❑ No ❑
Möchten Sie mit Kreditkarte zahlen?

If YES, please tick. ❑ Mastercard ❑ Visa ❑ Amex ❑ Diner's Club ❑ Other
Wenn JA, bitte ankreuzen.

Signature ..................................
Unterschrift

Date ......................
Datum

➤ **G** Subjektpronomen, d. h. die persönlichen Fürwörter *ich, du, er/sie/es, wir, ihr, sie* werden benutzt, um die lästige Wiederholung von Substantiven und Namen zu vermeiden.

**8** Look at the dialogues again and note how we use the subject pronouns. Then complete the table.
Sehen Sie sich die Dialoge nochmals an und achten Sie darauf, wie wir die Subjektpronomen gebrauchen. Dann vervollständigen Sie die Tabelle.

| Singular (Einzahl) | | Plural (Mehrzahl) | |
|---|---|---|---|
| *ich* | ............................... | *wir* | ............................... |
| *du/Sie* | ............................... | *ihr/Sie* | ............................... |
| *er/sie/es* | ............................... | *sie* | ............................... |

➤ **G** Anders als im Deutschen gibt es im Englischen keine Höflichkeitsform. Die Anrede ist in jedem Fall **you**. Beachten Sie auch, dass **it** generell für Dinge und Tiere verwendet wird:

The supermarket is in town. – It is in town. *Der Supermarkt ist in der Stadt. – Er ist in der Stadt.*

Will man eine emotionale Beziehung zu Tieren betonen, so verwendet man **he** oder **she**.

This is Pepper. She's our dog. *Das ist Pepper. Sie ist unser Hund.*

## 9 Replace the underlined names and nouns with subject pronouns.

Haben Sie alle Formen der englischen Subjektpronomen gefunden? Dann fällt Ihnen die nun folgende Übung sicher nicht schwer: Ersetzen Sie die unterstrichenen Namen und Substantive durch Subjektpronomen.

a. The Cobbs and the Kellers are on holiday.
**They are on holiday.**

b. Helen is Sally's daughter.

........................................................................

c. The Kellers' caravan is on Site 24.

........................................................................

d. Tim and Sally are our holiday neighbours.

........................................................................

e. The supermarket is in Sheringham.

........................................................................

f. Tim is Helen's and Nick's father.

........................................................................

g. Anna is Uli's wife. Anna and Uli are from Dresden. Dresden is in Saxony.

........................................................................

........................................................................

➤ G **Am, is** und **are** sind Formen des Verbs **to be** *sein*. Zusammen mit den Subjektpronomen stehen sie aber fast immer in der Kurzform **'m**, **'s** oder **'re**. Nur wenn man etwas besonders betonen möchte, benutzt man die Langform.

## 10 Complete the sentences.

Sehen Sie sich die Dialoge an, um festzustellen, wie **am, is** und **are** benutzt werden. Danach vervollständigen Sie die Sätze.

a. The Cobbs ................. at a caravan park in Norfolk.

b. Nick ................. Helen's brother.

c. *Helen:* I ................ 15. My brother ................ 12.

d. The Kellers ................. German.
They ................. nice.

e. *Anna:* Hello. My name ................. Anna Keller.
I ................. from Dresden.

f. *The Cobbs:* We ................. your neighbours for two weeks.

g. Happy Days Caravan Park ................. near Sheringham in Norfolk.

h. Sally and the children ................. at the supermarket.

i. Poppy ................. a dog.

Sicher haben Sie alles richtig ausgefüllt. Somit erhalten wir also folgende Formen:

| | |
|---|---|
| I am (I'm) | we are (we're) |
| you are (you're) | you are (you're) |
| he/she/it is (he's/she's/it's) | they are (they're) |

➤ G Bildung von Fragen: Sie funktioniert genau wie im Deutschen durch Umstellen von Pronomen und Hilfsverb:

| | |
|---|---|
| Are you from Germany? | *Sind Sie aus Deutschland?* |
| Yes, we are. | *Ja.* |

## 11 Translate the questions into English.

Übersetzen Sie die Fragen ins Englische.

a. *Ist Uli aus Berlin oder Dresden?*

........................................................................

b. *Sind die Cobbs nett?*

........................................................................

c. *Sind Sie Deutsche(r)?*

........................................................................

d. *Sind wir in Sheringham oder Cromer?*

........................................................................

e. *Wie geht es Ihnen?*

........................................................................

f. *Bin ich hier richtig?*

........................................................................

**G** Verneinung: Auch hier ist es wie im Deutschen, d. h. man kann einen Satz ganz einfach durch Einfügen von **not** *nicht* verneinen. Muss die Verneinung aber nicht extra betont werden, benutzt man die Kurzform. Einige dieser Kurzformen befinden sich im Text: Sind sie Ihnen aufgefallen? Die Bildung ist sehr einfach durch Anhängen von **-n't** an die Form von **to be**, also **he/she/it isn't** bzw. **you, we, they aren't** (Achtung: Nicht bei der 1. Person **I**. Die Kurzform lautet hier: **I'm not**)

## 12 1/6 Make negative sentences.

Mr Cobb hat seine Brieftasche mit dem Pass und anderen wichtigen Dokumenten verloren. Leider hat der Polizist bei der Verlustanzeige einiges durcheinander gebracht. Können Sie die Fehler korrigieren? Bilden Sie dazu verneinte Sätze.

a. This person is Irish.
   **No, he isn't. He's British.**
b. The man's name is Thomas Cobb.
   ..........................................................................
c. Mr Cobb is from Dublin.
   ..........................................................................
d. Mr Cobb's car is a Jaguar.
   ..........................................................................
e. He and his family are in a hotel.
   ..........................................................................
f. The Cobbs are on Site 24.
   ..........................................................................

**G** Wir wollen uns nun einer weiteren Art von Fürwörtern zuwenden: Possessivpronomen zeigen an, wem etwas gehört.

## 13 Complete the overview.

Natürlich finden sich in den Dialogen mehrere Beispiele für Possessivpronomen. Vervollständigen Sie die Übersicht mit den fehlenden Possessivpronomen, die Sie bereits kennen gelernt haben.

| Subjekt-pronomen | Possessiv-pronomen | Deutsche Bedeutung |
|---|---|---|
| I | .................. | *mein, meine* |
| you | .................. | *dein, deine/Ihr, Ihre* |
| he | **his** | *sein, seine* |
| she | .................. | *ihr, ihre* |
| it | **its** | *sein, seine/ihr, ihre*<br>*ihr, ihre, ihres* |
| we | .................. | *unser, unsere* |
| you | **your** | *euer, eure/Ihr, Ihre* |
| they | .................. | *ihr, ihre* |

Beachten Sie den Unterschied zwischen **its** *sein(e)/ihr(e)* und **it's (= it is)** *er/sie/es ist.*

## 14 Complete the sentences with the correct possessive pronoun.

Vervollständigen Sie die Sätze mit dem richtigen Possessivpronomen.

a. Nick is in the caravan with **his** sister.
b. The Cobbs have *(haben)* a daughter. .................. name is Helen.
c. Helen and Nick are at the supermarket with .................. mother.
d. Uli and .................. wife Anna are on holiday.
e. The caravan park is near Sheringham. .................. name is Happy Days.
f. *Uli:* May I introduce .................. wife Anna?
g. *Tim, Sally:* .................. caravan is next door on Site 22.

# 15 1/7, 8 *In the pub*

In der Kneipe

*Sally:* Oh, hello, Luigi. Anna, this is Luigi Rossi. Luigi's Italian. He's a teacher from Turin.
*Anna:* Hello, Luigi. It's nice to meet you. We're colleagues. I'm a teacher, too – English and Russian.
*Luigi:* Really? Good heavens – I'm an English teacher, too.
*Sally:* Ah, that's why your English is so good.

*Tim:* Odile, may I introduce Uli Keller? Uli's German. He's an engineer from Dresden. Odile's French, Uli. She's an interpreter from Rouen.
*Uli:* Oh, yes. It's nice to meet you, Odile. Are you here on holiday, too?
*Odile:* No, I'm here on business. I'm here two or three times a month.

Die Verwendung von Vornamen: In geselligen Situationen und unter Kollegen(innen) und Nachbarn(innen) werden Vornamen viel schneller gebraucht, als es im deutschsprachigen Raum üblich ist. Der Gebrauch des Vornamens drückt jedoch keine engere persönliche oder sogar besonders freundschaftliche Beziehung aus. Er entspricht also auf keinen Fall der deutschen Du-Form!

## 16 Find the English equivalents.

Finden Sie die englischen Entsprechungen dieser deutschen Wörter bzw. Ausdrücke in den Dialogen.

| | | | |
|---|---|---|---|
| a. *Französin* | .................................. | f. *Lehrer(in)* | .............................................. |
| b. *geschäftlich unterwegs* | .................................. | g. *Monat* | .............................................. |
| c. *gut* | .................................. | h. *sich kennen lernen* | .............................................. |
| d. *Ingenieur(in)* | .................................. | i. *Dolmetscher(in)* | .............................................. |
| e. *Kollegen* | .................................. | j. *wirklich?* | .............................................. |

## 17 Link up two parts of the sentences (A + B) to make true statements.

Verbinden Sie zwei Satzteile (A + B), um richtige Aussagen zu machen. Sehen Sie sich zuerst das Beispiel an.

| **A** | **B** |
|---|---|
| a. Luigi Rossi is | Anna and Luigi. |
| b. Luigi and Anna are | engineer from Dresden. |
| c. Anna is a | English teachers. |
| d. Uli is an | from Turin. |
| e. Odile is an | on business two or three times a month. |
| f. Anna and Uli are | on holiday at a caravan park. |
| g. Odile is in England | Russian teacher, too. |
| h. Sally is with | interpreter from Rouen. |

## 18 ➤G Der unbestimmte Artikel **a** bzw. **an**:

Um herauszufinden, wann wir **a** oder **an** gebrauchen, sehen Sie sich bitte nochmals den Dialog und die Übung 17 an. Tragen Sie dann **a** oder **an** in folgende Lücken ein. Wodurch unterscheiden sich die rechte und die linke Spalte? Ein kleiner Tipp: Achten Sie auf den Anfangslaut des nachfolgenden Wortes.

| | |
|---|---|
| ........... teacher | ........... English teacher |
| ........... Russian teacher | ........... engineer |
| | ........... interpreter |

➤G Haben Sie es herausgefunden? Die Lösung ist folgende: **an** wird immer dann benutzt, wenn das nachfolgende Wort mit einem Selbstlaut (a, e, i, o, u) beginnt. Dabei dient das **-n** quasi als Verbindung zum darauf folgenden Vokal (**an engineer**). Fängt das nächste Wort mit einem Mitlaut (b, c, d, etc.) an, so steht **a**.
Anders als im Deutschen hat der unbestimmte Artikel im Englischen keine männliche oder weibliche Form (z. B. ein Hund = **a dog**, eine Familie = **a family**).

## 19 Fill in **a** or **an**.

Setzen Sie **a** oder **an** ein.

a. The Cobbs are on holiday at ........... caravan park.
b. Luigi Rossi is ........... Italian teacher from Turin.
c. Odile Duval is ........... French interpreter. She is in Norfolk two or three times ........... month.
d. Uli Keller is ........... engineer and his wife Anna is ........... English teacher.
e. The Cobbs have *(haben)* two children, ........... girl and ........... boy.
f. *Sally:* Bye-bye – and have ........... nice day.
g. The Kellers are ........... married couple from Dresden.
h. Sheringham is ........... seaside resort in Norfolk.

## 20 1/9 At the barbecue. Listen to the four dialogues and fill in the missing words or expressions.

Beim Grillfest. Am Abend lernen sich unsere Gäste vom Wohnwagenpark näher kennen. Hören sie sich die vier Dialoge an und setzen Sie die fehlenden Wörter oder Ausdrücke ein.

*Woman:* What's ...................................................?
*Man:* I'm a plumber. And you?

*Woman:* Well, I'm a bank clerk ............................. ............................., but I'd like to become a computer programmer.

*Anna:* Are you ..................................................?
*Woman:* Well, yes, but I'm separated. Awful, isn't it?

*Anna:* Why awful? I'm divorced. Uli's my second ............................. .

*Man:* You're a fashion photographer, .............................?

*Sally:* Yes, but I'm a full-time mother at the moment. The ............................ are at school and my husband is often away ............................. He's a sales rep.

*Woman:* I'm a freelance journalist ......................... ............................ about you?
*Man:* I'm a biologist, but I'm unemployed at the moment.

*Woman:* Oh, I'm sorry. ........................... bad luck.

*Man:* Not really. ................................ a dentist and I'm a house husband now.

# *The final round!*

Die letzte Runde!

## 21 Fill in the word field table with words/expressions from all the dialogues.

Füllen Sie die Wortfeldtabelle mit Wörtern/Ausdrücken aus allen Dialogen aus.

Jobs: ..........

Family: ..........

Personal relationships: ..........
*persönliche Beziehungen*

## 22 In a hotel

In einem Hotel. Sie sind mit einem Freund/einer Freundin in England unterwegs und lernen im Hotel zufällig einen amerikanischen Geschäftsmann kennen. Selbstverständlich haben Sie keinerlei Mühe, sich mit ihm auf Englisch zu unterhalten.

*Mr Benton:* Hello. My name is Benton. Daniel Benton. How do you do?

*You:* *(Sie grüßen und stellen sich und ihre(n) Freund(in)* **(= friend)** *vor).*

..........

*Mr Benton:* *(Er sagt, dass sein Zimmer nebenan ist und dass Sie Nachbarn sind.)*

..........

*You:* Where are you from? *(Sie fragen weiter, ob er Brite ist.)*

..........

*Mr Benton:* *(Er verneint und sagt, dass er aus Chicago ist und fragt, woher Sie sind.)*

..........

*You:* *(Sie antworten und fragen, ob er im Urlaub hier ist.)*

..........

*Mr Benton:* *(Sagt, dass er geschäftlich unterwegs ist und fragt, ob Sie Touristen* **tourists** *sind.)*

..........

*You:* *(Sie antworten mit ja und sagen, dass Sie für eine Woche hier sind.)*

..........

*Mr Benton:* *(Fürchtet, dass er weg muss und verabschiedet sich.)*

..........

*You:* *(Sie verabschieden sich ebenfalls.)*

..........

Das englische Wort **friend** kann sowohl *Freund* als auch *Freundin* heißen. Ist aber der feste Freund/die feste Freundin im Sinne von *Partner* gemeint, benutzt man **boyfriend** bzw. **girlfriend**.

# Holidays in Great Britain

**Of course there are not only caravan parks and camping grounds. From the finest hotels to lovely bed and breakfast accomodation: holidays in Great Britain offer something for everybody. And there are so many places to visit ...**

Natürlich gibt es nicht nur Wohnwagenstellplätze und Campingplätze. Von den feinsten Hotels bis hin zu liebenswerten „Bed and breakfast"-Unterkünften: Ferien in Großbritannien bieten für jeden etwas. Und es gibt so viel zu sehen ...

# Neue Formen und Strukturen

## 1. Subjektform der Personalpronomen und einfache Präsensformen von be

| Aussagen Langform | | Kurzform | | Fragen |
|---|---|---|---|---|
| bejaht | verneint | bejaht | verneint | |
| I am | I am not | I'm | I'm not | am I? |
| you are | you are not | you're | you're not/you aren't | are you? |
| he is | he is not | he's | he's not/he isn't | is he? |
| she is | she is not | she's | she's not/she isn't | is she? |
| it is | it is not | it's | it's not/it isn't | is it? |
| we are | we are not | we're | we're not/we aren't | are we? |
| you are | you are not | you're | you're not/you aren't | are you? |
| they are | they are not | they're | they're not/they aren't | are they? |

In der gesprochenen Sprache und in privaten Briefen bevorzugt man immer die Kurzform. Die Langform kann steif und sogar unfreundlich klingen.

Gegenstände und Tiere werden im Englischen mit **it** bezeichnet, unabhängig davon welches Geschlecht sie im Deutschen haben. Möchte man bei Tieren einen emotionalen Bezug betonen, so verwendet man **he** oder **she**.

Höflichkeitsform: Das Englische unterscheidet nicht zwischen *du* und *Sie*. Die Anrede ist in jedem Fall **you**.

## 2. Possessivpronomen

**my** *mein(e)*
**your** *dein(e)/ihr(e)*
**his** *sein(e)* **her** *ihr(e)* **its** *sein(e)*

**our** *unser(e)*
**your** *euer(e)/Ihr(e)*
**their** *ihr(e)*

## 3. Der bestimmte Artikel the

Der bestimmte Artikel *der, die, das* heißt im Singular wie im Plural **the**.

## 4. Der unbestimmte Artikel a/an

Beginnt das Wort unmittelbar nach dem Artikel mit einem Konsonanten, benutzen wir **a** [ə]:
a caravan a supermarket a teacher

Beginnt das Wort mit einem Vokal, benutzen wir **an** [ən]:
an engineer an English teacher an interpreter

## 5. Der Plural von Substantiven

Die Mehrzahl von Substantiven bildet man meist durch Anhängen von **-s**, z. B. **neighbour – neighbours.**

Substantive, die auf **-s, -ss, -sh, -ch** oder **-x** enden, erhalten im Plural **-es**, z. B. **bus – buses.**

Bei Substantiven auf **-y** wird dieses zu **ie**, z. B. **family – families**.

Unit 2

# An old house

## Ein altes Haus

In dieser Unit lernen Sie, über Familien- und Besitzverhältnisse zu sprechen. Außerdem machen Sie mit den Zahlen Bekanntschaft, Sie lernen wie man die Uhrzeit sagt und darüber hinaus noch, wie man etwas beschreibt.

**Wortschatz:** Frühstück, Zahlen, Häuser, Zimmer, Haushaltsgegenstände.

Manchester is a **big** industrial city in the north of England. This is Jenny Carter and Ted Carter and their two daughters. Claire is 5 and Linda is 3. The Carters are from Salford, a **suburb** of Manchester. Their **house** is number 19, Albert Street. It's a **terrace house** and it's almost one hundred years **old**. There are **lots of houses** like this in Salford.

Manchester ist eine **große** Industriestadt in Nordengland. Das sind Jenny und Ted Carter und ihre beiden Töchter. Claire ist 5 und Linda ist 3. Die Carters kommen aus Salford, einem **Vorort** von Manchester. Ihr **Haus** ist in der Albert Street, Nummer 19. Es ist ein **Reihenhaus** und es ist fast einhundert Jahre **alt**. Es gibt **viele Häuser** wie dieses in Salford.

# *It's breakfast time*

Es ist Frühstückszeit

1 1/10, 11 Listen and repeat.
Hören Sie zunächst den Text und sprechen Sie dann nach.

On weekdays Ted Carter has breakfast at 6.30. He has a cup of black coffee and a cigarette.

Jenny and the girls have breakfast at 8 o'clock. Jenny has a cup of tea and some toast with jam or marmalade. The girls have a glass of orange juice and some cornflakes.

➤G **have:** Dieses Verb hat in der Gegenwart zwei Formen: **has** und **have**. Die Form **has** wird in der 3. Person Einzahl, also bei den Personalpronomen **he, she** und **it,** sowie bei Substantiven in der Einzahl (z. B. Ted, Jenny) benutzt. In den restlichen Fällen steht immer **have**. Hier eine kurze Übersicht der Formen:

| Singular: | Plural: |
|---|---|
| I have | we have |
| you have | you have |
| he/she/it has | they have |

**Have** entspricht im Deutschen dem Verb *haben,* in seinen verschiedenen Zusammensetzungen hat es aber auch eine ganze Reihe anderer Bedeutungen. In der folgenden Übung lernen Sie einige der geläufigsten Ausdrücke kennen:

2 Translate these phrases from the text.
Übersetzen Sie diese Wendungen aus dem Text.

a. have breakfast

........................................................................

b. have a cup of coffee

........................................................................

c. have a cigarette

........................................................................

d. have a cup of tea

........................................................................

e. have some toast

........................................................................

f. have a glass of orange juice

........................................................................

Wussten Sie, dass in Grossbritannien der Ausdruck **have tea** sich nicht nur auf das Getränk Tee, sondern auch auf eine richtige Mahlzeit am späten Nachmittag bzw. oft sogar auch auf ein Abendessen beziehen kann?

➤G 1/12 Kennen Sie die englischen Zahlen? Oder einige? Gleich können Sie bis 100 zählen.

| | | |
|---|---|---|
| 0 zero/oh | 11 eleven | 22 twenty-two, etc. |
| 1 one | 12 twelve | 30 thirty |
| 2 two | 13 thirteen | 31 thirty-one |
| 3 three | 14 fourteen | 32 thirty-two, etc. |
| 4 four | 15 fifteen | 40 forty |
| 5 five | 16 sixteen | 50 fifty |
| 6 six | 17 seventeen | 60 sixty |
| 7 seven | 18 eighteen | 70 seventy |
| 8 eight | 19 nineteen | 80 eighty |
| 9 nine | 20 twenty | 90 ninety |
| 10 ten | 21 twenty-one | 100 a/one hundred |

Beachten Sie bitte folgenden Unterschied in der Schreibweise: **four** und **fourteen**, aber: **forty**

Achtung: die in englischsprachigen Ländern übliche handschriftliche Schreibweise von „eins" (ohne Haken) und „sieben" (meist ohne Querstrich) kann in der nicht englischsprachigen Welt gelegentlich zu Verwechslungen führen (so wird eine Eins der Kontinentaleuropäer von Engländern oder Amerikanern nicht selten für eine Sieben gehalten.)

**G** Die Uhrzeit:

Eine Art, die Uhrzeit zu sagen ist, die Zahlen für Stunden und Minuten nacheinander zu stellen:

| | |
|---|---|
| Ted Carter has breakfast at six thirty. | *Ted Carter frühstückt um sechs Uhr dreißig.* |

Wie im Deutschen gibt es aber noch eine weitere Möglichkeit, nämlich mit den Wörtern **past** *nach* und **to** *vor*:

| | |
|---|---|
| It's ten past nine. | *Es ist zehn nach neun.* |
| It's twenty to eight. | *Es ist zwanzig vor acht.* |

Für *halb* und *Viertel nach/vor* gibt es die Ausdrücke **half** bzw. **a quarter past/to**:

| | |
|---|---|
| It's a quarter to ten. | *Es ist Viertel vor zehn.* |
| It's a quarter past ten. | *Es ist Viertel nach zehn* |

! Beachten Sie aber bei **half past** den Unterschied zum Deutschen:

| | |
|---|---|
| Ted Carter has breakfast at half past six. | *Ted Carter frühstückt um halb sieben.* |

(Da das 24-Stunden-System in GB und den USA nicht gebräuchlich ist, benutzt man oft den Zusatz **a.m.** *vormittags* bzw. **p.m.** *nachmittags,* um Eindeutigkeit herzustellen.)

## 3 What about your breakfast?

Wie und wann frühstücken Sie?

seven o'clock

a quarter past seven

half past seven

a quarter to eight

I have breakfast at ........................................................................................................................ .

a bread roll

butter

an egg

a slice of cheese

I have ........................................................................................................................................ .

Heutzutage haben sehr wenige britische Familien während der Woche genug Zeit für ein „traditionelles" englisches Frühstück mit Speck, Würstchen und Spiegeleiern usw. Ein solches Frühstück wird höchstens noch am Wochenende – gewöhnlich am Sonntag – gegessen. Viele Hotels bieten beide Arten Frühstück unter den Namen **Continental** und **English** an.

Übrigens: In Großbritannien unterscheidet man zwischen **marmalade** *Orangenmarmelade* und **jam** *Konfitüre aus anderem Obst.*

*Davenport Hotel*

Continental Breakfast £7.50
(Tea or coffee, orange juice, musli or cornflakes, bread rolls, croissants, butter, marmalade, jam, honey, cheese, luncheon meats)

English Breakfast £10. 00
(Tea or coffee, orange juice, porridge or cornflakes, bacon with fried tomatoes, eggs and sausages, toast with butter and marmalade)

Wie im Deutschen wird bei schriftlichen Preisangaben die Währung vorangestellt. Beim Sprechen wird die Position dann jedoch vertauscht (wie im Deutschen ja auch) und man sagt **The Continental Breakfast is seven pounds fifty**. *Das Kontinentale Frühstück kostet sieben Pfund fünfzig.*

## 4 1/13 *There are small differences*

Es gibt kleine Unterschiede

Number 19, Albert Street, has got four rooms. Number 17 and number 21 have got four rooms, too. All the houses in Albert Street have got four rooms.
Upstairs there are two bedrooms and a bathroom. Downstairs there's a living-room and a kitchen.

Number 17 has got a small garden.
Number 19 hasn't got a garden.
It's got a conservatory.
Number 21 hasn't got a garden or a conservatory.
It's got a garage.
Number 17 and Number 19 haven't got a garage.

**G have got:** Die Form **have got** *haben, besitzen* trifft man ähnlich häufig an wie **have**. Neben der Langform gibt es auch eine Kurzform, die durch Anhängen von **'ve got** bzw. **'s got** an das Substantiv bzw. das Pronomen gebildet wird:

| | |
|---|---|
| I've got a car. | *Ich habe ein Auto.* |
| He's got a caravan. | *Er hat einen Wohnwagen* |

Vor allem im mündlichen Sprachgebrauch dient die Langform meistens der besonderen Betonung von Aussagen:

| | |
|---|---|
| I have got a car. | *Ich habe (wirklich) ein Auto.* |

Erinnern Sie sich noch an die Regel zur Verneinung in Unit 1? Lesen Sie den obigen Text nochmals durch und sehen Sie sich die verneinten Formen von **have got** an.
Sie sehen: Die Verneinung funktioniert hier wie Sie es bereits bei **to be** kennen gelernt haben, also durch Anhängen von **-n't** an die entsprechende Form:

| + | – |
|---|---|
| I have got a house. | I haven't got a house. |
| It has got four rooms. | But it hasn't got a garage. |

## 5 1/14 Complete these sentences.

Vervollständigen Sie die Sätze mit den richtigen Formen. Hören Sie anschließend die Beschreibung der Carters.

a. Jenny Carter .................................. a husband, his name is Ted.

b. She .................................. two daughters, Linda and Claire.

c. She .................................. a son.

d. She .................................. a job in a supermarket.

e. Her husband .................................. a job, too. He's a bricklayer.

f. Their house .................................. four rooms.

g. It .................................. an upstairs bathroom.

h. It .................................. a downstairs toilet.

i. Their house .................................. a garden.

j. But it .................................. a conservatory.

Fast 70% der Briten wohnen im eigenen Haus. Die älteren Reihenhäuser – terrace houses – sind bei jungen Paaren und kleinen Familien als Erstanschaffung sehr beliebt. Diese Häuser sind zwar sehr alt, aber dafür preiswert und können in Heimarbeit renoviert und umgebaut werden. Nach einigen Jahren, wenn man etwas gespart und die Familie Zuwachs bekommen hat, sucht man nach einem etwas größeren Haus. Eigentumswohnungen sind in Großbritannien ziemlich selten.

## 6 1/15, 16 *That's wonderful news!*

Das sind fantastische Neuigkeiten!

It's 6:45 and Ted is in the kitchen. But today is different. Jenny is in the kitchen, too.

*Ted:* Good morning, love. You're up early today.
*Jenny:* Morning, Ted. Yes. I've got something on my mind.
*Ted:* Is something wrong, Jenny?
*Jenny:* No, I've got a little surprise for you, Ted.
*Ted:* That's nice. What is it?
*Jenny:* We need a new house.
*Ted:* What! What's wrong with this house, Jenny? It's not so old. It's small, but we've got four rooms. That's enough for us.
*Jenny:* Well, it isn't enough now, Ted. We haven't got enough bedrooms.
*Ted:* Not enough bedrooms? Oh!
*Jenny:* That's right, dear. I'm pregnant.
*Ted:* That's wonderful news!

**7** Use short forms.
Lesen Sie den Dialog noch einmal und schreiben Sie dann die folgenden Sätze mit Kurzformen.

Ted Carter:

a. We have got a house in Salford.

........................................................................

b. I have got a wonderful wife.

........................................................................

c. I have got two daughters.

........................................................................

d. I have not got a son.

........................................................................

Jenny Carter:

e. I have got something on my mind.

........................................................................

f. I have got a surprise for Ted.

........................................................................

g. We have not got enough bedrooms.

........................................................................

**8** Write the correct sentences.
Die unterstrichenen Wörter in diesen Sätzen sind falsch. Schreiben Sie die korrekten Sätze.

a. The Carters have got a <u>bungalow</u> in <u>Victoria</u> Street. (✗)

**No, they haven't. They've got a terrace house in Albert Street. (✓)**

b. Jenny and Ted Carter have got <u>three</u> <u>sons</u>.

........................................................................

c. The Carters have got a <u>big</u> house in a suburb of Manchester.

........................................................................

d. They've got <u>five</u> rooms.

........................................................................

e. They've got a <u>garden</u>.

........................................................................

f. They've got <u>enough</u> bedrooms.

They need ........................................................

## *For sale*

Zu verkaufen

**9** **1/17, 18** Listen and read.
Hören Sie sich den Text an. Übernehmen Sie dann Teds Rolle im Gespräch.

Janet and Ted are at their estate agent's. Their new card is in the window.

**FOR SALE**
19, Albert Street
A renovated terrace house. The house has got 2 upstairs bedrooms and a bathroom. It's got 2 downstairs rooms: a kitchen and a living-room. It hasn't got a garden, but it's got a beautiful small conservatory.
**PRICE: £65,000**

*Ms White:* Good afternoon, Mrs Carter, Mr Carter.
*Ted:* Good afternoon, Ms White.
*Jenny:* You've got a card for our house in the window. Have you got a buyer?
*Ms White:* No, we haven't. Not yet.
*Ted:* Have you got some houses for us?
*Ms White:* Yes, I have. I've got some photos here.

*Ms White:* This house is in Russell Road. It's a modern semi-detached house.
*Ted:* That's near us.
*Jenny:* How many bedrooms has it got?
*Ms White:* There are three bedrooms and a bathroom upstairs. There's a toilet, a living-room and a big kitchen downstairs.
*Ted:* Has it got a garage?
*Ms White:* No, it hasn't. But it's got a parking space in front.
*Jenny:* Has it got a garden?
*Ms White:* Yes, it has. There's a small garden behind the house. The price is £90,000.

Männer werden **Mr** genannt, egal ob sie ledig oder verheiratet sind. In der Vergangenheit galt für ledige Frauen die Anrede **Miss,** und verheiratete, geschiedene oder verwitwete Frauen wurden **Mrs** genannt. Heutzutage betrachtet man dies im Allgemeinen als diskriminierend. Im geschäftlichen Leben werden deshalb alle Frauen mit **Ms** [mɪz] angesprochen, außer sie haben ausdrücklich um **Mrs** oder **Miss** gebeten.

**➤G** **1/19** Da der Preis für ein Haus natürlich nicht mehr im Hunderterbereich liegt und damit Sie die entsprechenden Beträge auch auf Englisch sagen können, werden wir Ihre Zahlenkenntnisse nun etwas erweitern:

| | |
|---|---|
| 100 | a/one hundred |
| 101 | a hundred and one |
| 102 | a hundred and two, etc. |
| 200 | two hundred |
| 201 | two hundred and one, etc. |
| 1,000 | a/one thousand |
| 1,001 | a thousand and one |
| 2,000 | two thousand |
| 100,000 | a/one hundred thousand |
| 1,000,000 | a million |

Beachten Sie, dass bei Zahlen ab 1.000 anstelle eines Punktes immer ein Komma steht.

Bei Dezimalzahlen verhält es sich umgekehrt und anstelle eines Kommas steht bei Engländern oder Amerikanern ein Punkt. So wird z. B. aus dem Deutschen 1,7 *(eins Komma sieben)* im Englischen **1.7** (**one point seven**).

**➤G** Lesen Sie den Dialog noch einmal und richten Sie dabei Ihr Augenmerk auf die Fragen. Kommt Ihnen bei den Fragen mit **have got** etwas bekannt vor?
Natürlich, denn auch hier funktioniert die Bildung ganz wie im Deutschen. Wie wir schon im Unit 1 bei **be** gesehen haben, werden einfach die Positionen von Subjekt und Verb vertauscht. Dabei steht das Subjekt zwischen **have** und **got**.

Has it got a garden? Yes, it has got a garden.

## 10

Look at the answers. What are the questions?
Schauen Sie sich die Antworten an. Wie lauten die Fragen?

a. ● .................................................. Mrs Carter?
● Yes, I have. I've got a job in a supermarket.

b. ● ..................................................................
● Yes, he has. He's a bricklayer.

c. ● ..................................................................
● Yes, we have. We've got a terrace house in Albert Street.

d. ● ..................................................................
● Four. There are two rooms upstairs and two downstairs.

e. ● ..................................................................
● Downstairs? No, it hasn't. The toilet is in the bathroom upstairs.

f. ● ..................................................................
● We've got two children – two daughters.

## 11

**1/20** Ms White has got more houses for the Carters. Listen to the cassette/CD and fill in the table below.
Ms White hat noch mehr Häuser für die Carters. Hören Sie sich die Kassette/CD an und füllen Sie dann die Tabelle unten aus.

| Address: | Churchill Road | York Street |
|---|---|---|
| Type: | .......................... | .......................... |
| Bedrooms: | .......................... | .......................... |
| Garage: | .......................... | .......................... |
| Conservatory: | .......................... | .......................... |
| Garden: | .......................... | .......................... |
| Price: | £ ...................... | £ ...................... |

12 Ted and Carol have got lots of transport boxes. Can you put these things in the right boxes?
Ted und Carol haben viele Umzugskartons. Können Sie diese Sachen in die richtigen Kisten packen? Wenn Ihnen noch andere Wörter einfallen, packen Sie sie auch in die richtigen Kartons.

breadknife ..................

| 1 kitchen | 2 living-room | 3 bathroom |
| --- | --- | --- |
| .............................. | .............................. | |
| .............................. | .............................. | |
| .............................. | .............................. | .............................. |
| .............................. | .............................. | .............................. |
| .............................. | .............................. | .............................. |
| .............................. | .............................. | .............................. |

## *The final round!*

Die letzte Runde!

13 A crossword puzzle
Ein Kreuzworträtsel

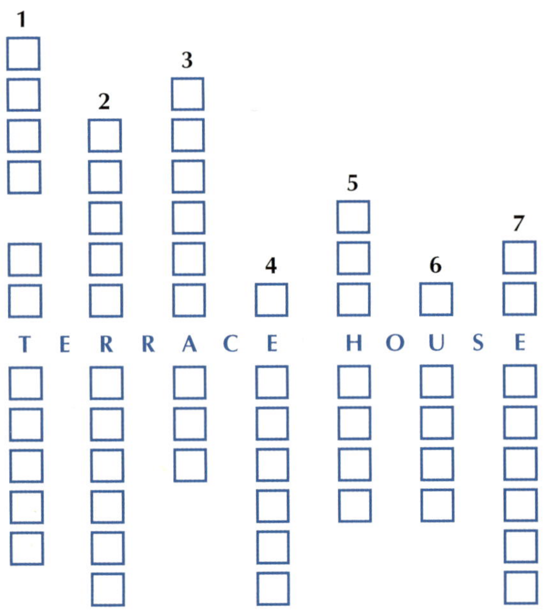


1 It's a modern ...-... house in Russell Street.
2 The Carters haven't got a garden, but they've got a ... .
3 Ted Carter is a ... .
4 All the terrace houses in Albert Street have got two ... .
5 The Carters have got an upstairs ... .
6 Salford is a ... of Manchester.
7 Ted Carter has ... at 6:30.

## 14 Excuse me, have you got the time please?

Entschuldigen Sie, wissen Sie wie spät es ist? Sagen Sie die folgenden Uhrzeiten jeweils auf zwei verschiedene Arten.

a. 11.40: **It's eleven forty./It's twenty to twelve.**

b. 12.15: ..........

c. 06.45: ..........

d. 15.50: ..........

e. 19.10: ..........

# *It's tea time*

A visit to a typical English teashop is a must for any tourist in Great Britain. You can have tea or coffee there, of course, but apart from that there are lots of tasty specialties like scones with clotted cream and strawberry jam, for example. Or try one of the many different cakes …

Ein Besuch in einem typisch englischen „Teashop" ist ein Muss für jeden Touristen in Großbritannien. Natürlich können Sie dort Tee oder Kaffee trinken, aber daneben gibt es dort auch jede Menge köstliche Spezialitäten, wie z. B. „Scones mit Clotted Cream" (einer Art Rosinengebäck mit Sahne) und Erdbeermarmelade. Oder probieren Sie einen der vielen verschiedenen Kuchen...

# Neue Formen und Strukturen

## 1. Have

| Singular: | Plural: |
|---|---|
| I have breakfast at 8.00 | We have toast and jam. |
| You have … | You have … |
| He has … | They have … |
| She has … | |
| It has … | |

## 2. Have got

| Singular (lang): | Plural (lang): |
|---|---|
| I have got an orange. | We have got a house. |
| You have got … | You have got … |
| He has got … | They have got |
| She has got | |
| It has got … | |

| Singular (kurz): | Plural (kurz): |
|---|---|
| I've got a garage. | We've got a car. |
| You've got … | You've got … |
| He's got … | They've got … |
| She's got … | |
| It's got … | |

| Negative Aussagen (Sg.): | Negative Aussagen (Pl.): |
|---|---|
| I haven't got a CD player. | We haven't got a newspaper. |
| You haven't got … | You haven't got … |
| He hasn't got … | They haven't got … |
| She hasn't got … | |
| It hasn't got … | |

| Fragen (Singular): | Fragen (Plural): |
|---|---|
| Have I got a new brother? | Have we got a new sister? |
| Have you got …? | Have you got …? |
| Has he got …? | Have they got …? |
| Has she got …? | |
| Has it got …? | |

## 3a. Die Zahlen bis 100

| | | | | | |
|---|---|---|---|---|---|
| 0 zero | 6 six | 12 twelve | 18 eighteen | 30 thirty | 60 sixty |
| 1 one | 7 seven | 13 thirteen | 19 nineteen | 31 thirty-one | 70 seventy |
| 2 two | 8 eight | 14 fourteen | 20 twenty | 32 thirty-two, | 80 eighty |
| 3 three | 9 nine | 15 fifteen | 21 twenty-one | etc. | 90 ninety |
| 4 four | 10 ten | 16 sixteen | 22 twenty-two, | 40 forty | 100 a/one hundred |
| 5 five | 11 eleven | 17 seventeen | etc. | 50 fifty | |

Ab **twenty** wird immer in derselben Weise gezählt, also z. B. **thirty-one, thirty-two, thirty-three,** usw.

## 3b. Die Zahlen bis eine Million

| | |
|---|---|
| 100 | a/one hundred |
| 101 | a hundred and one |
| 102 | a hundred and two, etc. |
| 200 | two hundred |
| 201 | two hundred and one, etc. |
| 1,000 | a/one thousand |
| 1,001 | a thousand and one |
| 2,000 | two thousand |
| 100,000 | a/one hundred thousand |
| 1,000,000 | a million |

## 4. Die Uhrzeit

Das 24-Stunden System wird nur begrenzt (z. B. bei Termin-, oder Fahrplänen) benutzt. So kann z. B. **4 o'clock** *4 Uhr früh* oder *16 Uhr* heißen. Präzisierungen erfolgen durch Hinzufügen von **a.m.** *vormittags* oder **p.m.** *nachmittags* bzw. **in the morning** oder **in the evening**.

Die Zeit kann ganz einfach durch Angabe der Stunde und der Minuten gesagt werden:

It's ten twenty-five (= 10.25)
*Es ist zehn Uhr fünfundzwanzig.*

Minutenangaben, sowie halbe und Viertelstunden können aber auch wie folgt angegeben werden:

It's twenty-five past ten (=10.25)
*Es ist fünf vor halb elf.*

z. B. **(ten, a quarter, half) past**

z. B. **(twenty, a quarter, five) to**

Beachten Sie bitte den Unterschied zwischen dem Englischen und dem Deutschen:

It's half past seven. *Es ist halb acht.*

Unit 3

# In town

## In der Stadt

In dieser Einheit lernen Sie, nach dem Weg zu fragen und Richtungsangaben zu verstehen. Daneben lernen Sie auch, wie man Anweisungen und Ratschläge erteilt.

**Wortschatz:** Öffentliche und kommerzielle Gebäude und Einrichtungen, Richtungen.

Sheila and Steve Watson are from a small **village**. They're in town for the day. They're here for the **shopping**. Villages can be pretty places, but they're small. There are lots of different **shops** and **department stores** in town. There's a **covered market**, too. Later they **can have a meal** in a pub or a restaurant in the **city centre**. They can look around a **museum** or an **art gallery** in the afternoon. In the evening they can go to a theatre or a **cinema**. They can do lots of things in a big city that they can't do in a small village.

Sheila und Steve Watson kommen aus einem kleinen **Dorf**. Sie sind heute in der Stadt. Sie sind zum **Einkaufen** hier. Dörfer können hübsche Orte sein, aber sie sind klein. Es gibt viele verschiedene **Läden** und **Kaufhäuser** in der Stadt. Es gibt auch eine **Markthalle**. Später **können** sie in einem Pub oder Restaurant im **Stadtzentrum essen gehen**. Sie können sich nachmittags in einem **Museum** oder einer **Kunstgalerie** umschauen. Abends können sie in ein Theater oder **Kino** gehen. In einer großen Stadt können sie viele Dinge tun, die sie in einem kleinen Dorf nicht tun können.

# *Where is it?*

Wo ist es?

**1** 1/21, 22 Listen and read.
Hören Sie zunächst Steve and Sheila zu. Sprechen Sie anschließend die Sätze nach.

Steve and Sheila are at the car park. There've got a map of the city centre.

*Steve:* We're here, in Morton Street.
*Sheila:* Where's the covered market?
*Steve:* It's here – in Kent Road.
*Sheila:* Can we walk there?
*Steve:* Yes. It isn't far from here. But I can't go with you.
*Sheila:* Why not?
*Steve:* I must go to the town hall on business. It's in the other direction.
*Sheila:* That's OK. Go to the town hall first. We can meet for lunch and go shopping in a department store later.
*Steve:* Where should we meet?
*Sheila:* There's an Italian restaurant in Russell Street. I can't remember its name, but you can find it.
*Steve:* When should we meet there?
*Sheila:* At 12:30. See you then.

➤ **G** Der Artikel (**a/an** bzw. **the**) entfällt bei Straßennamen und Kirchen mit Namen, z. B.:

Where's Cannon Street? – It's near St Paul's Cathedral.

Er bleibt aber bei anderen Orten mit Namen:

Where's the Churchill art gallery?
Where's the Hill Street post office?
Where's the Bella Pasta restaurant?

**2** Ask where these places are and give the answers.
Fragen Sie, wo diese Orte sind und geben Sie die Antworten.

**Cogg* art gallery – Blenheim Road**
**Odeon cinema – York Street**
**bus station – George Street**
**post office – Rutland Road**
**Trent hospital – Bradford Road**
**St Mark's church – Wells Street**
**Blake museum – Brent Street**
**town hall – George Street)**

(***Cogg, Trent, Blake, Odeon** und **St Mark's** sind Namen und deshalb großgeschrieben.)

a. (Das Postamt)
- ................................................................?
- It's in ................................................................

b. (Das Rathaus)
- ................................................................
- ................................................................

c. (Der Busbahnhof)
- ................................................................
- ................................................................

d. (Das Krankenhaus)
- ................................................................
- ................................................................

e. (Die Kunstgalerie)
- ................................................................
- ................................................................

f. (Das Odeon Kino)
- ................................................................
- ................................................................

g. (Das Museum)
- ................................................................
- ................................................................

h. (Die Markuskirche)
- ................................................................
- ................................................................

➤**G** Im Text tauchen einige Hilfsverben auf: **can, must** und **should**. Wie die Bezeichnung „Hilfsverb" schon andeutet, stehen sie immer zusammen mit einem anderen Verb im Infinitiv ohne **to**. Diese Hilfsverben können verschiedene Funktionen haben:

| Hilfsverb: | Beispiel: | Funktion: Ausdruck von |
|---|---|---|
| can | I can speak English. | Fähigkeit |
| | They can go to a theatre. | Möglichkeit |
| | Can you tell me the way to the town hall, please? | Höfliche Bitte |
| | You can go now. | Erlaubnis |
| can't | I can't speak French. | Unfähigkeit |
| | We can't go to the cinema today. | Unmöglichkeit |
| must | I must go to the town hall on business. | Verpflichtung |
| | It must be here. | Vermutung |
| should | Where should we meet? | Vorschlag |
| | You should go now. | Aufforderung, Empfehlung |

## 3 Put in **can**, **can't**, **must** or **should**.

Versuchen Sie nun, in den folgenden Minidialog die passenden Hilfsverben einzusetzen (manchmal sind mehrere Lösungen möglich):

- What ...................... we do now?
- ...................... we go to a pub and have a drink? I'm a little bit thirsty.
- Great idea. But first I ...................... go to a bank. I need some money.
- OK. There's a bank in Lomas Street. We ...................... go there.
- Good. But where's a pub?
- I ...................... remember the name but there is one near here. It ...................... be somewhere halfway down this street, so we ...................... walk there.

## 4 What's the word in English? Use a word from each list.

Wie heißt das Wort auf Englisch? Benutzen Sie ein Wort aus jeder Spalte.

**book**
**camera**
**computer**
**garden**
**job**
**kitchen**
**shoe**
**sports**

**centre (x4)**
**shop (x4)**

a. *Arbeitsamt* job ..........................................
b. *Schuhgeschäft* ..........................................
c. *Gärtnerei* ..........................................
d. *Sportzentrum* ..........................................
e. *Computerladen* ..........................................
f. *Buchladen** ..........................................
g. *Küchenzentrum* ..........................................
h. *Fotogeschäft* ..........................................

(* Das englische Wort wird zusammengeschrieben.)

## 5 Look at the answers and ask the questions.
Schauen Sie sich die Antworten an und stellen Sie die passenden Fragen.

a. ● ............................................................ from ?
● They're from a small village.

b. ● ............................................................?
● They're in town, at the car park.

c. ● ............................................................?
● It's in Kent Road.

d. ● ............................................................?
● Yes, it isn't far from the car park.

e. ● ............................................................?
● He must go to the town hall.

f. ● ............................................................?
● At the Italian restaurant in Russell Street.

g. ● ............................................................?
● At 12:30.

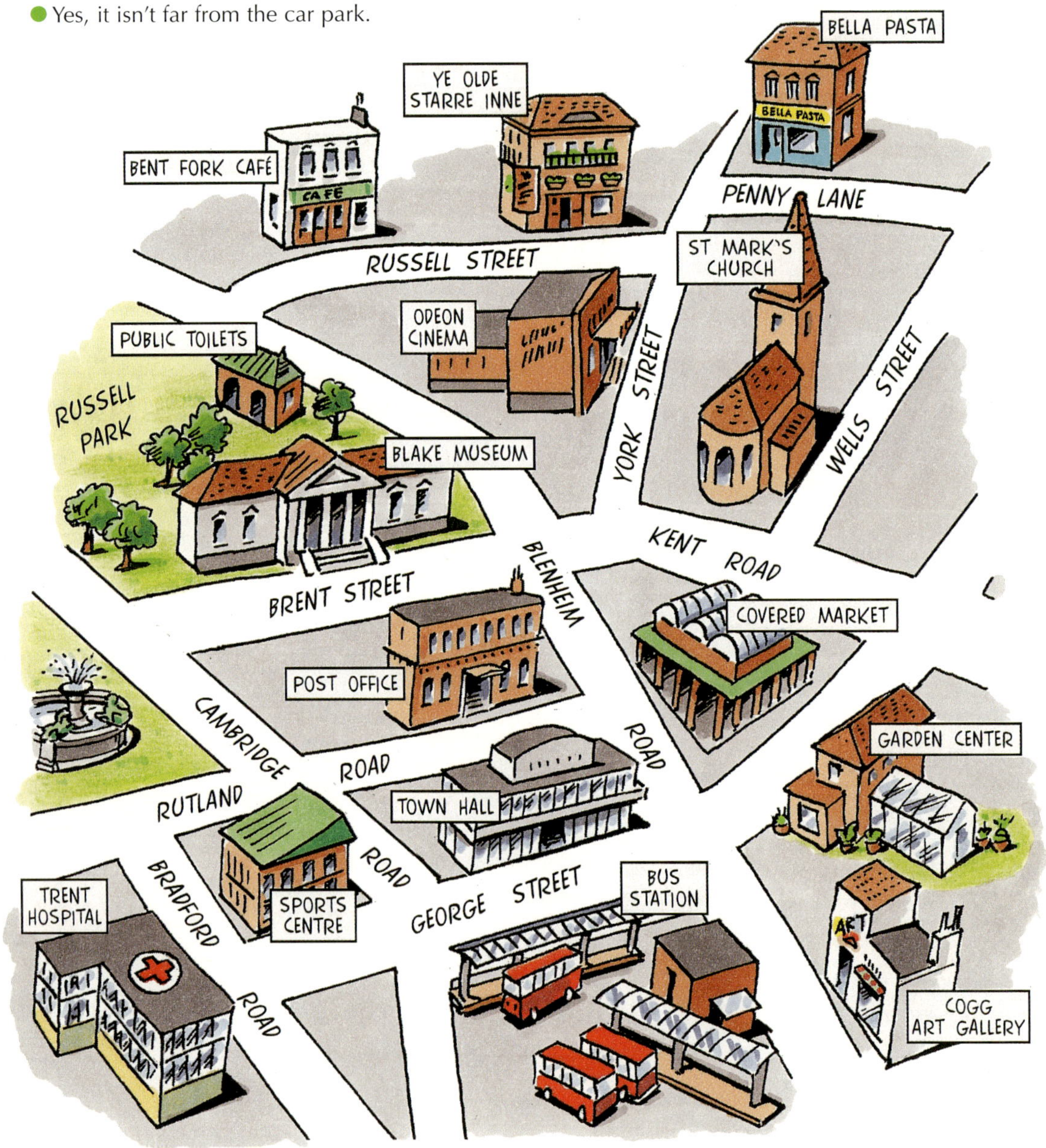

## 6 1/23, 24 Excuse me
Entschuldigen Sie

It's 11:50 and Steve can't find Russell Street. He's in Rutland Road in front of the post office. He needs some help. He must ask somebody the way to Russell Street.

*Steve:* Excuse me. Can you tell me the way to Russell Street, please?
*Man:* Yes. Go along here and turn left into Blenheim Road. Walk past the crossroads and take the first street on the right. That's Russell Street. You can't miss it.
*Steve:* Thanks.

It's 12:15 now and Steve is in Russell Street. He can see a café and a pub, but he can't see an Italian restaurant. He must ask for help again.

*Steve:* Excuse me. Can you help me, please? Is there an Italian restaurant near here?
*Man:* I'm sorry, but I can't help you. I'm a stranger here, too.
*Steve:* OK. Thanks.

It's now 12:20 and Steve is worried.

*Steve:* Excuse me. Is there an Italian restaurant near here?
*Woman:* Well, there's an Italian restaurant in Penny Lane. That's about five minutes from here.
*Steve:* Can you tell me the way, please?
*Woman:* Go along to the end of Russell Street. Cross York Street and turn left. Penny Lane is the first street on your right. The restaurant is halfway down on the left.
*Steve:* Thank you very much.
*Woman:* That's OK.

It's 12:30 and it's the right restaurant. Steve can see Sheila inside.

*Sheila:* Ah, there you are at last! I know you aren't good with directions. Sit down and have a cappuccino.

## 7 What words are missing in this dialogue?
Welche Wörter fehlen in diesem Dialog?

You're in front ...................... the Ye Olde Starre

Inne ...................... Russell Street.

*Woman:* .......................................... me. Can you ...................... me the ...................... to the bus station, ......................?

*You:* From here? Well, turn right and walk ...................... the end of the street. Turn .................................... into York Street. Go ...................... York Street to Kent Road and ...................... right. Walk to the ...................... and turn left. Walk to the crossroads and turn right .................. George Street. The bus station is ...................... along on your ............................................................ .

*Woman:* Thank you very ...................... .

**8** 1/25 Listen to the cassette and follow the directions on the map.
Hören Sie sich die Kassette an und folgen Sie den Richtungsanweisungen auf der Karte unten.

Where are you?

a. I'm in front of the .......................................... in ..........................................................................................

b. I'm ..........................................................................................................................................................

c. ..............................................................................................................................................................

d. ..............................................................................................................................................................

**9** 1/26 Look at the map again and write down the missing parts of the dialogues.
Hier sind einige Situationen, bei denen Sie entweder jemanden nach dem Weg fragen oder jemandem den Weg beschreiben müssen. Sehen Sie nochmals auf die Karte und schreiben Sie die fehlenden Teile der Dialoge auf.

a. You're in front of the bus station in George Street.

*A man:* Excuse me. Can you tell me the way to the Odeon cinema, please?

*You:* Yes. Turn ..........................................................................................................................

..........................................................................................................................................

..........................................................................................................................................

..........................................................................................................................................

b. You're in front of the pub in Russell Street.

*A woman:* Can you help me, please? How do I get to the covered market from here?

*You:* ..........................................................................................................................................

..........................................................................................................................................

..........................................................................................................................................

..........................................................................................................................................

..........................................................................................................................................

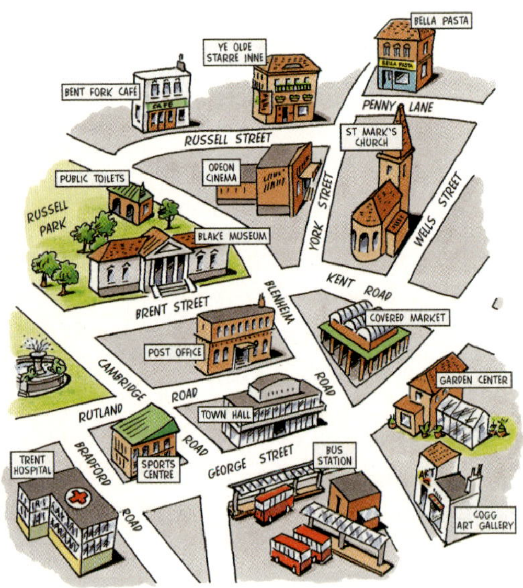


c. You're in front of the Italian restaurant in Penny Lane. You want to get to the Trent hospital. Ask somebody the way.

*You:* ..........................................................................................

..........................................................................................

..........................................................................................

..........................................................................................

*A woman:* ..........................................................................................

..........................................................................................

..........................................................................................

..........................................................................................

## 10 1/27 *What should we do?*
Was sollen wir tun?

It's 1:45 pm. Sheila and Steve are in the Bella Pasta restaurant. They must drive home at 6 pm, so they've got four and a half hours.

*Steve:* That was a good meal. What should we do now, Sheila?
*Sheila:* Well, we should walk back to the car park first. I can put these bags in the car.
*Steve:* Oh! Look at the time! We must buy another parking ticket in twenty minutes.
*Sheila:* We haven't got much time then. Should we take a taxi?
*Steve:* Yes, we can ask the waiter and he can call a taxi for us.

It's 2:10 pm. Steve and Sheila are at the car park in Morton Street.
*Steve:* Let's go to a department store!
*Sheila:* Oh no, not more shopping! Let's see what's on. There's a newspaper shop at the end of this street. Buy a newspaper there. It should tell us what's on.

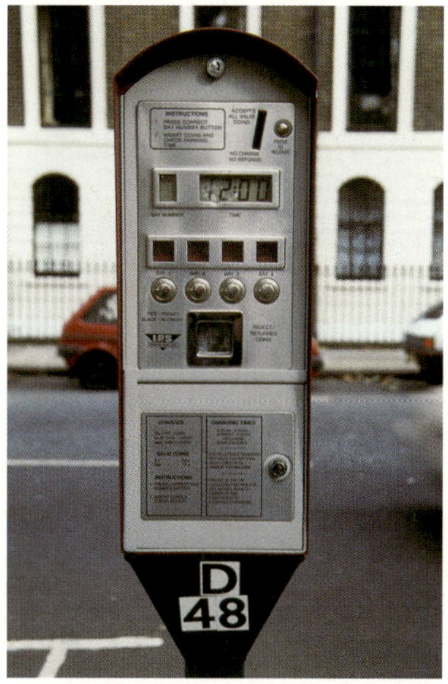


**Odeon Cinema**
**York Street**
Cinema 1: **ROCKY XXV**
Cinema 2: **MARRIED TO A WEREWOLF**
Cinema 3: **STAR WARS VI**
Cinema 4: **BURNING HEARTS**
Performances at 2:15 pm, 5 pm, 8:30 pm

When you're in town you should visit the
**COGG ART GALLERY.**
Currently on exhibition:
American Op Art
Admission free
Opening times: Mon – Fri 9:30 am – 15:30 pm,
Sat 10:30 am – 16:30 pm

**The Vikings**
SPECIAL EXHIBITION
BLAKE MUSEUM
(Brent Street)
Admission:
Adults £2.50, children under 14 half-price, children under 5 free
Opening times:
Mon – Sat
9 am – 6 pm
**The Vikings**
**The Vikings**
**The Vikings**

**Cambridge Road Sports Centre**
**In town for the day?**
Come and try our new **super adventure swimming pool** or the **minigolf course.**
Enjoy a drink or a meal in the **Champions Lounge** on the first floor.

Opening times:
Mon – Sat 9:30 am – 6:30 pm,
Sun 10 am – 14:30 pm
Admission: Adults £8, Under 14 £3.50, Senior Citizens half-price

## 11 What should Steve and Sheila do? Write a dialogue.
Steve und Sheila unterhalten sich darüber, was sie nun tun sollen. Können Sie sich vorstellen, was sie sagen? Schreiben Sie einen Dialog.

These words can help you:
**too early – too late**
**interesting – uninteresting**
**exciting – boring**
**expensive – inexpensive/cheap**
**swimming costume**

# *The final round!*

Die letzte Runde!

**12** Auch hierzulande kommt man oft ganz unversehens in die Situation, plötzlich englisch sprechen zu müssen, z. B. wenn Sie eine Gruppe junger britischer Touristen vor dem Münchner Hauptbahnhof verzweifelt nach dem Weg zum Oktoberfest fragt:

*Tourist:* Excuse me, is the Oktoberfest very far from here?
*You:* *(Sie antworten, dass man zu Fuß hinlaufen kann.)*

.......................................................................................................................

*Tourist:* Can you tell me the way please?
*You:* Okay: *(Sie sagen, dass sie diese Straße bis zur nächsten Kreuzung entlanggehen sollen.)*

.......................................................................................................................

*(Biegen Sie dann rechts ab und gehen Sie diese Straße bis zur nächsten Kreuzung entlang. Dort biegen Sie nach links ab und gehen bis ans Ende dieser Straße. Nun können Sie es nicht mehr verfehlen. Sie sind direkt vor dem Oktoberfest.)*

.......................................................................................................................

.......................................................................................................................

.......................................................................................................................

.......................................................................................................................

*Tourist:* Thanks a lot.

**13** A crossword puzzle

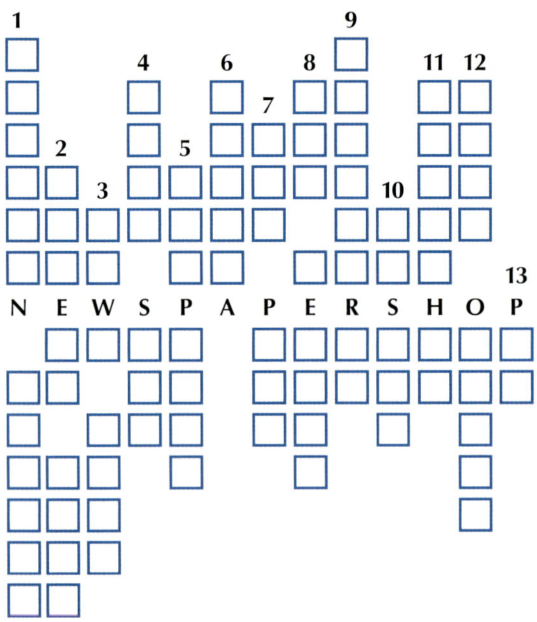


1 You can buy a new kitchen here.
2 You can buy a film for your camera here.
3 In German it's a *Rathaus.*
4 You can buy new shoes here.
5 There are lots of doctors here!
6 You can buy a ticket for a film here.
7 You can buy a parking ticket here.
8 You can find a job here.
9 St. Paul's is a big … in London.
10 You can see lots of old things here.
11 You can buy a book here.
12 In German it's a *Postamt.*
13 You can have a drink here.

## *Attractions in London*

There is so much you can see in a city like London. One of the things you shouldn't miss is Mme Tussaud's wax museum. Take a look!

## *Neue Formen und Strukturen*

### *1. Modale Hilfsverben*

**Can, must** und **should** gehören zu den so genannten modalen Hilfsverben. Sie treten immer mit einem anderen Verb (im Infinitiv ohne **to**) auf. Die Form (Modalverb + Grundform des Verbs) ist bei allen Personen gleich.

Fragen werden wie bereits bei **to be** und **have** durch Veränderung der Satzstellung gebildet:

| Aussage | Frage |
|---|---|
| I can buy a newspaper here. | Can I buy a newspaper here? |
| We can have a meal in the pub. | Can we have a meal in the pub? |
| They must buy a parking ticket. | Must they buy a parking ticket? |
| We should visit the museum. | Should we visit the museum? |

Wichtig: Bei sogenannten **wh**-Fragen (z. B. **where**) werden Präpositionen nachgestellt, z. B.:
Where are you <u>from</u>? *Woher kommst du/kommen Sie?*

Negative Aussagen werden mit **-n't** gebildet.

You mustn't come home late.
We shouldn't park here.

Bei **can** werden negative Aussagen mit **-'t** gebildet.

I can't find my car.

Die modalen Hilfsverben können folgende Funktionen haben:

| | | |
|---|---|---|
| can | | |
| She can speak French. | *Sie spricht Französisch.* | Fähigkeit |
| We can go to the cinema. | *Wir können ins Kino gehen.* | Möglichkeit |
| Can you tell me the way? | *Können Sie mir den Weg beschreiben?* | höfliche Bitte |
| can't | | |
| I can't speak French. | *Ich spreche kein Französisch.* | Unfähigkeit |
| We can't go to the cinema. | *Wir können nicht ins Kino gehen.* | Unmöglichkeit |
| must | | |
| I must be off now. | *Ich muss jetzt gehen.* | Verpflichtung |
| It must be near the cinema | *Es muss in der Nähe des Kinos sein.* | Vermutung |
| should | | |
| What should we do now? | *Was sollen wir jetzt tun?* | Vorschlag |
| You should go to bed now. | *Du solltest jetzt schlafen gehen.* | Empfehlung |

Achtung: Die deutsche Bedeutung von **mustn't** ist *darf nicht* (nicht *muss nicht*)!

You mustn't be late. *Du darfst nicht zu spät kommen.* → Verbot

*Nicht müssen* oder *nicht brauchen* wird dagegen mit **needn't** wiedergegeben:

You needn't help me. *Du brauchst mir nicht zu helfen.* → Keine Notwendigkeit

## *2. Die Befehlsform (Imperativ)*

Die Befehlsform (Imperativ) wird mit der Grundform des Verbs (Infinitiv ohne **to**) gebildet. Obwohl sie „Befehlsform" heißt, wird sie auch für Anweisungen (**Turn left here**.), Angebote bzw. Aufforderungen (**Come on. Have a drink.**) und Vorschläge (**Try the lasagne. It's very good.**) benutzt.

Seien Sie vorsichtig bei echten Befehlen, weil man sich im Englischen leicht im Ton vergreifen kann, ohne es zu wollen. So wird z. B. **Sit down!** als sehr barsch und unhöflich empfunden. Viel besser ist **Please sit down**. oder **Sit down, please.** oder **Why don't you sit down?**

# Madhur's boyfriend

## Madhurs Freund

In dieser Lektion zeigen wir Ihnen, wie man Einladungen und Vorschläge macht, wie man sie entweder annimmt oder höflich und begründet ablehnt und einen Gegenvorschlag unterbreitet. Außerdem werden Sie sehen, wie man in einem Restaurant etwas bestellt.

**Wortschatz:** Wochentage, britische Speisen und Getränke

Madhur Gopal is 19. She's an MTA (medical technical assistant). She's got a job in a doctors' clinic in Finchley. This week she is very **busy**: she's got her **niece's birthday party** and a **theatre rehearsal**.

Barry Watson is Madhur's new boyfriend. He's 20 and he's a **student** at the polytechnic in Finchley. He **shares a flat** with another **student**.

Madhur Gopal ist 19. Sie ist MTA (medizinisch-technische Assistentin). Sie arbeitet in einer Gemeinschaftspraxis in Finchley. Diese Woche ist sie sehr **beschäftigt**: Sie hat die **Geburtstagsfeier** ihrer **Nichte** und eine **Theaterprobe**.

Barry Watson ist Madhurs neuer Freund. Er ist 20 und **Student** an der Fachhochschule in Finchley. Er **teilt sich eine Wohnung** mit einem anderen **Studenten.**

# 1 1/28 *Three busy days*

Drei Tage voller Arbeit

| Monday | Tuesday | Wednesday |
|---|---|---|
| *parent's house* | *Mumtaz' party* | *Shakespeare's Macbeth* |

**Monday:** On Monday evening Madhur is at her parents' house. They've got a big detached house in Wood Green. That's not far from Finchley. Madhur must help her mother cook food for tomorrow's party.

**Tuesday:** On Tuesday Madhur is at her sister's house. Indira's house is also in Wood Green. It's her daughter's birthday. Mumtaz is Madhur's niece. It's Mumtaz' birthday party – she's 8. They're having a children's party for Mumtaz' friends from school and their neighbours' children.

**Wednesday:** On Wednesday Madhur is at the Little Theatre in Finchley. The Amateur Theatre Group have got a rehearsal of Shakespeare's 'Macbeth'. Madhur has got the part of a witch.

Die zwei größten Gruppen von außereuropäischen Einwanderern in Großbritannien sind **„Afro-Caribbean“** (ethnische Herkunft Jamaika, Westindien) und **„Asian“**. Von ihnen gibt es zwei Gruppen: Muslime aus Pakistan und Bangladesch und Hindus aus Indien und Uganda.

➤**G** Mit dem s-Genitiv drückt man Zugehörigkeit bzw. Besitz bzw. aus. Dazu fügt man einfach **-'s** an den entsprechenden Namen oder das Substantiv. Endet es bereits auf **-s** oder **-z**, so fügt man nur ein Apostroph -' an:

Einzahl: My dog's name is Prince. Mehrzahl: My dogs' names are Patch and Rex.

## 2 There are 11 examples of the s-genitive in the three texts. Find them and write them in the correct list.

In den drei Texten gibt es 11 Beispiele für den s-Genitiv. Finden und tragen Sie sie in die entsprechende Liste ein.

| apostrophe (') + s | s/z + apostrophe (') |
|---|---|
| ........................................ | ........................................ |
| ........................................ | ........................................ |
| ........................................ | ........................................ |
| ........................................ | ........................................ |
| ........................................ | |
| ........................................ | |
| ........................................ | |

➤**G** Bei Personen und Namen wird meistens der s-Genitiv benutzt, bei Sachen benutzt man überwiegend den **of**-Genitiv:

There's a scratch on the door of my car. *An der Tür meines Autos ist ein Kratzer.*
Mary's car is new. *Marys Auto ist neu.*

3 Translate these phrases and write them in the correct column.
Übersetzen Sie diese Begriffe und tragen Sie sie in die richtige Spalte ein.

a. *die Wochentage*
b. *die Namen der Jungen*
c. *die Türen der Garage*
d. *ein Fenster des Hauses*
e. *der Sohn meiner Schwester*
f. *der Name meiner Frau*
g. *die Zimmer eines Hauses*
h. *die Gärten der Häuser*
i. *die Zeitung von heute*

| Genitiv (**'s**) Singular | Genitiv (**s'**) Plural | Genitiv mit **of** |
|---|---|---|
| ................................ | ................................ | ................................ |
| ................................ | ................................ | ................................ |
| ................................ | ................................ | ................................ |
| ................................ | ................................ | ................................ |
| | | ................................ |

## 4 1/29 *Let's go out for a meal*
Lass uns essen gehen

It's Monday afternoon and Barry is at Madhur's flat. She shares the flat with two girlfriends but they aren't at home at the moment.

*Barry:* Hello, Madhur. It's me. Can I come in?
*Madhur:* Yes, but only for a minute or two. Would you like a cup of coffee, Barry?
*Barry:* No, thanks. Would you like to go out for a meal tonight?
*Madhur:* I'm sorry. I can't this evening. I'm at my parents' house in Wood Green. And I'm busy tomorrow and the day after, too. How about Thursday?
*Barry:* OK. Would you like to go to the Indian restaurant in Seymour Street?
*Madhur:* You're joking! I can get enough Indian food at my parents' house. Let's go to the Eagle in Bridge Street. We can have some real traditional British food.
*Barry:* That's fine with me. Let's meet here at seven o'clock.
*Madhur:* OK. See you, Barry.
*Barry:* So long.

**G** 1/30 Der bestimmte Artikel **the**:
Die Aussprache ändert sich je nach dem Anlaut des nachfolgenden Substantivs:
1. Anlaut auf Konsonant (b, c, d, f, ...):

the **r**estaurant [ðə] the **G**olden Eagle [ðə]

2. Anlaut auf Vokal (a, e, i, o, u):

the **I**ndian restaurant [ði] the **E**agle [ði]

Beachten Sie: Entscheidend ist dabei aber immer die Aussprache: Bei **unit** oder **USA** z. B. wird der Artikel [ðə] ausgesprochen, da der Wortanfang hier als Konsonant gesprochen wird [ðə **ju:**nɪt], [ðə **ju:** es eɪ]. Umgekehrt ist es z. B. bei **hour**, wo der Wortanfang als Vokal gesprochen wird: [ði **aʊ**ə].

## 5 Read the dialogue and find one example for each of the following speech functions.

Lesen Sie den Dialog und finden Sie ein Beispiel für jede der folgenden Sprechabsichten.

a. eine Begrüßung

..........................................................................

b. um Erlaubnis bitten

..........................................................................

c. eine begrenzte Erlaubnis erteilen

..........................................................................

d. jemandem etwas anbieten

..........................................................................

e. ein Angebot ablehnen

..........................................................................

f. jemanden einladen

..........................................................................

g. eine Einladung höflich und begründet ablehnen

..........................................................................

h. eine Einladung nicht ganz so höflich ablehnen

..........................................................................

i. einen Gegenvorschlag machen

..........................................................................

j. einen Vorschlag annehmen

..........................................................................

k. sich von einem Freund/einer Freundin verabschieden

..........................................................................

## 6 Three puzzles

Drei Rätsel. Können Sie auf Englisch sagen, wer sich hinter den folgenden Personen verbirgt?

a. He's my aunt's brother, but he isn't my uncle.

Who is he? ..........................................................

b. My parents' child, but not a brother or a sister.

Who is it? ..........................................................

c. She's my mother's sister's daughter.

..........................................................................

## 7 At the restaurant

Im Restaurant

- Would you like the menu?
- Yes, please.

- Would you like to sit near the window?
- Yes, we would.

- Would you like a starter?
- No, thanks.

- Would you like something to drink?
- No, thanks. Not yet.

- Would you like a table for two?
- Yes, please.

- Would you like to give me your coats?
- Yes, thanks.

## 8 1/31 The dialogues aren't in the correct order. Listen to the cassette/CD and look at these pictures and then write the texts in the correct order.

Die Dialoge auf der gegenüberliegenden Seite sind nicht in der richtigen Reihenfolge. Hören Sie die Kassette und sehen Sie sich die Bilder an. Schreiben Sie dann die Texte in der richtigen Reihenfolge auf.

## 9 1/32 *Choosing and ordering a meal*

Ein Essen aussuchen und bestellen.

*Madhur:* This is a posh restaurant, isn't it?
*Barry:* Yes. The chips are "French fries". And there are two knives, two forks, two spoons and two glasses.
*Madhur:* I'm impressed, Barry. But look at these prices! The meals are expensive, aren't they?
*Barry:* Well, the salads aren't too expensive, are they? I'd like a salad.
*Madhur:* A salad! You aren't a vegetarian, are you?
*Barry:* No, but you're a vegetarian, aren't you?
*Madhur:* No. My parents are, but I'm not. I'd like something with chicken, I think. Barry, this restaurant isn't too expensive for you, is it?
*Barry:* No, no. It's all right.
*Madhur:* OK. Let's order. I'm starving!

*Waiter:* Would you like to order now, sir?
*Barry:* Er, yes, er …
*Madhur:* I'd like the chicken casserole, please. And my friend would like steak and chips – and a small salad.
*Waiter:* Would you like something to drink?
*Barry:* A lager, please.
*Madhur:* I'd like a mineral water. And we'd like separate bills, please.

Ungefähr 40% der Inder sind Vegetarier. Die restlichen 60% dürfen aus religiösen Gründen kein Rindfleisch (**beef**) essen und, obwohl keine Muslime, haben viele Inder auch eine Abneigung gegen Schweinefleisch (**pork**). Bevorzugt sind Fisch (**fish**), Hähnchen (**chicken**) und Lamm (**lamb**).

## 10 ➤ G

Madhurs Frage im ersten Satz des Dialogs ist eher rhetorischer Art, da sie keine Antwort erwartet. Wenn man im Deutschen etwas bestätigen oder betonen möchte, benutzt man Ausdrücke wie *nicht wahr?* und *oder nicht?* Im Englischen heißen diese Frageanhängsel **question tags**. Sie haben keine einheitliche Form wie im Deutschen. Es gibt 6 Beispiele von **question tags** in der ersten Hälfte des Dialogs. Können Sie sie finden?

## 11

What are the question tags in these sentences?
Was sind die Frageanhängsel in diesen Sätzen?

| | | sentences | question tags | |
|---|---|---|---|---|
| a. | + | Barry is Madhur's boyfriend, | **isn't he?** | – |
| b. | + | He and his friends are students, | ........................................ | |
| c. | – | Madhur isn't a student, | **is she?** | + |
| d. | | She's an MTA, | ........................................ | |
| e. | | Her friends at the MTA aren't MTAs, | ........................................ | |
| f. | | Finchley is near Wood Green, | ........................................ | |
| g. | | And Wood Green isn't far from Tottenham, | ........................................ | |
| h. | | Mr and Mrs Gopal are Madhurs parents, | ........................................ | |
| i. | | Barry and Madhur aren't vegetarians, | ........................................ | |
| j. | | The meals at the restaurant are expensive, | ........................................ | |
| k. | | But Madhur isn't impressed, | ........................................ | |

## 12

Say what these people would like.
Was hätten diese Leute gern?

1.
a. **Mr White would like a new job.**

b. He .................................. a new car, too.

c. His wife .................................. a new house.

d. Mr and Mrs White .................................. another child.

e. They .................................. a daughter.

2.
Are you really sure? Ask once again!
Sind Sie wirklich sicher? Fragen Sie nochmals nach!

a. ● **Would Mr White really like a new job?**
● **Yes, he would.**

b. ● ............................... he ............................... a new car, too?
● Yes, ...............................................................

c. ● ............................ his wife ............................ a new house?
● Yes, ...............................................................

d. ● ............................ Mr and Mrs White ............................ another child?
● Yes, ............................................................ .

e. ● .......................... they .................................. a daughter?
● Yes, ............................................................ .

# *The final round!*

Die letzte Runde!

13 **1/33** Order the things in the pictures.
Bestellen Sie die Sachen auf den Bildern.

a. .............................................. for two, please.

b. ..........................................................................

c. ..........................................................................

d. ..........................................................................

e. ..........................................................................

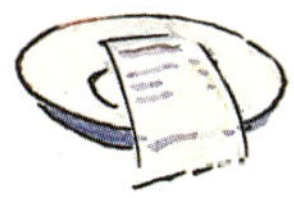

f. ..........................................................................

## *What would you like?*

Was hätten Sie gerne?

**to start with** *anfangen mit* **prawn** *Krabbe* **onion soup** *Zwiebelsuppe* **vegetable** *Gemüse* **garlic** *Knoblauch* **favourite** *Lieblings-*; hier: *Lieblingsgericht* **fillet of plaice** *Schollenfilet* **roast chicken** *Brathähnchen* **yorkshire pudding** *gebackener Eierteig* (keine Süßspeise!) **steak and kidney pie** *Rindersteak und Nieren überbacken mit Blätterteig* **dessert** *Nachspeise* **apple pie** *Apfelkuchen* **cheesecake** *Käsekuchen* **ice-cream** *Eiscreme* **special offer** *Angebot*

# Neue Formen und Strukturen

## 1. Der Genitiv

Bei Menschen und Tieren benutzt man den **s-**Genitiv, bei Dingen in aller Regel den **of-**Genitiv.

Beim s-Genitiv wird ein **-s** an das Substantiv im Singular angehängt:

my dog's name

Endet das Wort bereits auf **-s** oder **-z**, so wird ein **-s** oder nur ein **-'** angehängt:

Mr Andrews' house

Bei regelmäßigen Pluralformen auf **-s** wird nur ein **-'** angefügt:

My friends' names are Thomas, Jill and Andy.

Unregelmäßige Pluralformen erhalten ein **-s**:

My children's names are Pete and Jane.

## 2. *Frageanhängsel mit* is/are

Bei positiven Aussagen ist das Frageanhängsel in aller Regel negativ:

You're American, aren't you? — *Sie sind Amerikaner, oder?*
She's a student, isn't she? — *Sie ist Studentin, oder?*
Brad and Tina are vegetarians, aren't they? — *Brad und Tina sind Vegetarier, oder?*

Beachten Sie den Unterschied bei der 1. Person:

I'm right, <u>aren't I</u>?

Bei negativen Aussagen ist das Frageanhängsel positiv:

They aren't from Bradford, are they? — *Sie sind nicht aus Bradford, oder?*

## 3. would like

Dieser Ausdruck hat die Bedeutung *möchte(n), hätte(n) gerne*. Die Kurzform heißt **'d like** und bleibt ebenfalls in allen Personen unverändert.

I'd like an egg for breakfast, please. (höflich) — *Ich hätte gern ein Ei zum Frühstück, bitte.*

Bei Fragen und Kurzantworten wird immer die Langform benutzt.

Would you like a newspaper? – Yes, I would. Thanks.
*Hätten Sie gerne eine Zeitung? – Ja. Danke.*

Beachten Sie bitte den Unterschied zu **want** *wollen, möchten*:

I would like a coke please. (höflich) — I want a coke. (unhöflich)

# Britain on foot

Unit 5

Großbritannien zu Fuß

Auf den nächsten Seiten erfahren Sie, wie man einfache Bankgeschäfte erledigt und Reisebedarf kauft.

**Wortschatz:** Campingausrüstung, Reiseproviant, Kleidung, Zahlungsmittel, britisches und amerikanisches Geld.

Carol Gates and her boyfriend Shane Donovan are on holiday in Britain. They're **both** 19. They're from the USA and they're students. They're on a **hiking holiday** – the American English word is **"backpacking".** (In American English a "rucksack" is a **"backpack".**) Hiking and camping isn't expensive and it can be interesting. It's very **popular with young tourists** in Britain.

Carol Gates und ihr Freund Shane Donovan machen Urlaub in Großbritannien. Sie sind **beide** 19. Sie sind aus den USA und sind Studenten. Sie sind auf einem **Wanderurlaub** – das amerikanisch-englische Wort ist **„backpacking".** (Im amerikanischen Englisch ist ein *Rucksack* ein **„backpack".**) Wandern und Camping ist nicht teuer und kann interessant sein. Es ist sehr **beliebt bei jungen Touristen** in Großbritannien.

# 1 1/34 *What's important?*

Was ist wichtig?

Carol: Backpacking is super! It's very popular with young people because it's cheap. You can see lots of things and you can meet lots of people. But you need time. The important questions are not "How much money have I got?" or "How many things can I buy?". The important questions are "How many things must I take?" and "How much weight must I carry?"

These are the things that Shane must carry:

**Shane: 12 kilos**

**camping equipment (10 kilos)**

- backpack
- tent
- groundsheet
- sleeping bag
- spirit stove
- spirit (1 litre)
- frying pan
- 2 plates
- 2 cups
- 2 knives
- 2 forks
- 2 spoons

**clothing (2 kilos)**

- 1 pair of shoes
- 4 pairs of socks
- 5 pairs of underwear
- 2 shirts
- 1 pullover
- 1 pair of jeans
- 1 towel
- 1 pair of swimming trunks

These are the things that Carol must carry:

**Carol: 10 kilos**

camping equipment (6 kilos)

- backpack
- groundsheet
- sleeping bag
- kettle
- pan
- can opener
- water (1 litre)

clothing (4 kilos)

- 2 pairs of shoes
- 5 pairs of socks
- 6 pairs of underwear
- 2 pairs of tights
- 3 shirts
- 2 pullovers
- 1 pair of jeans
- 1 pair of shorts
- 1 swimming costume
- 2 towels

Shane has got more things in his rucksack. He must carry more weight.
Carol has got <u>fewer</u> things in her rucksack. She must carry <u>less</u> weight.

**G** Sowohl **fewer** als auch **less** wird im Deutschen mit *weniger* übersetzt, im Englischen werden die Ausdrücke jedoch verschieden verwendet. Sehen Sie sich nochmals den letzten Satz oben an: Vielleicht fällt Ihnen ja der Unterschied auf …

Haben Sie es herausgefunden? Es ist eigentlich ganz einfach: **fewer** steht immer zusammen mit zählbaren Substantiven, während **less** bei nicht zählbaren Substantiven gebraucht wird.

Shane has got fewer socks.
(*Socken* = zählbar)
Shane has got less clothing.
(*Kleidung* = nicht zählbar)

Genauso verhält es sich mit **How many …?** *Wie viele …?* und **How much …?** *wie viel…?*: **How many?** bezieht sich immer auf zählbare, **How much?** auf nicht zählbare Dinge.

How many spoons has Shane got?
*Wie viele Löffel hat Shane?*
How much time have we got?
*Wie viel Zeit haben wir?*

## 2

Look at the text and find the English equivalents for these German words.
Sehen Sie sich den Text an und versuchen Sie, die englischen Ausdrücke für die folgenden deutschen Wörter zu finden.

| | | |
|---|---|---|
| a. *Zeit* | d. *Wasser* | g. *Brennspiritus* |
| b. *Geld* | e. *Ausrüstung* | h. *Unterwäsche* |
| c. *Gewicht* | f. *Kleidung* | |

## 3

Shane's and Carol's equipment. Complete the questions and answers.
Vervollständigen Sie die Fragen und Antworten.

a. ● ........................................ equipment has Shane got?
● Ten ................................. .
b. ● ........................................ spirit stoves has he got?
● ........................................ .
c. ● ............................. spirit .............................?
● One ........................................ .
d. ● ............................................................ towels ........................................?
● ........................................ .
e. ● ............................................................ underwear ........................................?
● ........................................ pairs.
f. ● ............................ shirts ..............................?
● ........................................ .
g. ● ............................................................ clothing ........................................?
● Two ........................................ .
h. ● ............................................ weight must he ........................................?
● ........................................ .

a. ● ........................................ water has Carol got?
● One ............................... .
b. ● ........................................ equipment has she got?
● Six ................................ .
c. ● ............................ pans ..............................?
● One.
d. ● ............................................................ clothing ........................................?
● ........................................ .
e. ● ............................ shoes ..............................?
● ........................................ pairs.
f. ● ............................................................ underwear ........................................?
● ........................................ .
g. ● ............................................ weight must she ........................................?
● ........................................ .

## 4 1/35 Complete the sentences.

Vervollständigen Sie die Sätze mit **less**, **fewer** oder **more**.

a. Shane has got ...................................... clothing.

b. He's got .................................................. socks.

c. He's got .................................................. shirts.

d. He's got ........................................... underwear.

e. Shane has got .................................. equipment.

f. He must carry ....................................... weight.

g. Carol has got .................................. equipment.

h. But she's got ....................................... clothing.

i. She must carry ...................................... weight.

## 5 1/36 *Tired and hungry*

Müde und hungrig

Carol and Shane like the Yorkshire Moors. The moor is beautiful in the summer. The two American tourists are in Helmsley, a pretty village. They are both tired and hungry.

*Shane:* This is a nice place. Let's have a meal here.
*Carol:* Great! Have you got any money?
*Shane:* Well, yes and no. I've got some dollars. I've got some traveler's checks, too. But I haven't got any British money.
*Carol:* I've got some. Here. How much is that?
*Shane:* One pound sixty-five. It isn't much. And we haven't got any food. We should buy some food for later, too.
*Carol:* OK. Look, there's a bank. Let's change some dollars and traveler's checks.
*Shane:* And then a big meal. I'm hungry.

## 6 ➤G

Das Wort **some** *einige, ein paar* im obigen Dialog ist schon vorgekommen und Ihnen bekannt. Unterstreichen Sie nun mit Rotstift alle Sätze, die das Wort **some** enthalten. Unterstreichen Sie dann in einer anderen Farbe alle Sätze, die **any** enthalten. Können Sie herausfinden, worin sie sich von den Sätzen mit **some** unterscheiden?

Beachten Sie bitte die unterschiedliche Schreibweise für *Reisende(r)* und *Scheck,* bzw. *Reiseschecks* im britischen und im amerikanischen Englisch **traveller's cheques** (BE), **traveler's checks** (AE).

## 7 Look at this shopping list. What have you got? What haven't you got yet?

Schauen Sie diese Einkaufsliste an. Was haben Sie schon? Was haben Sie noch nicht?

a. We've got some bread.

b. We've got some ...................................................

c. .................................................................

d. .................................................................

e. .................................................................

f. .................................................................

g. .................................................................

h. .................................................................

i. .................................................................

j. .................................................................

1. We haven't got any bread rolls.

2. We haven't got any ..............................................

3. .................................................................

4. .................................................................

5. .................................................................

6. .................................................................

7. .................................................................

8. .................................................................

9. .................................................................

10. ................................................................

## 8 1/37

Listen to the cassette/CD. What are these words in German?

Carol und Shane sind in einer Bank. Hören Sie die Kassette/CD an. Wie heißen diese Wörter auf Deutsch?

a. to change money

..................................................................................

b. Just a minute!

..................................................................................

c. mistake

..................................................................................

d. buying rate

..................................................................................

e. selling rate

..................................................................................

f. service charge

..................................................................................

## 9 1/38 *In a tea shop*

In einer Teestube

It was a good meal and now Carol and Shane have got the bill.

*Shane:* The meal was OK. But that coffee was really awful.

*Carol:* Well, the tea was super. And this *is* a tea shop, Shane. Come on, pay the check and let's go shopping.

*Shane:* OK. Where's the money from the bank? Have you got it?

*Carol:* No, I haven't got it. You've got it. It's in a brown envelope.

*Shane:* It isn't in my anorak. I can't find it anywhere.

*Carol:* You *are* joking, aren't you? It must be somewhere. Look again!

*Waitress:* Is anything wrong?

*Shane:* Yes, something is missing – our money. It isn't anywhere in my anorak.

*Waitress:* But it could be somewhere in your rucksack.

*Shane:* Of course! There's a pocket inside my backpack. Ah! Here it is. That's a relief! Thank you very much. Here's the money for the check and keep the change.

*Waitress:* Thank you. Have a nice day.

*Carol:* Shane, you're an idiot!

*Shane:* Be fair, Carol. It could happen to anybody.

Carol: No, Shane. Only to somebody like you!

Amerikaner und Briten bezeichnen die Rechnung im Restaurant mit zwei unterschiedlichen Wörtern: **bill** (BE) und **check** (AE).

## 10 G

Im Dialog befinden sich einige Wörter, die mit **some** oder **any** beginnen. Unterstreichen Sie bitte alle Zusammensetzungen mit **any** in einer Farbe und die Zusammensetzungen mit **some** in einer anderen Farbe. Vergleichen Sie dann die Sätze. Wie unterscheiden sie sich? Sie können sich auch Text 5 noch einmal durchlesen. Sicher fällt Ihnen dabei folgender Unterschied auf: **Any** (und in diesem Text seine Zusammensetzungen **anything, anywhere** und **anybody**) kommen überwiegend in zwei Arten von Sätzen, nämlich in Fragen und Verneinungen vor.

Is anything wrong?
*Stimmt etwas nicht?*
It isn't anywhere in my anorak.
*Es ist nirgendwo in meinem Anorak.*

**Some** und seine Zusammensetzungen steht hingegen nur in bejahten Aussagesätzen:

It could be somewhere in your rucksack.
*Es könnte irgendwo in deinem Rucksack sein.*

Daneben steht **any** aber auch in positiven Aussagesätzen in der Bedeutung von *irgendein(e) x-Beliebige(r, -s)* :

Be fair Carol. It could happen to anybody.
*Sei fair Carol. Es könnte (wirklich) jedem passieren.*

11 Write down three dialogues. Use the words below You can also work with a partner and act them.

Schreiben Sie drei Dialoge. Benutzen Sie die angegebenen Wörter. Sie können sie auch mit einem/r Partner/in erarbeiten und sie spielen.

**do Anywhere! go something somewhere Anybody! ask Anything! somebody**

| You: | A partner: |
|---|---|
| **This is boring! Let's ...** | **What?** |
| | **Where?** |
| | **Who?** |

a. *You:* **This is boring! Let's do something!**

*Partner:* **What?**

*You:* **Anything!**

b. *You:* This is boring! Let's go

.................................................. .

*Partner:* .................................................. ?

*You:* .................................................. !

c. *You:* This is boring! Let's ask

.................................................. .

*Partner:* .................................................. ?

*You:* .................................................. !

➤ G Statt **somebody** *jemand* kann man auch **someone** benutzen. Ebenso kann man statt **anybody** *irgendjemand* auch **anyone** benutzen. Bei **not ... anybody/anyone** *keine, keiner* gibt es als Alternative **nobody** *niemand.*

# The final round!

Die letzte Runde!

12 Sort these words into the two lists: Countable nouns and uncountable nouns.

Sortieren Sie diese Wörter in zwei Listen: Zählbare Substantive und nicht zählbare Substantive.

**bacon, bread, bread rolls, butter, cheese, clothing, coffee, dollar bill, egg, equipment, food, holiday, kilo, knife, meal, milk, money, orange, paper, question, shop, soap, spirit, spirit stove, sugar, tea, thing, time, toothbrush, toothpaste, tourist, towel, underwear, water, weight**

13 Preparations for the birthday party. Put in **some**, **any** or their compounds!

Derek und Jill planen eine grosse Geburtstagsparty. Setzen Sie **some, any** oder eine ihrer Zusammensetzungen ein!

*Derek:* Have we got .................................. crisps?

*Jill:* Well, we've got .................................. but I think we need more!

*Derek:* What about the lemonade. I think we haven't got ............................... lemonade.

*Jill:* Right. We must buy .................................. . And we should buy .................. Coke, too.

*Derek:* Where is the wine? I can't find it .................................. .

*Jill:* It must be ........................................ in the kitchen.

*Marc:* Hey, ................................. must help me. I can't prepare all the sandwiches.

*Derek:* Okay. I can prepare ................................. . But where's the butter? Isn't there .................................. butter left?

*Kevin:* I'm going to buy .................................. , okay? Must I buy .................................. else? Is ................................. missing?

*Jill:* No you needn't buy .................................. else. I think we've got everything.

# American money

**100 cents = 1 Dollar**

**Do you know where the word 'dollar' came from? And do you know what a 'greenback', a 'nickel' or a 'dime' is? Well, here are some interesting facts about American money: The word 'dollar' originally came from the German 'Taler'. There are bills of 1, 2, 5, 10, 20, 50 and 100 dollars. The important thing is that these bills are all the same colour and the same size. They are grey on the front and green on the back which is why they're also called 'greenbacks'. There are coins of 1 cent (called 'a penny'), 5 cents ('a nickel'), 10 cents ('a dime'), 25 cents ('a quarter'), 50 cents ('half dollar') and 1 dollar. Of course today people in the USA use a lot of 'plastic money' (i.e. credit cards) instead of cash.**

**do you know ...?** *Wissen Sie ...?* **came from** hier: *herkommt* (wörtl.: *kam*) **fact** *Tatsache, Fakt* **about** hier: *über* **originally** *ursprünglich* **bill** (AE) *Geldschein* **size** *Größe* **grey** *grau* **on the front** *auf der Vorderseite* **green** *grün* **on the back** *auf der Rückseite* **called** *genannt* **coin** *Münze* **use** *benutzen* **i.e.** hier: *das heißt* **cash** *Bargeld*

# Neue Formen und Strukturen

## 1. Zählbare und nicht zählbare Substantive

Substantive (Hauptwörter) wie **book, aunt, glass,** usw. sind zählbar und haben Einzahl- und Mehrzahlformen: **a book – two books, an aunt – two aunts, a glass – two glasses.**

Substantive wie **bread, cheese, equipment, clothing,** usw. sind nicht zählbar und haben keine Pluralform.

The bread is cheap here. This cheese is from Germany. The correct clothing is important.

In positiven Aussagen stehen sowohl zählbare als auch nicht zählbare Substantive oft zusammen mit **some,** was im Deutschen *einige* bedeutet, häufig aber auch gar nicht übersetzt wird:

Let's buy some bread and some eggs. *Lasst uns Brot und Eier kaufen.*

In negativen Aussagen und Fragen benutzt man **much** bei nicht zählbaren Substantiven. **Many** wird immer bei zählbaren Substantiven gebraucht. **A lot of** und **lots of** sind gleichbedeutend. Sie werden sowohl mit zählbaren als auch mit nicht zählbaren Substantiven in bejahten Aussagesätzen verwendet

| | **much** | **many** | **a lot of/lots of** |
|---|---|---|---|
| Fragen | How much sugar have we got? | How many eggs have we got? | |
| Verneinte Aussagen | We haven't got much wine. | There aren't many bottles left. | |
| Aussagen | | | Tom has got a lot of equipment. He has got lots of money. |

Nicht zählbare Wörter können mit Begriffen verbunden werden, die zählbar sind:

A slice of bread. – Two slices of bread. *Eine Scheibe Brot. – Zwei Scheiben Brot.*
A cup of tea. – Two cups of tea. *Eine Tasse Tee. – Zwei Tassen Tee.*

## 2. some – any

**Some** *etwas, einige* wird in positiven Aussagen benutzt, um eine unbestimmte Menge zu bezeichnen:

I've got some eggs and some bacon. *Ich habe ein paar Eier und etwas Schinken.*

Bei Fragen und negativen Aussagen wird **any** benutzt:

Have you got any oranges? *Haben Sie Orangen?* I haven't got any oranges. *Ich habe keine Orangen.*

**Any** wird in positiven Aussagen auch in der Bedeutung von *irgendein(e) x-Beliebige(r)* benutzt:

Buy a newspaper, please. – What newspaper? Any newspaper. *Kauf bitte eine Zeitung. – Welche Zeitung? Irgendeine Zeitung.*

Die folgenden Zusammensetzungen von **some** und **any** werden entsprechend benutzt:

| Positive Aussagesätze | Fragen/Verneinung |
|---|---|
| somebody/someone, something, somewhere | anybody/anyone, anything, anywhere |

# Shopping

Unit 6

Einkaufen

Diese Unit vermittelt Ihnen Wörter und Redewendungen, die zum Bereich „Einkaufen" gehören. Sie erfahren, wie man eine Meinung äußert, wie man etwas bewertet bzw. vergleicht und Gefallen, Missfallen und Vorlieben ausdrückt. Darüberhinaus lernen Sie, wie man über Gewohnheiten spricht.

**Wortschatz:** Geschäfte, Länder, Kleidung, Farben.

York is an old city in North Yorkshire. In Roman times its name was Eboracum. Thousands of tourists visit York in the summer. It's a very popular tourist attraction. Tourists love to walk along the **town walls** and take photos of the old houses, the **river** and the cathedral. York is a very **attractive** city.

Middlesbrough is a big industrial city in Teesside. It's **bigger than** York but it isn't **as old** and it certainly isn't **as attractive**. At first glance, these two cities are very different. But they have one thing in common – they are both important regional shopping centres.

York ist eine alte Stadt in North Yorkshire. Bei den Römern hieß sie Eboracum. Tausende von Touristen besuchen York im Sommer. Es ist eine sehr beliebte Touristenattraktion. Touristen gehen gerne an den **Stadtmauern** spazieren und fotografieren die alten Häuser, den **Fluss** und die Kathedrale. York ist eine sehr **attraktive** Stadt.

Middlesbrough ist eine große Industriestadt in Teesside. Sie ist **größer als** York, aber nicht **so alt** und gewiss nicht **so attraktiv**. Auf den ersten Blick sind diese zwei Städte sehr unterschiedlich. Aber sie haben eines gemeinsam – sie sind beide wichtige regionale Einkaufszentren.

# 1 2/1 *The Bartons*
Die Familie Barton

Clive and Penny Barton live in York. Clive works for an insurance company in London. He commutes by train on weekdays. Penny writes for a women's magazine in Manchester. But she doesn't commute, she works at home. They usually go shopping on Saturday mornings, but they don't always go shopping together.

Penny

I always walk around the market and choose something nice for an evening meal. I don't like giant supermarkets or department stores. I never go there. They're too impersonal. I like the small traditional shops – the butcher's, the baker's, the grocer's, etc. I take my time and enjoy it. Clive doesn't enjoy shopping as much as I do. So he sometimes goes one way and I go another and we meet at a pub for lunch.

Clive

I don't enjoy shopping, but I like wine and books. So I always look around the wine shops and the bookshops. I buy a bottle here and a book there. I usually meet Penny at a pub and we have lunch. I like 'The Fox' in the city centre, Penny likes 'The Viking' near the river. We usually choose one or the other. It doesn't really matter. They both serve excellent meals and Penny always arrives late!

➤G In den Texten auf der gegenüberliegenden Seite treffen Sie auf Verben in der Zeitform des einfachen Präsens (= **the simple present**). Es wird hauptsächlich bei den folgenden beiden Sprechabsichten benutzt:

1. Zur Beschreibung eines allgemeinen Zustands:

The Burtons live in York. Clive works in London. They both like pub meals.
*Die Burtons leben in York. Clive arbeitet in London. Beide mögen das Essen in Pubs.*

2. Bei der Beschreibung regelmäßiger oder gewohnheitsmäßiger Tätigkeiten:

Clive commutes by train on weekdays. They always walk around the market.
Penny never goes to giant supermarkets. She takes her time.
*Clive pendelt wochentags mit dem Zug. Sie spazieren immer über den Markt.*
*Penny geht nie in große Supermärkte. Sie nimmt sich Zeit.*

Die Form des **simple present** richtet sich danach, ob die Aussage positiv oder negativ ist und wer spricht.

2 ➤G Look at the 3 texts on the opposite page and complete this table.
Sehen Sie sich die 3 Texte auf der gegenüberliegenden Seite an und vervollständigen Sie die Sätze.

| | + | – |
|---|---|---|
| Penny<br>Clive<br>It | • Clive works for an insurance company.<br>• He .................................. by train on weekdays.<br>• Penny .......................................... for a women's magazine in Manchester.<br>• She ........................................ at home.<br>• Clive sometimes .................................. one way and I go another.<br>• Penny ................................................ "The Viking". | • Penny doesn't commute.<br>• Clive ...................................................... shopping as much as I do.<br>• It ............................ really ........................ |
| Penny & Clive | • The Bartons live in York.<br>• They usually ........................................ shopping on Saturday mornings. | • But they .................................. always .................................. shopping together. |

Sicher war es kein Problem für Sie, die Tabelle auszufüllen! (Sie können ja sicherheitshalber nochmal im Lösungsschlüssel nachsehen.) Wie Sie sehen, ist es auf jeden Fall gar nicht schwer, die englischen Verbformen im **simple present** zu bilden. Zusammenfassend können wir sagen:
In der 3. Person Einzahl (also bei **he**, **she**, **it**) wird ein **-s** (bzw. **-es** bei **do** oder **go**) an die Grundform des entsprechenden Verbs angehängt. Bei allen anderen Formen (**I**, **you**, **we**, **you** und **they**) benutzt man ganz einfach die Grundform des Verbs (**live**, **go**, **buy**, etc.).
Ähnlich einfach ist es bei der Verneinung: Man benutzt **don't** + die Grundform des Verbs, nur in der 3. Person Einzahl muss **doesn't** + Grundform des Verbs stehen.

## 3 Complete the sentences.

Vervollständigen Sie diese Sätze mit den korrekten Präsensformen der Verben in Klammern.

The Sullivans

The Sullivans (live) ..............................[1] in Middlesbrough. Edith Sullivan (work) ...............................[2] in a factory. Jack Sullivan (not work) ...................... ..........................[3] – he's unemployed. The Sullivans (not have) .................................[4] a car. They (walk) .............................[5] or (take) ...............................[6] a bus. Jack (do) ...................................[7] the housework and (go) .......................................[8] shopping. But he (not go) .................................[9] shopping on Saturdays. There are too many people and he (not have) .............................[10] the time.

Jack:

I usually (buy) ................................[11] everything at Asda. That's a giant supermarket near us. I (like) .........................................[12] it because I (not need) .............................[13] a bus, I can walk there in five minutes. There are two big shopping centres in the city centre, but I (not go) ....................................[14] there very often. The shops there aren't as cheap as the supermarket and it (take) ...............................[15] too long.

**G** Das **simple present** wird sehr häufig mit Zeitangaben benutzt, die meistens am Ende des Satzes stehen.

I go shopping on Wednesdays.
*Mittwochs gehe ich einkaufen.*
I visit my grandmother every Saturday afternoon.
*Ich besuche meine Großmutter jeden Samstagnachmittag.*

Die Adverbien der Häufigkeit (**always**, **usually**, **often**, **sometimes**, **never**, usw.) stehen vor dem Verb bzw. zwischen den Formen von **to do** und dem Verb.

I sometimes meet Fred on the bus.
*Manchmal treffe ich Fred im Bus.*
But I don't usually talk to him!
*Aber gewöhnlich rede ich nicht mit ihm!*

## 4 Rewrite these sentences by placing the expressions in brackets at the right place in the sentence.

Schreiben Sie die Sätze um, indem Sie die Ausdrücke in Klammern an die richtige Stelle im Satz setzen.

a. (every summer) We visit my sister in York.
b. (usually) We don't stay with them because their house is too small.
c. (always) We stay at a hotel near the river.
d. (never) We leave our dog at home.
e. (sometimes) We take him to York with us.
f. (every month) My sister writes me a letter.
g. (sometimes) She visits us here in London.

**G** Erinnern Sie sich an die Subjektpronomen (**I**, **you**, **he/she/it**, etc.) in der ersten Lektion? In der obigen Übung finden Sie in den Sätzen b., e., f. und g. so genannte Objektpronomen. Es handelt sich dabei um persönliche Fürwörter, die nicht als Subjekt, sondern als Objekt eines Satzes stehen. Fragt man nach den Subjektpronomen mit *wer oder was?*, so lautet die Frage bei den Objektpronomen *wem?* bzw. *wen oder was?* (*mich/mir, dich/dir, ihn/ihm, sie/ihr es, uns, euch, sie/ihnen*):

We visit my sister in New York every summer.
*Wir besuchen meine Schwester in New York jeden Sommer.*
We visit her every summer.
*Wir besuchen sie jeden Sommer.*
*(Wen besuchen wir jeden Sommer?)*

## 5 Fill in the forms!

Sehen Sie sich die Übung 4 und den Grammatikabschnitt nochmals an. Suchen und unterstreichen Sie die Objektpronomen und versuchen Sie dann, die Lücken richtig auszufüllen!

Penny and I don't always go shopping together. I always look around the little shops: the grocer's, the baker's, etc. – I like ................. (*sie*) very much. Penny usually walks around the market. Later I meet ................. (*sie*) in a pub and we have lunch together. After that we sometimes visit my dad. We see ................. (*ihn*) very often. He lives near ................. (*uns*) and Penny likes ................. (*ihn*) a lot.

## 6 2/2 I agree.

Ich stimme zu.

*Clive:* I like York.
*Penny:* I like it, too. I like the town walls, the old streets and the little shops.
*Clive:* So do I. I agree with you. York is a nice place. But I don't like that new giant supermarket.
*Penny:* No, I don't like it either. It's ugly. And I don't like 'The Fox'. It's a rotten pub!
*Clive:* No, it isn't. I disagree. I think it's a great pub!

## 7 2/3 Listen to the cassette/CD and complete this list.

Hören Sie sich die Kassette/CD an und vervollständigen Sie die Liste.

| Clive and Jenny like: | they don't like: |
|---|---|
| – books by ............................ ............................ | ............................ ............... Stephen King |
| – French and German ............................ | Australian ............................ |
| – .......................... and Swedish .......................... | Japanese ............................ |
| – ............................ | ............................ |
| – Chinese ............................ | ............................ ............................ |
| – British ............................ | ............................ ............................ |
| – ............................ | ............................ |

Which of Clive and Jenny's statements do you agree with?
Mit welchen Aussagen von Clive und Jenny stimmen Sie überein?

| statement | agreeing |
|---|---|
| They like books by Agatha Christie. | I like them, too |

Which of their statements do you disagree with?
Mit welchen Aussagen stimmen Sie nicht überein?

| statement | disagreeing |
|---|---|
| They don't like ........................................................... | I don't like it/them either. |

## 8 2/4 *Only the best!*
Nur das Beste!

Clive and Penny are in a men's shop. They want a present for Clive's father. It's his birthday next month.

*Clive:* What about a whisky for Dad? This one is good. It's six years old.
*Penny:* Yes, and it isn't too expensive, is it?
*Clive:* No, it's cheap. But perhaps it's too cheap. This one is better. It's older than that one.
*Penny:* And it's more expensive, too.
*Clive:* Oh, look. A single malt. Dad likes malt whisky. This one is the best. It's the oldest, too.
*Penny:* It's also the most expensive. What about cufflinks? Your father still wears the things, doesn't he?
*Clive:* Yes, he's a bit old-fashioned.
*Penny:* Well, here are some nice ceramic ones. They're pretty, and they're cheap, too.
*Clive:* These silver ones are nicer. They're prettier.
*Penny:* And more expensive.
*Clive:* Oh, look at these gold ones.
*Penny:* I can guess. They're the nicest, the prettiest and the most expensive. Clive, your Dad is bad enough, but you are worse! Let's look at the ties.

## 9 Try to find the English words.
Versuchen Sie, im Text 8 die englischen Wörter für die folgenden deutschen Ausdrücke zu finden.

a. *Geschenk*

..............................................................................

b. *teuer*

..............................................................................

c. *teurer*

..............................................................................

d. *noch*

..............................................................................

e. *tragen (Kleidung)*

..............................................................................

f. *altmodisch*

..............................................................................

**G** Beachten Sie bitte den englischen Ausdruck für *Geburtstag haben*, der kein *have* enthält:

It's his birthday next month.
*Nächsten Monat hat er Geburtstag.*

**G** Mit **one** (Einzahl) oder **ones** (Mehrzahl) kann man ein Hauptwort ersetzen, um es nicht ständig wiederholen zu müssen:

The red pullover is okay.
*Der rote Pullover ist ok.*
The green pullover is better.
*Der grüne Pullover ist besser.*
The green one is better.
*Der grüne ist besser.*

The ceramic cufflinks are pretty.
*Die Keramikmanschettenknöpfe sind hübsch.*
The silver cufflinks are nicer.
*Die silbernen Manschettenknöpfe sind schöner.*
The silver ones are nicer.
*Die silbernen sind schöner.*

Beachten Sie: Im Gegensatz zum Deutschen, wo es kein Stützwort gibt, ist im Englischen **one** unbedingt notwendig, wenn man das Substantiv weglassen will.

## 10 Which things do you like? Use **one** or **ones**.

Welche Sachen mögen Sie? Verwenden Sie **one** oder **ones**.

red blue green yellow white black grey orange pink brown

tie

a. I like the ...................... one.

I don't like the ...................... one.

shirt

b. I like the ...................... ...................... .

I don't like the ...................... ...................... .

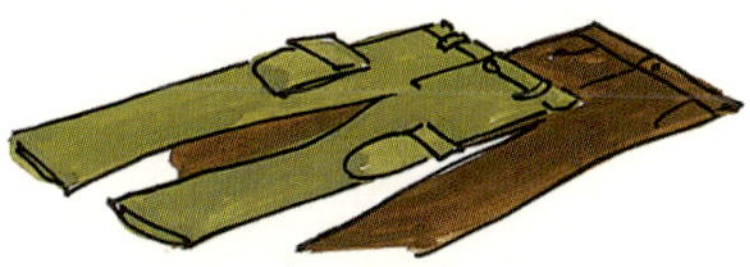
trousers

c. I like ...................... ...................... ...................... .

I don't ...................... ......................

...................... ...................... .

scarf

d. ..........................................................................

..........................................................................

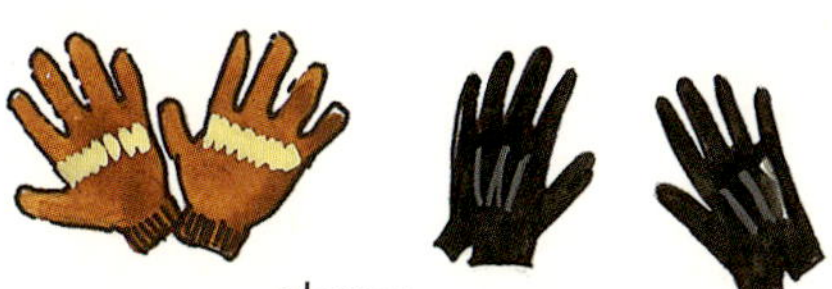
gloves

e. ..........................................................................

..........................................................................

vest

f. ..........................................................................

..........................................................................

underpants

g. ..........................................................................

..........................................................................

cap

h. ..........................................................................

..........................................................................

socks

i. ..........................................................................

..........................................................................

waistcoat

j. ..........................................................................

..........................................................................

Vorsicht! Ein Unterhemd in AE ist ein **undershirt** und **vest** ist in AE eine Weste.

**G** Im Englischen werden die meisten Adjektive nach einer dieser beiden Methoden gesteigert:

| | Steigerung mit **-er**/**-est** | Steigerung mit **more** bzw. **most**. |
|---|---|---|
| Einsilbige Adjektive | old – older – (the) oldest | |
| Zweisilbige Adjektive, die auf **-er** **-le** **-y** **-ow** enden. | clever – cleverer – (the) cleverest<br>gentle – gentler – (the) gentlest<br>happy – happier – (the) happiest<br>narrow – narrower – (the) narrowest | |
| Alle anderen zwei- und mehrsilbigen Adjektive | | famous – more famous – (the) most famous<br>attractive – more attractive – (the) most attractive |

Eine kleine Zahl von Adjektiven (z. B. **good** und **bad**) werden unregelmäßig gesteigert.

## 11 2/5 Complete this list.

Vervollständigen Sie diese Liste.

| | | |
|---|---|---|
| a. bad | ................................................ | (the) worst |
| b. ................................................ | bigger | ................................................ |
| c. beautiful | ................................................ | ................................................ |
| d. ................................................ | more careful | ................................................ |
| e. cheap | ................................................ | ................................................ |
| f. difficult | ................................................ | ................................................ |
| g. ................................................ | earlier | (the) earliest |
| h. expensive | ................................................ | ................................................ |
| i. ................................................ | ................................................ | (the) greatest |
| j. happy | ................................................ | ................................................ |
| k. interesting | ................................................ | ................................................ |
| l. ................................................ | ................................................ | (the) littlest |
| m. modern | ................................................ | ................................................ |
| n. ................................................ | newer | ................................................ |
| o. ................................................ | ................................................ | (the) nicest |
| p. ................................................ | ................................................ | (the) oldest |
| q. old-fashioned | ................................................ | ................................................ |
| r. ................................................ | prettier | ................................................ |
| s. small | ................................................ | ................................................ |
| t. traditional | ................................................ | ................................................ |

12 Second hand cars! Say which of these cars you would like and why! Look at the example and try to make some dialogues.

Es sind einige gebrauchte Autos zu verkaufen. Sagen Sie, für welches Sie sich entscheiden würden und warum! Schauen Sie sich das Beispiel an und versuchen Sie, einige Dialoge zu entwerfen.

| | | |
|---|---|---|
| **1986** | **1994** | **1998** |
| **$ 500** | **$ 5,000** | **$ 9,500** |
| **80 mph** | **90 mph** | **135 mph** |
| **55 hp** | **60 hp** | **150 hp** |

- **I'd like the one in the middle. It's cheap!**
- **But the left one is cheaper. It's the cheapest.**
- **Okay, but it's the oldest. I don't like old cars.**
- **Right.**

**G** Will man zwei Dinge vergleichen, so benutzt man folgende Wendungen:
a. bei Ungleichheit: 1. Steigerung des Adjektivs + **than**
Middlesbrough is bigger than York
b. bei Gleichheit **as** + Grundform des Adjektivs + **as**
York is as attractive as Edinburgh

13 For sale!
Zu verkaufen! Sehen Sie sich die Anzeigen zu folgenden beiden Wohnungen an und vergleichen Sie sie! Worin sind sie verschieden und worin gleichen sie sich?

| **Flat A** | **Flat B** |
|---|---|
| **90 $m^2$** | **90 $m^2$** |
| **3 bedrooms** | **2 bedrooms** |
| **2 bathrooms** | **1 bathroom** |
| **£135,000** | **£125,000** |

a. **Flat A has got more bathrooms than flat B.**

b. ..............................................................................

c. ..............................................................................

d. ..............................................................................

14 Compare the two pictures. What's different? Write 10 sentences.

Sehen Sie sich die zwei Bilder an und vergleichen Sie sie. Was ist anders? Schreiben Sie 10 Sätze.

a.

b.

**The woman in picture A is older than the woman in picture B.**

## *The final round!*

Die letzte Runde

15 2/6 What an awful day! Listen to the story and try to answer the following questions!

Jack hatte einen wirklich schrecklichen Tag! Hören Sie sich seine Geschichte an und überprüfen Sie die folgenden Behauptungen. Nicht alle Wörter, die in dem Text vorkommen, werden Sie kennen. Versuchen Sie trotzdem, das Wesentliche von Jacks Geschichte zu verstehen. Ansonsten können Sie natürlich jederzeit im Vokabelverzeichnis nachschlagen.

a. Jack works for an insurance company.

..............................................................................

b. His wife's name is Penny.

..............................................................................

c. Today he must go to Mrs Dickinson.

..............................................................................

d. Jack drives very carefully.

..............................................................................

e. Jack stops at 23 Wakefield Road.

..............................................................................

f. The police think he is the woman's brother.

..............................................................................

**16** 2/7, 8 Say it in English!

Clive und Penny wollen verreisen. Sie haben sich ein paar Reiseprospekte geholt und diskutieren über die Angebote. Leider haben sie etwas unterschiedliche Ansichten. Können Sie sich vorstellen, was sie sagen?

*Penny:* Oh, I really want to go to Italy this summer.
*Clive:* *(sagt, dass Italien sehr schön ist, aber dass es zu teuer ist.)*

..................................................................................................................................

*Penny:* *(verneint und sagt, dass eine Reise* (= **trip**) *nach Griechenland* (= **Greece**) *teuerer ist.)*

..................................................................................................................................

*Clive:* *(antwortet, dass das Hotel in Athen* (= **Athens**) *genauso viel kostet* (= **to cost**) *wie das Hotel in Rom* (= **Rome**) *und dass es in Griechenland wärmer als in Italien ist.)*

..................................................................................................................................

*Penny:* That's not true. *(sagt, dass das Hotel in Rom etwas* (= **a little**) *billiger ist als das in Athen. Sie fügt hinzu, dass Italien interessanter ist als Griechenland.)*

..................................................................................................................................

*Clive:* OK, OK … Let's go to Italy then!

# MARKETS, SHOPS AND SHOPPING CENTRES

**Big shopping centres like Arndale Centre in Manchester offer everything from CDs to shoe shops. But you may have the impression that you've seen all that before.**

**Cities like York, for example, with their charming streets and little stores can show you how different shopping in Great Britain can really be.**

**Don't miss out on English markets! They offer so much from food and vegetables to cutlery. Even if you don't want to buy anything, they are well worth a visit.**

**to offer** *anbieten* **… you may have** hier: *… Sie haben vielleicht* **impression** *Eindruck* **you've seen all that before** *Sie haben all das schon gesehen* **charming** *reizend* **store** *Laden* **to miss out on s.th.** *etw. verpassen* **vegetables** *Gemüse* **cutlery** Besteck **even if** *selbst wenn* **well worth a visit** einen Besuch wert

# Neue Formen und Strukturen

## 1. *Die einfache Gegenwart* (simple present)

In der 3. Person Singular (**he**, **she**, **it**) wird ein **-s** angehängt. Bei allen anderen Personen wird die Grundform (Infinitiv ohne **to**) beibehalten.

| Infinitiv | work |
|---|---|
| I | work |
| you | work |
| he/she/it | works |
| we | |
| you | work |
| they | |

Bei einsilbigen Verben, die auf **-o** enden, wird **-es** angehängt.

| | |
|---|---|
| go | goes |
| do | does |

Ebenso bei Verben, die auf einem Zischlaut (**-ch, -sh, -ss**) enden.

| | |
|---|---|
| watch | watches |
| wash | washes |
| kiss | kisses |

Merke den Unterschied zwischen Verben die auf Konsonanten + **y** enden und Verben die auf Vokal + **-y** enden.

| | |
|---|---|
| try | tr<u>ie</u>s |
| buy | buys |

Bei Verneinungen (außer mit **never**) wird das Hilfsverb **don't** (bei **I, you, we, they**) bzw. **doesn't** (bei **he, she, it**) benutzt. Das Vollverb hat immer die Infinitivform.

| Infinitiv | live |
|---|---|
| I | don't live |
| you | don't live |
| he/she/it | doesn't live |
| we | don't live |
| you | don't live |
| they | don't live |

## 2. *Stellung der Zeitangaben*

Die folgenden Zeitangaben werden oft mit dem **simple present** benutzt:

always, never, often, sometimes, usually
every day/week/month/year/…
on Tuesdays/weekdays/…
at weekends/Christmas/New Year/…

**Always, never, often, sometimes, usually** oder **normally** sind so genannte Adverbien der unbestimmten Zeit und stehen in der Regel vor dem Vollverb bzw. nach **to be**:

I always take the train to Manchester.
The train is usually on time.

Adverbiale Bestimmungen der bestimmten Zeit wie **on Tuesdays, every day, at weekends,** etc. stehen entweder am Satzanfang oder am Satzende.

On Sundays my mother goes to church.
We visit her every weekend.

## 3. *Die Objektpronomen*

Sie können ein Substantiv, welches als Objekt steht, ersetzen.

| Subjektpronomen | Objektpronomen |
|---|---|
| I | me |
| you | you |
| he, she, it | him, her, it |
| we | us |
| you | you |
| they | them |

## 4. *Das Stützwort* one.

Will man ein bereits genanntes Substantiv nicht wiederholen, muss man im Englischen das so genannte Stützwort **one** verwenden (im Deutschen wird es meistens nicht übersetzt):

I've got three cats – a big one and two smaller ones.
*Ich habe drei Katzen – eine große und zwei kleinere.*

### *5. Die Steigerung von Adjektiven*

Einige wenige Adjektive (z. B. **good, bad**) werden unregelmäßig gesteigert. Alle anderen werden entweder mit **more/most** oder mit **-er**/**-est** gesteigert.

| | Steigerung mit **-er**/**-est** | Steigerung mit **more** bzw. **most**. |
|---|---|---|
| einsilbige Adjektive | cheap – cheaper - (the) cheapest | |
| zweisilbige Adjektive, die auf | | |
| **-er** | clever – cleverer – (the) cleverest | |
| **-le** | gentle – gentler – (the) gentlest | |
| **-y** | happy – happier – (the) happiest | |
| **-ow** | narrow – narrower – (the) narrowest | |
| enden. | | |
| alle anderen zweisilbigen Adjektive | | famous – more famous – (the) most famous |
| drei- und mehrsilbige Adjektive | | beautiful – more beautiful – (the) most beautiful |

Beachten Sie die Veränderung bei Adjektiven, die auf **-y** enden: **-y** wird zu **-ier**.

Vergleich: Wenn Sie Personen oder Dinge im Satz miteinander vergleichen wollen, haben Sie folgende Möglichkeiten:

a. Gleichheit:

| | | |
|---|---|---|
| Books by A. Christie are | as interesting as | books by Stephen King. |

b. Ungleichheit:

| | | |
|---|---|---|
| Reading a good book is | more interesting than | watching TV. |
| Penny's job is | less boring than | Clive's work. |
| Holidays at home are | not as nice as | holidays in Italy. |

Unit 7

# Popular sports

## Beliebte Sportarten

In dieser Einheit lernen Sie Menschen zu beschreiben – nicht nur ihr Aussehen sondern auch ihre Charakterzüge. Sie lernen, wie man Fragen stellt und wie man über Gewohnheiten berichtet und üben die Befehlsform.

**Wortschatz:** Aussehen, Charakterzüge, Sportvokabular.

Bill Robb is a reporter. He works for a **national newspaper**. He writes about sport. "Our readers want lots of information. They want to know everything about the games and the **players**. I do lots of interviews – two or three every week. Some people are very nice and the interview is a pleasure. But it isn't always easy. Some stars can be **arrogant** and **rude**. You must always be **polite**. You must be **patient** and you must **stay calm**. You must never get **angry** because that only makes things worse."

Bill Robb ist Reporter. Er arbeitet für eine **überregionale Zeitung**. Er schreibt über Sport.
„Unsere Leser wollen viel Information. Sie wollen alles über die Spiele und die **Spieler** wissen. Ich mache viele Interviews – zwei oder drei pro Woche. Einige Leute sind sehr nett, und das Interview ist ein Vergnügen. Aber es ist nicht immer leicht. Einige Stars können **arrogant** und **unhöflich** sein. Man muss immer **höflich** sein. Man muss **geduldig** sein und **ruhig bleiben**. Man darf nie **ärgerlich** werden, weil das die Sache nur schlimmer machen würde."

# 1 2/9 *A sportswoman*
Eine Sportlerin

Bill Rob is a sports reporter. He works for a national newspaper and gives his readers lots of information about the important games and players. Every week he does two or three interviews. Some of them are a pleasure, but some are awful. These things are important in interviews:
– Don't surprise people with an interview.
– Don't be rude. Always be polite.
– Don't get angry. Be patient and stay calm.
Here is Bill's report about a young sportswoman.

Alison Carney is young, she's still in her 20s. She's tall for a woman. She's very attractive – a natural blonde with long legs and short hair, pretty blue eyes and a slim figure. She looks good in dark clothing. She's also very cool and reserved – an ice princess. But her smile is warm and friendly, so perhaps she's only shy. Only a few people know who Alison Carney is. She isn't famous yet. Alison is a sportswoman, but she doesn't play tennis or run or swim. Alison's sport is snooker. Snooker is the most popular sport on British television. More people watch snooker on television than any other sport. But it's the men they watch. Players like Jimmy White from England and Stephen Hendry from Scotland and James Watana from Thailand. They're sports stars and national heroes, too. But who knows the women snooker players?

Klar, dass es gerade bei der Bescheibung von Menschen wichtig ist, den „richtigen Ton" zu treffen. So benutzt man im Deutschen lieber *schlank* als *dürr*, oder *pummelig* als *fett*. Das ist natürlich auch im Englischen so: Man sagt eher **slim** als **thin** und **plump** klingt besser als **fat**.

## 2 Look at the second text and write down the sentences that contain the following words.

Sehen Sie sich den zweiten Text an und schreiben Sie die Sätze mit den folgenden Wörtern auf.

a. *anziehend* She's very attractive.

b. *blonde (r, s), Blondine* ..........

c. *dunkel* ..........

d. *warm und freundlich* ..........

e. *groß (von Statur)* ..........

f. *hübsch, schlank* ..........

g. *jung* ..........

h. *kühl und reserviert* ..........

i. *lang, kurz* ..........

j. *schüchtern* ..........

## 3 What are they?

Was sind sie?

a. Somebody who <u>plays</u> games is a player .

b. Somebody who <u>reports</u> things for newspapers or television is a .......................... .

c. Somebody who <u>uses</u> something is a .......................... .

d. Somebody who <u>buys</u> something is a .......................... .

e. Somebody who <u>calls</u> on the phone is a .......................... .

f. Somebody who <u>cleans</u> rooms is a .......................... .

g. Somebody who <u>climbs</u> mountains is a .......................... .

h. Somebody who <u>drinks</u> a lot is a .......................... .

i. Somebody who <u>drives</u> a car is a .......................... .

But be careful. It doesn't work like this with every job:

Aber passen Sie auf. Es funktioniert nicht mit jeder Tätigkeit so:

j. A man who <u>serves</u> meals in a restaurant is a .......................... .

k. A man or a woman who <u>cooks</u> meals in a restaurant is a .......................... .

l. A man who <u>acts</u> in a theatre is an .......................... .

**➤G** Wie Sie sehen, können aus vielen englischen Verben Substantive gebildet werden. Wichtige Formen der Substantivierung finden Sie in dieser Übersicht:

| Wortbildung | Beispiel | Substantiv |
|---|---|---|
| Verb + -er | play + -er | player |
| Verb + -or | act + -or | actor |
| Verb + ./. | to cook | a cook |

## 4 What are the opposites of these words?
Was sind die Gegensätze zu diesen Wörtern?

a. He's young.
b. He's polite.
c. He's calm.
d. He's tall.
e. His hair is blonde.
f. He's slim.
g. He's good-looking.
h. He's a good dancer.
i. His English is getting better.
j. He's the best tennis player in town.
k. He can tell exciting stories.
l. He loves expensive clothes.

**G** In Unit 3 haben Sie bereits die Befehlsform (Imperativ) kennen gelernt. In dieser Lektion können Sie in Text 2 unten sehen, wie die negative Befehlsform gebildet wird.

Don't surprise people with an interview. *Überraschen Sie die Leute nicht mit einem Interview.*

## 5 Translate these sentences.
Übersetzen Sie diese Sätze.

a. *Komm nicht zu früh an!* Don't ..........
b. *Stell nicht so viele Fragen!* Don't ..........
c. *Trink den Kaffee nicht, er ist furchtbar!* Don't ..........
d. *Fahr nicht so schnell!* Don't ..........
e. *Sei nicht so arrogant!* Don't ..........
f. *Kauf kein altes Auto!* Don't ..........
g. *Steh nicht so spät auf!* Don't ..........

## 6 Write 12 funny sentences!
Schreiben Sie 12 komische Sätze!

**My butcher looks attractive in pink tights.**

| | | | | | | |
|---|---|---|---|---|---|---|
| My<br>Your<br>Ann's<br>... | aunt<br>boyfriend<br>brother<br>butcher<br>doctor<br>driver<br>dog<br>father<br>girlfriend<br>husband<br>mother<br>sister<br>uncle<br>waiter<br>wife<br>... | looks | arrogant<br>attractive<br>awful<br>bad<br>cheap<br>cool<br>funny<br>good<br>hungry<br>plump<br>pretty<br>rude<br>sexy<br>ugly<br>worried<br>... | in | black<br>blue<br>brown<br>dark<br>gold<br>green<br>grey<br>orange<br>paper<br>pink<br>plastic<br>red<br>silver<br>white<br>yellow<br>... | clothing<br>gloves<br>jeans<br>shirts<br>shoes<br>socks<br>ties<br>tights<br>underwear<br>vests<br>waistcoats |

## 7 2/10 *An interview*
Ein Interview

*Bill:* How old are you Alison?
*Alison:* I'm twenty-six.
*Bill:* Do you enjoy your life as a professional snooker player?
*Alison:* Sometimes. It's the same as for any mother with a job, a young child and no husband. It isn't always easy.
*Bill:* Do you want to talk about that, Alison?
*Alison:* No, I don't. It's too private.
*Bill:* OK, let's start with your daily routine. When do you get up?
*Alison:* Early. At six o'clock. I run and do exercises. I have a shower and make breakfast for Mandy.
*Bill:* Does Mandy go to school?
*Alison:* Yes, she's six. She goes to a local school.
*Bill:* Do you take Mandy to school?
*Alison:* Yes, I do. But not when I'm on tour.
*Bill:* What happens then? Who takes Mandy to school when you're away?
*Alison:* My father. He lives in the same street. He's a big help.
*Bill:* What do you do next?
*Alison:* I drive into town and meet my manager. We talk about the next snooker tour.
*Bill:* Who chooses the tour?
*Alison:* My manager. That's her job. And she organizes everything.
*Bill:* Where do you go after that?
*Alison:* After lunch I go to a private snooker club. I meet other professional players and we play together. It's good training.
*Bill:* Who do you play? Men or women?
*Alison:* Men. I'm usually the only woman there.
*Bill:* How many matches do you play?
*Alison:* About twenty in an afternoon. Sometimes more, sometimes less.
*Bill:* Who wins the most matches?
*Alison:* That isn't important. But I'm as good as the men.
*Bill:* What's your big dream, Alison? What do you want to do next?
*Alison:* I want to play in the same snooker league as the men. I want to play against Stephen Hendry and I want to win.

**G** Bills Job ist es, viele Fragen zu stellen. Im Englischen kann man zwischen verschiedenen Frageformen unterscheiden. Folgende beide kennen Sie bereits:

1. Fragen mit **to be** oder modalen Hilfsverben (**have**, **can**, **must**, **should**, **may**, **might**, etc.):

Are you the only woman there?
*Sind Sie die einzige Frau dort?*
Have you got a car?
*Haben Sie ein Auto?*
Can you play football?
*Kannst du Fußball spielen?*
Must you take Mandy to school every day?
*Müssen Sie Mandy jeden Tag zur Schule bringen?*

2. Fragen mit Fragewörtern und Hilfsverben:

Where should we meet?
*Wo sollen wir uns treffen?*
When must she go every morning?
*Wann muss sie jeden Morgen gehen?*

Wie Sie gesehen haben funktioniert bei 1. und 2. die Fragestellung einfach durch Umstellung von Person (Subjekt) und dem Hilfsverb.
In Fragen ohne Hilfsverben ist die Sache nicht ganz so einfach: Hier ist grundsätzlich eine Umschreibung mit **do/does** notwendig:

| Fragewort | **do/does** | Person | Rest des Satzes |
|---|---|---|---|
| | Do | you | get up early? |
| | Does | she | get up early? |
| When | do | you | get up in the morning? |
| When | does | she | get up in the morning? |

Dabei gilt **do** für alle Personen, nur in der 3. Person Singular (**he**, **she**, **it**) wird **does** verwendet.

## 8 Find the questions to the following answers.
Finden Sie die zu den Antworten gehörenden Fragen.

a. ● ..........................................................................
● Yes, I enjoy my life as a professional snooker player.

b. ● ..........................................................................
● Yes, I have a daughter.

c. ● ..........................................................................
● Yes, I do. I take Mandy to school every day.

d. ● ..........................................................................
● I get up at six o'clock in the morning.

## 9 Look at the interview and put the questions with **who/what** into two lists.
Schauen Sie das Interview an und schreiben Sie die Fragen mit **who/what** in zwei Listen.

**Who/What** with **do/does**

a. ..........................................................................

b. ..........................................................................

c. ..........................................................................

**Who/What** without **do/does**

d. ..........................................................................

e. ..........................................................................

f. ..........................................................................

g. ..........................................................................

h. ..........................................................................

**➤G** Vielleicht ist es Ihnen schon aufgefallen. Bei Fragen mit **who?** oder **what?** gibt es einen wichtigen Unterschied:
Bei Umschreibungen mit **do/does** bezieht sich das Fragewort auf das Objekt des Satzes (*wem?* bzw. *wen oder was*), während es ohne **do/does** das Subjekt bezeichnet (*wer oder was?*)

Beispiel: My father takes Mandy to school.
(Subjekt) (Objekt)

1. Frage nach dem Subjekt: Who takes Mandy to school? (My father)
2. Frage nach dem Objekt: Who does my father take to school? (Mandy)

## 10 Write in the missing words.
Tragen Sie nun die fehlenden Wörter in die Lücken ein.

a. What game .................................... Alison play?
– She ....................... snooker.

b. When .............................. ...............................
....................... up? – She ...................................
........................... .............................. 6 o'clock.

c. What .............................. ...............................
....................... after breakfast? – She .................
.......................... her daughter ...........................
school.

d. Who ....................... Mandy when Alison is on tour? – Her father ....................... her.

e. Where .............................. ...............................
.......................... ? – He .......................... in the same street.

f. What .............................. ...............................
....................... next? – She ....................... into town.

g. Who .............................. ...............................
........................... ? – She ........................... her manager.

h. ....................... ....................... .......................
............................ .............................. ? – They
.................. ................... the next snooker tour.

i. ....................... ....................... .......................
....................... ....................... .......................
....................... ....................... ?
– She ....................... other players.

j. ....................... ....................... .......................
....................... ....................... ....................... ?
– She ....................... about 20 matches in the afternoon.

## 11 Here is Bill Robb's report about Alison. Write in the missing words.

Hier ist Bill Robbs Bericht über Alison. Ergänzen Sie die fehlenden Wörter.

Alison Carney has ......................[1] two jobs. She's a professional snooker ......................[2] and she's also the mother of a young ......................[3] . So her ................................[4] isn't always easy. But Alison ......................[5] want to talk about her private life. So let's start with her ......................[6] routine. Alison gets up ......................[7] 6 o'clock. She runs and ............................[8] exercises before breakfast. After breakfast she takes her daughter Mandy to a ...............................[9] school. Alison's parents are divorced. Her mother ......................[10] in Canada. Her father lives in the ......................[11] street and he helps Alison when she's ......................[12] tour. He ...............................[13] breakfast for Mandy and takes her to school. Alison is often on tour. She's in the USA next month and Australia six weeks ......................[14] . Alison thinks there shouldn't be different snooker leagues for ......................[15] and for women. Many women players are as good ..........................................[16] the men. Alison has a ......................[17]. She'd like to play ......................[18] Stephen Hendry and she'd like to win.

## 12 Ask the questions in English.

Alison trifft ihre alte Schulkameradin Laura wieder, die sie schon seit zehn Jahren nicht mehr gesehen hat. Natürlich haben sie sich viel zu erzählen. Können Sie einige von Alisons Fragen auf Englisch formulieren?.

Alison fragt:
– wie viele Kinder Laura hat

a. ..........................................................................

– was ihre Kinder zum Frühstück essen

b. ..........................................................................

– ob ihre Kinder in hiesige Schulen gehen

c. ..........................................................................

– ihre Kinder zu Fuß zur Schule gehen

d. ..........................................................................

– ob ihre Kinder ein warmes Mittagessen in der Schule bekommen

e. ..........................................................................

# *The final round!*

Die letzte Runde!

## 13 2/11 Listen to the cassette/CD and answer the questions with short answers.

Hören Sie die Kassette/CD an und beantworten Sie die Fragen mit kurzen Antworten.

a. ● Who works in a bank?
 ● ..................................................

b. ● Who does he take to work?
 ● ..................................................

c. ● Where does Mary work?
 ● ..................................................

d. ● Who sometimes takes her to work?
 ● ..................................................

e. ● What does Mary's father drive?
 ● ..................................................

f. ● What stops in Mary's street?
 ● ..................................................

# Snooker

Snooker is a game for two players or two teams of two players. Each player uses the white ball. This must hit a red ball so that it goes into a pocket. The player gets one point for this and can stay on the table. Now he or she must choose one of the other colours: black (7 points), pink (6 points), blue (5 points), brown (4 points), green (3 points) or yellow (2 points). The player must hit this ball with the white ball so that it also goes into a pocket. (The white ball mustn't go into a pocket.) Then he or she can start with a red ball again. This is a 'break'. When a ball doesn't go into a pocket, the next player comes to the table.

The red balls stay in the pockets. The other balls go back on the table. When there are no more red balls on the table, the players must start with the yellow ball – and then green, brown, blue, pink and black.
A 'snooker' is when the white ball goes behind another ball.

For example, a player wants a red ball, but the white ball is behind another colour.

Each player gets the points for the balls that go into a pocket. This is the 'score'. The player with the highest score wins the game. This is a 'frame'. In a professional match there are 11 or more frames – sometimes as many as 17 or 21.

**team** *Mannschaft* **ball** *Kugel, Ball* **point** *Punkt* **colour** *Farbe* **to hit** *schlagen, treffen* **each** *jeder* **into** *in ... (hinein)* **score** *Spielstand, Ergebnis* **high** *hoch*

# Neue Formen und Strukturen

## *1. Frageformen*
## *1 a. Fragen mit* to be *oder mit Hilfsverben*

werden durch einfache Umstellung von Subjekt (Person) und Hilfsverb gebildet. Fragewörter wie **where**, **why**, **when**, etc. stehen am Satzanfang:

| Fragewörter | Hilfsverben | Personen | Verben | |
|---|---|---|---|---|
| | Can | you | play | tennis? |
| | Must | she | get up | early every morning? |
| Where | can | you | play | tennis? |
| What | must | she | do | every morning? |

## *1 b. Fragen mit* to do *– Umschreibung*

sind in allen anderen Fällen, d.h in Sätzen ohne **to be** oder ein Hilfsverb (**have**, **can**, **must**, **may**, **might**, **mustn't**, **needn't**) notwendig. Dabei steht **does** nur in der 3. Person Einzahl:

| **do/does** | Personen | Verben | |
|---|---|---|---|
| Do | you | need | any help? |
| Does | Tom | work | in a bank? |

## *2. Fragen mit* who/what

Sie weisen eine Besonderheit auf: Beziehen sie sich nämlich auf das Subjekt des Satzes (Frage nach *wer* oder *was?*), braucht man **do/does** nicht, um Fragen zu bilden.
Nur wenn **who/what** sich auf das Objekt des Satzes bezieht (*wen oder was?, wem?*), werden Fragen mit **do/does** gebildet:

| | **do/does** | ohne **do/does** |
|---|---|---|
| Frage nach Subjekt<br>*Wer oder was?* | | Who takes Mandy to school?<br>– Mr Carey.<br>Who reads a newspaper in the morning?<br>– Mr Carey. |
| Frage nach Objekt<br>*Wem?*<br>*Wen oder was?* | Who does Mr Carey take to school? – Mandy.<br>What does Mr Carey read in the morning? – A newspaper. | |

## *3. Die Befehlsform (Imperativ)*

Wie Sie bereits wissen, besteht die positive Befehlsform aus dem Infinitiv ohne **to** (z.B. Drive a little faster!).
Die negative Befehlsform wird durch Voranstellen von **don't** gebildet: Don't drive so fast!

Unit 8

# Telephone boxes

## Telefonzellen

Hier erfahren Sie, wie man einen Notruf macht. Sie lernen sich zu verabreden und Termine zu vereinbaren. Außerdem sehen Sie, wie man gerade ablaufende Geschehnisse schildert.

**Wortschatz:** Telefonvokabular, Adverbien, Zeitangaben, Tätigkeiten.

Do you know what a British **phone box** looks like? Many people think that they're all red and have lots of little windows. **Unfortunately** it's becoming **rather** difficult to find these traditional phone boxes in **Britain**. British Telecom phone boxes are now yellow and other telephone companies have their own phone boxes in different colours.

Wissen Sie, wie eine britische **Telefonzelle** aussieht? Viele Leute denken, dass sie ganz rot sind und viele kleine Fenster haben. **Leider** wird es **ziemlich** schwierig, diese traditionellen Telefonzellen in **Großbritannien** zu finden. Die Telefonzellen der British Telecom sind gelb und andere Telefongesellschaften haben ihre eigenen Telefonzellen in anderen Farben.

## 1 2/12 *Dial 999*

Wählen Sie 999

# 999 EMERGENCY SERVICES

**LIFT THE RECEIVER. NO MONEY IS NEEDED.**
**DIAL 999. WAIT FOR THE EMERGENCY OPERATOR**

### EMERGENCY CALLS

- In an emergency dial 999. The number is easy to remember and it's the same all over Britain. Emergency calls are free.
- All British telephone boxes have a telephone number. Give this number to the emergency operator.
- Say which service you need. The emergency operator must connect you with this service.
- Wait for the emergency service. They are usually very fast.
- Tell them what the emergency is and where it is.

### REMEMBER:

Unclear messages cause delays.

- Be calm and give your information calmly.
- Speak clearly – don't talk too quickly.
- Give names, addresses and numbers slowly and carefully.
- The emergency service might ask you for more information. Answer their questions patiently and politely.

This is how you give a phone number in English:
0 = 'oh'
88 = double eight (33 = double three, etc.)
Say the other numbers one by one:
05446 = oh-five-double four-six
And don't forget the area code (*Vorwahl*).

## 2 2/13 Complete these telephone dialogues
Vervollständigen Sie diese Dialoge am Telefon.

a.

*Emergency operator:* Hello. Which service do you ................................................?

*Caller:* The ........................................... , please.

*Emergency operator:* What's your phone ..................................... , please?

*Caller:* It's 03216 – 750221.

*Emergency operator:* Hold on. I'm connecting you now.

b.

*Emergency operator:* Hello. Which ................................ ................................................?

*Caller:* ................................................ ................................................ .

*Emergency operator:* Please give me ............................ ................................................ .

*Caller:* 05661 – 2999370.

*Emergency operator:* Hold on. I'm................................ ................................................ .

c.

*Emergency operator:* Hello. .......................................... ................................................ ?

*Caller:* ................................................ ................................................ .

*Emergency operator:* ................................................ ................................................ ?

*Caller:* 06937 – 883360.

*Emergency operator:* ................................................ ................................................ .

**G** Lesen Sie nun nochmals den Textabschnitt **Remember:** durch. Dabei werden Ihnen vielleicht einige Wörter auffallen, die Ihnen zwar aus der letzten Lektion bekannt vorkommen, hier aber in einer anderen Form stehen, da sie auf **-ly** enden: **calmly, patiently, politely**.
In der Ihnen bisher bekannten Form als Adjektive bestimmten z. B. **calm**, **patient**, oder **polite** meist ein Substantiv näher:

| | | |
|---|---|---|
| He is | polite. | |
| *Er ist* | *höflich.* | |
| He is a | polite | person. |
| *Er ist ein* | *höflicher* | *Mensch.* |
| | (Adjektiv) | (Substantiv) |

Hier stehen sie jedoch nicht als Adjektive, sondern als Adverbien, d. h. sie bestimmen ein Verb näher:

| | |
|---|---|
| He always answers | politely. |
| *Er antwortet immer* | *höflich.* |
| (Verb) | (Adverb) |

Da sie ausdrücken, wie etwas oder auf welche Art und Weise etwas getan wird bzw. geschieht, nennt man diese Adverbien auch *Adverbien der Art und Weise* oder **adverbs of manner**.

Im Englischen haben Adverbien eine eigene Form. Wie Sie gesehen haben, werden sie durch Anhängen von **-ly** an das entsprechende Adjektiv gebildet.

polite – politely

Beachten Sie bei einigen Fällen jedoch Besonderheiten in der Schreibung:

shy – shyly aber: hungry – hungrily
automatic – automatically

Beachten Sie bitte folgende Ausnahmen:
Das Adverb von **good** ist **well**. **Early**, **long**, **hard** und **fast** bleiben als Adverbien unverändert.

| Adjektiv | Adverb |
|---|---|
| Mary must take an early train. | She gets up early in the morning. |
| I haven't seen you for a long time. | We must wait very long. |
| This job is hard work. | These people work very hard. |
| Tina has got a fast car. | She drives very fast. |

**3** **G** Complete this list with the adverbs from the text 'Remember'.
Vervollständigen Sie die Liste mit den Adverbien aus dem Text ‚Remember'.

| | Adjective: | Adverb: |
|---|---|---|
| a. | calm | calmly |
| b. | ............................ | ............................ |
| c. | ............................ | ............................ |
| d. | ............................ | ............................ |
| e. | ............................ | ............................ |
| f. | ............................ | ............................ |
| g. | ............................ | ............................ |

**4** What are the missing adverbs in these sentences? Be careful with sentence g.
Was sind die fehlenden Adverbien in diesen Sätzen? Seien Sie vorsichtig bei Satz g.

a. Tom is a bad actor.
   He acts ........................................................ .
b. Jean is a careful driver.
   She drives ........................................................ .
c. Mr Hope is a nice speaker.
   He speaks ........................................................ .
d. Janet is a beautiful singer.
   She sings ........................................................ .
e. Fred is an awful writer.
   He writes ........................................................ .
f. Mary is different.
   She does things ............................................ .
g. Bob is a fast worker.
   He works ........................................................ .
h. Jerry is a terrible cook.
   He cooks ........................................................ .
i. Helen is a wild dancer.
   She dances ...................................................... .

5 Mr Nay never agrees. Can you imagine what he says?

Mr Nay ist nie mit irgendetwas einverstanden und muss immer widersprechen. Können Sie sich vorstellen, was er sagt?

*Pete:* **I think our president is an attractive man.**

*Mr Nay:* **I don't think so. He's rather unattractive.**

*Pete:* I agree with his politics.

*Mr Nay:* I don't. I often ........................................

*Pete:* His wife always wears modern clothes.

*Mr Nay:* I think her clothes are too .......................

*Pete:* The good thing is that he's so young.

*Mr Nay:* ..............................................................

*Pete:* He speaks about the important things.

*Mr Nay:* ..............................................................

➤G Lassen Sie uns kurz wiederholen: In Unit 6 sind Sie bereits den sogenannten Häufigkeitsadverbien (**always**, **never**, **sometimes**, **often**, **usually**) begegnet.
Wie Sie wissen ist deren Satzstellung im Englischen anders als im Deutschen. Sie stehen gewöhnlich zwischen Subjekt und Verb:

| | | | |
|---|---|---|---|
| Sally | often | goes | to Spain. |
| Subjekt | Häufigkeitsadverb | Verb | |

6 ➤G Rewrite the sentences with the adverb of frequency.

Schreiben Sie diese Sätze mit dem Häufigkeitsadverb um.

a. sometimes/we go to Spain for our holidays.

..............................................................................

b. often/I write to my friends in Germany.

..............................................................................

c. never/my son writes letters.

..............................................................................

d. always/he sends e-mail messages.

..............................................................................

e. usually/I go to Italy in the summer.

..............................................................................

# *A dental appointment*

Ein Zahnarzttermin

7 2/14, 15 Listen and read aloud.

Hören Sie zunächst das folgende Telefongespräch und nehmen Sie dann die Rolle des Anrufers ein.

Mr Wells is calling his dentist. He's making an appointment with the MTA.

*Mr Wells:* Good morning. My name is Robert Wells.
*Ms Price:* Good morning, Mr Wells. How can I help you?
*Mr Wells:* I'd like to make an appointment, please.
*Ms Price:* Let's see. Would next Tuesday at nine fifteen suit you?
*Mr Wells:* No, I'm sorry. Unfortunately I can't manage that. I'd prefer an afternoon appointment.
*Ms Price:* Very well. Eight fifteen on Thursday the sixteenth of April. Is that all right?
*Mr Wells:* Yes, that's fine, thanks.

➤G 2/16 In English we write the date like this: 16 April. The numbers one, two, three, etc. are cardinal numbers (*Kardinalzahlen*). But we say the date like this: Either "The sixteenth of April." or "April the sixteenth."
The numbers first, second, third, fourth, fifth, etc. are called ordinal numbers (*Ordnungszahlen*).
Here is an overview:

| | |
|---|---|
| 1 the first | 11 the eleventh |
| 2 the second | 12 the twelfth |
| 3 the third | 13 the thirteenth, etc. |
| 4 the fourth | 20 the twentieth |
| 5 the fifth | 21 the twenty-first |
| 6 the sixth | 22 the twenty-second, etc. |
| 7 the seventh | 30 the thirtieth |
| 8 the eighth | 31 the thirty-first, etc |
| 9 the ninth | 40 the fortieth |
| 10 the tenth | 50 the fiftieth, etc |

Be careful with dates that are all numbers. In Europe 10.3.05 means: 10 March, 2005 (Day – Month – Year), but in the USA and Japan it means: 3 October, 2005 (Month – Day – Year).

## 8 Write these dates as numbers. The year is two thousand and one.
Schreiben Sie diese Daten als Ziffern auf.

a. The fifteenth of June, … ..........................................................

b. The first of July, … ..........................................................

c. The second of February, … ..........................................................

d. The twenty-third of September, … ..........................................................

e. The tenth of May, … ..........................................................

f. The fifth of November, … ..........................................................

**2/17** Write these dates in words and then say them aloud.
Schreiben Sie diese Daten aus und sprechen Sie sie dann vor.

g. 12.4.1998 **The twelfth of April, nineteen ninety-eight.**

h. 21.11.2002 ..........................................................

i. 4.2.1888 ..........................................................

j. 11.11.2001 ..........................................................

k. 1.1.1901 ..........................................................

l. 2.5.1952 ..........................................................

## 9 **2/18** Listen to the three telephone calls on the cassette. Listen again and fill out the appointment cards.
Hören Sie sich die 3 Telefonanrufe auf der Kassette an. Hören Sie nochmals zu und füllen Sie dann die Seiten des Terminkalenders aus.

| 1 | 2 | 3 |
|---|---|---|
| Name: .................... | Name: .................... | Name: .................... |
| Time: .................... | Time: .................... | Time: .................... |
| Date: .................... | Date: .................... | Date: .................... |

## 10 Join these sentences with one of the words from the box.
Verbinden Sie die Sätze mit einem der Wörter aus dem Kästchen.

| Connectors (*Bindewörter*) | Funktion | Beispiel |
|---|---|---|
| and | hinzufügend | I've got a son and a daughter. |
| because | begründend | I can't go to work today because I'm ill. |
| but | einschränkend | The film is good but it's too long. |
| or | alternativ | We can have dinner at home or go to a restaurant. |

a. I've got a son. I've got a daughter. **= I've got a son and a daughter.**
b. I often go to Whitby. I take photos.
c. Have you got a cat? Have you got a dog?
d. Mary is young. She's very attractive.
e. We never stay with Uncle Bill. His house is too small.
f. Leeds is bigger than York. It isn't as popular with tourists.
g. Jim often drives too fast. He's always in a hurry.
h. I don't enjoy shopping. I like old bookshops.

## 11 A British Calendar
Ein britischer Kalender

| | |
|---|---|
| 1 January | New Year's Day |
| 25 January | Burn's Night. Robert Burns was a very popular Scottish poet. |
| 14 February | St Valentine's Day |
| 1 March | St David's Day (St David is the patron saint of Wales.) |
| 17 March | St Patrick's Day (St Patrick is the patron saint of Ireland.) |
| 1 April | April Fool's Day |
| 21 April | The Queen's <u>real</u> birthday. |
| 1 May | May Day |
| June | Trooping the Colour. The second Saturday in June is the Queen's <u>official</u> birthday. Fathers' Day is the third Sunday in June. |
| 15 July | St Swithin's Day. The legend says that if it rains on this day, it will rain for 40 days! |
| August | The first Monday in August is a bank holiday in Scotland. The last Monday in August is a bank holiday in England, Wales and Northern Ireland. |
| 1 September | St Giles' Day. A popular date for local fairs and harvest festivals. |
| 31 October | Halloween |
| 5 November | Guy Fawkes Night (Bonfire Night) |
| 30 November | St Andrew's Day (St Andrew is the patron saint of Scotland) |
| 24 December | Christmas Eve |
| 25 December | Christmas Day |
| 26 December | Boxing Day |
| 31 December | New Year's Eve (Hogmanay in Scotland.) |

## 12 2/19 *No luck!*
Kein Glück!

Sally and her husband want to go out. They need a babysitter for the kids. Sally is calling her friend Jane.

*Sally:* Hello, Jane. It's Sally.
*Jane:* Hello, Sally.
*Sally:* Jane, can you help me? I need a babysitter.
*Jane:* I'm sorry, Sally. I can't. I'm washing my hair. I'm going out with Derek later. Why don't you try Fred? Have you got his number?
*Sally:* Yes, thanks. OK, see you!
*Jane:* 'Bye.

Now Sally is calling her other friends.

*Fred:* I'm playing football.

*Bill and Susan:* We're taking the kids to a party.

*Mike:* I'm writing a report.

*Linda and Ellen:* We're cooking a meal.

*Carol:* I'm running a race.

*Tom:* I'm swimming.

➤ G Sie lernen hier eine neue Form kennen, das **present progressive**. Im Deutschen wird sie auch Verlaufsform genannt, da man mit dieser Zeitform den momentanen Verlauf einer Handlung ausdrücken kann, d.h. man betont, dass etwas jetzt gerade im Moment geschieht:

We're watching a football match on television.
*Wir sehen gerade ein Fußballspiel am Fernsehen an.*

Das **present progressive** wird mit **am/is/are + -ing**-Form des Verbs gebildet. Beachten Sie folgende Schreibregeln:

take — taking
run — running

Die Kurzformen sind besonders in der gesprochenen Sprache üblich:

I'm telling you about Sally.
She's talking to Mike.
He's listening carefully.

Die Langform dient v.a. in der gesprochenen Sprache der besonderen Betonung:

You are listening to me, aren't you?

## 13 Look at the pictures in '**No luck**' and complete these sentences.

Sehen Sie sich die Bilder bei **No luck** an und vervollständigen Sie diese Sätze.

a. **Jane can't come because she's washing her hair.**

b. Fred can't come because ..................................

..................................................................

c. Bill and Susan can't come because ......................

..................................................................

d. Mike ..................................................................

..................................................................

e. Linda and Ellen ...............................................

..................................................................

f. Carol ..................................................................

..................................................................

g. Tom ..................................................................

..................................................................

## 14 Gary's and Linda's brother Steve has a rendez-vous with his new girlfriend. Now the two kids want to know what's happening but only one can look through the keyhole.

Garys und Lindas Bruder Steve hat eine Verabredung mit seiner neuen Freundin. Jetzt wollen die beiden Kinder wissen, was da vor sich geht, dummerweise kann aber nur einer durchs Schlüsselloch sehen.

*Linda:* What are they doing, Gary? Come on, tell me!
*Gary:* He and a blond girl are sitting on the sofa
*Linda:* Are they listening to some romantic music?
*Gary:* Well, Steve (*legt gerade eine CD auf*) (= **to put in a CD**)

..................................................................

(*Steve öffnet* (= **to open**) *eine Flasche Wein.*)

..................................................................

(*Jetzt essen* (= **to eat**) *sie ein paar Sandwiches.*)

..................................................................

(*Sie sehen fern.*)

..................................................................

(*Jetzt legt Steve seinen Arm* (= **arm**) *um sie.* (*Steve kommt auf die Tür zu.*) (= **towards the door**)

..................................................................

*Steve:* Don't you think it's time for you to go to bed? You better hurry up now!

## 15 Take a word from each box and make a compound noun.

Nehmen Sie ein Wort von jedem Kästchen und bilden Sie ein zusammengesetztes Hauptwort.

**answering building ~~camping~~ cleaning cooking drawing dressing driving frying parking washing**

**board lady gown licence machine machine metre pan pot ~~site~~ site**

a. camping + site **= camping site** *Campingplatz*

b. *Führerschein*

..................................................................

c. *Waschmaschine*

..................................................................

d. *Bratpfanne*

..................................................................

e. *Putzfrau*

..................................................................

f. *Baustelle*

..................................................................

g. *Kochtopf*

..................................................................

h. *Morgenmantel*

..................................................................

i. *Zeichenbrett*

..................................................................

j. *Anrufbeantworter*

..................................................................

k. *Parkuhr*

..................................................................

# *The final round!*

Die letzte Runde!

**16** Adjective or adverb? Fill in the correct form!
Adjektiv oder Adverb? Tragen Sie die richtige Form ein.

It is not so ....................................... (easy) to win against Tom. He is a ....................................... (fantastic) tennis player. He wins most of the matches ....................................... (easy). He even plays ....................................... (successful) in some bigger tournaments. But today's not his day. Usually he's a very ....................................... (confident) person but at the moment he's playing very ....................................... (nervous). Today his opponent is Phil McKenzie. He hits the ball very ....................................... (hard). Sometimes the ball comes so ....................................... (fast) that Tom cannot see it. At last Phil beats Tom 6–2, 6–3.

**17** Can you say the dates?
Mrs Fuller ist eine beschäftigte Geschäftsfrau. Können Sie als ihr Sekretär/ihre Sekretärin den Anrufern Auskunft geben, wann sie sich wo aufhält?

a. 6.2. – 8.2. Norwich
**From the sixth of February to/until the eighth of February she's in Norwich.**

b. 2.3. – 5.3. Glasgow
.......................................................................................................................

c. 9.6. – 11.6. Milan (*Mailand*)
.......................................................................................................................

d. 12.7. – 22.7. on holiday
.......................................................................................................................

e. 23.10. – 28.10. New York
.......................................................................................................................

f. 5.11. – 11.11. Madrid
.......................................................................................................................

g. 18.12. – 24.12. Tokyo
.......................................................................................................................

Unit 8

# Notting Hill Carneval

**Notting Hill is a suburb of London and people from all over the world live here. The Notting Hill Carneval has become a major tourist attraction. It isn't as famous as the Carneval in Rio de Janeiro, but it's just as interesting.**

**has become** *ist geworden* **major tourist attraction** *Hauptanziehungspunkt für Touristen*

# Important events

## *Neue Formen und Strukturen*

### *1. Adverbien der Art und Weise* (Adverbs of manner)

Während Adjektive sich auf Substantive beziehen, beschreiben Adverbien meist Verben oder Adjektive:
She works slowly and carefully. *Sie arbeitet langsam und sorgfältig.*

Die meisten Adverbien werden durch das Anhängen von **-ly** an das entsprechende Adjektiv gebildet:
slow – slowly, careful– carefully.

| Adjektive | Adverbien | Erklärungen |
|---|---|---|
| hungry | hungrily | **y** wird zu **i** |
| shy | shyly | **y** bleibt |
| simple | simply | **e** entfällt |
| automatic | automatically | **ally** wird angehängt |
| good | well | völlig verschiedene Form |

Die Adverbien **early**, **fast** und **long** haben die gleiche Form wie das Adjektiv.

Einige Adjektive enden schon auf **-ly**: **friendly**, **silly**, **ugly**. Um das Adverb zu bilden muss man hier die Umschreibung **in a … way** benutzen:

He's laughing in a silly way. *Er lacht dumm.*

## *2. Ordnungszahlen*

| | | | | | |
|---|---|---|---|---|---|
| 1st | first | 15th | fifteenth | 70th | seventieth |
| 2nd | second | 16th | sixteenth | 80th | eightieth |
| 3rd | third | 17th | seventeenth | 90th | ninetieth |
| 4th | fourth | 18th | eighteenth | 100th | (one) hundredth |
| 5th | fifth | 19th | nineteenth | 101st | (one) hundred and first |
| 6th | sixth | 20th | twentieth | 102nd | (one) hundred and second |
| 7th | seventh | 21st | twenty-first | 135th | (one) hundred and thirty-fifth |
| 8th | eighth | 22nd | twenty-second | 200th | two hundredth |
| 9th | ninth | 23rd | twenty-third | 201st | two hundredth and first |
| 10th | tenth | 24th | twenty-fourth | 1,000th | (one) thousandth |
| 11th | eleventh | 30th | thirtieth | 4,956th | four thousand nine hundred and fifty-sixth |
| 12th | twelfth | 40th | fortieth | 1,000,000 | (one) millionth |
| 13th | thirteenth | 50th | fiftieth | | |
| 14th | fourteenth | 60th | sixtieth | | |

## *3. Die Verlaufsform der Gegenwart* (present progressive)

Diese Zeitform beschreibt Handlungen, die gerade geschehen und noch im Gange sind.
Sie wird mit **am/is/are + -ing**-Form des Verbs gebildet.

I'm watching TV. *Ich sehe gerade fern.*

Beachten Sie diese Schreibregeln und Ausnahmen:
take – taking
die – dying
swim – swimming
run – running
put – putting

Die Verneinung wird mit **not** bzw. **-n't** gebildet.

I'm not talking. She isn't playing. They aren't coming.

Fragen werden durch Veränderung der Satzstellung gebildet:

Am I going? Is she coming? Are we leaving?

Diese Verben werden praktisch nicht in der Verlaufsform benutzt: **be, believe, know, like, mean, notice, see, seem, want, wish**

Unit 9

# Summer camps

## Sommerferienlager

In dieser Einheit lernen Sie, wie man Handlungen und Leistungen beschreibt, vergleicht und bewertet. Außerdem erfahren Sie, wie man Verpflichtungen ausdrückt.

**Wortschatz:** Freizeitaktivitäten, Sportarten.

Many kids of school age **get bored during** the long **summer vacation**. So their parents **send** them to a **summer camp**.
The traditional summer camp **offers** lots of **outdoor activities** (backpacking, climbing, horseback-riding, etc.) and a wide variety of games (tennis, baseball, soccer, etc.) and water sports (swimming, **sailing**, canoeing, etc.).
Some summer camps also offer **special courses**. Kids can **learn** about computers, or play chess or **go on a diet**.

Viele Kinder im Schulalter **langweilen sich** während der langen **Sommerferien**. Also schicken ihre Eltern sie in ein **Sommerferienlager**.
Das traditionelle Sommerferienlager **bietet** viele **Aktivitäten im Freien** an (Wandern, Klettern, Reiten, usw.) und eine breite Auswahl an Spielen (Tennis, Baseball, Fußball, etc.) und Wassersportarten (Schwimmen, **Segeln**, Kanufahren, usw.). Einige Sommerferienlager bieten auch **Spezialkurse** an. Die Kinder können den Umgang mit dem Computer **lernen** oder Schach spielen oder **eine Diät machen**.

# 1 2/20 *Special needs*
Besondere Bedürfnisse

Most of the kids who go to a summer camp just want to enjoy themselves during their vacation. They get a brochure of summer camps and choose the camp they like best and can get to easily. But some kids have special needs and choose their camp more carefully.

Patricia Jane Braddock:

"I love golf. I play it regularly and I'm very good. Mom thinks I can be a golf pro, but I need professional training. I can play well, but I must play even better. I play best when I play against good players. I want to hit that ball harder, higher, and faster. So Mom is sending me to a golf camp this summer."

Bob Applegate:

"Fat kids like me have a hard time at High School. Everybody is sports crazy and fat kids can't run as fast or jump as high as 'normal' kids. People often look at you in an unfriendly way. They act badly, too. I often get called 'Fatso'. The sports teachers act even worse: 'Why don't you sit over there and read a book?', they say. But some girls – usually the very pretty ones – act the worst. It's like you shouldn't really exist. They just don't want to know you. I try to lose weight regularly, but it's hard and it gets harder as I get older. I want a summer camp that offers a good diet program. I think I might lose weight more quickly with professional help."

Dean Stockwell:

"I'm not good at math. I'm far behind the other kids. They always understand better and finish their work faster than I can. I think less quickly and work more slowly. I need more time, but my teacher says that she can't go slower just for me. So I'm choosing a camp that offers a math course for slow learners. In the brochure it says that they have a teacher for every four students and that they go slowly and explain things carefully."

## 2 Some ads
Einige Anzeigen

### Saddle up for summer on THE QUARTER CIRCLE V BAR RANCH

- 40,000 ACRE RANCH
- 100 HORSES
- TRAIL & RING RIDING
- RODEO & GYMKHANA
- PACK TRIPS PLUS desert survival • swimming • tennis • creative arts • computers • optional academics • southwest travel • 4, 6 & 8 week sessions • coed ages 7–16

THE QUARTER CIRCLE V BAR RANCH CAMP
HC63 Box 3040S, Mayer, AZ 86333-9990
(602) 632-7601 our 56th season

### RIDING FISHING RAFTING CAMP-OUTS RAPPELING FRIENDSHIP

An outdoor arena of fun and adventure high in the Rockies featuring three different camps of various activities for boys and girls ages 8–17. Just outside Vail, Colorado, Anderson Camps offers a magnificent setting in which to acquire outdoor skills while experiencing exciting relationships with peers from all over the country.

**ANDERSON CAMPS**
A tradition for over 25 years.
Bill & Janet Anderson

Gypsum, Colorado, (303) 238-7639
ACA accred. Call or write for free brochures

### SHAPE UP

Summer fitness & weight loss camp for boys 8–18.

**BOYS** This is your opportunity to get (and stay) in shape. Play sports, work-out, build muscles. Lose pounds & inches. Eat right, feel and look better. Gain self-confidence. Fabulous location only minutes from Pacific beaches at the Univ. of Calif. in San Diego – summer training grounds for the CHARGERS. Super field trips & new friends. A great summer of fun and achievement.

Send name, address & phone for

**FREE BROCHURE.**

**CAMP DEL MAR**
8245 Ronsond Rd., Suite D291
San Diego, CA 92111. (619) 279-7800
**CALL TOLL FREE CA**
**(800) 542-6005**
Outside CA (800) 654-7139

### BILLY CASPER GOLF CAMP FOR JUNIORS!

BOYS & GIRLS 10–18 YEARS.
Beginners to Advanced.
FREE BROCHURE!
5764 Paradise Dr., Suit 7-291
Corta Madera. CA 94925 (415) 924-8725
Calif. Res. Toll Free: 1-(800)-542-6005

**ExperCamp** offers 7–15 year olds an exciting computer curriculum including Logo, Pascal, Robotics AI Graphics and more PLUS a full recreation program. Beautiful locations in Santa Barbara and Lake Tahoe

Call toll free today!
**1-800-824-3349**
(Outside CA 1-800-235-6965)

**ExperCamp**™, 559 San Ysidro Road, Dept. S1, Santa Barbara, CA 93108, (805) 969-7871

**Formerly**
**The Original Computer Camp**

## CATALINA SEA CAMP

## JR. SEA CAMP

Explore the wonders of Catalina Island with highly qualified instructors of SCUBA, snorkeling, marine biology, u/w photography, SAILING, BOARD SAILING, SEAMANSHIP and COMPUTERS! Sea Camp is co-ed, three week sessions for ages 12–17. Junior Sea Camp is co-ed, one week sessions for ages 8–12.

**CATALINA ISLAND MARINE INSTITUTE AT TOYON BAY**
Write: Ross Turner, CIMI Director
P.O. Box 796, Avalon, California, 90704
(213) 510-1622#

## DAVE NEWCOMB'S WALKING G RANCH

WALKING G RANCH

Mountain Ranch Vacation–boys and girls 8–14. Our 29th season, offering a small group a family atmosphere on an operating horse and cattle ranch. Activities include **water skiing** & instruction – **horseback riding** & instruction – **camping** – **hiking** – **swimming** – working with farm **animals** & young **horses,** etc.

For brochure: P.O. Box 214, Taylorsville, CA 95983 (916) 284-6681

**3** Summer camps offer a wide variety of activities. Read the ads above carefully. You may not know all the words but you can understand enough to answer the following questions.

Lesen Sie die obigen Anzeigen sorgfältig. Sie werden vielleicht nicht alle Wörter kennen, aber Sie können genug verstehen um die folgenden Fragen zu beantworten.

a. Which camp offers riding and fishing?

..........................................................................................

b. Where can you go sailing and learn about computers?

..........................................................................................

c. Where can you play tennis, go riding and learn about computers?

..........................................................................................

d. Which camps would Patricia and Bob choose and why?

..........................................................................................

e. Which camp would you, your son or daughter like? Explain why!

..........................................................................................

**G** In der letzten Unit lernten Sie den Unterschied zwischen Adjektiven und Adverbien kennen. Sie wissen, dass die meisten Adverbien durch Anhängen von **-ly** gebildet werden:

| | |
|---|---|
| He's a slow worker. | He works slowly. |
| It's an easy game. | I can win easily. |
| Patricia needs regular training. | She must train regularly. |

Sie haben außerdem gesehen, dass in einigen Fällen Adverbien und Adjektive die gleiche Form haben.

| | |
|---|---|
| She's a hard worker. | She works hard. |
| They're fast runners. | They run fast. |
| Make an early appointment. | Don't arrive early. |

Es gibt nicht viele dieser Adverbien und es lohnt sich, sie alle gleich zu lernen: **early, fast, hard, high, late, long, straight.**

Die Adverbialform von **good** ist unregelmäßig:

| | |
|---|---|
| She's a good worker. | She works well. |

Und Adjektive, die schon auf **-ly** enden, haben keine Adverbialform. Stattdessen wählt man eine Umschreibung:

She smiles in a friendly way.
He talks in an unfriendly manner.
That woman is looking at me in an ugly way.

So weit die Wiederholung des bereits gelernten Stoffs. Wir gehen jetzt noch einen Schritt weiter, denn wie die Adjektive können natürlich auch Adverbien gesteigert werden. Wenn Adjektiv und Adverb die gleiche Form haben, werden die Adverbien genau wie die Adjektive gesteigert, nämlich mit **-er**/**-est**:

| Steigerung des Adjektivs | Steigerung des Adverbs |
|---|---|
| Sean is a fast runner. | Sean runs fast. |
| Terry is even faster. | Terry runs even faster. |
| But Mike is the fastest in our team. | But Mike can swim fastest. |

**4** Die Ausnahmen funktionieren ebenfalls wie Adjektive und als Mitglied einer Tanzjury können Sie sicher Ihr Urteil abgeben und die Lücken ausfüllen.

The Whites dance ................................... .

The Smiths dance better.

The Browns dance ................................... .

The Millers dance ................................... .

The Hills dance worse.

The Palmers dance ................................... .

**G** Die **-ly** Adverbien (also die meisten) sind mehrsilbig und werden daher mit **more/most** bzw. **less** gesteigert:

She explains things more interestingly (than other teachers).
*Sie erklärt interessanter als andere Lehrer(innen).*

Jane can dance most beautifully.
*Jane kann am schönsten tanzen.*

Try to explain things in a more friendly manner.
*Versuche die Dinge freundlicher zu erklären.*

## 5 What words are missing in the English translations?

Welche Wörter fehlen in den englischen Übersetzungen

a. *Ms Sanders ist nicht so sorgfältig wie sie sein sollte. Sie muss sorgfältiger arbeiten.*

Ms Sanders isn't ..................................................

she should be. She must work

.................................................................... .

b. *Dieses Spiel ist leichter als es aussieht. Wir können leicht gewinnen.*

This game is .................................................. it

looks. We can win ........................................... .

c. *Tom ist gewöhnlich kein guter Spieler, aber heute spielt er gut. Kann er morgen besser spielen?*

Tom isn't usually a .............................................

player, but he's playing ......................................

today. Can he play .............................................
in tomorrow's match?

d. *Ich mag ihn nicht. Er hat ein unfreundliches Aussehen und er benimmt sich auch unfreundlich.*

I don't like him. He's got an ..............................

.................................................. look and he

also acts in an ................................................. .

e. *An einem klaren Tag kann man die Stadt deutlicher sehen.*

On a ................................................. day you

can see the town ............................................ .

f. *Für manche Leute ist Mathe schwierig. Sie müssen sich mehr als andere anstrengen.*

Maths is ....................................................... for
some people. They must try ................................

............................................ than others.

g. *Ich kenne viele schnelle Fahrer, aber Tina fährt am schnellsten.*

I know lots of .................................................

drivers, but Tina drives .................................... .

**G** In Lektion 6 haben Sie gesehen, dass die Adverbien der Häufigkeit oder der unbestimmten Zeit (**often**, **usually**, usw.) meist zwischen Subjekt und Verb stehen.

| | | | |
|---|---|---|---|
| Jane | never | goes | to Los Angeles. |
| Subjekt | Zeitadverb | Verb | |

Im Gegensatz zu diesen Zeitadverbien stehen die sog. Zeitadverbialen der bestimmten Zeit (**every winter**, **once a year**, **on Mondays**, etc.) am Satzende.

We go to Los Angeles every year.
(Zeitadverbiale der bestimmten Zeit)

## 6 G Rewrite this sentence with the adverbs in brackets. Mind the word order!

Schreiben Sie diesen Satz mit den Adverbien in den Klammern um. Beachten Sie die Satzstellung!

Katy visits her friend in San Francisco.

a. (often) ................................................................

b. (every summer) ..................................................

c. (usually) ............................................................

d. (daily) ................................................................

e. (twice a year) .....................................................

f. (never) ...............................................................

g. (regularly) ..........................................................

h. (sometimes) ........................................................

i. (at weekends) .....................................................

j. (on Thursday afternoons) ...................................

## 7 A brochure
Ein Prospekt

# CAMP MANITOU

### Information for campers.

**YOU MUST BRING THESE THINGS WITH YOU:**

- Enough clothes for two weeks. (Personal clothing is washed once a week.)
- A pair of boots or good walking shoes.
- An alarm clock. (You might need to get up very early.)
- A sleeping bag.
- Toothbrush, toothpaste, etc.

**YOU NEEDN'T BRING THESE THINGS:**

- A groundsheet or other camping equipment.
- Towels.
- Bedlinen.
- Knives, forks, spoons, cups, plates, etc.

**YOU MUSTN'T BRING THESE THINGS:**

- A camera or a video camera.
- A personal stereo.
- A mobile phone.
(You'll be too busy to use them!)

➤ G Wiederholung: Wie Sie bereits wissen entspricht das Hilfsverb **must** dem deutschen *müssen*.

You must write home regularly. (= Verpflichtung)
*Du musst regelmäßig nach Hause schreiben.*

Aber Vorsicht! Die negative Form **mustn't** hat eine andere Bedeutung:

You mustn't make long phone calls to Australia. (= Verbot)
*Sie dürfen keine langen Telefongespräche mit Australien führen.*

Für die Bedeutung *nicht müssen/nicht brauchen* benutzt man **needn't**.

You needn't work late today. (= keine Verpflichtung)
*Sie müssen/brauchen heute nicht bis spät arbeiten.*

## 8 ➤ G Translate these sentences.
Übersetzen Sie diese Sätze.

a. *Wir müssen morgen sehr früh aufstehen.*
b. *Wir dürfen morgen nicht spät ankommen.*
c. *Wir brauchen Milch und Eier.*
d. *Wir brauchen kein Brot.*
e. *Sie müssen nicht jetzt bezahlen.*
f. *Müssen Sie so grob sein?*
g. *Du musst Tante Emma am Busbahnhof treffen.*
h. *Du brauchst mir heute nicht helfen.*
i. *Sie müssen sehr hungrig sein.*
j. *Ich brauche neue Kleider. Ich muss morgen gut aussehen.*

## 9 These words often get confused. Choose the right word.

Diese Wörter werden oft verwechselt. Wählen Sie das richtige Wort.

a. I'm going to the supermarket to .......................... (get/become) some dog food.

b. This book is ................................ (by/of) Patricia Cornwell.

c. I want to ................. (make/take) photos of our new house.

d. We are now driving ....................... (passed/past) the famous cathedral.

e. Let's meet ........................ (in front of/before) the Odeon cinema.

f. Do you have ........................ (some/any) German newspapers, please?

➤**G** Beachten Sie bitte, dass das englische Wort **to become** nicht dem deutschen *bekommen* entspricht, sondern mit *werden* übersetzt wird.

It's difficult to become a good dancer.
*Es ist schwierig, ein guter Tänzer zu werden.*

## 10 Choose a word from the list with the same meaning.

Wählen Sie ein Wort aus der Liste mit der gleichen Bedeutung.

**incorrect inexpensive unattractive unfriendly unhappy uninteresting**

a. boring ..............................................................

b. cheap ..............................................................

c. rude ..............................................................

d. sad ..............................................................

e. ugly ..............................................................

f. wrong ..............................................................

➤**G** In dieser Unit taucht das Verb **to get** *werden* mehrmals auf. Je nach Satzzusammenhang kann **to get** die unterschiedlichsten Bedeutungen im Englischen haben. Es gibt daher auch eine Vielzahl von deutschen Übersetzungen für dieses Verb.

## 11 Translate these sentences into German.

Übersetzen sie diese Sätze ins Deutsche

a. Kids get bored easily.
b. They get a brochure.
c. He gets called 'Fatso'.
d. It gets harder.
e. She's getting older.
f. It's getting dark.
g. Let's get started.
h. I get up early.
i. How do I get to the station?
j. Get out of the car!

## 12 Translate these sentences. Use **to get** and one of the words below.

Übersetzen sie diese Sätze. Benutzen Sie **to get** und eines der Wörter darunter.

**to get**
**angry better boring exciting hungry married**

a. *Der Film wird langweilig.*

..............................................................................

b. *Sie wird leicht wütend.*

..............................................................................

c. *Das Buch wird besser.*

..............................................................................

d. *Es wird später richtig aufregend.*

..............................................................................

e. *Ich werde um sechs Uhr nachmittags sehr hungrig.*

..............................................................................

f. *Ich werde im April heiraten.*

..............................................................................

Das Englische kennt zahlreiche regionale und länderspezifische Varianten, die vom britischen Englisch abweichen. So sind auch **American English** und **British English** teilweise recht verschieden voneinander. Unterschiedliche Aussprache bzw. einige verschiedene Wörter und Ausdrücke behindern die gegenseitige Verständigung aber praktisch nicht. Manche Bezeichnungen für bestimmte Dinge sind anders, verglichen mit dem Gesamtwortschatz ist die Zahl dieser Wörter jedoch sehr gering.

13 Find the British and American partners.
Finden Sie die britischen und amerikanischen Entsprechungen.

|  |  |  |
|---|---|---|
| a. Rucksack | rucksack | backpack |
| b. Kekse | | |
| c. Herbst | | |
| d. Benzin | | |
| e. (Menschen)Schlange | | |
| f. Film | | |
| g. Postleitzahl | | |
| h. Weste | | |
| i. Unterhemd | | |
| j. Rechnung | | |
| k. Blechdose | | |
| l. Geldschein | | |
| m. Gehweg | | |
| n. U-Bahn | | |
| o. Taxi | | |
| p. Pommes frites | | |
| q. Kartoffelchips | | |
| r. Wasserhahn | | |
| s. Urlaub, Ferien | | |

# The final round!

Die letzte Runde!

**14** Who is the best? Compare the following people:

Terry weiß genau, wen er lieber mag und wer für ihn der oder die Beste ist. Können Sie seine Meinung auf Englisch formulieren?

a. Jerry, Tom, Kevin – speak German – bad

**Jerry speaks German badly. Tom speaks worse but Kevin speaks German worst.**

b. José Carreras, Luciano Pavarotti, Plácido Domingo – sing – beautiful

..........................................................................

..........................................................................

c. André Agassi, Michael Chang, Pete Sampras – play – confident

..........................................................................

..........................................................................

d. Magic Johnson, Michael Jordan – jump – high

..........................................................................

..........................................................................

e. Diane Keaton, Emma Thompson, Angelica Houston – act - good

..........................................................................

..........................................................................

**15** Fill in the modal auxiliaries!

Jill versucht ihre Mutter zu überreden, sie dieses Jahr in ein Sommerferienlager fahren zu lassen. Setzen Sie **should, would, could, might, can, can't, must, needn't, mustn't** in die Lücken ein! Manchmal sind auch mehrere richtige Lösungen möglich.

*Jill:* ................................ you send me to a summer camp, Mum?

*Mrs Jenkins:* No, I .............................. . We haven't got the money.

*Jill:* But perhaps grandma .......................... give me some money.

*Mrs Jenkins:* Well, you .............................. ask her.

*Jill:* Oh, she ............................ have some money for me!

*Mrs Jenkins:* I'm not so sure about that.

*Jill:* She ....................................... pay for everything. A few pounds will do.

*Mrs Jenkins:* Why don't you ring her up?

*Jill:* Yes, it's her birthday next week. And I .................................... forget to send a nice birthday card to her.

*Mrs Jenkins:* Yes, don't forget that!

*Jill:* Mum, you .............................. tell her about the summer camp.

*Mrs Jenkins:* Oh no, you .................................. do that.

*Jill:* It really ............................ be great to get some money from her.

*Mrs Jenkins:* Yes, dear.

# AMERICAN NATIONAL PARKS

**Did you know that the first national parks in the world were established in the USA more than one hundred years ago? John Muir (1838–1914), a Scottish immigrant, and other settlers who were worried about pollution and the destruction of nature convinced President Theodor Roosevelt that it was necessary to protect these national resources. Today there are 49 national parks in the USA, among the most popular are Yellowstone, Yosemite, Bryce and Grand Canyon.**
**Hunting is forbidden, but many people visit National Parks to enjoy activities like climbing, hiking, canoeing, riding and so on.**

**did you know …** *wussten Sie …* **were established** *wurden gegründet* **100 years ago** *vor 100 Jahren* **immigrant** *Einwanderer* **settler** *Siedler* **were** *waren* **pollution** *Verschmutzung* **destruction** *Zerstörung* **to convince** *überzeugen* **convinced** hier: *überzeugten* **resources** *(Boden-, Natur)Schätze* **was** *war* **necessary** *notwendig* **to protect** *schützen* **among** *unter* **hunting** *jagen* **forbidden** *verboten* **canoeing** *Paddeln* **and so on** *und so weiter*

# Neue Formen und Strukturen

## 1. Die Steigerung von Adverbien

Adverbien die auf **-ly** enden sind mehrsilbig und werden mit **more/most** gesteigert.

You must read the text more carefully.
Tom writes most carefully.

Wenn das Adverb die gleiche Form wie das Adjektiv hat, wird es mit **-er**/**-est** gesteigert.

Tom runs faster now.
Jane works fastest before lunch.
I must work harder.
He works hardest for himself.

Bei diesen Adverbien ist die Steigerung unregelmäßig.

My daughter plays the piano well.
My son can even play better.
But my son plays best.

I play tennis badly.
Sue plays even worse.
But Tom plays worst.

## 2. Modale Hilfsverben

Sie sind bei allen Personen gleich und werden immer mit einem Verb benutzt.
Hier zusammenfassend noch einmal die Hilfsverben, die Sie bereits kennen:

| | |
|---|---|
| can/can't | *können/nicht können* |
| may | *dürfen* |
| might | *könnte vielleicht* |
| must | *müssen* |
| needn't | *nicht müssen/nicht brauchen* |
| mustn't | *nicht dürfen* |
| should/shouldn't | *sollten/nicht sollten* |
| would/wouldn't | *würden/würden nicht* |

Unit 10

# In a pub

## In einem Pub

In dieser Lektion lernen Sie, zukünftige Handlungen zu beschreiben sowie über Empfindungen und Bedürfnisse zu reden.

**Wortschatz:** Empfindungen, Bedürfnisse, Getränke, Speisen.

For many continental Europeans British pubs are a stereotype: The **buildings** are old, **picturesque** and **charming** and the atmosphere is warm and friendly. Unfortunately the **beer** is also warm, the opening and closing times are unfriendly! At one time all this was true. But pubs today are very different. The opening and closing times are much friendlier. And for many **visitors** to Britain the quality of the beer and the food in British pubs is a pleasant surprise.

Für viele Europäer vom Festland stellen britische Pubs ein Klischee dar. Die **Gebäude** sind alt, **malerisch** und **reizvoll** und die Atmosphäre ist warm und freundlich. Bedauerlicherweise ist auch das **Bier** warm, die Öffnungszeiten sind alles andere als kundenfreundlich!
Doch all das war einmal und heute sind Pubs ganz anders. Die Öffnungszeiten sind viel kundenfreundlicher. Und für viele **Besucher** in Großbritannien ist die Qualität von Bier und Essen in britischen Pubs eine angenehme Überraschung!

# 1 2/21 *The darts match*
Das Dartspiel

The Watsons live in Guisborough, a small market town in Cleveland County. Danny Watson goes to the pub regularly on Wednesdays and Fridays. Sometimes he goes by himself and sometimes he goes with his wife, Joan. Their local pub is the Black Horse, a charming old building near the market place. Danny is a member of the pub's darts team.

*Danny:* I'm going to the pub later, Joan. Are you coming?
*Joan:* No, thanks. I don't feel like going out tonight, love.
*Danny:* Aren't you feeling well, Joan?
*Joan:* I'm OK. I'm just feeling a bit tired. So I'm staying at home this evening. And there's a good film on Channel 4.
*Danny:* That's a pity. I'm playing darts tonight.
Joan: Who are you playing?
*Danny:* We're playing the team from the Angel.
Joan: Where are you playing? At the Angel?
*Danny:* No, they're coming to us tonight. We're starting at 8 o'clock. The winners are playing the team from the Jolly Sailors in Whitby next Saturday.
*Joan:* Well, good luck! And take a key because I'm going straight to bed after the film.

## 2 Look at the answers and ask the right questions.

Sehen Sie sich die Antworten an und bilden Sie die dazu passenden Fragen. Benutzen Sie die folgenden Fragewörter: **what, when, where, who, why.**

a. ..........................................................................

..........................................................................
– He's going to his local pub, the Black Horse.

b. ..........................................................................

..........................................................................
– Because she's feeling tired and wants to stay at home.

c. ..........................................................................

..........................................................................
– He's playing darts with the darts team.

d. ..........................................................................

..........................................................................
– They're playing the darts team from the Angel.

e. ..........................................................................

..........................................................................
– They're starting at 8 o'clock.

## 3 Say it in English.
Sagen Sie es auf Englisch.

a. Sie merken, dass jemand sehr blass aussieht und fragen ob er/sie sich krank fühlt.
b. Sie sagen, dass Sie sich nicht wohl fühlen.
c. Sie fragen ob es ihr/ihm jetzt besser geht.
d. Sie bedanken sich und sagen, dass Sie sich jetzt in Ordnung fühlen.

## 4 G
Wie Sie bereits aus Unit 8 wissen, dient das **present progressive** sehr häufig der Beschreibung gerade stattfindender Geschehnisse:

I'm not feeling well. *Mir geht es (gerade) nicht gut.*

Im Gegensatz dazu hat die **present progressive**-Form in Text 1 eine andere Funktion. Unterstreichen Sie alle Zeitangaben, die mit der **present progressive**-Form in Verbindung stehen. Wie würden Sie die Funktion des **present progressive** hier beschreiben?

**➤G** Sicher haben Sie es gleich bemerkt: Das **present progressive** bezieht sich hier auf Handlungen bzw. Ereignisse, die in der Zukunft liegen und die man fest geplant hat, z. B.:

What are you doing tonight?
*Was machst du heute Abend?*
I'm playing squash with Peter.
*Ich werde mit Peter Squash spielen.*

In dieser Funktion steht das **present progressive** oft in Verbindung mit einer Zeitangabe, z. B.: **tonight**, **tomorrow**, **next week**, etc.

## 5 What are the people in the pictures doing and what plans do they have?

Was tun die Leute auf den Bildern gerade und welche Pläne haben sie?

a.

b.

c.

d.

e.

a. Right now I'm working in the office with Jane. Tomorrow we're going for a walk along the beach.

## 6 2/22 Before the big game

Vor dem großen Spiel

It's 7:30. Bill, Ted and Alice are the other members of the darts team. They're just finishing a game of darts when Danny arrives. They're just finishing their drinks, too.

*Bill:* Hello, Danny. We've got half an hour. Let's have another game before the Angel team arrives.
*Ted:* OK, but first things first. I'm thirsty. Whose round is it?
*Alice:* Why don't we play 'Killer'? The first one out buys the drinks.
*Danny:* That's fine with me. You start.

Alice closes her eyes and throws a dart at the dartboard. She gets the number 11. Then it's Danny's turn and he gets the number 5. Bill gets 7 and Ted gets 14. Alice is writing their numbers on the board. Each player has got three 'lives'.
Now they're playing with their eyes open. Alice starts and aims for Ted's number. She misses twice, but she gets the 14 with her third dart. Now Ted has only got two lives. It's Danny's turn and he gets a 14 and a 7. Now Ted has only got one life. It's his turn and he throws two darts and gets a 7 and a 5. Now he wants Alice's number, the 11. He aims carefully and throws – and he misses the 11 and gets the 14. That's his own number and he's out! Danny, Alice and Bill are laughing. They think that's funny.

*Ted:* OK. OK. What are you drinking?
*Alice:* A pint of lager for me, Ted.
*Bill:* Just a mineral water for me, please.
*Danny:* A pint of bitter, Ted.

In britischen Pubs wird Bier in **pints** bzw. **half-pints** verkauft. Ein **pint** entspricht etwa einem halben Liter (= 0,57 l).

Gewöhnlich werden Sie in Pubs nicht am Tisch bedient. Sie müssen Ihre Getränke am Tresen bestellen und selbst abholen. Dabei wird auch gleich kassiert. Bei den Bieren unterscheidet man folgende Typen:

**Lager**

Ein helles, schaumiges untergäriges Bier. Gut gekühlt serviert entspricht es in etwa dem deutschen Pils und wird immer beliebter.

**Bitter**

Nach der Brauart ist dies kein Bier sondern ein **ale** (ungefähr wie Altbier) obwohl im normalen Sprachgebrauch die Begriffe **beer** und **ale** praktisch austauschbar sind. Die traditionelle Variante – auch **real ale** genannt – hat kaum Schaum und wird mit Zimmertemperatur ausgeschenkt. "Wie es sich gehört!" sagen die Traditionalisten. Es hat eine rotbraune Farbe und schmeckt, wie der Name andeutet, etwas bitter. Diese Art wird oft auch als **draught** bezeichnet. Es gibt aber auch andere Sorten, die gekühlt und mit Blume gezapft werden. Sie schmecken etwas milder und werden auch **keg** genannt.

## 7

Read the text and write the verbs in the correct form. Use either the present progressive or the simple present.

Lesen Sie den Text und schreiben Sie die Verben in der korrekten Form. Benutzen Sie entweder **present progressive** oder **simple present**.

It's 7:15 on a Friday evening. Danny and Joan usually (go) ........................................[1] to their local pub about now, but they (not go) ........................................[2] there tonight. They (wait) ........................................[3] for their visitors, Joan's younger sister, Pamela and her husband, Tom. They (live) ........................................[4] in Staithes, a small fishing village on the north-east coast. Pamela and Tom (not visit) ........................................[5] Joan and Danny very often. But now Pamela has got her driving licence and she (drive) ........................................[6]. They're now almost an hour late and Joan (feel) ........................................[7] nervous. She (think) ........................................[8] something is wrong. "(stay) ........................................[9] calm," Danny (tell) ........................................[10] her, "Pamela (be) ........................................[11] careful and she (take) ........................................[12] her time." Joan (wear) ........................................[13] her best dress because they (go) ........................................[14] out when Pamela and Tom (arrive) ........................................[15]. They (have) ........................................[16] a meal in the Moorcock, a local restaurant. The Moorcock (serve) ........................................[17] sea food. Pamela and Tom (like) ........................................[18] the food and the atmosphere there. It's a bit expensive for Joan and Danny, but they (not pay) ........................................[19] the bill tonight.

## 8

Join the two halves of the sentences.

Fügen sie die beiden Satzhälften zusammen.

**The game of darts**

1 There are twenty numbers
2 There's a double ring
3 The "bull's eye" in the centre
4 The "outer ring" around the bull's eye
5 Each player throws
6 The score starts at 301 points
7 A player must start with a double

a. ☐ is 50 points.
b. ☐ three darts.
c. ☐ and finishes at 0 points.
d. ☐ on the dartboard.
e. ☐ and finish with a double.
f. ☐ and a treble ring.
g. ☐ is 25 points.

## 9 Fill in the missing words.
Setzen Sie die fehlenden Wörter ein.

**carefully dart double first last nearly need one points quiet score team third throws turn watching winning**

Danny's big night

The Angel darts team win the ................................ game, the Black Horse .................................. win the second .................................. . The ................. ................ and last game is .................................. over. It's Danny's .................................. now. The Angel team are .................................. . They only .................................. ten points – that's a double five. Danny must .................................. 51 points. He throws his first ................................ – a twenty. Now he needs 31 ................................ . He thinks ................................. and aims for the one – and he gets it. Now he needs thirty points. It's his ......... ........................ dart. The pub is very .................... ............. . Everybody is .............................. Danny. Danny aims and .................................. . It's a .............................. fifteen! Everybody is cheering.

## 10 2/23, 24 Listen to the cassette/CD and answer the questions.
Hören Sie die Kassette/CD an und beantworten Sie die Fragen.

a. Where and when do they meet?

..........................................................................

..........................................................................

b. When does the minibus arrive?

..........................................................................

..........................................................................

c. How long does the trip to Whitby take?

..........................................................................

..........................................................................

d. Where do they park?

..........................................................................

..........................................................................

e. When does the boat trip start?

..........................................................................

..........................................................................

f. When does the boat trip finish?

..........................................................................

..........................................................................

g. When does the darts match start?

..........................................................................

..........................................................................

h. When do they have a meal?

..........................................................................

..........................................................................

i. When do they leave Whitby?

..........................................................................

..........................................................................

**G** Im vorangegangenen Hörtext sind Ihnen einige **simple present** – Formen begegnet, die sich ebenfalls auf zukünftige Ereignisse beziehen. Dies ist vor allem bei festen Terminen der Fall, auf die der Sprecher keinen Einfluss hat, z. B. Abfahrts- und Ankunftszeiten von Verkehrsmitteln oder Anfangs- bzw. Schlusszeiten von Veranstaltungen, etc.:

The darts match starts at half past seven.
The bus arrives at 2.30.

11 ➤G Heathrow is Great Britain's busiest airport. Can you say when the flights are?

Heathrow ist Großbritanniens verkehrsreichster Flughafen. Können Sie die Ansage der Flüge übernehmen?

| DEPARTURES | | ARRIVALS | |
|---|---|---|---|
| New York | 8.30 | London | 8.35 |
| Sydney | 9.00 | New Delhi | 9.15 |
| Los Angeles | 9.25 | Toronto | 9.45 |
| Rome | 10.05 | Manchester | 10.10 |
| Munich | 11.00 | Moscow | 11.55 |

a. **The flight to New York leaves at 8.30. The flight from London arrives at 8.35.**

## *The final round!*

Die letzte Runde!

12 2/25, 26 Translate the dialogue into English!

Kevin und Noel treffen sich zufällig auf der Straße und unterhalten sich etwas. Kevin möchte abends etwas unternehmen. Können Sie sich vorstellen, was die beiden auf Englisch sagen?

*Kevin:* *(sagt, dass er heute Abend ein Fußballspiel im Pub ansehen wird und fragt, ob er auch mitkommt)*

........................................................................

........................................................................

........................................................................

........................................................................

*Noel:* *(entgegnet, dass er nicht kann, da er heute Abend mit Karen nach Birmingham fährt)*

........................................................................

........................................................................

........................................................................

........................................................................

*Kevin:* *(fragt, was sie dort tun werden)*

........................................................................

........................................................................

........................................................................

*Noel:* *(antwortet, dass sie ins Theater gehen werden)*

........................................................................

........................................................................

........................................................................

*Kevin:* *(fragt, wann sie fahren)*

........................................................................

........................................................................

........................................................................

........................................................................

*Noel:* *(antwortet, dass ihr Zug um halb sechs losfährt)*

........................................................................

........................................................................

........................................................................

........................................................................

*Kevin:* *(meint, dass sie vielleicht später in eine Disco gehen könnten)*

........................................................................

........................................................................

........................................................................

*Noel:* *(antwortet, dass die Vorstellung um zehn zu Ende ist und ihr Zug um halb zwölf hier ankommen wird)*

........................................................................

........................................................................

........................................................................

*Kevin:* I see. But let's go for a beer next week or so, OK?

*Noel:* OK.

# A tour in North Yorkshire

**Ein Ausflug in Nord Yorkshire**

Yorkshire Coast & Moorland

Yorkshire has a fabulous coastline, and on this tour we show you some of the best, including the sweeping view across Robin Hood's Bay, the picturesque fishing port of Whiby, and the impressive cliffs by Sandsend. Other highlights include a drive right through the heart of the North York Moors National Park, a tea stop in the pretty market town of Helmsley, and a return drive through some of Yorkshire's loveliest villages, including Ampleforth and Coxwold.

Yorkshires Küste und Heidelandschaft

Yorkshire hat eine phantastische Küste und auf dieser Fahrt zeigen wir Ihnen die besten Abschnitte, im Programm enthalten sind der weite Blick über Robin Hood's Bay, die malerische Hafenstadt Whitby und die imposanten Klippen bei Sandsend. Andere Höhepunkte sind die Fahrt durch das Herz des North-York-Moors-Nationalpark, eine Teepause in dem hübschen Marktstädtchen Helmsley und die Rückfahrt durch einige der liebenswertesten Dörfer Yorkshires, einschließlich Ampleforth und Coxwold.

## *Neue Formen und Strukturen*

### *1. Die Verlaufsform der Gegenwart als Ausdruck zukünftiger Ereignisse*

Die Verlaufsform der Gegenwart (**present progressive**) kennen Sie schon aus Unit 8, wo sie der Beschreibung gerade stattfindender Ereignisse diente.

Das **present progressive** wird, besonders im gesprochenen und informellen Englisch, aber auch sehr oft mit zukünftiger Bedeutung benutzt und dann fast immer mit Zeitangaben. Diese Zeitform wird z. B. sehr oft bei Verabredungen benutzt, um Pläne des Sprechers auszudrücken.

I'm driving to London on Thursday. I'm not driving on Wednesday.
Are you meeting Ms Bagley from Citicorp on Friday?

Zusammenfassend können wir festhalten: Das **present progressive** hat zwei Funktionen:

| 1. Über etwas sprechen, das sich gerade ereignet: | 2. Über etwas sprechen, was man fest vorhat zu tun: |
| --- | --- |
| "No, I can't come. I'm watching an important match on TV." | "I can't come to the pub with you. I'm playing tennis with Jane tonight." |

### *2. Einfache Form der Gegenwart mit zukünftiger Bedeutung*

In Unit 6 haben Sie gelernt, wie man die **simple present**-Form für regelmäßige, gewohnheitsmäßige Handlungen benutzt.

Aber auch sie kann als Form der Zukunft benutzt werden, um fest terminierte Vorgänge wie Fahrpläne und Reisepläne zu beschreiben. Solche Aussagen werden immer mit einer Zeitangabe verwendet:

Our bus leaves at 6:15 am on Saturday morning. We stop for breakfast at 8:30. We arrive in London at 11:30.

# A pleasant holiday?

## Ein angenehmer Urlaub?

In dieser Unit lernen Sie, über die Vergangenheit zu sprechen. Sie lernen außerdem Ausdrücke, die nützlich sein können, wenn man sich über etwas beschweren will.

**Wortschatz:** Die Vergangenheitsformen von Verben, Adjektive.

Clive and Pamela Frazer are freelance writers. They write **travel guides** and holiday reports for a variety of women's magazines. They **travel** to exotic places all over the **world**. They sometimes stay in hotels and sometimes at **camping sites**. They **travel** for about six months every year. For many people, they must have the **perfect** job. But would you enjoy **travelling around** and staying in different places for six months?

Pamela:
It isn't as wonderful as people think. After six months you get quite tired of **travelling around**. And it isn't always good, it can sometimes be terrible. We can remember some real horror trips.

Clive und Pamela Frazer sind freiberufliche Schriftsteller. Sie schreiben **Reiseführer** und Urlaubsberichte für eine Anzahl von Frauenzeitschriften. Sie **reisen** zu exotischen Orten überall auf der **Welt**. Manchmal halten sie sich in Hotels und manchmal auf **Campingplätzen** auf. Sie **reisen** ungefähr sechs Monate jedes Jahr. Für viele Leute müssen sie die **ideale** Arbeit haben. Aber würden Sie es genießen für sechs Monate **herumzureisen** und sich an verschiedenen Orten aufzuhalten?

Pamela:
Es ist nicht so wundervoll wie die Leute denken. Nach sechs Monaten wird man des **Herumreisens** ziemlich müde. Und es ist nicht immer schön, manchmal kann es schrecklich sein. Wir können uns an einige wirkliche Horrortrips erinnern.

# 1 2/27 The good and the bad
Das Gute und das Schlimme

Clive

We were in Cyprus last May. Our hotel was in Nicosia. It wasn't like the photo in their brochure. It was a terrible place. Terrible doesn't really describe it. It was a catastrophe! Our room was too small. It was much smaller than in their brochure. It certainly wasn't a double room. There wasn't a shower and the toilet was dirty. The bedlinen wasn't too clean either. And there weren't any towels. I remember the manager well – a short fat man in a dirty vest. He was very rude.
Well, you get what you pay for and it was a cheap hotel near the city centre. That's all some people want. The meals at the hotel weren't very good, but there was an excellent restaurant in the same street. Nicosia is an interesting place and worth a visit.

Pamela

For us it was just a short visit. After that we were at a camping site near the coast. That was much better. It was even cheaper than the hotel and much nicer. The toilets and showers were always clean and the people there were very friendly.
Our first night there was quite exciting. There was a barbecue and a beach party. Our tent was next to a young couple from Holland. There was a fire in their tent that night. Luckily, it wasn't too serious. The Dutch couple were OK – but their tent and their camping equipment weren't. But they were very lucky – and the manager of the camping site was very helpful. It was a very pleasant place.

Obwohl die offizielle Bezeichnung für die Niederlande auf Englisch **the Netherlands** ist, sagt man gewöhnlich **Holland** für das Land und **Dutch** für die Leute.

➤ **G** Nachdem Sie sich in der Gegenwart bereits bestens ausdrücken können, wollen wir uns nun der Vergangenheit zuwenden. Clive und Pamela erzählen ihre Urlaubserinnerungen im **simple past**. Man benutzt im Englischen diese Vergangenheitsform, um über in der Vergangenheit abgeschlossene Vorgänge zu berichten. Das Verb **to be** hat zwei Formen im **simple past**: **was** (bzw. **wasn't**) und **were** (bzw. **weren't**). Diese Formen entsprechen den deutschen *war* (*war nicht*) und *waren* (*waren nicht*).

| was | wasn't | were | weren't |
|---|---|---|---|
| Our hotel was in Nicosia. | It wasn't like the photo in their brochure. | We were in Cyprus last May. | And there weren't any towels. |

## 2 ➤G Read the two texts and complete this list.

Lesen Sie die beiden Texte. Machen Sie sich im Heft eine Tabelle und tragen Sie die Sätze mit Vergangenheitsformen von **to be** ein.

| was | wasn't | were | weren't |
|---|---|---|---|
| **It was a terrible place.** | | | |

➤G Beachten Sie, dass nicht nur die Pluralformen, sondern auch die 2. Person Singular **were** heißt (**Where were you last summer?** *Wo waren Sie letzten Sommer?*)
Achten Sie außerdem auf den Unterschied in Aussprache und Schreibung zwischen **were** und dem Fragewort **where?** (*wo?*).

## 3 Complete the text with the following words.

Vervollständigen Sie den Text mit den folgenden Wörtern.

**at least different dirty clean enough expensive far friendly pleasant unpleasant**

The Frazers' hotel in Nicosia was ................[1]. It was ................[2] from the photo in the travel guide. It wasn't a ..................[3] place. Their room wasn't big ..................[4]. The toilet wasn't very .................[5] and the bedlinen was ....................[6]. And the hotel manager wasn't too ..................[7], either. But ...................[8] the hotel wasn't .................[9] and it wasn't .................[10] from the city centre of Nicosia.

## 4 Answer the questions about the text.

Beantworten Sie die Fragen zu dem Text mit vollständigen Sätzen.

a. Where were the Frazers last May? The Frazers ......................................................... in Cyprus last May.
b. Where was their hotel? ..........................................................................................................
c. What was wrong with their hotel? ..........................................................................................
..........................................................................................................................................
d. What was the manager of the hotel like? ...............................................................................
e. Where were the Frazers after that? .........................................................................................
f. Why was the camping site better? ...........................................................................................
..........................................................................................................................................
g. Who was in the tent next to the Frazers? ...............................................................................
h. Why was the Frazers' first night at the camping site exciting? ..................................................
..........................................................................................................................................
i. Were the Dutch couple seriously injured? ...............................................................................
j. What was burned? ..................................................................................................................

## 5 2/28 Look at the answers and ask the questions.

Sehen Sie sich die Antworten an und bilden Sie die dazugehörigen Fragen.

a. ● Were the Frazers ........... .......... ......... year?
● Yes, they were there in May.

b. ● .................................................................?
● No, their hotel wasn't good. It was a terrible place.

c. ● .................................................................?
● No, there wasn't a shower in their room.

d. ● .................................................................?
● No, it wasn't. It was dirty.

e. ● .................................................................?
● No, he wasn't friendly. He was very rude.

f. ● .................................................................?
● Yes, the people at the camping site were all very friendly.

g. ● .................................................................?
● No, they weren't seriously injured. (They were lucky.)

h. ● .................................................................?
● Yes, it was. And some of their equipment was damaged, too.

i. ● .................................................................?
● Yes, the manager of the camping site loaned it to them.

## 6 2/29 *All's well that ends well*

Ende gut, alles gut

Clive

Two years ago we visited the USA for a six-week holiday. It didn't start well. It was a long day. We started at 6:15 am and travelled from our home to Manchester airport. We didn't have breakfast at home. We wanted to have a meal at the airport. Unfortunately there was an airport workers' strike and our flight to Heathrow was delayed. We waited two and a half hours for the next flight. I didn't like that. Everything at the airport was closed and we didn't get any breakfast. We arrived at Heathrow nearly three hours late and of course we missed our connecting flight to New York. We checked in and asked about the next flight. I talked to a young woman at the desk and she was most helpful. The next plane to New York was in twenty minutes and there were two seats still free. She changed our tickets and reserved two seats for us. We were lucky. But we didn't have time for breakfast.

Pamela

Clive likes a good breakfast. I think that irritated him more than the delay. But everything went well after that. Our flight left Heathrow just after 11 am. We had separate seats, but that was OK with me. I was very tired and I didn't want to talk. I slept for an hour and woke up in time for lunch. It was my first meal that day and I really enjoyed it. Clive told me later that he didn't enjoy it very much. The usual airline food, he said. (Clive thinks he's a perfect gourmet.) That was funny because he ate everything. The man next to him didn't feel well, so Clive had his meal, too. Clive thought I was still asleep, but I saw everything. Typical Clive! He drank two double whiskies, went to sleep and didn't wake up until we landed in New York.

**Whisky** kommt nur aus Schottland (*pl.* **whiskies**). **Whiskey** wird in anderen Ländern, z. B. Irland, Kanada oder den USA hergestellt (*pl.* **whiskeys**).

**G** Sehen Sie sich Clives zweiten Text an: Hier begegnen Ihnen eine ganze Reihe von Verben im **simple past**. Bei näherem Hinsehen dürfte es Ihnen nicht schwer fallen, herauszufinden wie sie gebildet werden. Die Formel lautet ganz einfach: Grundform des Verbs + **-ed**:

to visit – visited *besuchen – besuchte*

Endet ein Verb bereits auf **–e**, so wird nur ein **– d** angehängt, z. B.:

to close – closed *schließen – schloss*

Gehen wir nun weiter zu Pamelas Text: Neben den regelmäßigen Endungen auf **–ed** befinden sich in ihrem Text auch zahlreiche andere Vergangenheitsformen. Es handelt sich dabei um so genannte unregelmäßige Verben, die im **simple past** und anderen Zeiten der Vergangenheit eine eigene, völlig verschiedene Form haben, z. B.:

to go – went *gehen – ging*

Wie auch das Deutsche kennt die englische Sprache eine ganze Reihe von unregelmäßigen Verben. Für Sie als Lerner der Sprache ist das natürlich etwas unbequem, da es Ihnen nicht erspart bleibt, jede dieser Formen für sich extra auswendig zu lernen. Andererseits mag es Sie trösten, dass sowohl die regelmäßigen wie auch die unregelmäßigen Formen für jede Person (**I**, **you**, **he**, **she**, usw.) gleich sind. In dieser Hinsicht macht es uns das Englische also wiederum sehr leicht.
(Auf Seite 73/74 des Begleitbuchs finden Sie eine Liste mit den wichtigsten unregelmäßigen Verben).

Zusammenfassend können wir also folgende drei Arten der Bildung des **simple past** festhalten:

1. Anhängen von **-ed** — to start – started
2. Anhängen von **-d** — to close – closed
3. Unregelmäßige Bildung — to leave – left

Verneinung in der Vergangenheit: Sie kennen bereits die Verneinung im Präsens mit **don't/doesn't** + Grundform des Verbs (siehe Unit 6).
Wenn Sie sich nun Clives und Pamelas Schilderungen etwas näher ansehen, wird Ihnen auffallen, dass bei den verneinten Aussagen im **simple past** immer **didn't** anstelle von **do/doesn't** steht (auch in der 3. Person Singular).
Diese Form "**didn't +** Infinitiv (Grundform des Verbs)" gilt also für alle Personen im Singular und Plural und ist außerdem bei regelmäßigen und unregelmäßigen Verben gleich:

I didn't like that.
*Das gefiel mir nicht.*

It didn't start well.
*Es ging nicht gut los.*

We didn't have breakfast at home.
*Wir haben nicht zu Hause gefrühstückt.*

## 7 G Complete the list.

Tragen Sie die folgenden Verben aus den beiden Texten in die Liste ein.

| Verb | simple past-Form + | simple past-Form – |
|---|---|---|
| visit | **we visited** | |
| start | .......................... | **didn't start** |
| travel | .......................... | .......................... |
| want | .......................... | .......................... |
| wait | .......................... | .......................... |
| like | .......................... | .......................... |
| arrive | .......................... | .......................... |
| miss | .......................... | .......................... |
| check-in | .......................... | .......................... |
| ask | .......................... | .......................... |
| talk | .......................... | .......................... |
| change | .......................... | .......................... |
| reserve | .......................... | .......................... |
| irritate | .......................... | .......................... |
| enjoy | .......................... | .......................... |
| land | .......................... | .......................... |
| Unregelmäßige Verben | | |
| drink | .......................... | .......................... |
| eat | .......................... | .......................... |
| have | .......................... | .......................... |
| feel | .......................... | .......................... |
| get | .......................... | .......................... |
| go | .......................... | .......................... |
| leave | .......................... | .......................... |
| say | .......................... | .......................... |
| see | .......................... | .......................... |
| sleep | .......................... | .......................... |
| tell | .......................... | .......................... |
| think | .......................... | .......................... |
| wake up | .......................... | .......................... |

## 8 Answer these questions on the text.
Beantworten Sie diese Fragen zum Text.

a. Why were the Frazers delayed at Manchester airport?

.........................................................................

b. How late were they when they arrived at Heathrow?

.........................................................................

c. Who changed their tickets and reserved seats on the next flight to New York?

.........................................................................

d. Who felt ill?

.........................................................................

e. What happened to his meal?

.........................................................................

f. Who saw everything?

.........................................................................

## 9 Write the simple past-forms of the verbs.
Schreiben Sie die **simple past**-Formen der Verben in Klammern.

The Frazers' holiday in the USA .............................. .............................. (start) badly. They ..................... ........ (get up) before 6 am and ............................ (take) a taxi to Manchester airport. They ................ .......................... (not have) time for breakfast. They ................................ (want to) eat something at the airport. But there ............................ (be) a strike at the airport and the restaurants there ...................... (not be) open. Their flight ............................... (be) delayed and they .................................. (arrive) at Heathrow nearly three hours late. They ................. .............................. (talk) to a young woman at the check-in desk. She ............................. (help) them with their tickets and they ............................ (take) the next flight to New York. It ................................ (leave) twenty minutes later, so they ....................... ..................... (not get) breakfast at Heathrow either. That ................................ (irritate) Clive more than the delay. Pamela and Clive ............................. (sit) in separate seats. Pamela ................................ (go) straight to sleep and .............................. (wake up) for lunch. Clive ....................................... (be) very hungry and ................................ (eat) two meals – his own and the one from the man next to him. Then Clive ............................ (order) two whiskies from the stewardess. He ............................ (finish) his drinks and .................... (sleep) until New York.

## 10 2/30 *A meeting*
Eine Konferenz

After Pamela and Clive got back from the USA they had a meeting with Tom Reynolds, their editor.

*Tom:* How was your trip to New York? Did everything go well?

*Clive:* We had a few problems at first. We had to take a later flight. But everything was fine after that.

*Pamela:* We had a list of six medium-priced hotels in Manhattan and we stayed a night at each. We didn't make reservations, but there were no problems. We wouldn't recommend the Metropole. We had to carry our own bags and the air-conditioning in our room didn't work. And you know what New York is like in the summer.

*Clive:* The manager didn't work either. We complained to the girl at the desk and she said that we had to talk to the manager. But he wasn't there and she couldn't find him. And breakfast was awful. The other hotels were OK. Brown's Family Hotel on East 37th Street was the nicest, we thought. The rooms were small, but very clean and the hotel staff were very helpful. They gave us maps and called taxis, made theatre reservations and told us where we could eat at a reasonable price. It was very pleasant. We wrote a report about each hotel.

*Tom:* Did you visit all the sights on our list?

*Pamela:* Yes, we did. The Rockefeller Center, the Empire State Building, the Bronx Zoo, etcetera, etcetera. I enjoyed it. We travelled around by cab and subway. There were no problems during the day, but we wouldn't recommend the subway at night. We also went shopping at Macy's. It really is the biggest department store in the world. I didn't like it much. I preferred the smaller shops and boutiques on Fifth Avenue. We've also got all the photos you wanted.

*Tom:* Did you hire a photographer?

*Clive:* No, we didn't. You gave us the names of six professionals, but one was ill, four were away on jobs and we couldn't find the other one. We had to take the photos ourselves. We're only amateurs, but we did our best. I think they turned out well. Here – take a look at them and tell us what you think.

*Tom:* They're excellent. Who took them?

**11** Look at the text and find the simple past forms of these irregular verbs.
Sehen Sie sich den Text an und finden Sie die Vergangenheitsformen dieser unregelmäßigen Verben.

get ..........................................

have ..........................................

do ..........................................

* must ..........................................

say ..........................................

can ..........................................

think ..........................................

make ..........................................

tell ..........................................

write ..........................................

go ..........................................

give ..........................................

* Da **must** keine eigene Form in der Vergangenheit hat, erfolgt eine Umschreibung mit **have to.**

➤**G** In Unit 7 haben wir gesehen, wie man im **simple present** Fragen mit **to do** bildet:

I drive to work.
*Ich fahre (mit dem Auto) zur Arbeit.*
Do you always drive to work? – Yes, I do.
*Fährst du immer zur Arbeit? – Ja.*

Fragen im **simple past** werden ebenso gebildet, allerdings steht nun **did** anstelle von **to do**:

Did you visit all the sights? – Yes, we did.
*Habt ihr all die Sehenswürdigkeiten besichtigt? – Ja.*
Did you hire a photographer? – No, we didn't.
*Habt ihr einen Photographen verpflichtet? – Nein.*

Fragewörter werden vor **did** an den Anfang des Satzes gestellt:

What did you see? – We saw 'West Side Story'.
*Was habt ihr euch angesehen? – Wir haben uns 'West Side Story' angesehen.*

Beachten Sie den auch den Unterschied bei Fragen mit **who?** und **what?** Falls Sie sich nicht mehr so genau an Unit 7 erinnern: Wenn **who** bzw. **what** Subjekt sind (d. h. wenn man mit *wer oder was?* danach fragt), gibt es keine Umschreibung mit **to do** bzw. **did**:

| | |
|---|---|
| Who saw you there? | |
| *Wer sah Sie dort?* | **who** als Subjekt. |
| What caused the fire? | |
| *Was verursachte den Brand?* | **what** als Subjekt. |

Bei **who** oder **what** als Objekt (*wem?* bzw. *wen oder was?*), erfolgt eine Umschreibung mit **to do** bzw. **did**:

| | |
|---|---|
| What did the fire cause? | |
| *Was richtete der Brand an?* | **what** als Objekt |
| Who did you see there? | |
| *Wen sahen Sie dort?* | **who** als Objekt. |

## 12 What are the questions?
Was sind die Fragen?

a. ● (talk to/manager?) ..........................................

...................................................................
● Well, not at first. I couldn't find him.

b. (who/see?) .........................................................
● I saw the girl at the desk and talked to her.

c. ● (complain about/your room?) ..........................

...................................................................
● Yes, of course I did. I told her that we were very unhappy with it.

d. ● (what/do?) .....................................................
● She said she couldn't help us and called the manager.

e. ● (what/say?) ....................................................
● He offered us a better room, but he said we had to pay more.

f. ● (take?) ..........................................................
● Yes, I did. But I told him that we wouldn't pay extra.

g. ● (give/the better room/for the same price?) .......

...................................................................
● No, he didn't. He said there was nothing wrong with this room.

h. ● (get/angry?) ...................................................
● No, I didn't. I stayed cool. Well, nearly.

i. ● (what/say?) ....................................................

...................................................................
● I called him a very rude name, I'm afraid.

## 13 Translate these sentences.
Übersetzen Sie diese Sätze.

a. Please take the dog for a walk.

...................................................................

b. Can you take good photos?

...................................................................

c. Take this letter to the manager.

...................................................................

d. You should take a cab – it's quicker.

...................................................................

# *The final round!*
Die letzte Runde!

## 14 2/31 New York, New York!
Underline the correct parts of the statements.

Lesen Sie sich zunächst die Statements von 1. bis 7. durch. Dann hören Sie Patricia Kellys Text an. Trotz einiger unbekannter Wörter werden Sie sicherlich in der Lage sein, das Wesentliche zu verstehen. Unterstreichen Sie dann die richtigen Teile der Aussagen.

a. Patricia Kelly is a reporter/spokeswoman for the NYPD/policewoman.
b. She's talking to reporters/parents with young children/the police.
c. She's telling them about New York's tourist program/the NYPD anti-crime program/New York's night life.
d. There are now too many/too few/more police on the streets than before.
e. The police are more/less/just as tolerant of small crimes than before.
f. The program is working interestingly/badly/impressively.
g. There are now fewer/more/very few serious crimes than before.

2/32 Now listen and make some notes.
Hören Sie nun Ramon und Nick zu und machen Sie sich Notizen.

Now try to answer the following questions.
Versuchen Sie nun die folgenden Fragen zu beantworten.

Ramon Chavez
1. Where did Ramon get off the subway?
2. Who stopped him?
3. What did they want?
4. Why did they get angry?
5. What happened next?

Nick Carpenter
6. Where was Nick?
7. Who did he stop?
8. Who stopped Nick?
9. What did the policeman want?
10. Who did the policeman call?
11. Where did they take Nick?
12. What happened at the police station?

# EVERYDAY INVENTIONS: A QUIZ

**Alltägliche Erfindungen: Ein Quiz**

Ask a partner questions about everyday inventions.
Either: Who invented the ...? When was it invented?
Or: What did ... invent? When did he/she/they invent it?

You get 1 point for each correct answer.

ball-point pen (*Kugelschreiber*) ............................
bra (*Büstenhalter*) ............................
cocoa powder (*Kakaopulver*) ............................
coffee filter ............................
cornflakes ............................
Coca-Cola ............................
electric drill (*Bohrmaschine*) ............................
electric razor (*Elektrorasierer*) ............................
fish fingers (*Fischstäbchen*) ............................
fridge (*Kühlschrank*) ............................
Indian tonic water ............................
jeans ............................
lawnmower (*Rasenmäher*) ............................
light bulb (*Glühbirne*) ............................
linoleum ............................
margarine (*Margarine*) ............................
microwave oven ............................
pressure cooker (*Schnellkochtopf*) ............................
spray can ............................
sticking plaster (*Pflaster*) ............................
tin can (*Blechdose*) ............................
toaster ............................
toilet paper ............................
thermos can (*Thermoskanne*) ............................
Tupperware ............................
vacuum cleaner (*Staubsauger*) ............................
zip (*Reisverschluss*) ............................

**Nicolas François Appert**
**Paul Beiersdorf**
**Melitta Bentz**
**Clarence Birdseye**
**Lazlo Biro**
**Duncan Black and Alonso Decker**
**Edwin Budding**
**Joseph Cayetti**
**James Dewar**
**Thomas Alva Edison and Sir Joseph Wilson Swan**
**Coenrad Johannes van Houten**
**William Kellogg**
**Carl Paul Gottfried von Linde**
**Hippolyte Mège-Mouriès**
**Denis Papin**
**John Pemberton**
**Erik Rotheim**
**Jacob Schick**
**Hugo Schindler**
**Percy Spencer**
**Murray Spengler and William Hoover**
**Oscar Levi-Strauss**
**Charles Strite**
**Gideon Sundbach**
**Jakob Schweppes**
**Earl W. Tupper**
**Fred Walton**

1828 1857 1830 1898 1917 1945 1886 1906 1879 1918 1879 1814 1864 1926 1850 1840 1891 1913 1882 1946 1869 1679 1938 1908 1908

# Neue Formen und Strukturen

## *Die einfache Form der Vergangenheit (*simple past*)*

### *1. Das Hilfsverb* to be

Die vollständige Übersicht der Formen lautet:

| Singular | Plural |
| --- | --- |
| I was | we were |
| you were | you were |
| he/she/it was | they were |

| Aussagen | Verneinungen | Fragen |
| --- | --- | --- |
| I was in Cyprus last year. | I wasn't in Italy.<br>We weren't there. | Where were you last year?<br>Were you in Italy? |

### *2.* to have

| Aussagen | Verneinungen | Fragen |
| --- | --- | --- |
| We had separate seats. | I didn't have a seat next to Clive. | Did you have separate seats?<br>Why didn't you have a seat next to him? |

### *3. Vollverben*

Regelmäßige Formen: Infinitiv ohne **to** + **-ed**.

| Aussagen | Verneinungen | Fragen |
| --- | --- | --- |
| We missed our connecting flight to New York. | We didn't miss the bus. | Did you miss your flight?<br>Why did you miss your flight? |

Unregelmäßige Formen:

| Aussagen | Verneinungen | Fragen |
| --- | --- | --- |
| Clive drank two double whiskies. | I didn't drink anything. | Did you drink anything?<br>What did you drink? |

Beachten Sie folgende orthographischen Besonderheiten:

| **- ed** | **- d** | **y** wird zu **i** | Konsonantenverdoppelung | unregelmäßig |
| --- | --- | --- | --- | --- |
| talk – talked | change - changed | try – tried | plan - planned | go – went |

Unit 12

# Let's celebrate!

Lasst uns feiern!

In dieser Lektion lernen Sie, über zukünftige Handlungen und Ereignisse zu sprechen sowie Pläne zu machen und feste Vorkehrungen zu treffen.

**Wortschatz:** Reservierungen, Abmachungen, Vorkehrungen

Milton Keynes is about 60 kilometres **north-west** of London. When John Dee **was born** there it was a small, quiet village. John worked on a local farm. He married Molly Carson when he was eighteen. That was 50 years ago. Things are very different now. Milton Keynes is a **large** town. John and Molly are **retired**. Their four children have children of their own now. In four weeks John and Molly will **celebrate** their **Golden Wedding anniversary**. Then the whole family will come together.

Milton Keynes liegt ungefähr 60 Kilometer **nordwestlich von** London. Als John Dee **geboren wurde**, war es ein kleines, stilles Dorf. John arbeitete auf einem Bauernhof im Dorf. Als er achtzehn war, heiratete er Molly Carson. Das war vor 50 Jahren.
Jetzt ist alles anders. Milton Keynes ist eine **große** Stadt. John und Molly sind **in Rente**. Ihre vier Kinder haben inzwischen selber Kinder.
In vier Wochen werden John und Molly ihre **goldene Hochzeit feiern**. Dann kommt die ganze Familie zusammen.

# 1 2/33 *Anniversary plans*
Jubiläumspläne

The Dees' two sons, Harry and Philip, are at their sister Cathy's home in the northwest of Birmingham. Their parents' golden wedding is in four weeks and they must make some plans. They don't want to buy separate presents; they will buy a present together. But what about their sister Susan and her husband Grant who was born in Los Angeles?

"By the way, I called Susan yesterday. I'm afraid they won't be at the party. Grant has got a new job and the kids are taking their exams next month. It's a pity, but they can't leave now – but they'll send us the money for a present, of course."

"Look, I'm visiting mum and dad next Saturday. I'm sure they won't want anything they can't use. I'll ask them what they'd like. I'll find out how much it is and we'll share the cost, OK?"

"Cathy, will you ask them what they'd like to do on the great day? I'll call you on Sunday afternoon. Will you be at home then? I've got a fax so I'll organize everything. There'll be four of us so we'll stay at a hotel. There certainly won't be room at the bungalow. What about you two, though? I hope you're bringing the kids. It'll be great to see them again."

➤**G** In den obigen Texten erscheinen zwei Formen zum Ausdruck zukünftiger Ereignisse:

1. Das **present progressive (am/is/are + -ing**-Form des Vollverbs) mit Zeitangabe (z. B. **I'm visiting mum and dad next Saturday.**). Diese Funktion des **present progressive** als Ausdruck für zukünftige Ereignisse kennen Sie bereits aus Unit 10.
2. Das so genannte **will-future**: Diese Zukunftsform wird mit **will** + Infinitiv des Verbs gebildet und ist bei allen Personen gleich. Beachten Sie aber die Kurzformen, insbesondere bei der Verneinung:

| | | |
|---|---|---|
| I will go. | I'll go. | *Ich werde gehen.* |
| I will not go. | I won't go. | *Ich werde nicht gehen.* |

2 ➤**G** Unterstreichen Sie alle Formen der **will**-Zukunft in den Texten. Achten Sie dabei besonders auch darauf, wie Fragen mit **will** gebildet werden.

3 What's missing? Put in **will** or **won't** + a verb from the box below.
Was fehlt? Setzen Sie **will** bzw. **won't** + eines der unten genannten Verben ein.

**be (3x) buy choose need organize pay for stay take**

The Dees' children .................................................... [1] them a present for their golden wedding anniversary. But it .................................... .................................... [2] a surprise. It ........................................................ [3] something that they can use. Molly and John ......... ......................... ............................... [4] their present and their children ............................................ [5] for it. Harry, Philip and Cathy ................................ ........................................ [6] their families to Milton Keynes. They ........................... ........................... [7] five hotel rooms. Their sister Susan and her family .................................. .................................. [8] at the party. They ........................................................ ....................................... [9] at home in Los Angeles. Harry says he ........................................................ ........................................... [10] the anniversary party because he has got a fax.

4 2/34 Use verbs below with **will** or **won't** to make questions with **who?** or **what?**
Benutzen Sie Verben unten mit **will** oder **won't** und bilden Sie Fragen mit **who?** oder **what?**

**ask be call choose do find out organize (2x) pay for visit**

a. ● **Who will choose** the anniversary present?
   ● John and Molly.

b. ● ............................................................ it?
   ● Harry, Philip, Cathy and Susan.

c. ● ....................................................... the party?
   ● Susan won't be there.

d. ● ............................................................ ?
   ● She'll send money for the present.

e. ● ............................................................
   John and Molly next Saturday?
   ● Cathy will visit them.

f. ● ............................................................ ?
   ● She'll ask them about the present.

g. ● ............................................................ ?
   ● She'll find out the price of the present.

h. ● ....................................................... Cathy?
   ● Harry will call her on Sunday afternoon.

i. ● ............................................................
   the anniversary party?
   ● Harry will organize it.

j. ● ............................................................ ?
   ● He'll organize everything!

## 5 2/35 *We're not senile!*

Wir sind doch nicht senil!

When Cathy visited her parents she told them about their idea for an anniversary present. John and Molly knew what they wanted – a video recorder and a fax machine. With the video recorder they can watch video films of their children and grandchildren. And a fax machine is faster than a letter and cheaper than a phone call. But John and Molly don't want their children to organize everything.

*John:* Hold on, Cathy. We may be old, but we're not senile, you know. We'll organize the party ourselves, thank you very much. We know what we want to do and where we want to celebrate.

*Cathy:* Oh, Dad! We didn't want to … I mean, we thought …

*Molly:* We know you just want to help, dear, and it's very nice of you. But this is our special day. We made a list of guests yesterday. I think there will be about sixty and …

*Cathy:* What? Sixty? But, Mum, this will cost … Well, it'll cost a fortune.

*Molly:* Why? They all live locally so they won't need hotel rooms. But it's too many for a restaurant or a pub, of course. We'll need a large private room somewhere.

*John:* We're going to hire a room at the Park Hotel. It's only five minutes from here so we won't even need a taxi. I'm going to hire a dance band, too. They're amateurs, but they're really good. We know the bandleader quite well. They can play my favourite music – Glenn Miller. You won't like them, Cathy, but our senile guests will.

*Molly:* Stop that, please, John. Cathy's only trying to help. But dad's right, Cathy. The band's quite cheap. And we're not going to have a meal. That's too expensive and it takes too long. We're going to have a buffet. Everybody can help themselves.

*Cathy:* Well, isn't there anything we can do to help? I mean, it's going to be an awful lot of work, isn't it?

*Molly:* Yes, dear, and it's very kind of you to ask. Look, why don't you come to the Park Hotel, a very nice and quiet place, with us this afternoon? We're going to talk to the manager, Ms Fox. We're going to reserve a private room and then we're going to choose the buffet. You can help us choose the food if you like.

*Cathy:* Fine. I know, I'll call Harry right now. I'll tell him about the video recorder and the fax machine. It's a pity about the party, though. I hope Harry won't be too disappointed.

*John:* You're right there, Cathy. Harry likes organizing people, doesn't he? Look, he's got a computer and a colour printer, hasn't he? Tell him he can write the invitations. We'll send him the list tomorrow.

*Cathy:* Oh, that's a good idea, Dad. He'll enjoy doing that. And when we're at the hotel I'll ask about the rooms. We'll need five doubles, so Harry says we're not going to pay more than £50 a room.

*Molly:* Oh, don't worry, dear. Ms Fox is very nice. I'm sure she'll give you a good price. And it's the weekend, don't forget. She'll be glad to have the guests.

Erinnern Sie sich noch an die Anreden im Englischen? Versuchen Sie, die Lücken richtig auszufüllen.

| | | Aussprache: | Familienstand: |
|---|---|---|---|
| **Frauen** | Miss | [mis] | ........................................ |
| | Mrs | ['misiz] | ........................................ |
| | Ms | [miz] | neutral (Familienstand nicht erkennbar) |
| **Männer** | Mr | ['mistə] | neutral (Familienstand nicht erkennbar) |

**Miss:** Die Anrede **Miss** wird im Englischen nur für ............................................................ Frauen benutzt.

**Mrs:** Anders als bei der Anrede "Frau" im Deutschen wird die Anrede **Mrs** ausschließlich für ........................................................................................................................ Frauen verwendet.

**Ms:** Oftmals benutzt man **Ms** [miz] als eine neutrale Anrede, die nicht auf dem Familienstand basiert. Besonders im Berufsleben wird diese Anrede zunehmend üblich.

**Mr:** Die Anrede **Mr** wird gleichermaßen für ................................................................ Männer benutzt.

Übrigens: Es ist unüblich, den eigenen Namen mit Anrede – etwa **Good evening. I'm Mrs Wendy Hall** – zu gebrauchen. Meistens werden Vor- und Nachname ohne Anrede benutzt, also **Good Evening. I'm Wendy Hall**.

➤G Im vorausgehenden Text wird eine weitere Form zum Ausdruck von Zukünftigkeit benutzt: das so genannte **going to**-Futur. Seine Form lautet **am/is/are** + **going to** + Infinitiv des Verbs.

6 ➤G Unterstreichen Sie alle Beispiele der **going to**-Form. Können Sie einen Unterschied im Gebrauch zwischen den Zukunftsformen mit **will** und mit **going to** feststellen?

➤G Vergleichen Sie die Beispiele aus dem Text mit den folgenden beiden Erklärungen:

***1. Das going to-future***

Mit dem **going to**-Futur drückt der Sprecher seine eigenen Pläne und Absichten aus. In solchen Fällen benutzt man im Deutschen oft Ausdrücke wie *planen, beabsichtigen* oder *etwas vorhaben*:

We are going to buy a new car.
*Wir haben vor, ein neues Auto zu kaufen.*

Das **going to**-Futur wird auch für Situationen und Vorgänge, die offensichtlich bald eintreten werden, verwendet. Dies ist besonders dann der Fall, wenn im Augenblick des Sprechens bestimmte Anzeichen dafür bereits vorhanden sind. Im Deutschen wird dies z. B. durch das Adverb *gleich* ausgedrückt:

Look at those clouds. It's going to rain.
*Schau dir die Wolken an. Es wird gleich regnen.*

***2. Das will-future***

Das **will**-Futur benutzt man hingegen für zukünftige Ereignisse, die aus Sicht des Sprechers ohne sein Zutun sowieso stattfinden werden:

John Dee will be 71 in September.
*John Dee wird im September 71.*

Darüberhinaus gebrauchen wir das **will**-Futur zum Ausdruck von

a. Erwartungen:
I'm sure mum and dad won't want anything they can't use.
*Ich bin mir sicher, dass Mum und Dad nichts (werden) haben wollen, was sie nicht gebrauchen können.*

b. Hoffnungen:
I hope Harry won't be too disappointed.
*Ich hoffe, Harry wird nicht zu enttäuscht sein.*

c. Vorhersagen:
The party will cost a fortune, Mum.
*Die Party wird ein Vermögen kosten Mum.*

d. oder plötzlich getroffenen, spontanen Entscheidungen:
I know. I'll call Harry right now.
*Ich weiß. Ich werde Harry gleich anrufen.*

Diese Erklärungen sind eher als Orientierungshilfen und weniger als feste Regeln zu betrachten. Im normalen, tagtäglichen Gebrauch lassen sich die beiden Formen nicht immer so sauber trennen. Die Wahl der Zukunftsform liegt in der Absicht des Sprechers und die Grenzen sind oft fließend. Sehen wir uns ein Beispiel aus dem zweiten Text an:

*John:* We'll organize the party ourselves.

John hätte hier auch **We're going to organize ...** sagen können, weil er ja über eine Absicht spricht. Indem er aber die **will**-Form wählt, betont er seine Entschlossenheit, etwas selbst zu tun. Was er sagt, ist jetzt unabänderlich und wird mit Sicherheit stattfinden.

Beachten Sie, dass bei **need** und **want** das **will**-Futur fast immer verwendet wird:

They all live locally, so they won't need hotel rooms.
I'm sure they won't want anything they can't use.

## 7 Cross the right answer without reading the text again.

Kreuzen Sie die richtige Anwort an, ohne den Text nochmals zu lesen. Die Aussagen sind nicht notwendigerweise in der selben Reihenfolge wie im Text.

a. Cathy wants to call her brother to tell him about 1) the band ◆ 2) the guests ◆ 3) the hotel ◆ 4) the present ◆.
b. John and Molly want to invite about 1) 50 ◆ 2) 55 ◆ 3) 60 ◆ 4) 70 ◆ guests.
c. John says Harry can 1) book the band ◆ 2) buy the present ◆ 3) choose the food ◆ 4) write the invitations ◆.
d. The Dees' children need 1) four ◆ 2) five ◆ 3) six ◆ double rooms but they don't want to pay more than 4) £40 ◆ 5) £50 ◆ 6) £55 ◆ for them.
e. The Dees plan to have 1) a buffet ◆ 2) a meal ◆ 3) just drinks ◆ 4) party service snacks ◆.
f. The Dees want their children to buy them 1) a colour printer ◆ 2) a computer ◆ 3) a fax machine ◆ 4) a TV ◆ 5) a video camera ◆ 6) a video recorder ◆.
g. The Park Hotel is just 1) four ◆ 2) five ◆ 3) six ◆ minutes from John and Molly's home.
h. The party will be 1) at the Dees' home ◆ 2) in a private room ◆ 3) at a pub ◆ 4) at a restaurant ◆.

## 8 First, read the sentences. Then say who is talking.

Lesen Sie zunächst die Sätze und sagen Sie dann, wer spricht.

a. "We can play everything from Strauss to the Stones." The bandleader
b. "I hope the band will play a lot of Glenn Miller." ..............................
c. "Of course Cathy doesn't think we're senile. She just wants to help." ..............................
d. "Are you sure the party won't be too expensive?" ..............................
e. "That's a pity. I wanted to organize the party to help you mum and dad." ..............................
f. "Are you telling me that we're too old to organize our own party?" ..............................
g. "I'm sorry, but double rooms cost £55 at weekends." ..............................
h. "We don't want our guests to sit at tables for hours." ..............................

## 9 Complete the dialogue with words from the text.

Vervollständigen Sie die Sätze mit Wörtern aus dem Text. Beachten Sie die Anfangsbuchstaben bei Lücken 1, 6, 10, 11, 13, 14.

*Cathy:* I'm sorry, Harry. I know you will be d.................................[1], but mum and dad want to .................................[2] the party. They made a guest ..................................[3] yesterday and we went to the hotel to hire a private ..........................................[4] and choose the ........................................[5] this morning. Everything's fine.

*Harry:* Yes, but dad can be very difficult sometimes. I just want to h..............................[6].

*Cathy:* I know, but it is their golden ...................... .................................[7] anniversary, isn't it? Mum said it will be their ........................... .................................[8].

*Harry:* Sure, but it's so silly. I've got a fax .............. .................................[9], a computer, … Why go to the h.....................................[10], for example? Why not send a fax?

*Cathy:* That's just it, Harry. They like going to the hotel. They e............................................[11] talking to Ms Fox, the .............................[12] there. Wait until you are retired. You'll be g............................[13] to have something to do. What will you say when your c...............................................[14] try to do everything for you?

## 10 Form will-sentences with the elements. Add any missing words.

Bilden Sie **will**-Sätze mit den Satzteilen. Fügen Sie fehlende Wörter hinzu.

a. Molly/be/70/Saturday

**Molly will be 70 on Saturday.**

b. Molly and John/enjoy/organizing/party

..........................................................................

c. *Cathy:* We/buy/presents/Birmingham/Saturday

..........................................................................

d. *Cathy:* I/ask/Ms Fox/about/rooms

..........................................................................

e. Tell Harry/I/send/him/guest list tomorrow.

..........................................................................

f. John says/young guests/not like/music

..........................................................................

g. *Harry:* Cathy/call/Susan/USA/weekend

..........................................................................

h. *Molly:* You/not forget/to ask/about/rooms, Cathy?

..........................................................................

i. Our guests/not need/hotel rooms

## 11 Fill in going to-forms. Be careful about questions and negatives.

Setzen Sie **going to**-Formen ein. Achten Sie dabei auf Fragen und verneinte Aussagen.

a. *John:* I ................................................ (hire) a dance band.

b. We ................................................ (have) our party in a private room, not at a restaurant.

c. ................................................................. (the children/buy) their parents a fax machine?

d. *John:* You ................................................ (not organize) our party, Harry. We are.

e. It's a pity, but Susan and Grant ........................... ................................................ (not come) to the party.

f. *Harry:* Tell the hotel that we .............................. ....................................... (not pay) more than £50, OK?

**12** Fill in the going to-future or the present progressive with future meaning. Only use the present progressive when there is an adverb of future time.
Setzen Sie das **going to**-Futur oder das **present progressive** mit zukünftiger Bedeutung ein. Benutzen Sie das **present progressive** nur dann, wenn ein Zeitadverb im Satz vorhanden ist.

a. Susan .............................................. (not come) to her parents' party. (*Sie hat es nicht vor.*)

**Susan isn't going to come to her parents' party.**

b. Molly and John ...................................... (invite) about 60 guests to their party. (*Sie haben es vor.*)

c. Cathy ........................................................ (ask) about the rooms this afternoon. (*Das hat sie fest geplant.*)

d. We ...................................................... (choose) the buffet ourselves. (*Wir haben das vor.*)

e. Sally and Grant ...................................... (come) to see us at Christmas. (*Das ist fest vereinbart.*)

f. We .................................................... (not take) a taxi to the hotel on Saturday. (*Das ist ganz sicher so.*)

g. ........................................................... (you/try) to get a summer job in the USA? (*Welche Pläne hast du?*)

h. *Cathy:* I .................................................. (meet) mum at the station at 9 o'clock tomorrow morning. (*Das ist so vereinbart.*)

i. Stop! Can't you see that that boy ........................ ......................................................... (run) on to the road? (*Es ist klar erkennbar, was er vorhat*)

j. ..................................................... (Harry/write) the invitations at the weekend. (*Das ist so abgemacht.*)

k. The band .................................................. (play) a lot of Glenn Miller's music. (*Das haben sie vor.*)

l. Harry ..................................................... (write) the invitations on his computer. (*Er hat es vor.*)

m. ......................................................................... (Grant/get) a new job?

➤ **G** Erinnern Sie sich noch an Unit 10? Neben der Verlaufsform können zukünftige Ereignisse auch mit der einfachen Gegenwart (**simple present**) ausgedrückt werden. Das ist immer dann der Fall, wenn es sich um regelmäßige, fest terminierte Vorgänge handelt (daher auch die Bezeichnung **timetable future**).

**13** Use the letters A – G to say why the speaker has chosen this future form.
Lesen Sie zunächst die Sätze. Benutzen Sie dann die Buchstaben A – G, um anzugeben, warum der Sprecher diese Form des Futurs gewählt hat.

**A** Plan bzw. Absicht ohne besondere Zeitangabe
**B** Vorgang, der offensichtlich gleich einsetzen wird
**C** Pläne, Vorkehrung bzw. Verabredung mit Zeitangabe
**D** regelmäßiger, terminierter Vorgang mit Zeitangabe
**E** Hoffnung, Erwartung bzw. Vorhersage
**F** spontane Entscheidung
**G** neutrales zukünftiges Ereignis

a. Come on, Molly. The bank closes at 4. [D]
b. Are you doing anything interesting next weekend? [ ]
c. I know. I'll take you home after the party. [ ]
d. Susan will be 35 next year. [ ]
e. Look at that car. It's going to leave the road. [ ]
f. I hope Susan and Grant will visit us at Christmas. [ ]
g. Work harder or you will lose your job. [ ]
h. Harry is going to buy a new car. [ ]
i. I'm meeting my boss for a drink tonight. [ ]
j. The film starts at 7.30 next Saturday. [ ]
k. Hurry up! The train leaves in twenty minutes. [ ]

## 14

Translate the sentences into English.
Übersetzen Sie die Sätze ins Englische.

a. Cathy sagt, dass sie diesen Sommer nicht in Urlaub fahren. (*Sie hat es vor, die Entscheidung ist aber noch nicht endgültig.*)
b. Sonntags fährt der Zug um halb fünf. (*Laut Fahrplan*)
c Was machst du heute Abend, Cathy? (*Wozu hast du dich entschieden?*) Ich besuche meine Eltern in Milton Keynes. (*Sie hat es beschlossen.*)
d. Ich werde die Dees am Samstag sehen. (*Feste Vereinbarung*)
e. Ich meine (**think**), dass Harry sehr enttäuscht sein wird. (*Annahme*)
f. Molly sagt, dass ungefähr 60 Gäste da sein werden. (*Neutrale Feststellung*)

## 15

**2/36** John, Molly and Cathy are talking to Ms Fox, the manager of the Park Hotel, about the party. When Ms Fox shows them the room they are quite disappointed.

First read the word list. Then listen to the dialogue as often as necessary. After that read the questions and listen to the dialogue again. Take notes if you wish.
Lesen Sie zuerst die Wortliste. Hören Sie dann den Dialog so oft wie nötig an. Lesen Sie danach die Fragen und hören Sie den Dialog nochmals an. Wenn Sie wollen, machen Sie sich Notizen.

Word list

| | |
|---|---|
| huge | *riesig* |
| cosy | *gemütlich* |
| empty | *leer* |
| decorated | hier: *geschmückt* |
| space | *Raum* |
| supply | *liefern* |
| busy | hier: *voll* |
| cynical | *zynisch* |

## 16

Are the statements true (**T**) or false (**F**)?
Sind die Aussagen richtig (**T**) oder falsch (**F**)?

a. The Dees think the room is too big. ☐
b. Ms Fox agrees that the room is too big. ☐
c. Molly is disappointed with the room. ☐
d. Cathy agrees with Ms Fox that they will need a lot of space. ☐
e. The buffet will be in another room. ☐
f. The guests can only listen to the band. ☐
g. Molly and Cathy want to make the buffet. ☐
h. Cathy says they'll need five double rooms. ☐
i. There won't be many hotel guests that weekend. ☐
j. John thinks it's wonderful that they needn't pay for the room. ☐

# *The final round!*

Die letzte Runde!

## 17

**2/36** Listen to the cassette and fill in the table.
Hören Sie sich die Kassette an und füllen Sie dann die Tabelle aus.

Was die Personen sagen.

a. John sagt, dass der Raum für sie zu groß sei.
b. Molly findet den Raum nicht sehr gemütlich.
c. Ms Fox bemerkt, dass die Tische nicht geschmückt sind.
d. Molly ist ein wenig enttäuscht.
e. Ms Fox gibt zu bedenken, dass sie viel Platz brauchen.
f. Cathy gibt Ms Fox recht.
g. John sagt, dass eigentlich er heute das Buffet aussuchen wolle.
h. Ms Fox sagt, dass sie den Raum umsonst haben können.

Wie sagen sie es auf Englisch?

**a. It's much too big for us.**

# A POEM
## The owl and the pussy-cat

The owl and the pussy-cat went to sea
In a beautiful pea-green boat:
They took some honey, and plenty of
.......................
Wrapped up in a five-pound ....................... .
The owl looked up to the stars above,
And sang to a small guitar,
"O lovely Pussy, O Pussy, my ....................... ,
What a beautiful Pussy you ....................... ,
You are,
You are!
What a beautiful Pussy you are!"

Pussy said to the ....................... , "You
elegant fowl,
How charmingly sweet you sing!
Oh! let us be ....................... ; too long have
we tarried:
But what shall we do for a ....................... ?"
They sailed away, for a year and a
....................... ,
To the land where the bong-tree grows;
And there in a wood a Piggy-wig
....................... ,

With a ring at the end of his nose,
His nose,
His nose,
With a ring at the end of his nose.

"Dear Pig, are you willing to sell for one
.......................
Your ring?" Said the Piggy, "I will."
So they took it ....................... , and were
married next day
By the turkey who lives on the .......................
They dined on ....................... and slices of
quince,
Which they ate from a runcible spoon;
And hand in ....................... , on the edge of
the sand,
They danced by the light of the ................... ,
The moon,
The moon,
They danced by the light of the moon.

**The British poet Edward Lear (1812 – 1888) is most famous for his limericks, but he also wrote longer "nonsense poems" like "The owl and the pussy-cat".**

**Read the poem and complete the lines with words from the box. The rhyme-scheme will help you to do this.**
Lesen Sie das Gedicht und vervollständigen Sie die Zeilen mit den Wörtern aus dem Kästchen. Das Reimschema wird Ihnen dabei helfen.

**are away day hand hill** (*Hügel*) **love married mince** (*Hackfleisch*) **moon** (*Mond*) **money note Owl ring shilling stood**

**poem** *Gedicht* **nonsense** *Unsinn* **owl** *Eule* **cat** *Katze* **pussy cat** *Miezekätzchen* **line** hier: *Zeile* **rhyme** *Reim* **scheme** *Schema* **hill** *Hügel* **mince (meat)** *Hackfleisch* **moon** *Mond* **shilling** *alte brit. Münze* **to stand (stood, stood)** *stehen* **went to sea** *stachen in See* **pea-green** *erbsengrün* **boat** *Boot* **honey** *Honig* **plenty of** *viel(e), eine Menge (…)* **to wrap up** *einwickeln* **star** *Stern* **sang** *sang(en)* **guitar** *Gitarre* **lovely** *wunderschön, hübsch, reizend* **fowl** hier: *Vogel* **sweet** *süß* **to tarry** *(veraltet) warten, zaudern* **shall** *sollen* **to grow** *wachsen* **wood** *Wald* **nose** *Nase* **willing** *bereit* **to sell** *verkaufen* **turkey** *Truthahn* **to dine on** *… von … speisen* **quince** *Quitte* **to eat** *essen* **runcible** *Nonsenswort* **edge** *Rand* **sand** *Sand, Strand* **light** *Licht, Schein* **by the light of the moon** *im Mondschein*

# Neue Formen und Strukturen

## *Ausdruck zukünftiger Ereignisse und Handlungen*

### *1. Das* going to-future

Das **going to**-Futur bilden wir mit **am/is/are** + **going to** + Infinitiv des Verbs. Die Verneinung bilden wir durch das Einfügen von **not/never** unmittelbar vor **going to** und Fragen durch Umstellung.

| | |
|---|---|
| I'm going to stay five days. | *Ich werde fünf Tage bleiben.* |

### *2. Das* will-future

Das **will**-Futur wird mit **will** + Infinitiv des Verbs gebildet. Es hat dieselbe Form für alle Personen. Die Verneinung bilden wir durch Einfügen von **not/never** unmittelbar nach **will**. Darüberhinaus gibt es die Kurzformen – **'ll** (bejaht) und **won't** (verneint). Wie im Deutschen werden Fragen durch Umstellung gebildet.

| | |
|---|---|
| The party will cost a fortune. | *Die Party wird ein Vermögen kosten.* |
| Will there be many guests? | *Werden viele Gäste dort sein?* |
| I think there won't be enough room. | *Ich glaube, es wird nicht genug Platz sein.* |

### *3. Übersicht über den Gebrauch*

Zusammenfassend hier also noch einmal die verschiedenen Formen, Zukunft auszudrücken und ihr Gebrauch:

| simple present | present progressive | will-future | going-to-future |
|---|---|---|---|
| – was immer so ist<br>– was durch einen Zeitplan festgelegt ist, z. B. **The bank closes at 4 o'clock.** | – was man fest geplant hat, z. B. **We're going to London tomorrow**. | – was sicher kommen wird<br>– was man erwartet, erhofft, vermutet, also z. B. nach **I think, I'm sure, I hope**)<br>– was man vorhersagen kann.<br>– spontane Entscheidungen | – was gleich passieren wird, weil bereits Anzeichen vorhanden sind<br>– was man plant oder vorhat |

# Learning to drive

## Autofahren lernen

Nach einer kurzen Wiederholung der Modalverben **can**, **must** usw. erfahren Sie, wie Sie diese Hilfsverben in anderen Zeiten benutzen können.

**Wortschatz:** Straßenverkehr, Aufforderungen, Bitten, Ratschläge, Verbote.

Roger and David Hall are brothers. Roger is 22. He is studying German at Exeter University in south-west England. David, nearly 17, is still at school.
At the moment David has only got one **thought** in his **head**. As soon as he is 17, his greatest **ambition** is to **pass his driving test** as quickly as possible. David's problem is that his parents, Helen and Tony, are not very happy about the idea. Helen thinks he is still too young to drive **safely** on Britain's **crowded** roads.

Roger und David Hall sind Brüder. Roger ist 22. Er studiert Germanistik an der Universität Exeter in Süd-West England. David, fast 17, besucht noch die Schule.
Momentan hat David nur einen **Gedanken** im **Kopf**. Sobald er 17 ist, ist sein größtes **Ziel**, so schnell wie möglich **seine Fahrprüfung zu bestehen**. Davids Problem dabei ist, dass seine Eltern, Helen und Tony, über die Idee nicht besonders glücklich sind. Helen meint, dass David noch zu jung ist, um auf Britanniens **überfüllten** Straßen **sicher** zu fahren.

## 1 2/37 *That's a great idea!*
Das ist eine tolle Idee!

*Helen:* Please try to understand, David. We know that people must have a driving licence nowadays and of course you can do your driving test sometime, too. But it needn't be now.

*David:* Why not, Mum? What about Roger? He's got a licence.

*Tony:* Come on, David. You live at home and your school's just round the corner. Roger lives in Exeter. Anyhow, Roger had to wait until he was nearly 20.

*David:* Oh, I see. So I'll have to wait until I'm 20, too, right? Great. Everybody can drive except me.

*Helen:* Don't be silly, David. The fact is that you won't have to drive until you leave home. Now let's stop talking about it, please. I'm sorry, but you'll simply have to accept it.

*David:* That's typical. "This is what we think and that's that". Very democratic.

*Tony:* Stop that, David. Good heavens I had to pay for my own lessons. We think you're too young, you'll always want to borrow the family car, we'll have to pay for your petrol and, most important, driving lessons are too expensive. We're not going to pay hundreds of pounds for something that you don't need. I'm sorry, but your mother is right. You will just have to learn to accept it.

*David:* Yes, but the law says I'm not too young and all my friends can drive. It's not fair.

*Helen:* Oh, please stop arguing, David. We don't want to be unfair, but driving lessons are so expensive – and we'll have to redecorate the house soon. I'm sorry, dear, but we just haven't got the money at the moment.

*Roger:* Look, I've got an idea. If money's the problem, why don't I teach David to drive? He won't have to take his test yet, of course, but he could get some practice to be able to drive safely.

*David:* Hey, that's a great idea. Why didn't we think of that before?

In Großbritannien gibt es die Möglichkeit, als Lernender für wenig Geld einen provisorischen, d. h. zeitlich begrenzten Führerschein zu erhalten.

Mit einem solchen provisorischen Führerschein darf der Lernende ein Auto auf öffentlichen Straßen fahren, wenn er von einem/r Fahrer(in), der/die mindestens seit zwei Jahren im Besitz eines Vollführerscheins ist, begleitet wird. Außerdem muss das Auto vorne und hinten mit grünen L-Schildern versehen werden.

Diese Regelung führt dazu, dass viele Menschen sich auf ihre Fahrprüfung ohne Besuch einer Fahrschule vorbereiten.

## 2 Complete the sentences with words from the dialogue.
Vervollständigen Sie die Sätze mit Wörtern aus dem Dialog.

a. Roger must have a driving ........................................ because he doesn't live at ...................................... .

b. David's ............................................. is just round the ............................................. from where he lives.

c. David's parents think he is too .................................. to drive and lessons are too .................................. .

d. Tony is worried that David will always want the family ...................................... and that they will have to pay for his ................................. .

e. Tony says that they are not going to ............................................... for something that David doesn't really ................................. .

f. Tony: "You must ................................. things as they are, not as you would ................................. them to be."

g. Helen: "We can't pay for driving ................................. because we want to ........................................ the house soon."

h. Roger: "If money's the ................................., I'll ................................. David to drive."

**G** Wie Sie bereits wissen, benutzen wir **must**, um eine meist zwingende Notwendigkeit auszudrücken, z. B. in folgendem Satz aus Unit 3:

Look at the time! We must buy another parking ticket in twenty minutes.
*Schau wie spät es ist. In zwanzig Minuten müssen wir noch einen Parkschein kaufen.*

Das Modalverb **needn't** drückt das Gegenteil von **must**, also das Nichtvorhandensein einer Notwendigkeit aus, wie in diesem Satz (ebenfalls aus Unit 3):

I needn't buy a ticket. I've got a pass.
*Ich brauche kein Ticket kaufen. Ich habe einen Ausweis.*

Da diese beiden Modalverben nur im Präsens vorkommen, muss man bei der Bildung sämtlicher anderer Zeiten auf die Umschreibung mit dem Ersatzverb **have to** (für **must**) bzw. **not have to** (für **needn't**) zurückgreifen.

| Vergangenheit | Gegenwart | Zukunft |
|---|---|---|
| I had to hire a car. | I must hire a car.<br>I have to hire a car. | You will have to hire a car. |
| I didn't have to hire a big one. | I needn't hire a car.<br>I don't have to hire a car. | You won't have to hire a car |

Merken Sie sich dabei, dass bei **have/not have to** Verneinung und Fragen wie bei normalen Verben gebildet werden (zur Auffrischung siehe Unit 6 und 7).

## 3 G Unterstreichen Sie nun die Beispiele von **have to** bzw. **not have to** im Dialog und finden Sie heraus, welche Zeit (**past** oder **future**) sie ausdrücken.

4 Complete the verb groups with **didn't have to** (2x), **had to** (2x), **will have to** or **won't have to** (2x).
Vervollständigen Sie die Verbgruppen mit **didn't have to** (2x), **had to** (2x), **will have to** oder **won't have to** (2x).

a. My car's at the garage so I .................................. .................................................. take the bus to work tomorrow.

b. Ben ..................................................... leave the office early yesterday. He didn't feel well.

c. We .................................................. change any money. We've still got $250 from last year.

d. Carol ....................................................... hire a car last week. She took Sally's.

e. Tom and Wendy ................................................ .......................... pay £30 because they didn't buy a parking ticket.

f. Harry complains too much. He .......................... ................................................ come to the pop concert last Saturday, did he?

g. Tourists from the EU ........................................... ..................................... get a visa to visit Russia from next year.

## 5 2/38 *A crazy idea?*
Eine verrückte Idee?

Helen and Tony are discussing Roger's idea.

*Helen:* What do you think about this crazy idea, Tony?
*Tony:* Why "crazy"? I think it could be the answer.
*Helen:* What? Do you think that, too? Surely you're not saying that we should agree to this mad suggestion?

*Tony:* Look, Helen, in a way David's right. He's nearly 17 and his only thought in his head is his driving licence. It is his biggest ambition at the moment. In a few weeks he will be allowed to drive. That's the law. That's a fact. And I saw John Best – you know, the teacher – in the pub and he confirmed David's story about his friends, too. A lot of students were allowed to do their test as soon as they were 17. Some have become quite good drivers and some have even got a car now, too. John says that soon the teachers won't be able to park their cars because the car parks are crowded with all the students' cars.
*Helen:* Oh, come on, Tony. Some of them go on holiday to the Caribbean and Florida, but does that mean David must go there, too?
*Tony:* Well, you're right about a car, of course. We couldn't possibly afford that. But we can't argue that David's too young to learn to drive. That's why he thinks we're unfair – and I think he's right.
*Helen:* Yes, but will Roger be able to teach him? I mean, he's not a trained driving instructor, is he?
*Tony:* I know, but the law says that that doesn't matter, either. He passed his test over two years ago. Roger's allowed to accompany a learner driver now. That's a fact, too.
*Helen:* Oh, I understand. The law allows it, so you must do it, right?
*Tony:* Of course not, Helen. But we mustn't be unfair to David, either. Times are changing, and we must change, too. Anyhow, Roger's a sensible boy and he's quite a lot older than David. I'm not worried about that. And we'll certainly be able to save a lot of money. I think we should say "yes".
*Helen:* OK then. If you now agree with the boys, what can I say? Three against one. But David must accept one condition, Tony – Roger's the teacher and he's the learner. If he's silly, he'll have to have professional driving lessons.
*Tony:* You needn't worry about that, Helen. There's no way that David's going to lose this chance.

**G** … **too** oder **either**?

| | | |
|---|---|---|
| David's right about his friends, **too**.<br>Some students have even got a car now, **too**. | → | bejahte Aussage: **too** |
| The law says that that doesn't matter, **either**.<br>But we mustn't be unfair to David, **either**. | → | verneinte Aussage: **either** |
| Do you think that, **too**?<br>Does that mean David must go there, **too**? | → | Fragen: **too** |

**G** Wie bei **must** und **needn't**, können wir auch **can** und **may** nur im Präsens benutzen. Mit Aussnahme von **could** (s. unten) müssen wir bei sämtlichen anderen Zeiten **be able to** bzw. **be allowed to** als Ersatzverben verwenden.

Fähigkeit: **can/could, be able to**
Wie bei *können* im Deutschen benutzen wir **can**, um über eine Fähigkeit zu sprechen. In dieser Bedeutung ist sein Ersatzverb **be able to**:

| *Was Ben letztes Jahr nicht konnte.* | *Was Ben heute kann.* | *Was er bald tun kann.* |
|---|---|---|
| He couldn't speak German last year.<br>He wasn't able to speak German last year. | He can speak English and German.<br>He is able to speak English and German. | He will be able to speak French next year. |
| **could/was able** | **can/be able** | **will be able** |

Erlaubnis: **can, may, be allowed to**
Die Modalverben **can** und **may** drücken auch eine Erlaubnis aus. In dieser Bedeutung ist ihr Ersatzverb **be allowed to**:

| *Was erlaubt war.* | *Was erlaubt ist.* | *Was erlaubt sein wird.* |
|---|---|---|
| We were allowed to park in front of the theatre. | You can park in the street here.<br>You may park in the street here. | You will be allowed to park behind the house. |
| **was allowed** | **can/may** | **will be allowed** |

6 **G** Find examples of sentences with **could**, **be allowed** to and **be able** to in the dialogue. Translate the sentences into German.
Finden Sie Beispiele von Sätzen mit **could, be allowed** to und **be able to** im Dialog. Übersetzen Sie die Sätze ins Deutsche.

7 Answer the questions.
Beantworten Sie die Fragen.

a. What two words does Helen use to describe Roger's idea?
b. In what two ways does Tony think that David is right ?
c. Why will the teachers at John Best's school soon have parking problems?
d. Why does Tony understand why David thinks his parents are unfair?
e. Why does Tony think that Roger will have no problems teaching David to drive? Give three reasons.
f. What condition does Helen make before she agrees to the idea?

8 Link the verbs a. – k. with a noun from the box to make fixed verb/noun phrases.
Verbinden Sie die Verben a. – k. mit einem Substantiv aus dem Kästchen, um feste Verb/Substantiv-Wendungen zu bilden.

**a chance   a condition   a learner driver   a story   a suggestion   a test (2x)   an idea   lessons   money   on holiday**

a. to accept ..........................................................
b. to accompany ..........................................................
c. to agree to ..........................................................
d. to confirm ..........................................................
e. to discuss ..........................................................
f. to do ..........................................................
g. to go ..........................................................
h. to have ..........................................................
i. to lose ..........................................................
j. to pass ..........................................................
k. to save ..........................................................

9 Complete the traffic sign explanations with modal verbs from the box.
Vervollständigen Sie die Verkehrszeichenerklärungen mit Modalverben aus dem Kästchen. Benutzen Sie jedes Verb mindestens einmal.

**can, could, may, might, must, mustn't, needn't, should, shouldn't**

a. You ................................ drive over 20 mph near schools because children ........................... ................................ run on to the road.

b. You ................................ only park here for one hour. After that you .................................... move your car.

c. You ................................ stop at a Give Way sign when no cars are coming. You .................... ................................ always stop at a Halt sign, though.

d. You ................................ always drive ............. according to the road conditions. For example, you ................................ drive fast on wet roads because you ................................ not be able to stop quickly enough if something happens.

e. That sign means that trucks ................................ overtake here, but cars ...................................... overtake if they want, of course.

f. This notice says that you ................................... never park here, day or night. If you do, they ................................ take your car away.

## 10 Put the modal verbs into the correct form.

Setzen Sie die Modalverben in die richtige Form. Vergessen Sie dabei nicht, dass Sie manchmal ein Ersatzverb benutzen müssen.

a. Mr Carr is very busy this week so he .................................................................................. (cannot/see) you tomorrow. I'm sorry, but you .............................................................................. (must/try) again next week.

b. We got up so late this morning that we ................................................................... (must/leave) the house without breakfast. Luckily we ................................................................... (can/get) a coffee at the station.

c. The firm .............................................................. (should/pay) its workers more money. Of course we ....... .................................................................... (cannot/find) many good people – and those we ..................... .............................................................. (can/find) leave as soon as they ....................................................... (can/get) something better.

d. I asked the boss if I ................................................................. (can/go) home an hour early yesterday and he said that I ........................................................ (must/work) until at least 6 p.m.

– What, so you ................................................................. (must/work) half an hour longer than usual?

e. I ................................................................. (can/speak) quite good German when I was a boy, but I ........................................................... (cannot/remember) a word now.

## 11 Complete the sentences with the imperative of the following verbs to tell somebody what the signs mean. Look at the examples first.

Vervollständigen Sie die Sätze mit der Befehlsform eines Verbs aus dem Kästchen, um jemandem zu sagen, was die Schilder bedeuten. Sehen Sie sich zuerst die Beispiele an.

**walk ~~park~~ ~~feed~~ wear pay take**

# The final round!

Die letzte Runde!

## 12

Translate the sentences into English. Use suitable modal verbs.

Übersetzen Sie die Sätze ins Englische. Benutzen Sie geeignete Modalverben.

a. *Peter, darf ich dir meine Schwester vorstellen? Sie ist Steuerberaterin* (**tax accountant**) *und könnte dir helfen.*
b. *Gestern mussten wir eine Stunde länger arbeiten.*
c. *Du wirst in dem Restaurant keinen Tisch ohne Reservierung bekommen können.*
d. *Wirst du wirklich jeden Tag zum Arzt gehen müssen? Warum kannst du nicht während deines Urlaubs hingehen?*
e. *Kann Helen auch Deutsch?*

## 13

**2/39** You are about to hear a traffic report for the Bristol area.

First, look at the word list and read through the questions.

Gleich werden Sie einen Verkehrsbericht für den Raum Bristol hören. Lesen Sie sich zunächst die folgenden Behauptungen auf Deutsch durch. Hören Sie sich dann die Kassette/CD an und kreuzen Sie die richtige Lösung an.

a. am Montagmorgen wird es regnen ◆
b. ab Dienstag wird das Wetter besser ◆
c. ab Freitag wird das Wetter noch besser ◆

Now listen to the cassette as often as necessary and do the exercises.

Sehen Sie sich zuerst die Wortliste an und lesen Sie die Fragen durch. Dann hören Sie sich die Cassette so oft wie nötig an und machen Sie die Aufgaben.

| word list | |
|---|---|
| weather | *Wetter* |
| rain | *Regen* |
| traffic news | *Verkehrsfunk* |
| area | *Gebiet* |
| is expected | *wird erwartet* |
| main road | *Hauptverkehrsstraße* |
| ferry port | *Fährhafen* |
| particularly | *besonders* |
| delay | hier: *Behinderung* |
| bridge | *Brücke* |
| toll machine | *Mautautomat* |
| to avoid | *vermeiden* |
| northbound | *in Richtung Norden* |
| carriageway | *Fahrbahn* |
| will be reduced | *wird reduziert* |
| lane | *Fahrspur* |
| junction | hier: *Ausfahrt* |
| bridge repairs | *Brückenbauarbeiten* |
| motorway | *Autobahn* |
| horse racing | *Pferderennen* |
| road works | *Straßenbauarbeiten* |
| headline | *Schlagzeile* |

Are these statements true (✓) or false (✗)?

Sind diese Aussagen wahr (✓) oder falsch (✗)?

a. The weather in Bristol will get better on Tuesday. ◆
b. It will rain in Wales at the weekend. ◆
c. The school holidays start at the end of the week. ◆
d. The M5 is the motorway to the ferry ports. ◆
e. There's only one bridge across the River Severn. ◆
f. The bridge toll machines aren't working very well. ◆
g The northbound carriageway of the M5 will be closed for two hours on Sunday morning. ◆
h. There are bridge repairs between junctions eleven and twelve. ◆
i. There is horse racing at Chepstow on Saturday afternoon. ◆
j. There will be delays near Nailsea because of a pop concert. ◆
k. The minister is planning no big road works in the Bristol area until after the holidays. ◆

Cross (✗) the road numbers that you can hear in the traffic report.

| | | | | | |
|---|---|---|---|---|---|
| A342 | ◆ | A46 | ◆ | M3 | ◆ |
| A367 | ✗ | B3013 | ◆ | M4 | ◆ |
| A376 | ◆ | B3130 | ◆ | M5 | ◆ |
| A38 | ◆ | B3553 | ◆ | M7 | ◆ |
| A42 | ◆ | B3353 | ◆ | | |
| A40 | ◆ | M2 | ◆ | | |

Cross the names of towns and villages in the traffic report.
Kreuzen Sie die in der Verkehrsmeldung erwähnten Städte- und Dorfnamen an.

| | | | | | |
|---|---|---|---|---|---|
| Bath | ◆ | Corsham | ◆ | Minchinhampton | ◆ |
| Bristol | ✘ | Dursley | ◆ | Milford Haven | ◆ |
| Brighton | ◆ | Fishguard | ◆ | Nailsea | ◆ |
| Catcomb | ◆ | Fishton | ◆ | Newport | ◆ |
| Chepstow | ◆ | Gastard | ◆ | Portishead | ◆ |
| Chester | ◆ | Gloucester | ◆ | Radley | ◆ |
| Cirencester | ◆ | Goose Green | ◆ | Radstock | ◆ |
| Clevedon | ◆ | Malmesbury | ◆ | Wells | ◆ |

# JOKES ABOUT CARS

1

He promised to buy me a convertible – and all I got was a rick-shaw.

2

My car is for four people – one driving and three pushing.

3

If you don't like the way I drive, get off the pavement.

4 The really careful driver watches the car behind the car in front of him.

5 – I had to buy another clutch yesterday.
– Well, don't look at me. I never use it.

6 *Policeman:* Why were you driving at 53 miles an hour in a 35 miles an hour area?
*Driver:* I'm dyslexic.

**to promise** *versprechen;* **convertible** *Cabrio;* **to push** *schieben;* **to get off** *weggehen, verschwinden;* **clutch** *Kupplung;* **dyslexic** *dyslexisch; Legastheniker(in)*

# Neue Formen und Strukturen

## 1. Too *oder* … either

Das deutsche *auch* wird in bejahten Sätzen und in positiven Fragen mit **too** am Satzende übersetzt. Nach einem verneinten Verb steht am Satzende **… either** *(auch nicht)*.

## 2. Übersicht der unvollständigen Modalverben

| Modalverb | Sprachfunktion | Gegenwart | Vergangenheit | Zukunft |
|---|---|---|---|---|
| **must/have to** | Notwendigkeit, Zwang | You must buy a ticket before you get on the bus.<br>You have to buy a ticket…<br>**must/have to** | I had to buy a ticket before I went on the bus.<br>**had to** | You'll have to buy a ticket for the underground.<br>**will have to** |
| **needn't/not have to** | keine Notwendigkeit, kein Zwang | I needn't buy a ticket.<br>**needn't/not have to** | I didn't have to buy a ticket.<br>**didn't have to** | I won't have to buy a ticket.<br>**won't have to** |
| **can/could, be able to** | Fähigkeit | I can speak English now.<br>**can** | I could speak some words last year.<br>I was able to speak some words last year.<br>**could/was able to** | I'm learning Spanish at the moment.<br>I will be able to speak it in two years time but I won't be able to speak it well.<br>**will be able to/ won't be able to** |
| **can/may/be allowed to** | Erlaubnis, Verbot | You can park your car in front of this street but you can't park it in front of the station.<br>You may park your car in this street but you may not park it in front of the station.<br>**can/may/be allowed to** | I was allowed to park my car in that street but I wasn't allowed to park it in front of the station.<br>**was allowed to/ wasn't allowed to** | You will be allowed to park your car in that street but you won't be allowed to park in it front of the station.<br>**will be allowed to/ won't be allowed to** |

# The barbecue

## Die Grillparty

Zunächst lernen Sie in dieser Lektion mehr über den Umgang mit unbestimmten Mengenangaben. Dazu kommt der Gebrauch von allein stehenden Possessivpronomen, also von besitzanzeigenden Fürwörtern ohne Anwendung des dazugehörigen Substantivs. Schließlich möchten wir Ihnen sagen, wie man mithilfe des Passivs über die Gegenwart und Vergangenheit sachlich und persönlich unbeteiligt berichten kann.

**Wortschatz:** Essen, Getränke, Einkaufen, Geselligkeiten

Laurie and Glen Hunter live in Franklin, a pleasant old New England town in New Hampshire. Glen, 48, is an engineer. He works for a **firm** in Concord. It makes parts for the automobile industry. Laurie, 45, teaches English and **History** at the high school in Franklin. The Hunters have two children, Debbie, 25, and Scott, 23. Debbie is already married. She lives in Atlanta, Georgia. Scott doesn't live at home, either. He works for a bank in New York.
The Hunters are giving a **barbecue** on July 4th, Independence Day.
They are going **to invite** some of their friends and neighbors.

Laurie und Glen Hunter wohnen in Franklin, einer netten alten Stadt in New Hampshire, Neuengland. Glen, 48, ist Ingenieur. Er arbeitet für eine **Firma** in Concord. Sie macht Autoteile. Laurie, 45, unterrichtet Englisch und **Geschichte** an der High School in Franklin. Die Hunters haben zwei Kinder, Debbie, 25, und Scott, 23. Debbie ist schon verheiratet. Sie wohnt in Atlanta, Georgia. Scott wohnt auch nicht zu Hause. Er arbeitet für eine Bank in New York.
Die Hunters geben am 4. Juli, dem amerikanischen Unabhängigkeitstag, eine **Grillparty**. Sie werden einige ihrer Freunde und Nachbarn **einladen**.

# 1 3/1 Can you do me a favor?

Kannst du mir einen Gefallen tun?

*Laurie:* Glen, honey, can you do me a favor?
*Glen:* Sure. What is it?
*Laurie:* Can you stop by at the shopping center in Concord on your way home? We still need quite a lot of things for the barbecue tomorrow. I'd do it myself, but I'm taking my class on a trip to Niagara today.
*Glen:* Of course, but I hope we only need a few things. I don't have much time today. What do we need?
*Laurie:* Well, let's see. We've still got plenty of steaks in the freezer but we don't have much bread. Could you buy three dozen fresh rolls?
*Glen:* What? Three dozen? Do we really need so many rolls? How many guests are coming to the barbecue anyhow?
*Laurie:* Well, there will be about twenty-five if everybody comes.
*Glen:* Twenty-five? I thought we just wanted to invite a few neighbors.
*Laurie:* Sure, but there could be quite a lot of children, Glen. Belle has four, don't forget.
*Glen:* OK then. What else should I get? What about drinks?
*Laurie:* Well, we've plenty of beer and a little wine. That should be enough, though.
*Glen:* What about soft drinks? For the kids, I mean.
*Laurie:* Well, we have enough coke but we don't have many bottles of mineral water left.
*Glen:* Okay, I'll get some. What about coffee? Some people like a cup of coffee later on.
*Laurie:* Oh, we've plenty of coffee.
*Glen:* Fine. Then that's three dozen rolls and a few bottles of mineral water, right? Do we need anything else?
*Laurie:* I don't think so. Let's think. Oh, yes. I know. We don't have a lot of barbecue sauce, Glen. Perhaps it won't be enough.
*Glen:* Okay then. Barbecue sauce. Is that really everything now?
*Laurie:* Yes. Anyhow, it won't matter if we need something at the last minute. A lot of shops stay open even on the Fourth of July.
*Glen:* Sure. Well, I'll be off then. I hope there's only a little traffic or I'll be late. See you later, Laurie.

In Unit 9 haben Sie die gängigsten Unterschiede zwischen amerikanischem und britischem Englisch auf der Ebene der Wortbedeutung kennen gelernt (z. B. **sidewalk** (AE) und **pavement** (BE)). Daneben gibt es jedoch auch Abweichungen im Bereich der Rechtschreibung. Am wichtigsten sind:

| BE | AE |
|---|---|
| **-our** | **-or** |
| colour | color |
| favour | favor |
| neighbour | neighbor |
| **-re** | **-er** |
| centre | center |
| **-amme** | **-am** |
| programme | program |
| **-ll-** | **-l-** |
| traveller | traveler |

(Alle anderen Konsonanten verdoppeln sich wie im BE)

| | |
|---|---|
| travelling | traveling |

Ein weiterer Unterschied zwischen AE und BE:

| AE: | BE: |
|---|---|
| I don't have much time today. | I haven't got much time today. |
| We don't have much bread. | We haven't got much bread. |
| Belle has four children. | Belle has got four children. |
| We have enough coke. | We have got enough coke. |

## 2 Cross (✗) the absolutely correct statement in each pair.

Kreuzen Sie (✗) die absolut richtige Aussage in jedem Paar an.

a. 1) Glen hasn't time to do the shopping. ◆
   2) Glen hasn't time to do a lot of shopping. ✗
b. 1) Laurie would like to do the shopping herself. ◆
   2) Laurie would do the shopping if she wasn't going to Niagara. ◆
c. 1) The Hunters need some food and some drinks. ◆
   2) The Hunters have plenty to eat, but not enough drinks. ◆
d. 1) The Hunters guests are neighbors, some with children. ◆
   2) The Hunters' friends and neighbors are coming to the barbecue. ◆
e. 1) Laurie's next-door neighbor, Belle, has four children. ◆
   2) One of the guests, Belle, has four children. ◆
f. 1) The Hunters have enough beer and wine, but they need mineral water. ◆
   2) The Hunters have more beer and wine than mineral water. ◆
g. 1) The guests are all going to have coffee before leaving for home. ◆
   2) The Hunters will offer their guests coffee as well as cold drinks. ◆
h. 1) Laurie has some barbecue sauce, but it may not be enough. ◆
   2) Laurie says they'll certainly need more barbecue sauce. ◆

## 3 Pick out the names of food and drink. Fill them into the table.

Suchen Sie die Namen von Speisen und Getränken heraus. Tragen Sie sie in die Tabelle ein.

| food | drink |
|---|---|
| ................................ | ................................ |
| ................................ | ................................ |
| ................................ | ................................ |
| ................................ | ................................ |
| ................................ | ................................ |
| ................................ | ................................ |

## 4 Pick out words from the dialogue that fit the definitions.

Suchen Sie Wörter aus dem Dialog heraus, die zu den Definitionen passen.

a. a person who comes to a party

.....................................................................

b. place with a lot of stores, usually with parking lots .....................................................................

c. cupboard for storing food below –8°C

.....................................................................

d. people who live near each other

.....................................................................

e. to ask somebody to come to a party

....................................................... somebody

f. cold drink without alcohol

.....................................................................

g. adverb for "just before something starts"

.....................................................................

h. another way of saying "leave a place"

.....................................................................

i. English word for *Verkehr*

.....................................................................

j. opposite of "early"

.....................................................................

➤ G Oft benutzen wir statt genauer Zahlen eher Wörter und Ausdrücke der unbestimmten Menge (**indefinite quantity**), z. B. **some** und **any**, sowie **much** und **many**, die Sie ja bereits in Unit 5 kennen gelernt haben. Weitere Beispiele solcher unbestimmter Mengenangaben finden Sie im vorangegangenen Text, z. B. **a lot of**, **lots of**, **plenty of**, **a few** oder **a little**.

## 5 ➤ G Read the dialogue again. First pick out the expressions of indefinite quantity with their accompanying noun. (There are 17 of them.) Then fill the expressions into the table.

Lesen Sie den Dialog nochmals durch. Suchen Sie zunächst die unbestimmten Mengenangaben mit ihrem dazugehörenden Substantiv heraus (insgesamt 17). Tragen Sie dann die Ausdrücke in die Tabelle ein.

| countable noun: | uncountable noun: |
|---|---|
| **a lot of things** | **much time** |
| .................................... | .................................... |
| .................................... | .................................... |
| .................................... | .................................... |
| .................................... | .................................... |
| .................................... | .................................... |
| .................................... | .................................... |
| .................................... | |
| .................................... | |
| .................................... | |

➤ G Haben Sie die Tabelle richtig ausgefüllt? Dann lassen Sie uns nun eine Regel formulieren: Wir können sagen, dass die Mengenbezeichnungen **many** und **a few** nur mit zählbaren Substantiven vorkommen. **Much** und **a little** hingegen erscheinen nur in Verbindung mit nicht zählbaren Substantiven.
Die beiden Ausdrücke **a lot of/lots of** und **plenty of** werden sowohl mit zählbaren als auch mit nicht zählbaren Substantiven verwendet.
Beachten Sie bitte, dass **much** und **many** hauptsächlich in Fragen und Verneinungen gebraucht werden. In positiven Aussagesätzen steht dagegen meist **a lot of/lots of** und **plenty of**, allerdings nicht nach **so**, **very**, **how**, **as**, **too** und **that**. Nach diesen Ausdrücken muss immer **much** oder **many** verwendet werden.

There are so many places in the United States I would like to visit.
*Es gibt so viele Orte in den Vereinigten Staaten, die ich gerne besuchen würde.*

## 6 Underline the right word or expression.

Unterstreichen Sie das richtige Wort bzw. den richtigen Ausdruck.

a. Hurry up, Glen. We haven't 1) many 2) much time.
b. We have over an hour. We have 1) much 2) a lot of 3) plenty of time.
c. How 1) a lot of 2) many guests are coming? – Not very 3) many 4) much. About ten, I think.
d. We have 1) a lot of 2) much gas so you needn't buy any. We won't need 3) a lot 4) much to get to Burlington.
e. Glen's firm employs 1) a lot of 2) many women, but not 3) a lot 4) many 5) plenty of them have really good jobs.

## 7 3/2 *Why me, Belle?*

Warum ich, Belle?

*Hal:* Don't forget I need your car tomorrow, Belle. Mine is having a service.

*Belle:* Oh, dear. I forgot all about that, Hal. I need my car tomorrow. Can't you take yours to the garage some other time?

*Hal:* No, I can't, Belle. My car needs a service badly and the garage is very busy at this time of year.

*Belle:* Can't you borrow Glen's car? I really do need mine – I'm taking the kids to a party.

*Hal:* Why me, Belle? Why don't you borrow somebody else's car? Anyhow, don't be silly. Glen works in Concord, for heaven's sake. He needs his to get to the office and I'm sure Laurie needs hers, too. She always has so much to carry and there are no buses. Surely you don't expect them to take a cab, do you?

*Belle:* No, of course I don't.

*Hal:* Hey, I know. What about Sue and Brian's car? They don't use theirs much. They always say they prefer to go by bike.

*Belle:* That's an idea. Oh well, you take mine and I'll call Sue to see if I can borrow theirs for an hour or two.

## 8 Link a part from 1–7 with a part from A – G to make correct statements.

Verbinden Sie einen Satzteil von 1–7 mit einem Teil von A – G, um richtige Aussagen zu machen.

1 Hal needs Belle's car because
2 Belle needs her car today because
3 Hal wants to take his car to the garage today or
4 Hal says that he can't borrow Glen's car because
5 Hal is sure that Laurie needs her car, too, because
6 Hal says Belle can probably borrow Sue and Brian's car as
7 In the end Belle tells Hal to take her car and

A ☐ he might have to wait a long time for a service.

B ☐ he needs his to go to work.

C ☐ his car is at the garage.

D ☐ she always has a lot to carry.

E ☐ she is taking the children to a party.

F ☐ she will call Sue to see if she can have their car.

G ☐ they prefer to use their bikes anyhow.

➤ **G** Die Wörter **mine**, **yours** usw. sind allein stehende Possessivpronomen, die wir ohne das vorher genannte Substantiv verwenden. Wie bei allen Pronomen, benutzen wir auch solche Possessivpronomen, um die Wiederholung des entsprechenden Substantivs zu vermeiden.

## 9 ➤G Complete the table below with single possessive pronouns from the dialogue.

Vervollständigen Sie die Tabelle unten mit allein stehenden Possessivpronomen aus dem Dialog.

| | | | |
|---|---|---|---|
| my | ......................... | our | **ours** |
| your | ......................... | your | ......................... |
| his | ......................... | their | ......................... |
| her | ......................... | | |

## 10 3/3 Complete the telephone conversation with the following pronouns.

Vervollständigen Sie das Telefongespräch mit folgenden Pronomen.

**his (2x) I it me mine my ours (2x) we (2x) you (3x)**

*Belle:* Hi, Sue. How are .............. [1]?
*Sue:* Oh, hello, Belle. I'm fine, thanks. And .............. [2]?
*Belle:* Well, I'm fine, really, but I'm afraid .............. [3] have a problem.
*Sue:* Oh? I am sorry to hear that. Is there anything .............. [4] can do to help?
*Belle:* Yes, well, I sure hope so, Sue. Look, Hal asked .............. [5] if he could borrow .............. [6] car today because .............. [7] is having a service. The problem is that I forgot that I need .............. [8] today because I'm taking the kids to a party out of town.
*Sue:* What, so .............. [9] need a car? You're calling to ask if you can borrow ............ [10], right?
*Belle:* Well, yes, I am, Sue. I can't tell you how ...
*Sue:* Don't you say another word, Belle. You know what .............. [11] think about cars. Of course you can have .............. [12]. You can keep .............. [13] as long as you like. No problem. You just tell Hal to take ............ [14] to the garage.
*Belle:* ...

## 11 3/4 *America's biggest public holidays*

Amerikas wichtigste Feiertage

In history books Independence Day or The Fourth of July is often called America's birthday. America was once owned by Britain. The American settlers had no say in how they were governed. In the War of Independence the British were defeated by the colonists and they were driven out of the country. With the Declaration of Independence on 4th July 1776 the thirteen British colonies on America's east coast left Britain and a new nation, the United States of America, was born.

The Fourth of July is celebrated all over the USA. Huge firework displays are put on in public parks and parades are held in town centres. Patriotic

speeches are given by important politicians. Often people invite their neighbours round for a drink or a barbecue. Independence Day is important because on this day Americans of all colours, religions and cultures are united as one nation.

Thanksgiving Day is a very special holiday. It is rather like Christmas Day in Europe. Families try to spend this day together, even if they are spread all over the country and perhaps even live abroad. Special flights are arranged by airlines to move millions of Americans around their huge country in just a few hours. Many families go to church. Children sometimes call Thanksgiving Day "Turkey Day" because a family dinner with turkey is eaten as the climax of the day.

Großzahlen:

| | | |
|---|---|---|
| **million** | AE/BE | 1,000,000<br>*eine Million* |
| **billion** | AE | 1,000,000,000<br>*eine Milliarde* |
| | BE | 1,000,000,000,000<br>*eine Billion* |
| **trillion** | AE | 1,000,000,000,000<br>*eine Billion* |
| | BE | 1,000,000,000,000,000,000<br>*eine Trillion* |

Die Großzahlen **billion** und **trillion** sind in Amerika und Großbritannien unterschiedlich. In den USA ist der Multiplikator ein Tausend, während er in Großbritannien eine Million ist. Dies bedeutet, dass im BE die deutsche Zahl *eine Milliarde* **a thousand million** heißt, und im AE **a billion**.

Die Verwirrung hält sich aber in Grenzen, da in Wirtschaft, Technik und in den internationalen Medien die kleinere und überschaubarere US-Einheit die Norm geworden ist.

## 12

Answer the questions.
Beantworten Sie die Fragen.

a. It is said that Independence Day is a public festival and Thanksgiving is a private, family one. Pick information out of the text to show why this is so.
b. Why do people say that the 4th July is America's birthday?
c. How do we know that Thanksgiving Day is very important to Americans?
d. Which German public holiday is like Independence Day? And Thanksgiving?

## 13

Find the English equivalents.
Finden Sie die englischen Entsprechungen für diese deutschen Wörter und Ausdrücke in dem Text. Sie sind in der selben Reihenfolge.

a. *Feiertag* ..............................
b. *Siedler(in)* ..............................
c. *regiert* ..............................
d. *besiegt* ..............................
e. *Kolonien* ..............................
f. *riesig* ..............................
g. *Umzug* ..............................
h. *patriotische Rede* ..............................
i. *vereint* ..............................
j. *zerstreut* ..............................
k. *im Ausland* ..............................
l. *Sonderflug* ..............................
m. *Fluggesellschaft* ..............................
n. *Truthahn* ..............................
o. *Höhepunkt* ..............................

**G** In diesem Text über Feiertage in den USA kommt eine ganz neue Struktur vor: das Passiv. Da es im Englischen viel häufiger als im Deutschen benutzt wird, sollten Sie diese Struktur auf alle Fälle erkennen können.
Wir bilden das einfache Passiv mit der entsprechenden Zeitform von **be** und der 3. Form des Verbs. Letztere erhält man bei regelmäßigen Verben ganz einfach durch Anhängen von **-ed** an die Grundform (z. B. **to call** – **called**), bei unregelmäßigen Verben handelt es sich um eine eigene, völlig verschiedene Form, z. B. **to drive** – **driven**. (Ein Verzeichnis wichtiger unregelmäßiger Verben und ihrer Formen finden Sie auf S. 73/74 im Begleitbuch).

The Fourth of July is often called America's birthday.
*Der vierte Juli wird oft als Geburtstag Amerikas bezeichnet.*
The British were driven out of the country.
*Die Briten wurden aus dem Land vertrieben.*

## 14 G

Read the text again, pick out all examples of the passive and sort them into the list.
Lesen Sie den Text nochmals durch und suchen Sie alle Beispiele des Passivs heraus. Sortieren Sie sie in zwei Listen, **present** und **past**. Merken Sie sich die unregelmäßigen Formen.

| present | past |
|---|---|
| **"The Fourth of July" is often called America's birthday.** | **America was once owned by Britain.** |

## 15 Complete the sentences.

Vervollständigen Sie die Sätze mit folgenden Verben im Passiv.

**are called** **are made** **is picked up** **is spoken** **was cooked** **was not finished** **was paid** **was started** **were bought** **were married**

a. English ......................................................by about 800 million people.

b. Most computer chips ......................................... ................................ in the USA.

c. The theatre tickets .............................................. by Laurie's parents last night.

d. My boss ..................................................... by a chauffeur every day.

e. Tom and Sally .................................................... when they were on holiday in the USA.

f. A lot of Italian restaurants .................................. ................ Mama Mia.

g. The construction of Norwich Cathedral ............. .................... in 1087 but it .............................. until 1248.

h. I don't want any money. The meal ...................... ............................ for by the firm.

i. This wonderful curry ......................................... by a 12-year-old boy. Cooking is his hobby.

## 16 Translate the sentences into English.

Übersetzen Sie die Sätze ins Englische.

a. *Kannst du bitte eine Flasche Grillsoße kaufen?*

b. *Wir haben mehr als genug Bier, aber wir haben nicht viel Mineralwasser.*

c. *Wie viel Bargeld* (**cash**) *brauchen wir?*

d. *Ich hoffe, dass die Gäste nicht zu viel Wein trinken. Wir haben nur ein paar Flaschen.*

e. *Wie viele Kinder hast du zu der Grillparty eingeladen?*

f. ● *Ist euer Haus so groß wie das der Hunters*
● *Weiß ich nicht. Wie groß ist ihres?*
● *Es hat fünf Schlafzimmer.*
● *Dann ist ihres größer als unseres.*
● *Ja, es ist auch größer als meines.*

# *The final round!*

Die letzte Runde!

**17** **3/5** You are about to hear seven announcements at Boston Airport. First look at the word list. Then read through the questions. After that listen to the cassette as often as necessary and do the exercises. Remember that it is much better to listen to the cassette again than to simply guess.
Gleich werden Sie sieben öffentliche Durchsagen auf dem Flughafen von Boston hören. Sehen Sie sich zuerst die Wortliste an und lesen Sie dann die Fragen. Hören Sie anschließend die Kassette so oft wie nötig an und machen Sie die Aufgaben. Denken Sie daran, sich die Kassette lieber nochmals anzuhören, als einfach zu raten.

| | |
|---|---|
| announcement | *Durchsage* |
| passenger | *Passagier, Fluggast* |
| flight | *Flug* |
| desk | hier: *Schalter* |
| call | *Ruf* |
| gate | *Flugsteig* |
| boarding card | *Bordkarte* |
| to remind | *sich erinnern an* |
| security reasons | *Sicherheitsgründe* |
| to leave | hier: *liegen lassen* |
| baggage | *Gepäck* |
| unattended | *unbeaufsichtigt* |
| to repeat | *wiederholen* |
| main | *Haupt-* |
| due to take off (at) | *planmäßiger Abflug (um)* |
| delayed | hier: *verspätet* |
| to join | hier: *sich anschließen* |
| plate | hier: *Nummernschild* |
| to remove | *entfernen* |
| emergency exit | *Notausgang* |

Cross (✗) the wording that is absolutely correct.
Kreuzen Sie (✗) den Wortlaut an, der absolut korrekt ist.

a. 1) … passenger on Southern Air's special Fourth of July flight to Concord, please … ◆
2) … passenger on Southern Air's Fourth of July special flight to Concord, please … ◆
b. 1) ... please go to Gate 27 with their boarding passes immediately. ◆
2) ... please go to Gate 27 with their boarding cards now. ◆
c. 1) Please don't leave your bags unattended. ◆
2) Please do not leave your baggage unattended. ◆
d. 1) ... please go to Gate 23 for boarding immediately. ◆
2) ... please go to Gate 25 for boarding immediately. ◆
e. 1) Will Mrs Jane Wilson of Orlando, Florida, please go to the main information desk in … ◆
2) Will Mrs Jane Nielson of Orlando, Florida, please go to the information desk in … ◆
f. 1) … due to take off at 9.30 is delayed because of a technical fault. ◆
2) … due to take off at 9.20 is delayed because of a technical problem. ◆
g. 1) … Buick convertible with the New York plate HTR 673 please remove his car immediately. ◆
2) … Buick convertible with the New York number HTR 673 please remove their car immediately. ◆

Complete the sentences with details from the announcements.
Vervollständigen Sie die Sätze mit Einzelheiten aus den Durchsagen.

a. Will Ms Holly Barns of ........................................ ..................... [1], Georgia, passenger on Southern Air's special Fourth of July flight to ..................... ....................................................................... [2], please go to Delta Air's desk in Terminal ....................................................................... [3].

b. This is the ........................................................ [1] call for Virgin Atlantic's flight VA ...................... ...................................................... [2] to London ....................................................................... [3].

c. May we please ............................................... [1] you that for security ....................................... [2] passengers should not ...................................... [3] their baggage unattended.

d. This is the ................................................ [1] call for Lufthansa's flight LH 481 to .......................... ................................. [2]. Will all passengers please go to Gate ........................................... [3] for boarding immediately.

e. Will Mrs Jane Wilson of Orlando, ....................... .......................... [1], please go to the main information ..................................................... [2] in Terminal .............................. [3] where her son, ..................................................................... [4], is waiting for her.

f. Will passengers joining British Airways' flight ............................................... [1] from London to ........................................................ [2] please go to the British Airways desk in Terminal ...................................................................... [3].

g. Will the driver of the ...................................... [1] Buick convertible with the New York plate ........................................... [2] please remove his ...................................................................... [3] immediately.

# Barbecued Spareribs

What you need

## Utensils:

**1 sharp knife**
**1 large heavy saucepan**
**1 mixing bowl for sauce**
**1 wooden spoon**

**Ingredients**

2 kg spareribs of pork
1 medium-sized onion
1 1/2 cups tomato ketchup
2 tablespoons apple vinegar
2 tablespoons dark corn syrup
1 teaspoon paprika
3/4 teaspoon chili powder
water

**Begin early on day of barbecue or day before.**

What to do

1. Cut spareribs into 2- or 3-rib portions.
2. Put ribs in saucepan, add sliced onion and cover with water.
3. Bring to boil quickly over high heat, then simmer for about one hour. Then drain and keep cool until you barbecue them.
4. About one hour before barbecuing, make sauce by mixing the ketchup, apple vinegar, dark corn syrup, paprika and chili powder.
5. Put ribs on griddle. If you are using a gas or electric barbecue, set it to medium heat. If you are using a charcoal barbecue, the charcoal should be glowing with a white ash. There should be no flames!
6. Grill barbecue ribs for about 20 minutes or until meat is tender. Brush often with sauce, turning from time to time.
7. Serve hot with rest of sauce and a dry white wine or beer.

**utensils** *Utensilien* **sharp** *scharf* **wooden spoon** *Kochlöffel* **saucepan** *Kochtopf* **bowl** *Schüssel* **ingredients** *Zutaten* **pork** *Schwein* **medium-sized onion** *mittelgroße Zwiebel* **apple vinegar** *Apfelessig* **dark corn syrup** *dunkler Maissirup* **tablespoon** *Esslöffel* **teaspoon** *Teelöffel* **chili powder** *Chilipulver* **to begin** *anfangen, beginnen* **to add** *hinzufügen* **sliced** *in Scheiben geschnitten* **to cover** hier: *auffüllen* **to boil** *aufkochen* **to simmer** *köcheln* **to drain** *abtropfen lassen* **to keep cool** *kühl stellen* **to mix** *verrühren* **griddle** *Grillrost* **to set s.th. to** *einstellen* **charcoal barbecue** *Holzkohlengrill* **to glow** *glühen* **ash** *Asche* **flame** *Flamme* **tender** *zart* **to brush** *bepinseln* **to turn** *umdrehen* **dry** *trocken*

## *Neue Formen und Strukturen*

### 1. *Unbestimmte Mengenangaben:* much/many, a lot of, plenty of

**Much** (bei nicht zählbaren Substantiven) und **many** (bei zählbaren Substantiven) werden vor allem in Fragen und Verneinungen verwendet:

| | |
|---|---|
| I don't have much time today. | *Ich habe heute nicht viel Zeit.* |
| Do we really need so much bread? | *Brauchen wir wirklich so viel Brot?* |
| We don't have many bottles of water. | *Wir haben nicht viele Flaschen Wasser.* |
| How many guests are coming? | *Wie viele Gäste kommen?* |

In bejahten Aussagen benutzen wir **a lot of/lots of** oder **plenty of** *mehr als genug* bei nicht zählbaren und zählbaren Substantiven:

| | |
|---|---|
| We'll need a lot of barbecue sauce. | *Wir werden viel Grillsauce brauchen.* |
| There could be quite a lot of children. | *Es könnten ziemlich viele Kinder dort sein.* |
| We've got plenty of beer. | *Wir haben mehr als genug Bier.* |
| There are plenty of steaks in the freezer. | *Es sind mehr als genug Steaks im Gefrierfach.* |

Denken Sie daran, dass wir **much** bzw. **many** nach **as, so, too, how** und **very** auch in bejahten Aussagen benutzen:

| | |
|---|---|
| There was so much traffic that I was late. | *Es war so viel Verkehr, dass ich zu spät kam.* |
| Ben eats too many sweets. | *Ben isst zu viele Süßigkeiten.* |

Bei zählbaren Substantiven benutzen wir **a few** *ein paar* und bei nicht-zählbaren **a little** *ein wenig:*

| | |
|---|---|
| We only need a few things. | *Wir brauchen nur ein paar Sachen.* |
| We have a little wine. | *Wir haben ein bisschen Wein.* |

## *2. Allein stehende Possessivpronomen*

| | | | | | |
|---|---|---|---|---|---|
| my | **mine** | *meine(r,s)* | our | **ours** | *unsere(r,s)* |
| your | **yours** | *deine(r,s), Ihre(r,s)* | your | **yours** | *eure(r,s), Ihre(r,s)* |
| his | **his** | *seine(r,s)* | | | |
| her | **hers** | *ihre(r,s)* | their | **theirs** | *ihre(r,s)* |

Allein stehende Possessivpronomen dienen der Vermeidung von Wiederholungen. Vergleichen Sie z. B.:

| | |
|---|---|
| I need your car tomorrow. | <u>My car</u> is having a service. |
| I need your car tomorrow. | <u>Mine</u> is having a service. |

## *3. Das Passiv: Gegenwart und Vergangenheit*

| **active** | **passive** | **passive** mit **by-agent** |
|---|---|---|
| My neighbour repaired my car yesterday.<br>(Hier sagt man, wer das Auto repariert hat.) | My car was repaired yesterday.<br>(Hier sagt man, dass das Auto repariert wurde, ohne darauf einzugehen, wer es getan hat.) | The car was repaired by my neighbour last night.<br>(Hier betont man, dass es der Nachbar war, der das Auto repariert hat.) |

Bildung des Passiv:

| Subjekt | **to be** | 3. Form des Verbs | **by**-agent |
|---|---|---|---|
| The press | is | informed | by the government. |
| The tickets | were | paid | by my father |

Der Verursacher einer Handlung wird immer mit **by**, nicht mit **from** angegeben.

Unit 15

# Down Under

Australien

In dieser Lektion erfahren Sie, welche Zeit Sie bei nicht abgeschlossenen Handlungen verwenden müssen.

**Wortschatz:** Körperteile, medizinische Begriffe. Nach dem Befinden fragen, Empfindungen und Bedürfnisse.

Australia is the world's largest island and its smallest **continent**. Although over 20 times as big as Germany, Australia has a **population** of only around 18 million people. Australia's interior is largely desert or very **thinly populated bush**. Most people live in the coastal strip that stretches from Brisbane to Adelaide. By far the biggest **centres of population** are Sydney (3.75 million) and Melbourne (3.21 million). Only about 15% of Australians live in the country's interior.

Australien ist die größte Insel der Welt und ihr kleinster **Kontinent**. Obwohl über 20-mal so groß wie Deutschland, hat Australien eine **Bevölkerung** von nur circa 18 Millionen Menschen.
Das Landesinnere Australiens ist größtenteils Wüste oder sehr **dünn besiedelter Busch**. Die meisten Menschen wohnen entlang dem Küstenstreifen, der sich von Brisbane bis Adelaide erstreckt. Die bei weitem größten **Bevölkerungszentren** sind Sydney (3,75 Millionen) und Melbourne (3,21 Millionen). Nur circa 15% der Australier wohnen im Inneren des Landes.

# 1 3/6 *A small town*
Eine kleine Stadt

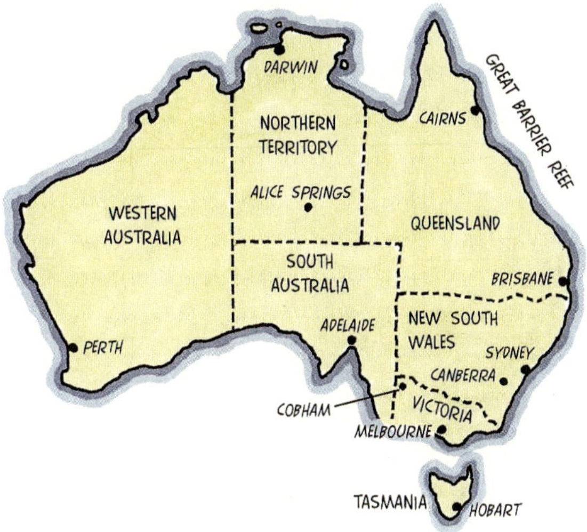


Heather and Frank Hohmann live in Cobham, a small town with a population of about 15,000 people in northern Victoria. They have two children, Nicole, 8, and Will, 4. The Hohmanns also have a black labrador, Bonny.

Frank is a dentist. His family comes from Zwickau in Saxony. His grandfather, Wilhelm, emigrated to Australia after the first world war.

Heather is a nurse. Her family originally came from Wales and has been in Australia since 1828. Before her marriage Heather worked for the Flying Doctor Service but now she is a housewife and "full-time mother". Heather finds her life rather boring and would like to work again as soon as Will goes to school.

Like nearly all Australians, the Hohmanns have their own house with a large garden. But there's a strange difference between the gardens in Cobham and those in, say, Melbourne. In Cobham, the gardens are all surrounded by a close meshed wire fence. The reason is that the town is on the edge of the bush and wild animals, especially snakes, can be a big problem.

Englische Ländernamen: Beachten Sie die Verwendung des bestimmten Artikels:

<u>the</u> Netherlands *die Niederlande*
aber: Turkey *<u>die</u> Türkei*
Switzerland *<u>die</u> Schweiz*

Deutsche Ortsnamen auf Englisch: Es gibt eine kleine Zahl von deutschen Ortsnamen, die im Englischen anders sind. Wenn Sie mit Menschen aus dem englischen Sprachraum zu tun haben, ist es zuweilen ratsam, die englische Form des deutschen Ortsnamens zu benutzen. Sonst könnten Sie missverstanden werden. Viele Englisch sprechende Menschen wissen z.B. nicht, dass der deutsche Name für **Vienna** *Wien* ist.

| Städte | |
|---|---|
| Basel | Basle |
| Hannover | Hanover |
| Konstanz | Constance |
| Köln | Cologne |
| München | Munich |
| Nürnberg | Nuremberg |
| Wien | Vienna |

| Bundesländer | |
|---|---|
| Bayern | Bavaria |
| Nordrhein-Westfalen | North Rhine-Westphalia |
| Rheinland-Pfalz | Rhineland-Palatinate |
| Sachsen | Saxony |

| Geographische und historische Namen | |
|---|---|
| Bodensee | Lake Constance |
| Donau | Danube |
| Franken | Franconia |
| Ostsee | Baltic Sea |
| Rhein | Rhine |
| Schwaben | Swabia |

## 2 Cross (✗) the right answer.

Kreuzen (✗) die richtige Antwort an, ohne den Text nochmals zu lesen.

a. The Hohmanns live in ◆ New South Wales ◆ northern Victoria ◆ Canberra.
b. The Hohmanns have ◆ one boy and two girls ◆ one boy and one girl ◆ two boys.
c. Heather is a ◆ nurse ◆ dentist ◆ doctor.
d. Frank's family originally came from ◆ Saxony ◆ Bavaria ◆ Swabia.
e. Heather's family originally came from ◆ Wales ◆ Ireland ◆ Scotland.

## 3 Answer the following questions.

Beantworten Sie die folgenden Fragen zum Text.

a. Why does Heather find her life "rather boring"?
b. How are the houses in Cobham different from the houses in Melbourne?
c. What is the reason for this difference?

## 4 3/7 *Where has Will gone?*

Wohin ist Will gegangen?

Heather and Nicole are at home. Heather is making a tomato salad and Nicole is helping her. Nicole is cutting tomatoes and her mother is preparing the dressing.

*Nicole:* I've cut the tomatoes into slices, Mum.
*Heather:* Good. I've just finished the dressing, too.
*Nicole:* Okay. I'll get the salad bowl.
*Heather:* Just a minute, Nicole. Where has Will gone? I haven't seen him since breakfast.
*Nicole:* No, I haven't heard him for a long time, either. Has he gone next door to play with Marco?
*Heather:* I don't know. Oh dear. How many times have I told him to tell me where he's going? Playing out there alone is far too dangerous! Can you go and find him, please, Nicole?
*Nicole:* Okay, Mum. I'll ...
*Heather:* Hey, why's Bonny barking like that? She sounds really excited.

➤ **G** Sicher sind Ihnen die zahlreichen neuen Verbformen im Text aufgefallen. Es handelt sich dabei um eine Form der Vergangenheit, das **present perfect**. Die Bildung dieser Form ist ganz einfach, nämlich: **have/has** + 3. Form des Verbs (z. B. **finished, told, gone, etc.**)

## 5 ➤ G Read the dialogue again and fill the examples into the table.

Lesen Sie den Dialog nochmals durch. Suchen Sie alle Beispiele des present perfect heraus. (insgesamt 7) und tragen Sie die Beispiele in die Tabelle ein.

| bejahte Aussage | verneinte Aussage | Frageform |
|---|---|---|
| **I've cut** ........................ | **I haven't seen** ........................ | ........................? |
| ........................ | ........................ | ........................? |
| | | ........................? |

➤ **G** Wann aber benutzen wir nun diese neue Zeit? Wie der Name schon andeutet, handelt es sich beim **present perfect** um eine Zeitform, die Vergangenes in seinem Bezug zur Gegenwart (**present**) darstellt. Das klingt nun natürlich sehr abstrakt, und so wollen wir uns nun zur Verdeutlichung die ersten beiden Beispiele aus dem Text etwas näher ansehen:
Zwei wichtige Funktionen des **present perfect** lassen sich hier recht gut veranschaulichen:

1. die Beschreibung von Tätigkeiten, deren Ergebnis sichtbar ist:

   I've cut the tomatoes into slices. (Look, you can put them in the salad now.)
   *Ich habe die Tomaten in Scheiben geschnitten.*

2. die Beschreibung von Vorgängen, die gerade erst beendet wurden (meist in Verbindung mit **just** *gerade*):

   I've just finished the dressing. *Ich bin gerade mit dem Dressing fertig geworden.*

In beiden Fällen steht das **present perfect**, da die Auswirkung der geschilderten Tätigkeit auf die Gegenwart im Vordergrund steht.

## 6 Fill in the forms.

Sie finden hier einige Sätze zu den eben beschriebenen Funktionen des present perfect. Füllen Sie die Lücken aus.

a. ● ...................................................... (you/wash) the dishes?

● Yes, I ............................ them. They are clean now.

b. ● .................................................... (you/clean) the table?

● No, I ....................................... . It's still dirty.

c. The salad is delicious. Who .............................. (prepare) it?

d. Nicole ................................... (just, make) some coffee. Who wants some?

e. Dad .......................... (repair) the garden fences. They are OK now.

➤G Natürlich sind das nicht die einzigen Funktionen des **present perfect**. Der Bezug zur Gegenwart zeigt sich z. B. bei Vorgängen, die in der Vergangenheit begonnen haben, aber zum Zeitpunkt des Sprechens noch nicht vorbei sind:

I haven't seen him since breakfast.
*Ich habe ihn seit dem Frühstück nicht mehr gesehen.*

Generell werden Ereignisse oder Tätigkeiten, die sich von der Vergangenheit bis zum Zeitpunkt des Sprechens erstrecken, im **present perfect** beschrieben. Besonders deutlich wird dies z. B. wenn man im Deutschen *schon (einmal), bisher, irgendwann (einmal)* sagen kann:
How many times have I told him …
*Wie oft habe ich ihm (schon) gesagt …*

Im Englischen gibt es einige Wörter, die diese Zeitspanne bis zur Gegenwart zum Ausdruck bringen und somit darauf hinweisen, dass das **present perfect** an dieser Stelle stehen muss. Einige dieser so genannten **key words** sind z. B.:

| | |
|---|---|
| **since** *seit* (bei Zeitpunkt) | **yet** *schon* (nur in Fragen) |
| **for** *seit* (bei Zeitdauer) | **not yet** *noch nicht* |
| **so far** *bisher, schon* | **ever** *jemals* |
| **already** *schon* | **never** *nie(mals)* |

## 7 3/8 Fill in the forms.

Setzen Sie bitte auch hier die richtige Form des present perfect ein.

| | |
|---|---|
| never visit | a. I ................................................ an Australian desert before. |
| live | b. The Hohmanns ........................... ................................................... here for several years. |
| finish | c. We ............................................ the shopping. |
| you/repair | d. ................................................... the fence, Frank? |
| not cut | e. Nicole ....................................... the tomatoes yet. |
| go | f. Will .......................................... to see Marco. |

## 8 3/9 *Snake bite*

Ein Schlangenbiss

### Snake bites child, 4

There was another bad snake bite in Cobham yesterday. Four-year-old Will Hohmann was bitten when he was playing in the back garden at his home in Benwell Road. Luckily, the family dog, Bonny, barked so wildly that Will's mother knew that something was wrong. It was lucky for Will, too, that Heather, 32, is a nurse who has treated a lot of snake bites.

Will has been taken to the Queen Victoria Hospital. Said Heather, "Will has been bitten twice, in his hand and in his arm. He has not recovered completely yet but he is getting better. These have been the worst hours of my life. Normally we are so careful – we often check the garden fences and they have just been repaired. This has never happened to us before. Will owes his life to Bonny."

Will Hohmann is the third child that has been attacked by snakes in North Victoria this summer and journalists have been told that the state government is planning to start a big information campaign in the media.

➤G Aus Unit 14 kennen Sie ja bereits das Passiv in der Gegenwart und im **simple past**. In dem Zeitungsbericht über Wills Unfall kommen fünf Beispiele des **present perfect passive** vor. Wie Sie sehen können wird die Passivform mit **has/have been** und der 3. Form des Vollverbs gebildet.

| | |
|---|---|
| Aussage | Will has been bitten by a snake. |
| Verneinung | Will Hohmann hasn't been bitten. |
| Ja/Nein-Frage | Has Will Hohmann been bitten? |
| Info-Frage | Why has Will been bitten? |

## 9 ➤G

Find the five passive forms and try to translate them into German.
Finden Sie die fünf Passivformen und versuchen Sie, sie ins Deutsche zu übersetzen.

## 10

3/10 Form the present perfect passive.
Bilden Sie das **present perfect passive** mit den angegebenen Verben.

a. The fences **have been repaired** (repair) now.
b. The child .......................................................... (drive) to hospital in Melbourne.
c. The bus .......................................................... (delay) because of a traffic accident.
d. Alcohol .......................................................... (forbid) during the football game.
e. A lot of land in Cobham .................................... .......................................................... (sell) to travel companies.
f. Australia .......................................................... (unite) for nearly 200 years.
g. This food .......................................................... (cook) much too long.

➤G Sowohl **for** als auch **since** werden im Deutschen mit *seit* übersetzt. Beachten Sie aber folgenden Unterschied in der Verwendung:

We have lived in Cobham for ten years.
*Wir wohnen seit zehn Jahren in Cobham.*
**for** + Zeitdauer

We have lived in Cobham since 1991.
*Wir wohnen seit 1991 in Cobham.*
**since** + Zeitpunkt

## 11

3/11 Put in **for** or **since**.
Setzen Sie **for** oder **since** ein.

a. Nicole has been at school .................. three years.
b. The Hohmanns have lived in Cobham .................. 1991.
c. Frank hasn't had a holiday .................. years.
d. Heather hasn't worked .................. she had Nicole.
e. The Hohmanns are more careful .................. Will had his accident.
f. "You can only watch TV .................. an hour a day, Will."

## 12

Who's talking?
Wer spricht?

**a doctor** **a reporter** **Heather (2X)** **Marco's mother** **Nicole** **the ambulance service** **the government** **Will**

a. "Will's not here, Nicole. I haven't seen him since yesterday afternoon."
b. "You should always tell mum or dad where you are going, Will."
c. "Can you cut these tomatoes into slices, Nicole? I'll make the dressing."
d. "How did you know that something was wrong, Mrs Hohmann?"
e. "Will's much better, but I'd like to keep him here for a couple of days."
f. "We must give people more information about what to do about snake bites."
g "How did the snake get into our garden, Frank? Aren't the fences all right?"
h. "I didn't see the snake. I thought Bonny was barking because she wanted her ball."
i. "Wait where you are. We'll send somebody to get your son immediately."

**G** Das **present perfect** steht in aller Regel ohne konkrete Zeitangaben. Hier besteht ein wichtiger Unterschied zum **past tense** (siehe Unit 11), welches sich ja nur auf in der Vergangenheit abgeschlossene Vorgänge bezieht, und sehr oft mit genauen Zeitangaben steht. Vergleichen Sie z. B. folgende beiden Antworten:

| | |
|---|---|
| *Frage:* | Have you ever been to Australia?<br>*Warst du schon einmal in Australien?* |
| *Antwort 1:* | Yes, I've been there once.<br>*Ja, ich war einmal dort.* |
| *Antwort 2:* | Yes, I was there in 1998.<br>*Ja, ich war 1998 dort.* |

Sowohl Frage als auch Antwort 1 beziehen sich auf einen Zeitraum, der von der Vergangenheit bis zur Gegenwart reicht (*Bisher war ich einmal dort*) und stehen somit im **present perfect**.
Bezieht man sich aber auf den genauen Zeitpunkt der Australienaufenthalte, d. h. hat man man konkret einen (oder mehrere) Zeitpunkt(e) in der Vergangenheit im Auge, so muss das **past tense** stehen (*Ich war im Jahr 1998 dort.*)
Wann man jedoch in der Praxis welche Zeit verwendet, ist oft gar nicht so einfach. Hilfreich sind dabei sogenannte **key words**, die meist mit einer bestimmten Zeit vorkommen. So wird z. B. das **present perfect** sehr häufig zusammen mit **since, for, already** bzw. **yet** (*schon*), **not yet** (*noch nicht*), **ever** (*jemals*), **never** (*nie*), **so far** (*bisher*) verwendet.
Das **simple past** dagegen steht fast immer zusammen mit **yesterday, last year/ week,** etc. … **days/weeks/ months** etc. **ago, in 1998,** etc.

## 13 Cross (✗) the right answer, simple past or present perfect.

Kreuzen Sie (✗) die richtige Antwort, das **simple past** oder das **present perfect**, an.

a. Marco didn't play ◆ hasn't played ✗ with Will since he came ✗ has come ◆ home from hospital. Do you think they had ◆ have had ✗ an argument?
b. Heather's family came ◆ has come ◆ to Australia 150 years ago and it has been ◆ was ◆ in Victoria ever since. They didn't ever live ◆ have never lived ◆ in any other part of the country.
c. A lot of Germans have settled ◆ settled ◆ in Australia since 1945. They became ◆ have become ◆ one of the most important groups among the "New Australians".
d. Since the 1980s most "New Australians" came ◆ have come ◆ from Asia. One of the big problems these people had ◆ have had ◆ is learning English.
e. Heather has always said ◆ always said ◆ that she wants to go back to work as soon as Will has started ◆ started ◆ school. Frank never had ◆ has never had ◆ anything against the idea until a few months ago.

## 14 Make word pairs. Look at the example first.

Bilden Sie Wortpaare. Sehen Sie sich zuerst das Beispiel an.

**bite bowl campaign dog fence garden government Road salad Victoria**

a. snake *bite*
b. tomato ……………………
c. salad ……………………
d. family ……………………
e. back ……………………
f. Benwell ……………………
g. garden ……………………
h. North ……………………
i. information ……………………
j. state ……………………

# 15 3/12 The flying doctor

Der „Flying Doctor"

Kim and Ben Carter have a sheep station in the thinly populated outback west of the Great Dividing Range in New South Wales. They have three children, but only one of them, 12-year-old Liz, still lives at home all the time. The other two children go to a boarding school near Sydney.

The Carters' sheep station is huge – nearly as big as Hesse in Germany. The only way they can move around it quickly and easily is by plane. And when somebody is ill or has been injured the doctor comes by plane as well.

*Liz:* Oh, where's the doctor, Mummy? We've been waiting for hours now and he's still not here.

*Kim:* Well, I expect he's got a lot to do, dear. But don't worry. I'm sure he'll be here soon.

*Liz:* Yes, but it's so boring – and my foot really hurts now.

*Kim:* I know, Liz, but you must be … Listen! Isn't that a plane? Yes, there it is. Oh, good. The doctor's coming now.

A small plane lands on a field near the house and a young man with a black medical bag climbs out. Ben Carter goes to meet him and they walk towards the house.

*Doctor:* I'm sorry you had to wait so long. I've been flying around the outback for days now. There have been some cases of food poisoning. You haven't had any problems have you? We think it was caused by some cans of Happy Cowboy beef.

*Ben:* Really? Four of my men have been repairing fences since Monday. Did they take any of that beef with them, Kim?

*Kim:* I don't think so, but I'll check while you're here, Dave.

*Doctor:* Thanks, Kim. If they've been eating that beef since Monday, we'll have to go and see if they're all right. You can't be too careful with food poisoning. Anyhow, Liz, what about you? You've hurt your foot, right?

*Liz:* Yes, that's right. It really hurts. Do you think it's broken?

*Doctor:* Well, let's have a look at it. Now, can you move it?

*Liz:* Well, yes, just a little. But I can't move it properly and when I do it hurts terribly.

*Doctor:* Yes, I'm sure it does. Now I'm going to press your foot very gently, Liz …

*Liz:* Ow! It hurt more when you did that. It really hurt.

*Kim:* What's the story, Dave? It's nothing serious, is it?

*Doctor:* No. Liz certainly hasn't broken anything, Kim, but the ankle is very swollen. It's a nasty sprain, that's all. I'll bind it and then she must rest it until the swelling goes down, all right?

*Kim:* Sure, but does she have to stay in bed? She's been lying here since yesterday afternoon.

*Doctor:* Oh, no. But she should keep her foot up as much as possible. How did this happen, anyhow?

*Liz:* Well, will you promise not to tell anybody?

*Doctor:* Oh, come on, Liz. I'm a doctor. Doctors never tell anybody anything.

*Liz:* Oh, all right then. Well, if you must know, I fell off my horse.

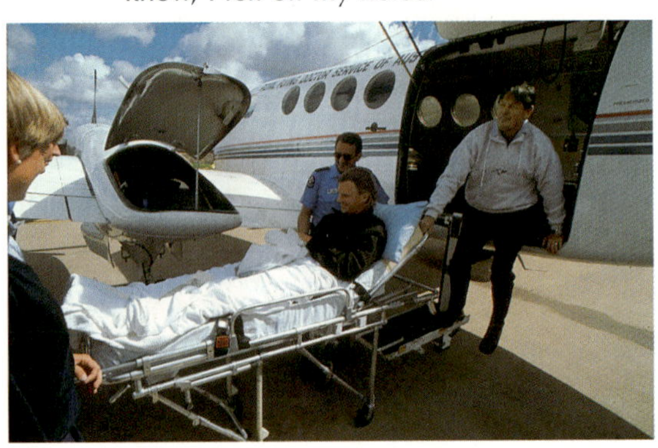

## 16 Correct the statements.

Die folgenden Aussagen sind falsch. Korrigieren Sie sie.

a. Kim and Ben Carter have got a sheep station in Victoria.

No, their sheep station is in ..............................

b. Kim and Ben's children all go to a boarding school.

That's not right. Liz ..........................................

c. Liz has hurt her hand.

No, she has hurt ...............................................

d. Dr Travers came immediately.

No, he didn't come for .....................................

e. Ben Carter's men have got food poisoning from Happy Cowboy beef.

Well, they might have, but Kim and Ben ...........

.......................................................................

f. Liz has probably broken her foot.

No, she's probably just .....................................

g. Liz must stay in bed for several days.

No, she can get up, but she .............................

.......................................................................

h. Liz hurt her foot when she fell off her bike.

She didn't fall off her bike. She .......................

.......................................................................

**G** In diesem Dialog kommen sechs Beispiele des **present perfect progressive** vor. Diese Zeitform wird mit **has/have been** und der **-ing**-Form des Vollverbs gebildet:

| | |
|---|---|
| Aussage | I have been waiting for a long time. |
| Verneinung | I haven't been waiting for a long time. |
| Ja/Nein-Frage | Have you been waiting for a long time? |
| Info-Frage | How long have you been waiting? |

## 17 G Underline the five examples with the subject.

Unterstreichen Sie die fünf Beispiele mit dem Subjekt.

## 18 3/13 Form the present perfect progressive.

Bilden Sie das **present perfect progressive**.

a. This is awful. We ............................................. (wait) to see the doctor for over two hours now.

b. How long ........................................................ (you/work) for this firm, Tom?

c. Henry Coe ....................................................... (clean) his car all weekend.

d. I ...................................................................... (sit) here since 10 o'clock.

e. Heather and Frank ............................................ (argue) all evening.

f. Can't I do something else? I ..............................

........................ (write) envelopes for weeks.

g. Heather is on strike. She ................................... (not do) any housework or shopping for two

weeks now so Frank ......................................... (stay) in a hotel.

h. Our neighbours are terrible. They ......................

.......................... (play) that loud reggae music all night.

**➤G** Wir gebrauchen das **present perfect progressive** für länger andauernde Situationen und Ereignisse, die in der Vergangenheit begonnen haben und zum Zeitpunkt des Sprechens oder Schreibens noch im Gange sind. Sehr häufig benutzen wir diese Zeit mit **for** und **since**:

We've been waiting for hours now.
I've been flying around the outback for days.
My men have been repairing fences since Monday.
Liz has been lying here since yesterday afternoon.

Beachten Sie, dass das **present perfect progressive** im Deutschen durch das Präsens + *schon* ausgedrückt wird:

We've been waiting for hours.
*Wir warten schon seit Stunden.*
I've been flying around since Monday.
*Ich fliege schon seit Montag herum.*

**19** Complete the verbs with an '-ing'-form.
Lesen Sie zunächst alle Sätze durch. Dann vervollständigen Sie die Verben mit einer **-ing**-Form.

**coming dancing paying playing standing studying working writing**

a. Sarah has been ................................ that book for ten years and she still hasn't finished it.

b. Ben and Betty have been ................................ in the garden since last Tuesday and they have still got a lot to do.

c. Helen and Dave have been ................................ ................................ in the dance marathon for more than 12 hours now.

d. Jane has been ................................ her guitar since lunch.

e. The Coes have been ................................ to Brighton on holiday for over 40 years.

f. That little girl has been ................................ at the bus-stop all morning and she is still there although all the buses have come several times.

g. I know a German student who has been ........... ................................ for seven years and he is still not ready to take his exams.

h. Jill and Brian have been ................................ for their car for 6 years now and it still doesn't belong to them.

# *The final round!*

Die letzte Runde!

**21** Fill in the correct form!
Setzen Sie die richtige Form von **simple past, present perfect** oder **present perfect progressive** ein!

a. I ...................................................... (never/to be) interested in sport so of course I didn't watch the Olympics on TV last year.

b. We finally ...................................................... (to buy) the tickets to Sydney last week. We ...................................................... (always/to want) to visit the continent of Australia.

c. ...................................................... (you/hear) anything of Chris? I ........................................... ...................................................... (not see) him for years?

d. Dad ...................................................... (to work) on the fences for some days now but so far he ...................................................... (not repair) all of them.

e. ● ...................................................... (you/to phone) the doctor already?

● Yes, I ................................................ (to call) him one hour ago but he .............................. ...................................................... (not/to come) yet.

## 22 Translate the sentences into English.
Übersetzen Sie die Sätze ins Englische.

a. *Deine Jeans sind dreckig. Du trägst sie schon seit drei Wochen.*
b. *Wir warten schon fast 20 Minuten und der Kellner hat uns die Speisekarte immer noch nicht gebracht.*
c. *Was ist mit dem Hund los? – Er bellt jetzt seit über einer Stunde.*
d. *Die Werkstatt repariert unser Auto seit Anfang der Woche und es ist immer noch nicht fertig.*

## 23 **3/14** You are about to hear two radio messages. First look at the word list. Then read through the questions. After that listen to the cassette/CD as often as necessary and do the exercises.

Gleich werden Sie zwei Radiodurchsagen hören. Sehen Sie sich zunächst die Wortliste an. Lesen Sie dann die Fragen. Danach hören Sie sich die Kassette/CD so oft wie nötig an und machen Sie die Aufgaben.

| | |
|---|---|
| urgent message | hier: *dringende Duchsage* |
| seriously injured | *ernsthaft verletzt* |
| blood group | *Blutgruppe* |
| to contact | hier: *sich in Verbindung setzen mit* |
| to tour | *eine Rundreise machen* |
| whereabouts | *Aufenthaltsort* |

Say if these statements are right (✓), wrong (✗) or you don't know because the information is not in the messages (–).
Sagen Sie ob diese Aussagen richtig (✓) oder falsch (✗) sind, oder Sie wissen es nicht, da die Informationen in den Durchsagen nicht vorkommen (–).

message 1

a. The first message is about a road accident. ◆
b. Three people were hurt, one of them a taxi driver. ◆
c. One of the injured people is a girl with blood group AB. ◆
d. The eight-year-old girl lives in Cobham. ◆
e. People with blood group AB can contact only the Flying Doctor Service. ◆

message 2

f. The second message is for a man from Melton. ◆
g. The man is on a motor-cycling holiday in New South Wales. ◆
h. Mr Baker should contact his mother by telephone. ◆
i. Mr Baker's father is very ill. ◆
j. The code (*Vorwahl*) for Eden, New South Wales is 096. ◆

Complete the sentences with words or details from the messages. (The sentences are not identical.)
Vervollständigen Sie die Sätze mit Wörtern bzw. Einzelheiten aus den Durchsagen. (Die Sätze sind nicht identisch.)

message 1

a. This is an ........................... message about an ........................... near Cobham.
b. Three people have been ........................... hurt, one an ...........................-year-old girl.
c. The accident ........................... at the Queen Victoria Hospital needs blood group ..................
d. People with this blood group should .................. ........................... the hospital or the Flying Doctor Service ..................................................

message 2

e. John Baker is .................................. on a Honda ........................... motorbike.
f. Mr Baker should contact his mother in .................................. on ..................................

Versuchen Sie nun doch einmal, einen Text ganz ohne Hilfe zu verstehen. Bestimmt können Sie sich einige unbekannte Ausdrücke aus dem Zusammenhang erschließen. Falls Sie doch nachschlagen möchten: Im Register finden Sie alle neuen Vokabeln.

Form M.102.E

# Department of Immigration Medical Questionnaire

Important notice

1 This questionnaire must be completed by all applicants for immigration, including accompanying children and dependants.
2 Read the Notes on the back of the form when answering the questions.
3 With the exception of Section D, all applicants must answer all questions. A failure to do this could result in long delays in processing your application.
4 Make sure you complete the questionnaire accurately. It forms the basis of a full medical examination that all applicants and their dependants are required to have.

Cross (x) appropriate box.

## Section A Personal details

1 Name ..........................................................................................................

First name ..........................................................................................................

Date of birth ..........................................................................................................

Place of birth ..........................................................................................................

Nationality ..........................................................................................................

Passport No. ..........................................................................................................

Contact address ..........................................................................................................

..........................................................................................................................

Tel. .......................................................................................... None ☐

2 Are you married? Yes ☐ No ☐
Have you any dependant children? Yes ☐ No ☐
If yes, how many? ▷ Note A.2 male ☐ female ☐

3 Height in cm ............... Weight in kg ................

Colour of hair ............. Colour of eyes .............

Distinguishing marks ............................ None ☐
Do you wear glasses? Yes ☐ No ☐

## Section B Medical details and history of applicant

1 Are you disabled in any way? Yes ☐ No ☐

If yes, what is your disablement? Note B.1.

..............................................................................................................................

2 Do you smoke? Yes ☐ No ☐
If yes, do you smoke cigarettes? ☐ cigars? ☐ a pipe? ☐
If you smoke cigarettes, how many per day? ☐

3 Do you drink alcohol? Yes ☐ No ☐
If yes, choose most accurate answer:
very rarely ☐ not often ☐ quite often ☐ frequently ☐

4 Have you ever been hospitalised? Yes ☐ No ☐
If yes, give reason and length of stay. ▷ Note B.4

..............................................................................................................................

5 Do you suffer from any of the following illnesses or conditions regularly:
a headaches? Yes ☐ No ☐
b colds, flu, sore throat? Yes ☐ No ☐
c stomach ache? Yes ☐ No ☐
If you have answered YES to any of the questions, are you receiving treatment now or have you received treatment within the last two years? Yes ☐ No ☐

6 Are you suffering from or have you ever suffered from any illness or condition of the following: < Notes B.6
a the heart and/or circulatory system? Yes ☐ No ☐ If yes, give details ▷ Note B.6.a

..............................................................................................................................

b the lungs and/or respiratory system? Yes ☐ No ☐ If yes, give details ▷ Note B.6.b

..............................................................................................................................

c the stomach and/or digestive system? Yes ☐ No ☐ If yes, give details ▷ Note B.6.c

..............................................................................................................................

d the nervous system? Yes ☐ No ☐ If yes, give details ▷ Note B.6.d

..............................................................................................................................

e the sexual organs? Yes ☐ No ☐ If yes, give details ▷ Note B.6.e

..............................................................................................................................

# Neue Formen und Strukturen

## 1. *Die einfache Form des* present perfect (active)

Die einfache Form des **present perfect (active)** bilden wir mit dem Präsens von **have** und der 3. Form des Verbs:

| | |
|---|---|
| Aussage | I have been to Australia. |
| | He has been to Australia. |
| Verneinung | I haven't been to Australia. |
| | He hasn't been to Australia. |
| Ja/Nein-Frage | Have you ever been to Australia? |
| | Has he ever been to Australia? |
| Info-Frage | Why haven't you been to Australia? |
| | Why hasn't he been to Australia? |

Das Partizip Perfekt wird durch Anhängen von **-ed** an den Infinitiv gebildet. Bei unregelmäßigen Verben hat es eine eigene Form (z. B. **to go** – **gone**).

Das **present perfect** stellt Ereignisse der Vergangenheit in Bezug zur Gegenwart. Es wird hauptsächlich verwendet zur Beschreibung von Handlungen,

| | |
|---|---|
| 1. deren Ergebnis unmittelbar erkennbar ist | I've washed the car. It's clean now. |
| 2. die gerade erst beendet wurden | I've just seen an interesting film. |
| 3. die in der Vergangenheit begonnen haben und noch nicht abgeschlossen sind | I haven't seen her for a long time. |

## 2. *Die einfache Form des* present perfect passive

Wir bilden das **present perfect passive** mit dem **present perfect** von **be** und der 3. Form des Verbs:

| | |
|---|---|
| Aussage | The journalists have been told about the government's plans. |
| Verneinung | The journalists haven't been told about the government's plans. |
| Ja/Nein-Frage | Have the journalists been told about the government's plans? |
| Info-Frage | When have the journalists been told about the government's plans? |

Die Verwendung des **present perfect passive** entspricht der des **present perfect active**.

## 3. *Die Verlaufsform des* present perfect (active)

Diese Zeitform wird mit dem **present perfect** von **be** und der **-ing**-Form des Vollverbs gebildet:

| | |
|---|---|
| Aussage | I have been working since 8 o'clock.. |
| Verneinung | I haven't been working since 8 o'clock. |
| Ja/Nein-Frage | Have you been working since 8 o'clock? |
| Info-Frage | Since when have you been working? |

Wir gebrauchen das **present perfect progressive** für länger andauernde Situationen und Ereignisse, die in der Vergangenheit begonnen haben und zum Zeitpunkt des Sprechens oder Schreibens noch im Gange sind. Sehr häufig benutzen wir diese Zeit mit **for** und **since**:

| | |
|---|---|
| We've been waiting for hours now. | *Wir warten nun schon seit Stunden.* |
| Liz has been lying here since yesterday afternoon. | *Liz liegt hier (schon) seit gestern Nachmittag.* |

Beachten Sie die deutsche Übersetzung mit Gegenwart (+ *schon*)!

Unit 16

# Get Moving!

Los geht's!

Im Mittelpunkt dieser Lektion steht die indirekte Rede, d. h. Sie erfahren, wie man darüber berichtet, was andere gesagt bzw. geschrieben haben. Außerdem lernen Sie die zwei letzten wichtigen Zeiten, das **past progressive** und das **past perfect**, kennen.

**Wortschatz:** Reisen und Urlaub; Ereignisse und Handlungsabläufe darstellen und zeitlich einordnen; Aussagen anderer Personen wiedergeben

Do you remember Clive and Pamela Frazer? You met them in Unit 11. In this unit, Clive and Pamela are investigating cheap ways of travelling around Europe for *Get Moving!*, a new travel magazine for young people. They are particularly interested in cheap journeys by plane, train, **express coach** and **ferry**, but they also interview some **hitch-hikers, bikers, cyclists** and other **holidaymakers** about the different **means of travel, fares** etc.

Erinnern Sie sich an Clive und Pamela Frazer? Sie haben sie in Unit 11 kennen gelernt. In dieser Unit untersuchen Clive und Pamela preisgünstige Möglichkeiten, Europa zu bereisen für *Get Moving!*, eine neue Reisezeitschrift für junge Leute. Sie haben besonderes Interesse an preisgünstigen Reisen per Flugzeug, Bahn, **Reisebus** und **Fähre**, aber sie interviewen auch einige **Anhalter(innen), Motorradfahrer(innen), Radler(innen)** und andere **Urlauber(innen)** über die verschiedenen **Reisemöglichkeiten, Fahrpreise** etc.

## 1 3/15 *Interviews*

Pamela and Clive are on a ferry from Ostend to Dover. They are interviewing some young people about their means of travel during continental holidays. This is what some of the young people said.

**Rebecca**

I travelled from London to Cologne by express coach last year. The journey took about ten hours, but it was at least cheap and the coach was very comfortable. Most people were sleeping a lot of the time and others were watching videos.

**Joshua**

Cheap carriers like Easyjet charge very low fares because they use small airports and there are no in-flight services. You get the flight, and that's it. People must accept that you get what you've paid for. On the flight I took, one woman was complaining bitterly because there was no baby's changing-table on board, for heaven's sake.

I went to Paris by Le Shuttle. It was quite exciting when the train was passing through the tunnel, but the problem is the price. In Paris I had to be very careful with my money because I had spent so much on the ticket. I wish I had gone by coach now.

**Thomas**

I was enjoying a coffee at a motorway service area in Belgium when this driver offered me a lift. He was alone but I had lost so much time that I accepted his offer. We were driving along when he suddenly touched my leg. I'm sure I wasn't imagining things so I was glad to get out of the car.

**Jasmin**

**Louise**

Well, cycling can be quite frightening sometimes. I suppose in some places drivers just aren't used to cyclists. We were cycling through Arles when a driver suddenly opened her door without looking. I fell off my bike into the road, though luckily traffic wasn't coming at that moment. I wasn't badly hurt but we had already had several "near misses".

I found hitch-hiking difficult in northern Europe. Sometimes I was waiting on the side of the road for hours. You know, I was standing there in the rain and people weren't taking any notice of me. But things were much better further south. In Spain, one man took me to L'Escala, where I wanted to go, although he was really going to Girona.

**William**

**Karen**

You can't beat a motorbike. We were touring Italy all last August and it was fantastic. Of course, car drivers sometimes got a little annoyed with us. They were sitting in a tailback and we just overtook them.

## 2 Complete the statements with details from the speech bubbles.

Vervollständigen Sie die Aussagen mit Einzelheiten aus den Sprechblasen.

a. A driver in ............................ opened her car door without looking and Louise fell off her bike into the ............................ .

b. Jasmin accepted a lift from a man at a ............... ............................ service area in ..................... ............................ .

c. Easyjet is a cheap ............................ that has low fares because it uses small .......................... ............................ and does not offer any in-flight ............................ .

d. In Spain, a man took William to ........................ ............................, although he was really going to ............................ .

e. Last August Karen went to ............................ on her ............................ .

f. Rebecca went from London to ........................... by express ............................ .

g. The Frazers interviewed young holidaymakers on a ............................ from Ostend to ............................ .

h. The passenger train that goes from London to ............................ through the Channel Tunnel is called Le ............................ .

## 3 Form verb + noun phrases by linking the verbs a.–k. with a noun from the box.

Bilden Sie Verb + Substantiv-Ausdrücke in dem Sie die Verben a.–k. mit einem Substantiv verbinden.

**a bike a coffee a door a fare a lift a near miss a tunnel a video an offer by coach things**

a. to accept an offer

b. to charge ..........................................................

c. to enjoy ..........................................................

d. to fall off ..........................................................

e. to have ..........................................................

f. to imagine ..........................................................

g. to offer s.o. ..........................................................

h. to open ..........................................................

i. to pass through ..........................................................

j. to travel ..........................................................

k. to watch ..........................................................

**G** Es ist Ihnen sicher nicht entgangen: Die Aussagen auf den beiden vorhergehenden Seiten enthalten eine neue Zeitform, das **past progressive**. Wie alle **progressive**-Zeiten bilden wir es mit der **-ing**-Form. Die Tatsache, dass wir über die Vergangenheit reden, wird mit dem **simple past** von **be** – also **was/were** – ausgedrückt.

| | |
|---|---|
| Aussage | William was waiting for hours.<br>We were waiting for hours. |
| Verneinung | William wasn't waiting for a long time.<br>We weren't waiting for a long time. |
| Ja/Nein-Frage | Were you waiting for a long time?<br>Was he waiting for a long time? |
| Info-Frage | How long were you waiting?<br>How long was he waiting? |

## 4 G Look at the speech bubbles again. Pick out all further examples of the **past progressive** with their subject. Look for 13 more examples in all.

Sehen Sie sich die Sprechblasen nochmals an. Suchen Sie alle weiteren Beispiele des **past progressive** mit ihrem Subjekt heraus. Suchen Sie 13 zusätzliche Beispiele.

**most people were sleeping; others were watching**

**G** Wann aber benutzen wir diese Zeitform? Wie bei jeder **progressive** (d.h. Verlaufs-)form geht es auch hier um die Betonung eines Handlungsverlaufs. Möchten wir verdeutlichen, dass eine Handlung a) zu einem bestimmten Zeitpunkt oder b) während eines bestimmten Zeitraumes in der Vergangenheit gerade passierte bzw. im Gange war, dann benutzen wir das **past progressive**:

Luckily traffic wasn't coming at that moment.
(Zeitpunkt)
We were touring Italy all last August.
(Zeitraum)

Häufig verwenden wir das **past progressive** auch um auszudrücken, dass eine Handlung schon im Gange war (Hintergrundhandlung), als irgendetwas anderes passierte. Diese (plötzlich) einsetzende Handlung steht dann im **simple past**.

| **past progressive** (Verlauf) | **simple past** (plötzlich einsetzende Handlung) |
|---|---|
| I was having a coffee | when a driver offered me a lift. |
| *Ich trank gerade Kaffee* | *als ein Fahrer mir anbot, mich mitzunehmen.* |
| We were driving along | when he suddenly touched my leg. |
| *Wir fuhren (gerade) dahin* | *als er plötzlich mein Bein berührte.* |

## 5 Fill in the correct form of the past progressive.

Setzen Sie die richtige Form des **past progressive** ein. Achten Sie bei Fragen und verneinten Aussagen.

a. I ........................................................ (wait) for the bus when Tom stopped and picked me up.
I was very glad because it ..................................
...................... (rain) at the time.

b. ● ........................................................ (Jasmin/ work) when you first met her?
● No. She ........................................................ (look after) her old parents.

c. ........................................................ (the Greens/decorate) their house when you saw them?

d. At the time of the fire most people had left the building, though a few ......................................
.................. (work) late.

e. I went to the window and somebody ................
...................................... (stand) in the garden.
I asked him what on earth he ............................
........................... (do) and he said he ...............
........................................................ (look) at our lovely flowers.

f. We thought Louise ..........................................
........... (fly) home on 18 May but we got the date wrong. She ................................................
....... (not travel) until a day later.

## 6 3/16 Make sentences!

Bilden Sie Sätze wie im Beispiel angegeben.

a. I – to wait on the side of the road – to see a car
**I was waiting on the side of the road when I saw a car.**

b. Tom – to read a book – the doorbell rings
..........................................................................
..........................................................................

c. Vanessa – to watch TV – a friend calls
..........................................................................
..........................................................................

d. We – to drive on the main road – the car in front brakes
..........................................................................
..........................................................................

e. Phil – to try to repair his car – his wife comes
..........................................................................
..........................................................................

f. Lynn – to swim in the lake – start to rain.
..........................................................................
..........................................................................

7 Fill in the correct form of the **simple past** or the **past progressive**. Use the simple form for a short activity and the progressive form for a longer one.
Setzen Sie die richtige Form des **simple past** oder **past progressive** ein. Benutzen Sie die einfache Form für kurz andauernde Handlungen und die Verlaufsform für eine längere.

a. We ........................................................ (run) to the bus-stop when the bus ................................ (leave). It ...................... (be) very unfair of the driver because he certainly ....................... (see) us.

b. Jasmin and John ................................................ ........ (plan) to go to the USA last spring but then John's mother ................................ (become) ill so they ................................ (not go).

c. This time last year the Barns .............................. .................. (visit) their daughter in Australia.

d. Some thieves .................................................... (break) into the house but luckily they ............. ........................................................ (not find) anything of value. The police ............................ (catch) them as they .......................................... ............ (climb) out of a window.

e. It was terrible. This poor man ............................ ............................ (lie) on the side of the road but nobody ................................ (stop) to help him. It ........................................................ (rain) at the time but I'm sure some drivers ............................................ (see) him.

f. We ................................ (go) to France by ferry but we .................................. (come) back through the tunnel. It ................................ (not be) very exciting. In fact, it ............................... (be) no different from the London tube.

g. Alison ........................................................ (cycle) along Station Road when a car ........................................................ (drive) out of Church Lane without looking. She ................. ...................... (be) able to stop in time but there ................................ (be) nearly a bad accident.

h. When the fire service finally .............................. (arrive) the house ............................................. (burn) badly. People .......................................... ............ (try) to fight the fire with buckets of water.

**G** Bestimmt ist Ihnen im Text eine weitere neue Zeitform aufgefallen: Das **past perfect** wird mit **had** und der 3. Form des Verbs gebildet.

| | |
|---|---|
| Aussage | Thomas had spent a lot of money on his ticket. |
| Verneinung | Thomas hadn't spent a lot of money on his ticket. |
| Ja/Nein-Frage | Had Thomas spent a lot of money on his ticket? |
| Info-Frage | How much money had Thomas spent on his ticket? |

8 **G** Underline examples of the past perfect in the speech bubbles.
Unterstreichen Sie Beispiele des **past perfect** in den Sprechblasen.

**G** Genau wie im Deutschen benutzen wir das **past perfect**, um zu sagen, dass eine bestimmte Handlung in der Vergangenheit schon vorbei war, als eine zweite Handlung eintrat:

I had lost so much time that I accepted a lift.
*Ich hatte so viel Zeit verloren, dass ich eine Mitfahrgelegenheit annahm.*

At the time of the accident, we had already had several near misses.
*Zur Zeit des Unfalls waren wir schon ein paar Mal knapp verfehlt worden.*

9 Cross (✘) the right answer, simple past (later or second event) or past perfect (earlier or first event).
Kreuzen Sie (✘) die richtige Antwort an, das **simple past** (spätere bzw. zweite Handlung) oder das **past perfect** (frühere bzw. erste Handlung).

a. After Henry finished ◆ had finished ✘ the shopping, he drove ✘ had driven ◆ home.
b. When they heard ◆ had heard ◆ the explosion, they knew at once that something awful happened ◆ had happened ◆.
c. There were ◆ had been ◆ several accidents on the freeway because it started ◆ had started ◆ to snow.
d. Harry found ◆ had found ◆ it difficult to start work again after he was ◆ had been ◆ unemployed for nearly six months.
e. Jasmin got ◆ had got ◆ a job with a doctor after her old parents died ◆ had died ◆.

## 10 3/17 *Get Moving!*

After they had interviewed a large number of young holidaymakers, Pamela and Clive wrote an article for "Get Moving!". Here are some extracts from the magazine article:

11 Compare the two texts. Complete the table with 7 further grammatical differences.
Vergleichen Sie die beiden Texte. Vervollständigen Sie die Tabelle mit 7 weiteren grammatischen Unterschieden.

| Joshua | Pamela |
|---|---|
| – | **pointed out that** |
| **charge** | **charged** |
| **are** | ........................ |
| **get** | ........................ |
| **that's** | ........................ |
| — | ........................ |
| ........................ | ........................ |
| ........................ | ........................ |
| ........................ | ........................ |

When I asked him about his journey, Thomas Brown answered that he had gone to Paris by Le Shuttle, but the problem was the price. He told me that in Paris he had had to be careful with his money because he had spent so much on the ticket.

Jasmin Chopra from Southall had a frightening experience in Belgium. She said that she had been enjoying a coffee when a driver had offered her a lift. Jasmin mentioned that although the driver had been alone, she had lost so much time that she had accepted his offer. Then they had been driving along when the driver had suddenly touched her leg.

Louise Clarke, 23, said that cycling was fantastic in the Netherlands but it could be hairy in France. She felt that this was because drivers just weren't used to cyclists. She told me that they had been cycling along in Provence when a driver had suddenly opened her door without looking. Poor Louise had fallen off her bike into the road, though luckily nothing had been coming.

**G** Möchten wir jemandem berichten, was jemand anders während eines Gespräches gesagt hat, benutzen wir die indirekte Rede. Wir verwenden dabei ein einleitendes Verb, um zu verdeutlichen, dass wir berichten.

**12** **G** **3/18** Here is a list of common introductory verbs. Cross (**x**) the ones that appear in the extracts above. (Don't forget Joshua's contribution.)

Hier ist ein Verzeichnis gängiger einleitender Verben. Kreuzen Sie (**x**) die einleitenden Verben an, die in den Auszügen vorkommen. (Vergessen Sie Joshuas Beitrag nicht.)

| | | |
|---|---|---|
| to answer | *beantworten* | ◆ |
| to feel | hier: *glauben* | ◆ |
| to inform | *mitteilen* | ◆ |
| to mention | *erwähnen* | ◆ |
| to point out | *hinweisen auf* | ◆ |
| to promise | *versprechen* | ◆ |
| to remind | *sich erinnern an* | ◆ |
| to say | *sagen* | ◆ |
| to shout | *schreien* | ◆ |
| to tell | hier: *sagen* | ◆ |
| to think | hier: *meinen* | ◆ |

Beachten Sie: Bei **tell** müssen wir die angesprochene(n) Person(en) immer erwähnen:

*Louise:* A driver suddenly opened her car door without looking.

Louise told Pamela that a driver had suddenly opened her car door without looking.

Um das Gespräch inhaltlich getreu wiederzugeben, müssen wir den Wortlaut des Gesprächs teilweise neu formulieren. Dabei geht es um Zeitangaben (z. B. **yesterday**, **next month**), Ortsangaben (z. B. **there**) und natürlich um die beteiligten bzw. erwähnten Personen:

*John:* We are having a barbecue here tomorrow, Jane.

*Jane:* John said they were having a barbecue there the next day.

Steht das einleitende Verb im Präsens, bleiben die Zeiten des Originals unverändert. Steht es aber in der Vergangenheit – z. B. **she said** –, dann verschieben sich die Zeiten.

Im Beispiel oben wird aus dem **present progressive** das **past progressive**:

are having → were having

**13** The first text below comes from Pamela's interview with Karen; the second is from the Pamela's article in "Get Moving!". Compare the tenses. Pick out eight further differences.
Der erste Text unten stammt aus Pamelas Interview mit Karen; der Zweite ist aus Pamelas Artikel in Get Moving! Vergleichen Sie die Zeiten. Suchen Sie acht weitere Unterschiede heraus.

"You can't beat a motorbike. We were touring Italy all last August and it was fantastic. Of course, car drivers sometimes got a little annoyed with us. They were sitting in a tailback and we just overtook them. And perhaps some people get nervous because bikers often travel in groups and wear a kind of uniform. Maybe they feel, well, threatened."

| interview | article |
|---|---|
| **were touring** ........ | **had been touring** ........ |
| **was** ........ | ........ |
| ........ | ........ |
| ........ | ........ |
| ........ | ........ |
| ........ | ........ |
| ........ | ........ |
| ........ | ........ |
| ........ | ........ |

Karen Black, 24, from Dundee is a biker. She told me that they had been touring Italy the August before and it had been fantastic. Karen said that car drivers had sometimes got annoyed because the bikers had just overtaken them while they had been sitting in a tailback. She felt that some people got nervous because bikers often travelled in groups and wore a kind of uniform. Karen thought that maybe such people felt threatened.

**G** Zunächst können wir also folgende Regeln für die Zeitverschiebung von der direkten zur indirekten Rede formulieren:

| Direkte Rede | Indirekte Rede |
|---|---|
| simple present | simple past |
| simple past | past perfect |
| past progressive | past perfect progressive |

Ansonsten erfolgen die Verschiebungen von:

| | |
|---|---|
| present progressive | past progressive |
| present perfect | past perfect |
| present perfect progressive | past perfect progressive |
| past perfect | (keine Änderung) |
| past perfect progressive | (keine Änderung) |
| will | would |
| will go | would go |
| am/is/are going to | was/were going to |
| am/is/are going to go | was/were going to go |
| would | would have |
| would go | would have gone |
| would have | (keine Änderung) |
| would have gone | (keine Änderung) |
| can | could |
| can go | could go |
| must | had to |
| must go | had to go |

Berichten wir über ein Gespräch, das am selben Tag stattgefunden hat, bleiben Zeit- und Ortsangaben unverändert. Sonst müssen sie umgeschrieben werden, z.B.

*Ted:* I haven't got time at the moment.
Ted told me that he hadn't got time at that moment.

Weitere Beispiele für Veränderungen sind:

| | |
|---|---|
| now | then |
| here | there |
| yesterday | the day before |
| tomorrow | the next day |

Ein Verzeichnis über die Veränderung von Zeit- und Ortsangaben finden Sie unter ***Neue Formen und Strukturen.***

**14** Put the statements into reported speech. Use the introductory verbs in brackets.
Setzen Sie die Aussagen in die indirekte Rede. Benutzen Sie die einleitenden Verben in Klammern.

a. *Jane:* I spent Christmas with my brother in New York last year. (say)

**Jane said that she had spent Christmas with her brother in New York the year before.**

b. *Jim:* We arrived at the airport late. It was snowing very hard at the time. (remark)

Jim ..........................................................
..........................................................
.................. at the airport late because
..........................................................
very hard.

c. *Pat:* Tom saw "Titanic" yesterday, Sally, but he didn't enjoy it much. (tell)

Pat ............................ Sally ......................
.............................................................
"Titanic" ............................................ but
..........................................................
it much.

d. *Ben:* I'm starting my holiday next Tuesday, Mr Todd, so I won't be able to come to the meeting. (remind)

Ben ..........................................................
..........................................................
..........................................................
..........................................................

e. *Pam:* I couldn't finish the letters. I was ill until the day before yesterday. (explain)

Pam ..........................................................
..........................................................
..........................................................

f. *Tim:* I'll meet you at the pub at about 7 tomorrow. (promise)

Tim ..........................................................
..........................................................
..........................................................

## *The final round!*

Die letzte Runde!

**15** What did the people actually say? Put their statements back into direct speech.
Was haben die Leute tatsächlich gesagt? Setzen Sie ihre Aussagen zurück in die direkte Rede.

a. A police spokesman told journalists yesterday that they had caught the man who had attacked several female hitch-hikers near Gent the summer before.

b. The car driver told the court that the accident had not been her fault because the cyclist, who was British, had been riding on the wrong side of the road.

c. The cyclist, Louise Clarke, said that while it was true that she had been cycling on the left, this had not caused the accident. She pointed out that if she had been on the left, the driver would have seen her more, not less, easily.

d. Tom Bond of the York Fire Service said that they had been unable to get to the burning church the night before because they could not get past cars that had been parked on both sides of Church Road.

a. *Police spokesman:* .................................. the man who ............................................ several female hitch-hikers near Gent ............................................ .

b. *Car driver:* The accident ................................. not ...................... fault because the cyclist, who ...................... British, ............................................ on the wrong side of the road.

c. *Louise Clarke:* ..........................................................................................................................

..........................................................................................................................

d. *Tom Bond:* ..........................................................................................................................

..........................................................................................................................

# At an airport terminal

# Neue Formen und Strukturen

## 1. *Die Verlaufsform der Vergangenheit* The past progressive

Das **past progressive** bilden wir mit dem **simple past** von **be** (**was/were**) und der **-ing**-Form Verbs:

| | |
|---|---|
| Aussage | Pete was working in London at the time.<br>His friends were living in York. |
| Verneinung | Pete wasn't working in London at the time.<br>His friends weren't living in York. |
| Ja/Nein-Frage | Was Pete working in London at the time?<br>Were his friends living in York? |
| Info-Frage | Where was he working at the time?<br>Where were his friends living? |

Möchten wir verdeutlichen, dass eine Handlung a) zu einem bestimmten Zeitpunkt ablief oder b) sich während eines bestimmten Zeitraumes in der Vergangenheit zutrug, dann benutzen wir das **past progressive**:
At 3 p.m. Wendy was making a phone call. Zeitpunkt: **at 3 p.m.**
I was staying with my brother all last week. Zeitraum: **all last week**

Wenn wir sagen wollen, dass eine Handlung schon im Gange war, als irgendetwas anderes (plötzlich) passierte, verwenden wir ebenfalls das **past progressive**, während der plötzlich einsetzende Vorgang aber im **simple past** steht:

We were walking home when it (suddenly) started to rain.
*Wir gingen gerade nach Hause, als es plötzlich anfing zu regnen.*

I was cooking when the lights (suddenly) went out.
*Ich war (gerade) beim Kochen, als (plötzlich) das Licht ausging.*

## 2. *Das* past perfect

Das **past perfect** wird mit dem **simple past** von **have** und der 3. Form des Verbs gebildet:

| | |
|---|---|
| Aussage | Thomas had spent a lot of money on his ticket. |
| Verneinung | Thomas hadn't spent a lot of money on his ticket. |
| Ja/Nein-Frage | Had Thomas spent a lot of money on his ticket? |
| Info-Frage | How much money had Thomas spent on his ticket? |

Genau wie die 3. Vergangenheit im Deutschen benutzen wir das **past perfect**, um zu sagen, dass eine bestimmte Handlung in der Vergangenheit schon vorbei war, als eine zweite Handlung eintrat:

I had done some shopping before I was driving home.
*Ich hatte etwas eingekauft, bevor ich nach Hause fuhr.*

### 3. Die indirekte Rede: Aussagen

Möchten wir jemandem berichten, was jemand anders gesagt hat, benutzen wir die indirekte Rede:

*Bella:* I ate too many steaks yesterday, Grant.
*Grant:* Bella said (that) she had eaten too many steaks the day before.

Wir gebrauchen ein einleitendes Verb, um zu verdeutlichen, dass wir berichten. Einige gängige einleitende Verben für indirekte Aussagen sind:

| | |
|---|---|
| to answer | *beantworten* |
| to feel | hier: *glauben* |
| to inform | *mitteilen* |
| to mention | *erwähnen* |
| to point out | *darauf hinweisen* |
| to promise | *versprechen* |
| to remind | *j-n erinnern an* |
| to say | *sagen* |
| to shout | *schreien* |
| to tell | hier: *sagen* |
| to think | hier: *meinen* |

Beachten Sie: Bei **tell** müssen die angesprochene(n) Person(en) immer erwähnt werden:

*Louise:* A driver suddenly opened her car door without looking.
Louise told Pamela that a driver had suddenly opened her car door without looking.

***1. Zeitenverschiebung***
Steht das einleitende Verb im Präsens, bleiben die Zeiten unverändert. Steht aber das einleitende Verb in der Vergangenheit – z. B. **she said**, **he told us** –, dann verschieben sich die Zeiten wie folgt:

| direkte Rede | indirekte Rede |
|---|---|
| simple present | simple past |
| present progressive | past progressive |
| simple past | past perfect |
| past progressive | past perfect progressive |
| present perfect | past perfect |
| present perfect progressive | past perfect progressive |
| past perfect | (keine Änderung) |
| past perfect progressive | (keine Änderung) |
| will | would |
| am/is/are going to | was/were going to |
| would | would have |
| would have | (keine Änderung) |
| can | could |
| must | had to |
| may | might |

***2. Zeit- und Ortsangaben***
Berichten wir über ein Gespräch oder eine Aussage vom selben Tag, bleiben Zeit- und Ortsangaben in der Regel unverändert. Bei einem Wechsel des zeitlichen oder auch örtlichen Blickwinkels verändern sie sich wie folgt:

| direkte Rede | indirekte Rede |
|---|---|
| today | on that day |
| tomorrow | the next day |
| yesterday | the day before |
| the day after tomorrow | two days later |
| the day before yesterday | two days before |
| last Friday/week/summer/ Easter/… | the Friday/week/ summer/Easter/… before |
| next day/Friday/month/ Christmas/… | the following day/ Friday/month/Christ-mas/… |
| two years/centuries/ weeks/… ago | two years/centuries years/centuries/ weeks/… before |
| now, at present | then |
| at the moment | at that moment |
| at this time | at that time |
| here | there |
| in this place | in that place |
| this | that |
| these | those |

Unit 17

# Moving to California

## Ein Umzug nach Kalifornien

Neben der Wiederholung der Relativ- und Reflexivpronomen beschäftigen wir uns in dieser Unit damit, wie man Fragen, Aufforderungen und Wünsche in der indirekten Rede ausdrückt.

**Wortschatz:** Familie und Beruf, Wünsche äußern und begründen; Risiken darstellen

Susan and Harry Roberts live with their two children in Battersea, an increasingly **smart** part of London. They bought their house six years ago, and it has turned out to be an excellent investment. The value of the house has more than doubled as a **growing** number of **well-off** young people **move** to Battersea. But one day Harry came home with a piece of news that turned the Roberts family's comfortable world upside down …

Susan und Harry Roberts leben mit ihren zwei Kindern in Battersea, einem zunehmend **schicken** Stadtteil von London. Sie haben ihr Haus vor sechs Jahren gekauft und es hat sich als eine ausgezeichnete Investition erwiesen. Der Wert des Hauses hat sich mehr als verdoppelt, weil eine **wachsende** Zahl an **wohlhabenden** jungen Leuten nach Battersea **umzieht**.
Doch eines Tages kam Harry mit einer Nachricht nach Hause, die die bequeme Welt der Famile Roberts auf den Kopf stellte …

# 1 3/19 *A unique chance*
Eine einmalige Chance.

*Harry:* I'm sorry, Susan, I really am, but please try and understand. This has turned out to be a unique chance which will never come again. A&C Datronics is a world leader whose business is growing very fast. They've offered me a job I could never hope for here in Europe. I am a person who needs a challenge to really live, Susan. This is the chance that I've been dreaming about for years.

*Susan:* Really? It's a pity you've never mentioned it before. Come off it, Harry. You're just looking after yourself, that's all. But what about me and the children? Don't we have dreams, too? Why should we always put ourselves second to you?

*Harry:* That's not the point, Susan, is it? Okay, Amy wants to become a dancer, but she can do that in the States. Mark is still at school, sure, but they've got good schools in California, too. In this case I must think of myself. You and the kids can live your lives here or in California; I can live mine only in California.

*Susan:* What? You must be joking. I can't possibly start my business as an interior designer all over again. Anyhow, what about Mark's exams? You've conveniently forgotten them, haven't you?

*Harry:* This is absolute nonsense, Susan. Mark can do exams in California, can't he? Anyhow, he told me himself that he thinks it's a great idea. He …

*Susan:* Wait a minute, Harry. Are you telling me that you spoke to the children before we had discussed this with each other? Because if you did, …

*Harry:* Of course not, Susan – not in the way you mean, anyhow. I just asked Mark what he'd say if we moved to California, that's all. You know, just theoretically.

*Susan:* Oh yes, right, I see – "just theoretically". Well, you had absolutely no right to say anything at all.

*Harry:* Yes, you're right, Susan. I'm sorry, but it just, well, slipped out, that's all.

*Susan:* Look, you can't think only of yourself, Harry, just as I can't think only of myself or, come to that, the children can think only of themselves. We are a family and we must respect each other and be willing to compromise with one another. Nobody can have everything. You've got a job you've always enjoyed until now. That's not me who's saying that. That's what you've always told me yourself. You've got a lovely home whose value is going up and up. You've got two wonderful children you are responsible for – and, believe it or not, you've got a wife who loves you. If that's not good enough for you, Harry, well, I'm very, very sorry for you. I'm not going to uproot myself and the children to go to the USA or anywhere else. Our life is here, Harry. Now I think we should pull ourselves together and forget it, okay?

*Harry:* No, Susan. I wish it was that easy. But you yourself are putting everything that you've just talked about at risk.

## 2 Link a part from list A with a part from B to make true statements.

Verbinden Sie einen Teil aus Liste A mit einem aus B, um richtige Aussagen herzustellen.

**A**

a. Harry has been offered a job
b. Susan is surprised about Harry's dreams because
c. Harry says the children's future is no problem because
d. Harry argues that the rest of the family can
e. Susan is very angry when she finds out that
f. Susan feels that nobody in a family can
g. It is clear from what Susan says that Harry has
h. At the end of the dialogue we know that Susan and Harry

**B**

1 always enjoyed his job in Fulham until now.
2 by an American company.
3 California is as good as London.
4 Harry has already spoken to Mark.
5 have still not found an answer to the problem.
6 he has never said anything about them before.
7 live and work anywhere, but he can do so only in California.
8 think only of themselves but must compromise with other.

## 3 Put in the missing words without looking at the original. Please note that short forms count as one word.

Der folgende Text ist Susans letzte Rede aus dem Dialog. Sie ist unverändert, außer, dass jedes zehnte Wort fehlt. Lesen Sie den Text nochmals und setzen Sie dann die fehlenden Wörter ein, ohne das Original anzusehen. Beachten Sie bitte, dass Kurzformen als ein Wort zählen.

Look, you can't think only of yourself, Harry, just ............................[1] I can't think only of myself or, come to ............................[2], the children can think only of themselves. We are ..........................[3] family and we must respect each other and be ............................[4] to compromise with one another. Nobody can have everything. ............................[5] got a job you've always enjoyed until now. That's ............................[6] me who is saying that. That's what you've always ............................[7] me yourself. You've got a lovely home whose value ............................[8] going up and up. You've got two wonderful children ............................[9] are responsible for – and, believe it or not, you've ............................[10] a wife who loves you. If that's not good ............................[11] for you, Harry, well, I'm very sorry for you. ............................[12] not going to uproot myself and the children to .......................[13] to the USA or anywhere else. Our life is ................ ............................[14], Harry. Now I think we should pull ourselves together ............................[15] forget it, okay?

**G** **Self**-pronomen werden aus dem Possessivpronomen (**my**, …) bzw. dem Objektpronomen (**him**, …) und **-self** (Singular) bzw. **-selves** (Plural) gebildet.

## 4 G Read the dialogue again and complete the overview of the self-pronouns below.

Lesen Sie den Dialog zunächst nochmals durch und vervollständigen Sie dann die Übersicht der **self**-Pronomen unten.

| Singular | | Plural | |
|---|---|---|---|
| I | ............................ | we | ............................ |
| you | ............................ | you | yourselves |
| he | ............................ | | |
| she | herself | they | ............................ |
| it | itself | | |

**G** Wir benutzen **self**-Pronomen, um zu betonen dass eine Person etwas selbst tut:

That's what you've told me.
*Das hast du zu mir gesagt.*
That's what you've told me yourself.
*Das hast du selbst zu mir gesagt.*

Oft dienen die **self**-Pronomen auch der Klärung, um welche Person es sich handelt. Vergleichen Sie z. B.:

He always looks after him.
*Er kümmert sich immer um ihn.*
He always looks after himself.
*Er kümmert sich immer um sich selbst.*

Beachten Sie bitte, dass viele im Deutschen reflexiv (auf das Subjekt rückbezügliche Verben, d.h. Verben, die im Infinitiv mit „sich" stehen) gebrauchte Verben im Englischen ohne **self-** stehen, so z. B. **to remember** oder **to meet**:

I can't remember.
*Ich kann mich nicht erinnern.*
We often met at the Red Lion.
*Wir trafen uns oft im Red Lion.*

Weitere solche Verben sind z.B.:

| | |
|---|---|
| to feel good/bad | *sich gut/schlecht fühlen* |
| to complain | *sich beschweren* |

## 5 G Complete the sentences with the correct self-pronoun.

Vervollständigen Sie die Sätze mit dem richtigen **self**-Pronomen.

a. I'm late for work. You'll have to make your breakfast yourself, Mark.

b. I haven't spoken to Harry ................................., but Susan's very worried about his plans.

c. Amy and her friends are teaching ...................... .................................. a new dance.

d. This is a self-service restaurant. We have to get our food .................................. .

e. That fish can't swim properly. Do you think it's hurt ..................................?

f. Harry isn't living alone. He can't think only of .................................. .

g. Did you two enjoy .................................. at the party?

h. Jane is studying German history but she's never been to Germany .................................. .

**G** Beachten Sie: Anders als im Deutschen benutzen wir im Englischen kein **self**-Pronomen, wenn eine Handlung auf Gegenseitigkeit beruht. Dann verwenden wir **each other** bzw. **one another** (*einander*):

They help each other — *Sie helfen sich.*
They help one another

Die Pronomen **each other** und **one another** können Sie beliebig einsetzen, da sie genau dieselbe Bedeutung haben. Sie haben auch die gleiche Form für alle Personen.

6 ➤G Complete the sentences with the correct self-pronoun or with **each other/one another**.
Vervollständigen Sie die Sätze mit dem richtigen **self**-Pronomen oder mit **each other/one another**.

| | | |
|---|---|---|
| She lives in London. | "We write to ............................ very often." | He lives in York. |
| She really loves him. | "We love ............................ very much." | He really loves her. |
| She helps him with his English. | They help ............................ learning a foreign language. | He helps her with her French. |
| She doesn't want him to help her with the garden. | She does the gardening .......................... . | |
| | He repairs the car ............................ . | He doesn't want her to help him with the car. |

➤G Relativsätze dienen dazu, den Hauptsatz näher zu bestimmen und werden mit Relativpronomen eingeleitet. Für Personen benutzen wir **who** oder **that**, für Sachen **which** oder **that**:

I am a person who/that needs a challenge to really live.
*Ich bin ein Mensch, der eine Herausforderung braucht, um wirklich zu leben.*

This is a unique chance which/that will never come again.
*Das ist eine einmalige Chance, die nie mehr wiederkommen wird.*

Möchten wir Besitz anzeigen, dann verwenden wir **whose** für Personen und Sachen:

A&C Datronics is a world leader whose business is growing very fast.
*A&C Datronics ist ein weltweit führendes Unternehmen, dessen Geschäft sehr schnell wächst.*

Beachten Sie: Ist das Relativpronomen das Objekt des Satzes (d.h. fragt man mit *wem* bzw. *wen oder was* nach diesem Relativpronomen), dann können wir es auch weglassen (müssen aber nicht). Solche Relativsätze ohne Relativpronomen nennen wir **contact clauses**:

They've offered me a job (which/that) I could never hope for in Europe.
*Man hat mir einen Job angeboten, auf den ich in Europa niemals hoffen könnte.*

7 ➤G Read the dialogue and underline seven further examples of relative clauses.
Lesen Sie den Dialog nochmals durch und unterstreichen Sie weitere Beispiele von Relativsätzen. Sie sollten insgesamt sieben finden, vier davon ohne ein einleitendes Pronomen.

## 8 Cross (✗) the right form **who**, **which** or **whose**.

Kreuzen Sie (✗) die richtige Form, **who**, **which** oder **whose** an.

a. A&C Datronics is the American firm which ✗ who ◆ has offered Harry a job.
b. The dancing school which ◆ who ◆ Amy would like to go to is in Battersea.
c. Is Harry Roberts the man which ◆ whose ◆ wife has her own business?
d. The well-off woman which ◆ who ◆ is calling a taxi over there is a famous German singer.
e. The plane which ◆ who ◆ crashed at Lockerbie was a Pan Am Boeing.
f. The police still don't know which ◆ who ◆ put the bomb on board the plane.
g. This is the church which ◆ whose ◆ roof was destroyed in a fire.

## 9 Make contact clauses by crossing out **that** if it is not necessary.

Bilden Sie **contact clauses** indem Sie **that** durchstreichen, wenn es nicht notwendig ist.

a. Is the girl that won the dancing competition your daughter?
b. Uwe is the German student that we met in Munich last summer.
c. Did you enjoy the concert that was on TV last night?
d. Mark won't have to take the exams that he should take next summer if Harry moves to California.
e. At first the Roberts don't want to sell the house that they have in London.

## 1 3/20 Goodbye, Battersea.

Hi, Santa Teresa

*Susan:* How can you expect Mark to go to some awful American high school?

*Harry:* Don't talk nonsense, Susan. Do you think there are no good schools in Santa Teresa, or what?

*Susan:* Why should the whole family do what you want? Why should we drop everything and follow you like three poodles?

*Harry:* Accept it, Susan. I'm going – with you or without you. Make your choice and live with it.

*Susan:* Do you understand what you are saying, Harry? Are you planning to destroy our marriage?

*Harry:* Please don't make me leave you, Susan. Come with me. Please. I'm begging you, Susan. Please.

**3/21**

Would you believe it? When I asked about Mark's school, Harry told me not to talk nonsense. He asked if I thought there were no good schools in Santa Teresa or something.

Of course I asked why the whole family should do what he wanted – you know, why we should drop everything and follow him like poodles. Harry became very hard and cold then. He told me to accept it. He said he was going – with or without me, would you believe it? He told me to make my choice and to live with it.

Oh God, it was terrible. Then I asked him whether he understood what he was saying. I even wanted to know whether he was planning to destroy our marriage. And then he changed. He asked me not to make him leave me. He begged me to come with him. Then I saw his eyes were wet. He was crying. Oh, well, here we go again. Goodbye, Battersea. Hi, Santa Teresa.

11 3/22 Complete the letter with the following words.
Vervollständigen Sie den Brief mit den folgenden Wörtern.

**arguments Battersea beach do dollars dream flowers happy help house idea job likes minutes move president suntop wonderful work writing**

37 Redwood Drive
Santa Teresa, CA 14376

October 14th

Dear Carol,

Well, here I am in Santa Teresa, California, USA! I'm ................................[1] this on the smart terrace of our ................................[2] in Redwood Drive. It's October, but the garden is full of ................................[3] and birds and I'm sitting here in a ................................[4] and shorts.

And I can hear the Pacific as it breaks on to the ................................[5], which is only ten ................................[6] away.

When I think of all the terrible ................................[7] we had in London, I just can't believe how ................................[8] we are now. I sometimes think it is all a ................................[9] and I'll wake up in ................................[10]. Harry's firm has been really ................................[11]. They paid for the ................................[12] from London, of course, and they just can't do enough to ................................[13] now we're here. Harry loves his ................................[14]. He is a vice-president and as far as I can see he can do what he ................................[15] as long as it earns lots of ................................[16]. Harry's boss is the ................................[17] himself, Daryl Connors. On Harry's first day at ................................[18], Daryl said to him, "This isn't Europe, Harry. If you have an ................................[19], don't ask me, just ................................[20] it."

**G** Am Telefon erzählt Susan von ihrem Gespräch mit Harry und benutzt dabei die indirekte Rede. Letztere haben Sie ja bereits in Unit 16 kennen gelernt. Bei Susans Telefonanruf wollen wir uns nun darauf konzentrieren, wie man Fragen wiedergibt.

**12** ➤ **G** First pick out all the questions in the conversation between Susan and Harry. Put them into two groups as shown in the table below.
Suchen Sie zunächst alle Fragen in dem Gespräch zwischen Susan und Harry heraus. Ordnen Sie die Fragen in zwei Gruppen, wie in der Tabelle unten angegeben.

| Fragen mit Fragewort | Fragen ohne Fragewort |
|---|---|
| **How can you expect Mark…?** | **Do you think there are no …?** |
| ........................................ | ........................................ |
| ........................................ | ........................................ |
| ........................................ | ........................................ |

Now underline the equivalent reported questions in the telephone call. Note the differences.
Jetzt unterstreichen Sie die entsprechenden indirekten Fragen in dem Telefonanruf. Achten Sie auf die Unterschiede.

He asked me if I thought there were no ........................................

........................................

........................................

........................................

........................................

........................................

➤ **G** Bei indirekten Fragen unterscheiden wir zwischen zwei Arten, nämlich
a. Fragen, die mit einem Fragewort (**How…?**, **What…?**, **Why…?** usw.) beginnen:

How can you expect Mark to go to an American high school?
*Wie kannst du erwarten, dass Mark auf eine amerikanische High School geht?*
Why should the whole family do what you want?
*Warum sollte die ganze Familie tun was du willst?*

b. Fragen, die mit einem Hilfsverb (**Do you …?**, **Can I …?**, **Has he …?** usw.) gebildet werden, z.B.:

Do you understand what you are saying, Harry?
*Bist du dir darüber im Klaren, was du da sagst, Harry?*

Möchten wir eine indirekte Frage mit Fragewort wiedergeben, benutzen wir ein einleitendes Verb wie **asked**, **wanted to know**, etc. und übernehmen das Fragewort. Im weiteren steht das Subjekt dann wie bei Aussagen vor dem Verb:

I asked why the whole family should do what he wanted.
*Ich fragte, warum die ganze Familie das tun sollte, was er wollte.*

Bei Fragen ohne Fragewort benutzen wir ein einleitendes Verb + **if** bzw. **whether** (*ob*):

I wanted to know whether he was planning to destroy our marriage.
*Ich wollte wissen, ob er darauf aus wäre unsere Ehe zu zerstören.*

Beachten Sie, dass wie bei Aussagen oft die Zeitform des Verbs, Zeit- bzw. Ortsangaben und Pronomen entsprechend geändert werden müssen. (siehe Unit 16).

## 14 Put the questions into reported speech. Use **asked** as introductory verb.

Setzen Sie die Fragen in die indirekte Rede. Benutzen Sie **asked** als einleitendes Verb.

With question word
Mit Fragewort

a.
*Susan:* Where are we going to live in California, Harry?
*Harry:* **Susan asked me where we were going to live in California.**

b.
*Harry:* Who were you speaking to on the phone, Mark?
Mark: ..................................................................

c.
*Amy:* Mum, what will happen to my dancing when we move?
*Susan:* ..................................................................

d.
*Mark:* How big is the high school in Santa Teresa, Dad.
*Susan:* ..................................................................

e.
*Susan:* When is our flight to Los Angeles, Harry?
*Susan:* ..................................................................

f.
*Amy:* Why are mum and dad always arguing, Mark?
*Mark:* ..................................................................

Without question word
Ohne Fragewort

g.
*Mark:* Do you have to wear a uniform at American high schools?
*Harry:* ..................................................................

h.
*Susan:* Have you spoken to the bank about selling the house yet, Harry?
*Mark:* ..................................................................

i.
*Amy:* Can I have dancing lessons in California, Dad?
*Harry:* ..................................................................

j.
*Harry:* Are you really willing to move to the USA with me, darling?
*Mark:* ..................................................................

k.
*Mark:* Will I still have to take exams next summer, Mum?
*Harry:* ..................................................................

l.
*Susan:* Amy, did you remember to give Aunt Carol our new address?
*Susan:* ..................................................................

➤G Das Gespräch zwischen Susan und Harry und Susans nachfolgender Telefonanruf beinhaltet Beispiele für direkte und indirekte Bitten und Aufforderungen.

**15** ➤G Underline all the examples of requests and demands that you can find.

Lesen Sie das Gespräch zwischen Susan und Harry nochmals durch. Unterstreichen Sie alle Beispiele von Bitten und Aufforderungen, die Sie finden können.

**Don't talk nonsense, Susan.**

Now make a list of the equivalent reported requests and demands in Susan's telephone call. Note the differences.

Finden Sie nun die entsprechenden indirekten Bitten und Aufforderungen in Susans Telefonanruf. Achten Sie auf die Unterschiede.

**Harry told me not to talk nonsense.**

➤G Indirekte Bitten und Aufforderungen werden meist durch **asked** (*bitten*) bzw. **told** (*sagen*) eingeleitet. In emotionsgeladenen Situationen trifft man oftmals auch auf **begged** (*mit Nachdruck bitten*). Das Verb erscheint als **to** + Infinitiv. Bei verneinten Bitten usw. stellen wir **not** unmittelbar vor **to**: Beachten Sie unbedingt, dass bei **tell**, **ask** und **beg** die angesprochene(n) Person(en) immer erwähnt werden müssen:

| Eine Bitte aussprechen | Über eine Bitte berichten |
|---|---|
| Can you help me, please? | She asked me to help her. |
| **Eine verneinte Bitte aussprechen** | **Über eine verneinte Bitte berichten** |
| Don't go there, please. | She asked me not to go there. |

Analog gilt für Aufforderungen:

| Eine Aufforderung aussprechen | Über eine Aufforderung berichten |
|---|---|
| Take the letter to the post office. | He told me to take the letter to the post office. |
| **Eine verneinte Aufforderung aussprechen** | **Über eine verneinte Aufforderung berichten** |
| Don't listen to him. | She told me not to listen to him. |

**16** Put the requests and demands into reported speech. Use **asked** + object for requests, and **told** + object for demands.

Setzen Sie die Bitten und Aufforderungen in die indirekte Rede. Benutzen Sie **asked** + Objekt für Bitten, und **told** + Objekt für Aufforderungen.

a.
*Susan:* Mark, please tell Amy to hurry up or she'll miss her bus.

**Susan asked Mark to tell Amy to hurry up or she would miss her bus.**

b.
Harry: Stop playing with the cat, Amy, and get on with your breakfast.

..........

..........

c.
Harry: Susan, please don't forget to pick up our visas.

..........

..........

d.
Susan: Don't argue, Mark. Just do as I ask. Switch off the TV and start your homework.

..........

..........

e.
Harry: Please don't drive so fast, Susan. For heaven's sake slow down and don't drive so near the car in front of us.

..........

..........

..........

f.
Susan: Mark, please go to the supermarket on your way home from school. Be sure to buy some cat food as well, okay?

..........

..........

..........

# *The final round!*

Die letzte Runde!

17 3/23 You are about to hear a telephone call. First read through the questions. Then listen to the cassette as often as necessary and do the exercises.

Gleich werden Sie einen Telefonanruf hören. Zuerst lesen Sie die Fragen. Dann hören Sie die Cassette so oft wie nötig an und machen Sie die Aufgaben.

Listen to the telephone conversation and pick out the English equivalents of the following expressions.

Hören Sie sich das Telefongespräch und suchen Sie die englischen Entsprechungen für die folgenden Ausdrücke heraus.

a. *Darf ich bitte … sprechen?*

..........................................................................

b. *Wer ist am Apparat, bitte?*

..........................................................................

c. *Einen Moment, bitte.*

..........................................................................

d. *Ich sehe nach, ob … da ist.*

..........................................................................

e. *Wie freundlich von Ihnen, uns anzurufen.*

..........................................................................

f. *Nun, warum ich anrufe.*

..........................................................................

g. *Gut. Das habe ich verstanden.*

..........................................................................

Complete the sentences with details from the conversation.

Vervollständigen Sie die Sätze mit Einzelheiten aus dem Gespräch.

a. ................................. answers the telephone when ................................. Connors rings.

b. Kate is the wife of ................................. of A&C Datronics.

c. The A&C wives are having a ............................. the following ................................. .

d. Kate asks Susan to come at 6 for ....................... ................................. and then they'll barbecue at about ................................. .

e. The Connors live at ......................................... Pacific Boulevard and their phone number is ................................. .

f. To get to Pacific Boulevard you go to the ................................. end of Redwood Drive and turn ................................. Then you take the ................................. right into .................. ................................. Road. Pacific Boulevard is at the ................................. of that road.

# Californian Images

**Highway no. 1 joins San Francisco and Los Angeles, two of the most fascinating cities in the USA. As you can see it offers some absolutely magnificent views. If you want to find out more about the "Golden State" check out the following website: www.visitusa.org/**

**magnificent** *großartig* **view** *Ausblick* **to check s.th. out** *sich etw. ansehen*

# Neue Formen und Strukturen

## 1. self-*Pronomen*

| Singular | Singular |
|---|---|
| myself | ourselves |
| yourself | yourselves |
| himself, herself, itself | themselves |

Beachten Sie die Schreibweise der Pluralformen!

Sind das Subjekt und das Objekt des Satzes identisch, benutzen wir **self**-Pronomen. Bei dieser Anwendung entspricht das **self**-Pronomen dem deutschen Reflexivpronomen *sich*:

Do you remember Liz? She hurt herself when she fell off her horse.
Old Mr Snow is 85 but he still looks after himself.

Möchten wir betonen, dass das Subjekt des Satzes irgendetwas selbst getan hat, verwenden wir ebenfalls ein **self**-Pronomen. Hier entspricht das **self**-Pronomem dem deutschen *selbst:*

Do you like the curry? I made it myself.
We never buy vegetable. We grow them ourselves.

Im Englischen kommen **self**-Pronomen (Reflexivpronomen) viel seltener als im Deutschen vor. Beachten Sie daher diese deutschen Verben, die im Englischen kein **self**-Pronomen haben:

| | |
|---|---|
| *sich ändern* | to change |
| *sich beeilen* | to hurry |
| *sich beklagen* | to complain |
| *sich bewegen* | to move |
| *sich duschen* | to have a shower, to shower |
| *sich erinnern* | to remember |
| *sich entschuldigen* | to apologise |
| *sich entspannen* | to relax |
| *sich fragen* | to wonder |
| *sich freuen auf* | to look forward to |
| *sich fühlen* | to feel |
| *sich fürchten* | to be afraid |
| *sich hinlegen* | to lie down |
| *sich hinsetzen* | to sit down |
| *sich öffnen* | to open |
| *sich rasieren* | to have a shave, to shave |
| *sich Sorgen machen* | to worry |
| *sich streiten* | to argue, to quarrel |
| *sich treffen* | to meet |
| *sich verändern* | to change |
| *sich verstecken* | to hide |
| *sich (etwas) vorstellen* | to imagine (something) |

aber:

| | |
|---|---|
| *sich amüsieren* | to enjoy oneself |
| *(etwas) genießen* | to enjoy (something) |

## 2. each other, one another

Beruht eine Handlung auf Gegenseitigkeit, so verwenden wir **each other** bzw. **one another** (*einander*):

We'll do the job quickly if we help **each other**.
Susan and Harry are always arguing with **one another**.

Die Pronomen **each other** und **one another** können Sie beliebig einsetzen, da sie genau dieselbe Bedeutung haben. Die haben auch die gleiche Form für alle Personen.

## 3. *Relativsätze*

Relativsätze werden mit Relativpronomen eingeleitet. Für Personen benutzen wir **who** oder **that**, für Dinge **which** oder **that**:

This is a uniqe chance which/that will never come again.
I am a person who needs a challenge to really live.

Möchten wir Besitz anzeigen, dann verwenden wir **whose** für Personen und Sachen:

A&C Datronics is a world leader whose business is growing very fast.

Beachten Sie: Ist das Relativpronomen das Objekt des Satzes, dann können wir es weglassen. Solche Relativsätze ohne Relativpronomen nennen wir **contact clauses.**

They've offered me a job (which/that) I could never hope for in Europe.

## *4. Indirekte Rede: Fragen*

Bei indirekten Fragen unterscheiden wir zwischen Fragen, die mit einem Fragewort – also **How ...?, What ...?, Why ...?** usw. – beginnen und Fragen, die mit einem Hilfsverb – zum Beispiel **Do you ...?, Can I ...?, Has he ...?** usw. – gebildet werden:

| | | |
|---|---|---|
| Liz: | Where is the doctor? | direkte Fragen mit Fragewort |
| Jim: | Who is that man with my wife? | |
| Bob: | How did you sleep? | |
| Pat: | Can you help me, please? | direkte Fragen mit Hilfsverb |
| Liz: | Must I stay in be all the time? | |
| Kim: | Has the doctor come yet? | |
| Pam: | Do you like football? | |

Möchten wir eine indirekte Frage mit Fragewort bilden, übernehmen wir einfach das Fragewort. Beachten Sie dabei, dass das Subjekt dann wie bei Ausagen vor dem Verb steht. Um zu verdeutlichen, dass es sich um eine Frage handelt, benutzen wir **asked** oder **wanted to know** als einleitendes Verb:

| | Fragewort | Subjekt | Verb |
|---|---|---|---|
| Liz asked | where | the doctor | was. |
| Jim wanted to know | who | that man with his wife | was. |
| Bob asked | how | I | had slept. |

Bei Fragen ohne Fragewort benutzen wir ein einleitendes Verb und **if** bzw. **whether** (*ob*), um auszudrücken, dass es sich um eine Frage handelt:

| | **if/whether** | Subjekt | Verb | andere Satzteile |
|---|---|---|---|---|
| Pat asked | if/whether | I | could help | her. |
| Kim wanted to know | if/whether | the doctor | had come | yet. |
| Pam asked | if/whether | I | liked | football. |

Beachten Sie, dass wie bei Aussagen oft die Zeitform des Verbs, Zeit-/Ortsangaben und Pronomen auch geändert werden müssen. (s. Tabellen, Unit 16).

## *5. Indirekte Bitten, Aufforderungen und Befehle*

Indirekte Bitten, Aufforderungen und Befehle werden durch **asked** (*bitten*) bzw. **told** (*sagen*) eingeleitet. Das Verb erscheint als **to** + Infinitiv (Grundform).
Beachten Sie in den Beispielsätzen unten, dass bei den einleitenden Verben **ask** und **tell** die angesprochene(n) Person(en) immer erwähnt werden müssen.

Kim: Please send a doctor immediately.
Kim told them to send a doctor immediately.
*Kim sagte ihnen, dass sie sofort einen Doktor schicken sollten.*

Kim: Liz, help me carry the shopping, please.
Kim asked Liz to help her carry the shopping.
*Kim bat Liz, ihr beim Tragen der Einkaufstüten zu helfen.*

Bei verneinten Sätzen stellen wir **not** unmittelbar vor **to**:
Liz: Don't tell anybody I fell of my horse, Dr Travers.
Liz asked Dr Travers not to tell anybody she had fallen of her horse.
*Liz bat Dr. Travers, niemandem zu erzählen, dass sie vom Pferd gefallen war.*

Unit 18

# The National Trust

## Der National Trust

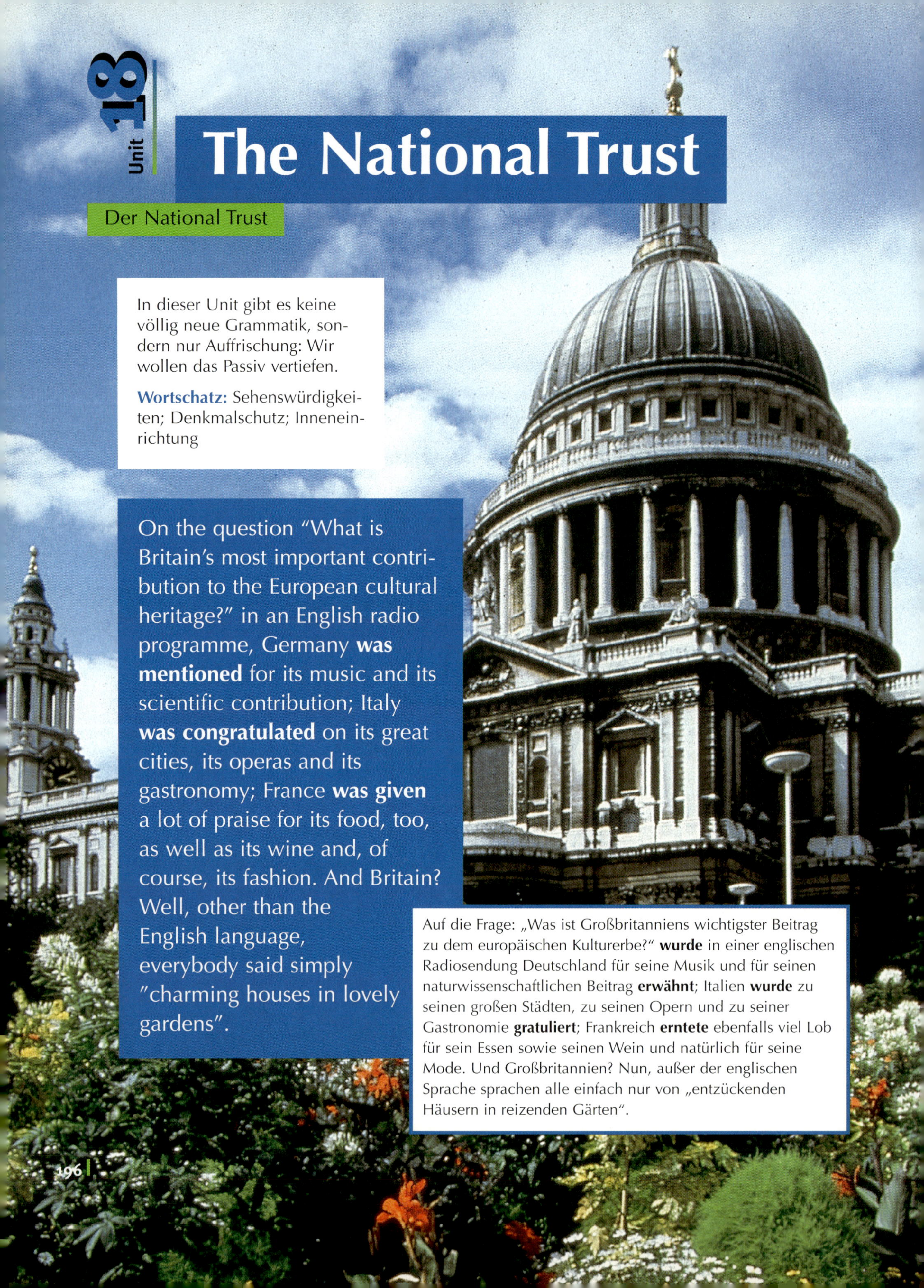

In dieser Unit gibt es keine völlig neue Grammatik, sondern nur Auffrischung: Wir wollen das Passiv vertiefen.

**Wortschatz:** Sehenswürdigkeiten; Denkmalschutz; Inneneinrichtung

On the question "What is Britain's most important contribution to the European cultural heritage?" in an English radio programme, Germany **was mentioned** for its music and its scientific contribution; Italy **was congratulated** on its great cities, its operas and its gastronomy; France **was given** a lot of praise for its food, too, as well as its wine and, of course, its fashion. And Britain? Well, other than the English language, everybody said simply "charming houses in lovely gardens".

Auf die Frage: „Was ist Großbritanniens wichtigster Beitrag zu dem europäischen Kulturerbe?" **wurde** in einer englischen Radiosendung Deutschland für seine Musik und für seinen naturwissenschaftlichen Beitrag **erwähnt**; Italien **wurde** zu seinen großen Städten, zu seinen Opern und zu seiner Gastronomie **gratuliert**; Frankreich **erntete** ebenfalls viel Lob für sein Essen sowie seinen Wein und natürlich für seine Mode. Und Großbritannien? Nun, außer der englischen Sprache sprachen alle einfach nur von „entzückenden Häusern in reizenden Gärten".

# 1 3/24 *The man who saved the country house*

Der Mann, der das Landhaus rettete.

## THE NATIONAL TRUST

A British organisation that was established in 1895, originally to save land from industrial and urban development. In 1907 the Trust was given the right to protect its land from building "inalienably and in perpetuity"[1]. It is thought that the National Trust is the only organisation in Britain with this absolute right, which cannot be changed even by Parliament. Today about 471,000 acres (190,755 hectares) are protected, of which about 400,000 (162,000 hectares) are owned by the Trust. The rest has been lent to the Trust permanently, though the owners can still make use of it in some ways. Similar trusts have been formed in other countries as well, most importantly the National Trust for Historic Preservation in the USA and the Demeures Historiques in France.

[1] *unveräußerlich und für alle Ewigkeit*

It is said that James Lees-Milne saved the English country house almost single-handed. In 1936 – when he began his work with the National Trust – the old houses of England were disappearing fast. They were suffering from urban development, shortage of money and, worst of all, from the irresponsibility of their sometimes barbaric owners.

When Mr Lees-Milne went to a weekend party at a fine old house in 1935, he had an experience that changed his life for ever. The house was full of unique paintings, statues and furniture, but during that weekend their owner used them for target practice. The guests were entertained by games such as throwing knives at paintings and priceless tapestries, and shooting the heads off statues in the garden. Lees-Milne watched as 18th century Meissen porcelain was used as ashtrays and people urinated into a large Ming Dynasty vase that could never be replaced.

This weekend was a turning point. Lees-Milne joined the National Trust as an unpaid adviser whose job was to persuade the owners of historic homes to give them to the Trust. It was a difficult task, but Lees-Milne had one very big and very tasty carrot. When the owner died, his or her heirs would not be asked to pay huge "death duties" and they could also live in at least part of the house for nothing. The house would be renovated and after that it would be cared for by the Trust for ever. But, as always, there was a catch. The Trust was only willing to take over houses that could be opened to the public.

Mr Lees-Milne's idea was completely new. Until he joined the Trust in 1936, it had been mainly interested in buying land around towns to save it from builders. Today, the National Trust owns 263 houses, castles, historic farm buildings and even factories and warehouses, which are visited by nearly 13 million people a year.

## 2 Link the questions a.–h. with the answers 1–8.

Verbinden Sie die Fragen a.–h. mit den Antworten 1–8.

a. What was the original aim of the National Trust?
b. About how much land has been lent, not sold, to the Trust?
c. How do you know that other countries think the Trust is a good idea?
d. Why were the old houses of England disappearing fast by the 1930s?
e. What disgusted (*anwidern*) James Lees-Milne at a country house party in 1935?
f. How did James Lees-Milne persuade owners to give their houses to the National Trust?
g. What was the catch in James Lees-Milne's offer to owners?
h. How do we know that the National Trust has become a great success?

1 ☐ A number of countries – the USA and France among them – have established similar organisations.

2 ☐ Around 71,000 acres or 28,755 hectares.

3 ☐ Because of urban development, shortage of money and owners' irresponsibility.

4 ☐ Guests threw knives at paintings, shot at statues and, among other things, used valuable porcelain as ashtrays.

5 ☐ He said their heirs would not have to pay death duties and could go on living in part of the house.

6 ☐ It now owns hundreds of historic buildings that attract millions of tourists every year.

7 ☐ It wanted to save land from industrial and urban development.

8 ☐ The Trust would only accept houses that they could open to the public.

## 3 Look at the texts again and then complete the sentences with the missing prepositions and adverbs.

Sehen Sie sich die Texte nochmals an und vervollständigen Sie dann die Sätze mit den fehlenden Präpositionen und Adverbien.

a. The BBC was established ..in.. 1927.
b. Are you interested ................. visiting old houses?
c. I can't give you £100, but I'll lend it ................. you for a month.
d. If people can't care ................. their houses, they should give them ................. somebody who can.
e. Let's make use ................. this room ................. a bedroom.
f. Some people suffer ................. the idea that they're better than they really are.
g. That nasty child is always throwing things ................. dogs.
h. The National Trust has saved a lot of houses ................. their awful owners.
i. We must protect our historic towns ................. cars.
j. When Annie began to work ................. the firm she was a tea-lady.
k. Would you believe that they used a painting ................. Turner ................. target practice?

➤ **G** Der Eintrag aus einem Nachschlagewerk und der Text über James Lees-Milne beinhalten insgesamt neun Beispiele der Form des Passivs, die Sie schon kennen gelernt haben, und fünf Beispiele von Passivsätzen mit modalen Hilfsverben.

4 ➤G First, pick out these examples and complete the table below.
Zunächst suchen Sie diese Beispiele heraus und vervollständigen Sie die Tabelle unten.

| simple present | simple past | present perfect | with modal verb |
|---|---|---|---|
| 471.000 acres are protected. | The National Trust was established in 1895. | The rest has been lent to the Trust. | This vase can never be replaced. |

Wir bilden Passivsätze mit modalen Hilfsverben wie folgt:

| Subjekt | Modalverb | **be** | 3. Form | andere Satzteile |
|---|---|---|---|---|
| This right | cannot | be | changed | even by Parliament. |
| The vase | could never | be | replaced. | |
| The house | would | be | renovated. | |
| It | would | be | cared for | by the Trust for ever. |
| The houses | could | be | opened | to the public. |

5 Translate the sentences in the table into German.
Übersetzen Sie die Sätze in der Tabelle oben ins Deutsche.

*Dieses Recht kann nicht einmal vom Parlament geändert werden.*
.........................................................................................

6 Complete the notices with the instructions in the speech bubbles.
Vervollständigen Sie die Hinweisschilder mit den Anweisungen in den Sprechblasen.

**b.** You must give back the bike by 6 p.m., okay?

BIKES ..................................
............................ BY 6 P.M:

**a.** You can buy stamps at the souvenir shop.

STAMPS CAN BE BOUGHT
AT THE SOUVENIR SHOP

**c.** I'm sorry, Sir. This isn't the continent. You mustn't park on the pavement.

CARS ..............................
..............................
ON THE PAVEMENT

**d.** You can borrow an umbrella from the kiosk, dear.

*Umbrellas* ..........................
..........................................
.............. *from the kiosk*

**e.** Hey, you may not take newspapers out of the reading room.

NEWSPAPERS ................
........................................
................ OUT OF THE
READING ROOM

**f.** Don't forget you should show your ticket at the door.

TICKETS ..............................
...................... AT THE DOOR

**g.** Look, you can hire a boat over there.

BOATS ..................................
.................................... HERE

**h.** Look at that notice. You shouldn't take photos in the church.

PHOTOS ..................................
.................. IN THE CHURCH

**i.** Only our employees may use this car park.

This car park ......................
..............................................
only by employees.

**➤G** Wie Sie in Unit 14 schon erfahren haben, benutzen wir das Passiv, wenn der/die Verursacher(in) unbekannt ist bzw. nicht genannt werden muss. Beim Passiv steht die Tat im Vordergrund und wird daher zum Subjekt des Satzes. Manchmal jedoch ist es doch nötig, den/die Verursacher(in) zu erwähnen. In diesem Fall benutzen wir einen **by-agent**, also **by** (nicht **from**!) + Subjekt des Aktivsatzes:

Alec Issigonis designed the first mini in 1959.
The first mini was designed by Alec Issigonis in 1959.

**7 ➤G** Read both texts again and pick out passive verbs with a **by**-agent. Find four further examples.
Lesen Sie beide Texte nochmals durch und suchen Sie dabei Verben im Passiv mit einem **by**-Agent heraus. Finden Sie vier weitere Beispiele.

**cannot be changed even by Parliament**

**8** Cross out the **by**-agent when it is not necessary.
Streichen Sie den **by**-Agent durch, wenn er nicht notwendig ist.

a. Nowadays computers are used **by people** for just about everything.
b. Parking tickets must be clearly displayed by drivers.
c. Buckingham Palace in London was originally owned by the Dukes of Buckingham, but it was given to the British royal family by them in 1761. It was completely renovated by a famous architect for George IV.
d. Tickets to the house and garden can be bought by visitors at the main entrance.
e. There is nothing like the National Trust in Germany. In Bavaria, for example, many fine houses and palaces are owned by the government.
f. The title of a famous book by Ernest Hemingway was taken from a poem by John Donne.
g. Our world has been completely changed by the microchip. It was developed by computer engineers in the 1960s.
h. The Tower of London was built by William of Normandy but it has been changed many times by later kings.

**9** Change the active sentences into the passive. Only use a **by**-agent when really necessary.
Setzen Sie die Aktivsätze ins Passiv um. Benutzen Sie einen **by**-agent nur dann, wenn es wirklich notwendig ist.

a. My grandfather built this house.
**This house was built by my grandfather.**

b. People use English all over the world.
..........

c. Somebody broke into Windsor Castle last week.
..........

d. We ask customers to complain to us, not to other customers.
..........

e. In Germany drivers often park cars on the pavement. (**often** bleibt vor **park**)
..........

f. The police caught the thief as he was leaving the bank.
..........

g. Lazlo Biro invented the ballpoint pen but they didn't give him any money for it.
..........

h. Did Karl Benz or Gottlieb Daimler build the first car?
..........

i. In most of Switzerland people speak a form of German.
..........

10 Complete the texts with the verbs. Be careful to distinguish between active and passive forms.

Vervollständigen Sie die Texte mit den Verben. Achten Sie darauf, zwischen Aktiv- und Passivformen zu unterscheiden.

a. Originally, this house .......................................... (build)[1] in the 14th century but it ............................................ (burn down)[2] in the Great Fire of London in 1666. Almost the whole of the old city ............................................ (destroy)[3] in the fire.

St. Paul's Cathedral

b. St Paul's Cathedral ............................................ (design)[1] by Sir Christopher Wren and many people ............................................ (think)[2] it is his greatest work. Perhaps for that reason he always ............................................ (become)[3] angry when people said it ............................................ (remind)[4] them of St Peter's in Rome.

Hampton Court

c. Hampton Court, which ............................................ (situate)[1] on the Thames west of London, ............................................ (own)[2] by Cardinal Wolsey but he ............................................ (give)[3] it to the king, Henry VIII, as a present. This was clever of him because the king ............................................ (begin)[4] to wonder where the money ............................................ (come)[5] from.

d. After the Great Fire, Sir Christopher Wren ............................................ (design)[1] many churches and other buildings in London, but unfortunately his plans for a completely new city with wide roads and great public buildings ............................................ (not accept)[2] by the government. Unlike Paris, in London you find a few fine buildings that ............................................ (hide)[3] among a lot of uninteresting rubbish.

Westminster Abbey

11 3/25 What would you say in these situations in English?
Was würden Sie in diesen Situtationen auf Englisch sagen?

Sie möchten wissen …

a. … wann das Museum aufmacht. — **When does the museum open, please?**

b. … ob Sie einen Hund ins Restaurant mitbringen dürfen. — ……………………………………, please?

c. … ob das Schloss einen Parkplatz für Besucher hat. — ……………………………………, please?

d. … wo die Toiletten sind. — ……………………………………, please?

e. … ob es heute Nachmittag noch eine Führung gibt. — ………… guided tour …………, please?

f. … ob Sie in der Burg Fotos machen dürfen. — ……………………………………?

g. … ob Sie einen Hochstuhl für ein Kleinkind haben können. — ………… high chair …………, please?

h. … ob es einen reduzierten Eintrittspreis für Kinder unter 14 gibt. — ………… reduced admission …………, please?

## *The final round!*

Die letzte Runde!

12 3/26 You are about to hear part of a guided tour of Blickling Hall in Norfolk. It is not easy because it is in the original language. First look at the word list so that you can at least recognise the words. Then read the questions. After that, listen to the cassette as often as necessary and do the exercises.
Gleich werden Sie einen Teil einer Führung durch Blickling Hall in Norfolk hören. Sie ist nicht leicht, da sie in der Originalsprache ist. Lesen Sie zunächst die Wortliste, sodass Sie die neuen Wörter erkennen können, und wenden Sie sich dann den Fragen zu. Hören Sie im Anschluss die Kassette/CD so oft wie nötig an und lösen Sie die Aufgaben.

| | |
|---|---|
| Jacobean | *aus der Zeit 1603–1625* |
| site | hier: *Grundstück* |
| bishop | *Bischof* |
| cathedral | *Dom* |
| to be designed | *entworfen werden* |
| descendant | *Nachkomme* |
| capital | *Hauptstadt* |
| foreign | *ausländisch* |
| to annul | *annullieren* |
| desperately | *verzweifelt* |
| male heir | *männlicher Erbe* |
| to give birth | *zur Welt bringen* |
| stillborn | *tot geboren* |
| to accuse | *angeklagen* |
| adultery | *Ehebruch* |
| to execute | *hinrichten* |
| treason | *(Landes)Verrat* |
| to associate with | *(gedanklich) verbinden mit* |
| nearby | *nahe gelegen* |
| monument | *Denkmal* |
| tragic | *tragisch* |
| to name after s.o. | *nach j-m benennen* |

Here are pairs of names. Only one of the two names is used in the guided tour. Listen to the guided tour and cross (✘) the names of people and places that you hear.
Hier sind Paare von Namen. Nur einer der zwei Namen wird in der Führung benutzt. Hören Sie der Führung zu und kreuzen Sie (✘) den Personen- und Ortsnamen, den Sie hören, an.

| | | | | | | | |
|---|---|---|---|---|---|---|---|
| Blickling | ✘ | d. Robarts | ◆ | g. Pennsylvania | ◆ | j. Lomond | ◆ |
| Hickling | ◆ | Robert | ◆ | Tasmania | ◆ | London | ◆ |
| b. Herbert | ◆ | e. Hendry | ◆ | h. Hatfield | ◆ | k. André | ◆ |
| Hubert | ◆ | Henry | ◆ | Wakefield | ◆ | Andrew | ◆ |
| c. Harwich | ◆ | f. Hobart | ◆ | i. Boleyn | ◆ | l. Anna | ◆ |
| Norwich | ◆ | Hobday | ◆ | Bollins | ◆ | Emma | ◆ |

Complete the sentences with details from the guided tour.
Vervollständigen Sie die Sätze mit Einzelheiten aus der Führung.

a. Blickling Hall was built between ........ and ..................... .
b. Herbert de Losinga started Norwich cathedral in ........... .
c. Anne Boleyn was Henry VIII's ........... wife.
d. Henry and Anne married in ...................... .
e. Anne had a stillborn baby boy in ............. .
f. She may have been named after Anna Boleyn, who died in ........... .

# How about helping the National Trust?

**The National Trust, an independent charity working to conserve and protect Britain's places of natural beauty, depends on voluntary help to achieve work which could not otherwise be afforded. In response to growing demand, the Trust now offers week-long projects particularly designed for anyone over 35 years who is in good health and willing to tackle outdoor conservation work.**

**independent** *unabhängig* **charity** hier: *Stiftung* **to conserve** *erhalten* **to depend on** *abhängen von, angewiesen sein auf* **voluntary** *freiwillig* **to achieve** hier: *ausführen, leisten* **otherwise** *auf andere Weise* **in response to** *als Antwort auf* **demand** *Nachfrage* **particularly** *besonders* **to tackle** *anpacken*

# Neue Formen und Strukturen

## 1. Übersicht der Passivzeiten

Hier ist eine Übersicht der **Passivzeiten**, die Sie in den vorhergehenden Units kennen gelernt haben:

| Zeit | Subjekt | Zeit von **be** | 3. Form des Verbs | andereTeile |
|---|---|---|---|---|
| simple present | My camera | is | made | in Korea. |
| | These cars | are | made | in Japan. |
| present progressive | Our car | is being | repaired | today. |
| | The cars | are being | stopped | by the police. |
| simple past | This palace | was | built | in 1764. |
| | These plates | were | made | in Meissen. |
| past progressive | The palace | was being | renovated | last May. |
| | The boys | were being | taught | to swim. |
| present perfect | The window | has been | broken | twice this week. |
| | The windows | have been | repaired | now. |
| past perfect | (Ben said) his flat | had been | broken into | again. |
| **will**-future | The car | will be | repaired | by 2 o'clock. |

## 2. Passivsätze mit modalen Hilfsverben

Wir bilden Passivsätze mit modalen Hilfsverben wie folgt:

| Subjekt | Modalverb | **be** | 3. Form | andere Satzteile |
|---|---|---|---|---|
| Postcards | can | be | bought | at the kiosk. |
| Cars | must | be | parked | in the car park. |
| Bikes | should not | be | left | here. |

## 3. Der so genannte by-agent

Möchte man den/die Verursacher(in) einer Handlung erwähnen, so fügt man einen so genannten **by-agent** – also **by** + Verursacher(in) – gleich nach dem Verb hinzu:

Meissen porcelain was used by the guests as ashtrays.
*Meißener Porzellan wurde von den Gästen als Aschenbecher benutzt.*

A lot of fine old houses have been saved by the National Trust.
*Viele schöne Häuser sind vom National Trust gerettet worden.*

Der **by-agent** wird meist aber nur dann benutzt, wenn er wirklich notwendig ist, um den Sinn des Satzes nicht zu entstellen. Ist das Subjekt des Aktivsatzes ein unbestimmter Begriff wie z. B. **people**, **they**, **somebody**, usw. dann steht in aller Regel kein **by**-agent.

| Vergleichen Sie: | People speak English all over the world. | English is spoken all over the world. |
|---|---|---|
| | The people of Austria speak German. | German is spoken by the people of Austria. |

In Fällen, in denen ein **by**-agent wirklich unverzichtbar ist, neigt man allerdings häufig dazu, das Aktiv zu verwenden (besonders in der Umgangssprache).

Vergleichen Sie:

| | | | |
|---|---|---|---|
| Passiv: | A lot of houses have been saved by the Trust. | → | formell |
| Aktiv: | The Trust has saved a lot of houses. | → | weniger formell |

# The Hooligans

## Die Familie Hooligan

Wenn Sie über irreale bzw. theoretische Vorgänge sprechen wollen, dann benötigen Sie das kleine, aber nützliche Wort **if**.

**Wortschatz:** Rechte und Pflichten in der Familie, Lob und Kritik, irreale Situationen beschreiben und mögliche Folgen darstellen

Davey and Sheila Hooligan live in Camden Town, London. They are married and have three children, Sharon, Kevin and Lee. They also have a mongrel dog, Patch, and a big **tom-cat** called Hannibal. Lee also has a pet **mouse**, Mickey, that he keeps hidden in his room. Only Sharon knows about Mickey, but she has promised to **keep her mouth shut**.
Davey calls himself proudly a "**barrow-boy**". He has got a permanent stand at Camden Market and is a successful businessman.

Davey und Sheila Hooligan wohnen in Camden Town, London. Sie sind verheiratet und haben drei Kinder, Sharon, Kevin und Lee. Sie haben auch einen Mischlingshund, Patch, und einen großen **Kater** namens Hannibal. Lee hat eine zahme **Maus**, Mickey, die er in seinem Zimmer versteckt hält. Nur Sharon weiß über Mickey Bescheid, aber sie hat versprochen, **ihren Mund zu halten**.
Davey nennt sich stolz „**barrow-boy**". Er hat einen festen Stand auf dem Camden Market und ist ein erfolgreicher Geschäftsmann.

# 1 3/27 *Life at the Hooligans*

Das Leben bei den Hooligans

a.

*Sheila:* Where are your dirty football things, Kevin? If you give them to me, I'll wash them. You'll need them on Saturday if you play in the match, won't you?

*Kevin:* Yes, but I can't find them. I've looked everywhere. I had them at school yesterday but now they've gone.

*Sheila:* What do you mean, "gone", Kevin? Have they grown legs or something? I bet you a tenner you left them on the bus again. If you looked after your things properly, you wouldn't lose them all the time.

b.

*Davey:* Change our name? Did you say change our name, Sharon? I can't believe this is happening. If I didn't know I'm not crazy, I'd call a doctor. What's wrong with our name, for heaven's sake?

*Sharon:* Oh, Dad. It's obvious, isn't it? "Hooligan". What kind of a name is that? People are always laughing at us, Dad. You know, because of the football hooligans. Do you know what that horrible Carol Wood said to me the other day? She said: "If they called me a hooligan, I'd quite simply lie down and die".

*Davey:* Oh, come on, Sharon. Lots of people have funny names. Good heavens, one of my customers is called Mrs Killer. Anyhow, what would happen to the business if I called myself "Jenkins" or something? If I did that, I might lose half my customers.

*Kevin:* What's your problem, Sharon? If you marry your darling boyfriend Paul Ryan, you can call yourself "Mrs Ryan", can't you? Easy, isn't it?

*Sharon:* Very funny, Kevin. You just mind your own business.

c.

*Sheila:* All right, Lee. Where is it?

*Lee:* Where's what, Mum?

*Sheila:* Don't play games with me, Lee. I'm talking about the mouse you've got in your room, that's what. If you don't tell me where it is, I'll send Hannibal up there.

*Lee:* Don't you dare, Mum. If you send the tom-cat up to my room, I'll kill him – and I'm not talking about the mouse.

*Sheila:* Don't talk to me like that, Lee. Now listen to me. If you don't get that mouse right now, I'll take Patch *and* Hannibal up there. And if I do that, they'll have a nice little snack, okay? Really, Lee. I don't know what gets into you sometimes. I've often wondered about that funny smell in your room, and now I know. If Sharon hadn't told me, I would have called the rat-catcher.

*Lee:* Oh, it was Sharon, was it? If she doesn't keep her silly mouth shut, I'll shut it for her one day.

*Sheila:* Stop that, Lee. Sharon didn't tell me in the way you mean. She was trying to help you, and it just slipped out.

d.

*Davey:* Kevin, it's your turn today, isn't it? Have you taken Patch for his walk yet?

*Kevin:* Oh, can't Sharon do it, Dad? If I don't finish this homework, I won't go to school tomorrow. Old Hudson will kill me.

*Davey:* Oh, that's wonderful, that is. When we got Patch, what did your mum say? She said, "Davey, if we get a dog, it'll be fine for a few weeks and then we'll have all the work." Anyhow, if you had done your homework last weekend, you would have had plenty of time today. Why do you always leave everything to the last minute?

*Kevin:* Aren't you forgetting something, Dad? If I hadn't helped you at the market on Saturday, I would have finished my homework twice. And what about the van on Sunday? Who cleaned that? If you had cleaned the van, I could have done my homework then.

*Davey:* Yeh, that's true, I suppose. All right, then. I'll look after Patch just this once.

Sicherlich haben Sie das Wort **hooligan** bereits gehört oder gelesen, meist im Zusammenhang mit Fußball. Heutzutage wird dieses englische Wort leider auch im Deutschen, Französischen und in mehreren anderen Sprachen benutzt, um gewalttätige Banden von oft betrunkenen jungen Männern, die offensichtlich Spaß an Straßenschlachten und Vandalismus haben, zu beschreiben.

Das Wort kommt von dem Familiennamen "Hooligan". Dies war der Name einer großen Familie, die in einem Londoner Elendsviertel Ende des 19. Jahrhunderts wohnte. Die männlichen Mitglieder der Familie Hooligan waren so gefährlich, gewalttätig und unberechenbar, dass die Presse den Rücktritt des Innenminsters verlangte, falls dieser die Hooligans nicht unter Kontrolle bringen konnte.

Am 26. Juli 1898 schrieb die Londoner *Daily News* in einem Leitartikel:
**It is no wonder that hooligan gangs are bred in these vile slums.**
*Es ist kein Wunder, dass aus diesen abscheulichen Elendsvierteln Banden von Hooligans hervorgehen.*

Dies war die erste bekannte Verwendung von **Hooligan** in der modernen Bedeutung von *Straßenrowdy*.

**2** Say if the statements are right (✓) or wrong (✗), or you don't know because the information is not in the dialogues (**O**).
Sagen Sie, ob die Aussagen richtig (✓) oder falsch (✗) sind, oder dass Sie es nicht wissen, da die Information in den Dialogen nicht vorkommt (**O**).

a. Sheila wants to wash Kevin's football things because he is playing in a match on Saturday. ◆
b. Kevin can't find his football things because he left them on the bus. ◆
c. In some ways, Davey understands why Sharon doesn't like her name. ◆
d. Sharon can easily change her name by marrying somebody. ◆
e. Carol Wood is Sharon's friend. ◆
f. Paul Ryan would like to marry Sharon some day. ◆
g. Lee says he will kill Mickey himself before Hannibal can get him. ◆
h. Sheila was thinking of calling the rat-catcher to take Mickey away. ◆
i. Kevin wasn't able to do his homework at the weekend because he was helping his father. ◆
j. In the end, Davey accepted Kevin's argument. ◆

3 Give words of opposite meaning for the words in the list by finding the English equivalents of the German words in the box. Look at the example first.

Geben Sie Wörter der gegenteiligen Bedeutung für die Wörter in der Liste in dem Sie die englischen Entsprechungen für die deutschen Wörter in dem Kästchen finden. Sehen Sie sich zuerst das Beispiel an.

**nett falsch fürchterlich gewöhnlich groß richtig ~~sauber~~ scheußlich schwierig vernünftig**

| | | |
|---|---|---|
| a. dirty | clean | *sauber* |
| b. wrong | ........................... | ........................... |
| c. horrible (person) | ........................... | ........................... |
| d. funny (name) | ........................... | ........................... |
| e. easy | ........................... | ........................... |
| f. nice (food) | ........................... | ........................... |
| g. little | ........................... | ........................... |
| h. silly | ........................... | ........................... |
| i. wonderful | ........................... | ........................... |
| j. true | ........................... | ........................... |

4 Link up the verbs on the left with the correct nouns on the right.

Verbinden Sie die Verben links mit den passenden Substantiven rechts.

| | |
|---|---|
| a. to wash | 1 a boyfriend |
| b. to bet (a person) | 2 a doctor |
| c. to play | 3 a hooligan |
| d. to change | 4 a name |
| e. to call | 5 a snack |
| f. to call (a person) | 6 a van |
| g. to lose | 7 a walk |
| h. to marry | 8 clothes |
| i. to have | 9 customers |
| j. to take a dog for | 10 games |
| k. to go to | 11 homework |
| l. to clean | 12 money |
| m. to do | 13 school |

➤G In den vier Dialogen kommen mehrere Sätze mit **if** *wenn* vor. Beachten Sie, dass solche **if**-Sätze aus zwei Teile bestehen und jeder Teil ein Verb hat.

5 ➤G First, complete the lists below with further **if**-sentences from the four dialogues.

Zuerst vervollständigen Sie die Listen unten mit weiteren **if**-Sätzen aus den vier Dialogen.

a.
**If you give them to me, I'll wash them.**

b.
**If I didn't know I'm not crazy, I'd call a doctor.**
**If they called me a hooligan, I would quite simply lie down and die.**

c.
**If you don't tell me where it is, I'll send Hannibal up there.**
**If you send Hannibal up to my room, I'll kill him.**

d.
**If I don't finish this homework, I won't go to school tomorrow.**
**If we get a dog, it'll be fine for a few weeks and then we'll have all the work.**

**6** ➤**G** Now look at the sentences in your list more closely. Pay particular attention to the tenses of the verbs that are used in each part. Then complete the following statement:
Sehen Sie sich nun die Sätze in Ihrer Liste genauer an. Beachten Sie insbesondere die Zeiten der Verben, die in den zwei Teilen benutzt werden. Dann vervollständigen Sie die folgende Aussage:

Es gibt ..................................[1] Haupttypen von if-Sätzen, die unterschiedliche Kombinationen von Zeiten aufweisen.

Bei einem Typ kommen das ..................................[2] und das **will**-Futur gemeinsam vor. Ein anderer Typ wird mit dem ..................................[3] und **would** + Infinitiv (Grundform) gebildet. Bei einem dritten Typ steht das **past perfect** mit ..............................[4] + 3. Form des Verbs.

**If**-Sätze haben zwei Teile, einen **if**-Teil und einen Hauptteil:

| **if**-Teil | Hauptteil |
|---|---|
| If you give your football things to me, | I'll wash them. |

In Aussagen ist es gleich, in welcher Reihenfolge die zwei Teile stehen. Steht aber der **if**-Teil an erster Stelle, wird er von dem Hauptteil durch ein Komma getrennt (s.o.)

Steht der Hauptteil zuerst, so wird kein Komma gesetzt:

| Hauptteil | **if**-Teil |
|---|---|
| You'll need them on Saturday | if you play in the match |

Wir können den **if**-Teil, den Hauptteil oder beide Teile verneinen:

| | |
|---|---|
| If you don't tell me where it is, I'll send Hannibal up there. | **if**-Teil |

| | |
|---|---|
| If you looked after your things, you wouldn't lose them. | Hauptteil |
| If I don't finish my homework, I won't go to school tomorrow. | beide Teile |

Beachten Sie, dass wir immer den Hauptteil benutzen, um Fragen zu bilden. Dann steht der Hauptteil meist an erster Stelle:

What would happen to the business if I called myself "Jenkins"?

Je nach Sinn können wir auch modale Hilfsverben statt **will** bzw. **would** benutzen:

If I did that, I might lose half my customers.
If you marry Jeff Ryan, you can call yourself "Mrs Ryan".
If you had cleaned the van, I could have done my homework.

Wie wir ja bereits herausgefunden haben, sieht die Zeitenfolge bei den wichtigsten drei **if**-Satz-Typen folgendermaßen aus:

| Typ | **if**-Satz | Hauptsatz |
|---|---|---|
| 1 | If you give your football things to me, simple present | I will wash them. **will**-Futur |
| | (Gegenwart: das ist gut möglich bzw. (fast) sicher) | |
| 2 | If they called me a hooligan, simple past | I would lie down and die. **would** + Infinitiv (Grundform) |
| | (Gegenwart: Annahme, die weniger wahrscheinlich oder unmöglich ist) | |
| 3 | If Sharon hadn't told me, past perfect | I would have called the rat-catcher. **would have** + 3. Form |
| | (Vergangenheit: beschreibt, was jetzt nicht mehr geändert werden kann) | |

Es ist wichtig bei der Bildung von **if**-Sätzen die vorgegebene Zeitenfolge einzuhalten. Sonst könnten Sie missverstanden werden.

## 7 Use the verbs in brackets to form **if**-sentences.

Benutzen Sie die Verben in Klammern, um **if**-Sätze des angegebenen Typs zu bilden.

### Typ 1

a. If it **rains** tomorrow, we **will stay** at home.

b. Kevin's team ............................................ (win) if they ............................................ (have) a bit of luck.

c. If Lee ............................................... (not show) you where his mouse is, ................................... .......................... (you/put) Hannibal in his room?

d. Sharon ............................................ (cry) if Carol ............................................ (call) her a hooligan again.

### Typ 2

e. If Kevin **did** his homework, Mr Hudson **would not get** so angry with him.

f. Davey says his customers ................................. ........... (not like) it if he .................................... (change) his name.

g. Kevin ............................................... (do) better at school if he .................................................... (work) as hard as Sharon does.

### Typ 3

h. What **would** Lee **have done** if Hannibal **had eaten** Mickey?

i. If it .................................................. (not be) so wet last weekend, Sharon ................................. ........... (go) camping with Paul.

j. *Kevin:* Dad ................................................ (not sell) so much today if I ..................................... ....... (not help) him.

k. *Lee:* If I .................................................. (know) how angry Mum would be, I ............................. ................ (not keep) Mickey in my room.

## 8 Complete the **if**-sentences with the missing verbs.

Vervollständigen Sie die **if**-Sätze mit den fehlenden Verben.

a. *Davey:* If I see Paul at the pub, I ......................... ..................... (tell) him to phone you, Sharon.

b. Would 'Titanic' be better if it ............................. ............... (be) shorter?

c. If the cyclist hadn't gone up a one-way street, the accident ....................................................... (happen) at all.

d. Kevin: I can help Dad this weekend if he ............................................ (need) me.

e. Would the woman have died if the ambulance ............................................ (be held) up by the traffic?

f. Carol ................................................. (be) more popular if she wasn't so rude to people.

g. Will you stay in Camden if you ......................... ................... (get) the job in Wimbledon?

h. If that horrible woman hadn't taken Patch's ball, he ............................................ (hurt) her hand.

i. Sarah: You're so lucky to live in London. If I lived there, I ................................................... go out every evening.

j. Sheila: Of course I'd help Davey more if I ............................................ (not have to look after) Lee.

**G** Bei **if**-Sätzen drückt der **if**-Teil eine Bedingung und der Hauptteil eine Folge aus. Die drei Typen unterscheiden sich durch die Wahrscheinlichkeit der zu erwartenden Folge:

Typ 1

Die Folge ist sicher bzw. sehr wahrscheinlich:

If we get a dog, we'll have all the work.
*Wenn wir uns einen Hund anschaffen, werden wir die ganze Arbeit haben.*

Typ 2

Die Folge ist theoretisch möglich, aber höchst unwahrscheinlich:

If I changed my name, I might lose half my customers.
*Wenn ich meinen Namen ändern würde, könnte ich die Hälfte der Kunden verlieren.*

Typ 3

In der Rückschau ist an dem Ergebnis nichts mehr zu ändern:

If you had cleaned the van, I could have done my homework.
*Wenn du den Bus sauber gemacht hättest, hätte ich meine Hausaufgaben machen können.*

**9** Here are six further examples of **if**-sentences from the dialogues. Name the type, 1, 2 or 3.
Hier sind sechs weitere Beispiele von **if**-Sätzen aus den Dialogen. Bestimmen Sie den Typ, 1, 2 oder 3.

a. If I didn't know I'm not crazy, I'd call a doctor. [2]
b. If I hadn't helped you at the market, I would have finished my homework. [ ]
c. If you had done your homework last weekend, you would have had plenty of time today. [ ]
d. If you marry your Jeff Ryan, you can call yourself "Mrs Ryan". [ ]
e. What would happen to the business if I called myself "Jenkins"? [ ]
f. You'll need your football things if you play in the match. [ ]

**10** Complete the **if**-sentences.
Vervollständigen Sie die **if**-Sätze. Lesen Sie zunächst die deutschen Erklärungen unter den englischen Sätzen, um zu entscheiden, welcher Typ **if**-Satz zu verwenden ist.

a. People .................................................. (believe) politicians more if they ...................... (do) what they said.
(Es ist kaum vorstellbar, dass Politiker(innen) sich ändern werden.)
People **would believe** politicians more if they **did** what they said.

b. If the doctor ................................. (come) more quickly, I'm sure the old man ............................ ........... (not die).
(Da der Vorgang vorbei ist, kennen wir das Ergebnis bereits.)

c. If Paul .................................... (ask) her to go on holiday with him, Sharon .................................. (agree).
(Falls er sie fragt, wird Sharon sicherlich mit Paul in Urlaub fahren.)

d. *Sheila:* Kevin, Mr Hudson ................................. (not be) so worried about you, if you ................. ...................................... (not be) clever but lazy.
(Höchstwahrscheinlich wird Kevin weiterhin faul sein.)

e. *Sharon:* Mum ............................... (allow) you to keep Mickey if you ............................... (tell) the truth, Lee.
(Wir wissen, dass Mickey schon weg ist.)

f. If Sheila ................................ (not drive) so fast, she ..................................... (not have) so many accidents.
(Wahrscheinlich wird Sheila auch in Zukunft genau so schnell fahren.)

g. Sharon ............................... (not take) the job in Manchester if she ................................... (get) it because of Paul.
(Wegen Paul wird Sharon sicherlich nicht nach Manchester ziehen.)

# *The final round!*

Die letzte Runde!

**11** **3/28** You are about to hear a recorded message. First look at the word list. Then read through the questions. After that listen to the cassette as often as necessary and do the exercises.
Gleich werden Sie eine Telefondurchsage hören. Sehen Sie sich zuerst die Wortliste an. Lesen Sie anschließend die Fragen. Hören Sie danach die Kassette/CD so oft wie nötig an und lösen Sie die Aufgaben.

In Großbritannien werden alle Filme, die in öffentlichen Kinos vorgeführt werden, wie folgt gesetzlich eingestuft:

| | |
|---|---|
| U | Universal: Für alle Altersgruppen geeignet. |
| PG | Parental Guidance (nur mit elterlichem Rat): Der Film beinhaltet einige Szenen, die für Kinder unter 12 ungeeignet sein könnten. |
| 12 | Geeignet nur für Zuschauer(innen) über 12. |
| 15 | Geeignet nur für Zuschauer(innen) über 15. |
| 18 | Geeignet nur für Zuschauer(innen) über 18. |
| R18 | Restricted distribution (eingeschränkter Verleih): Der Film darf nur in speziell zugelassenen Kinos, die den Zutritt auf Personen über 18 beschränken, gezeigt werden. |

| | |
|---|---|
| current programme | *aktuelles Programm* |
| nature film | *Naturfilm* |
| certificate | hier: *Zulassungsurkunde* |
| blockbuster | *Kassenknüller* |
| performance | hier: *Vorführung* |
| horror film | *Gruselfilm* |
| adult | *Erwachsene* |
| senior citizen | *Rentner(in)* |
| foyer | *Foyer* |

Answer the questions.
Beantworten Sie die Fragen.

a. What is the telephone number of the Roxy Cinema Centre?

..........................................................................

b. What is the Roxy Cinema Centre's address?

..........................................................................

c. How many screens has the centre got?

..........................................................................

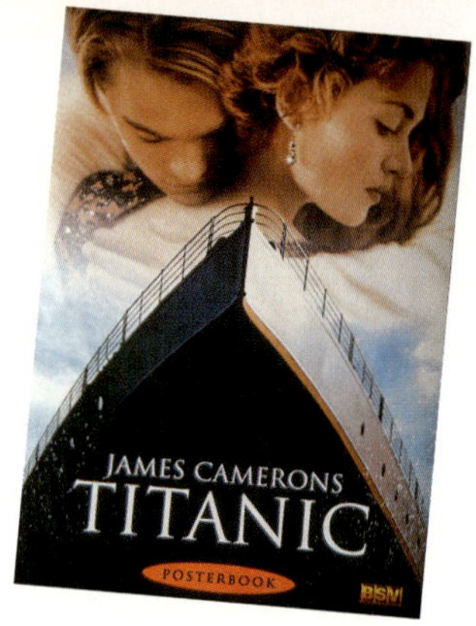


d. Who made 'Titanic'?

..........................................................................

e. Who are the two main actors in 'Titanic'?

..........................................................................

f. How many complete weeks has 'Titanic' been showing until now?

..........................................................................

Complete the sentences with details from the message. Listen carefully and make notes. The sentences are not in the same order as the information in the message.
Vervollständigen Sie die Sätze mit Einzelheiten aus der Telefondurchsage. Hören Sie genau zu und machen Sie Notizen. Die Sätze sind nicht in der selben Reihenfolge, wie die Informationen in der Durchsage.

a. Performances on Screen Three are at 2 o'clock, ......................[1] and ......................[2].

b. On Screen ......................[1] performances start at 1.30, ......................[2] and ......................[3]. The film has a ......................[4] Certificate.

c. The film on Screen ......................[1] is a horror film with an ......................[2] certificate.

d. The ticket price for children under ...................[1] is £2.50. Senior citizens pay £......................[2] and other adults £......................[3].

e. 'Titanic' is showing on Screen ......................[1]. The afternoon performance is at ......................[2] and the evening performance starts at ............... ......................[3]. There are late-night performances at ......................[4] on Fridays and ......................[5]. Nobody under the age of ......................[6] may go to 'Titanic'.

# LONDON'S MARKETS

**Do you remember Unit 8 in which we told you about Notting Hill? Well, this area is not only known for its carneval and other events of that kind. On weekdays you can visit one of the most famous London markets, Portobello Market. You can buy all sorts of things there. If you're especially interested in antiques you should come here on Saturdays.**
**Other important markets in London are Camden Lock Market or Petticoat Lane Market to name but two. They can all be reached easily on the underground. But remember, you find the best bargains in the morning, so it's well worth getting up early!**

**event** *Ereignis* **antiques** *Antiquitäten* **... to name but two** *um nur zwei zu nennen* **on the underground** *mit der U-Bahn* **bargain** *Schnäppchen* **... it's well worth** *... es lohnt sich, zu ...*

## *Neue Formen und Strukturen*

### *1. Allgemeine Hinweise zu* **if**-*Sätzen (Bedingungssätze)*

Ein **if**-Satz besteht aus einem **if-Teil** und einem Hauptteil. Steht der if-Teil an erster Stelle, wird er von dem Hauptteil meistens durch ein Komma abgetrennt:

| if-Teil | Hauptteil |
|---|---|
| If the weather is good tomorrow, | we'll go to Petticoat Lane. |

Steht der Hauptteil an erster Stelle, wird kein Komma eingefügt:

| Hauptteil | **if**-Teil |
|---|---|
| I'll give Jane your message | if I see her. |

Je nach Sinn können wir den **if**-Teil, den Hauptteil oder beide Teile verneinen:

| | |
|---|---|
| If Tom doesn't get a job, he'll definitely stay at school. | **if**-Teil |
| If Tom gets a job, he won't stay at school. | Hauptteil |
| Even if Tom doesn't get a job, he still won't stay at school. | beide Teile |

Bei Fragen steht der Hauptteil meist an erster Stelle:
Will Tom stay at school if he doesn't get a job?

Je nach Sinn können wir auch modale Hilfsverben statt **will** bzw. **would** benutzen:

| | |
|---|---|
| If Helen is in London, she might visit us. | *Falls Helen in London ist, wird sie uns vielleicht besuchen.* |
| You can borrow my car if you want. | *Du kannst dir mein Auto borgen, wenn du möchtest.* |
| May we go home if we finish the job early? | *Dürfen wir nach Hause gehen, wenn wir etwas früher mit der Arbeit fertig werden?* |
| If you don't feel well, you should go to the doctor's. | *Wenn du dich nicht gut fühlst, solltest du zum Arzt gehen* |

## *2. Die Zeitenfolge bei* if*-Sätzen*

Es gibt drei Typen von **if**-Sätzen, die unterschiedliche Zeitenfolgen haben:

| Typ | **if**-Satz | Hauptsatz |
|---|---|---|
| 1 | If it rains,<br>simple present | I will catch a bus.<br>**will**-Futur |
| 2 | If you worked harder,<br>simple past | you would earn more money.<br>**would** + Infinitiv (Grundform) |
| **3** | If he had phoned,<br>past perfect | I would have given him your message.<br>**would have** + 3. Form |

Achtung: **would** steht im **if**-Satz praktisch nie!

## *3. Die Verwendung von* if*-Sätzen*

Der **if**-Teil drückt eine Bedingung und der Hauptteil eine Folge aus.
Die drei Typen unterscheiden sich durch die Wahrscheinlichkeit der zu erwartenden Folge:

Typ 1

Die Folge ist sicher bzw. sehr wahrscheinlich:
If it is sunny tomorrow, we will go to Petticoat Lane.
*Wenn es morgen sonnig ist, werden wir Petticoat Lane besuchen.*

Typ 2

Die Folge ist unwahrscheinlich:
If Tom worked harder, he would get a better job. (aber das tut er nicht)
*Wenn Tom härter arbeiten würde, würde er eine bessere Stelle bekommen.*

Typ 3

Die Folge ist ausgeschlossen, da wir das Ergebnis schon kennen:
If you had asked, I would have helped you. *Wenn du gefragt hättest, hätte ich dir geholfen.*

# Conversations in a pub

## Kneipengespräche

Sie können sich nun schon sehr gut auf Englisch ausdrücken und haben sich auch einen umfangreichen Wortschatz angeeignet. In dieser letzten Unit möchten wir Sie noch mit einer Besonderheit der englischen Sprache vertraut machen: Einige Verben können nur mit einem Verb im Infinitiv, andere nur mit einem Verb in der **-ing**-Form verbunden werden. Zu allem Überfluss gibt es eine (sehr kleine) dritte Verbgruppe, die je nach Anwendung bzw. Bedeutung mit beiden Formen verwendet wird.

**Wortschatz:** Arbeitswelt, soziales Umfeld, persönliche Beziehungen.

For many people – especially **Europeans** – pubs **seem to be** just for boozers. They **claim** that you don't go there unless you want **to get drunk**. But they could hardly be more wrong. In fact, pubs are an important social institution where friends and neighbours meet, where more business is done than in many offices and where newcomers can make new **acquaintances** quickly and easily.

Für viele Leute – besonders **Europäer** – **scheinen** Pubs nur etwas für Säufer **zu sein**. Sie **behaupten**, dass man nur dorthin geht, um sich **zu betrinken**. Aber sie könnten sich kaum mehr irren. Tatsächlich sind sie eine wichtige soziale Einrichtung, wo sich Freunde und Nachbarn treffen, wo mehr Geschäfte getätigt werden als in vielen Büros und wo Neuankömmlinge schnell und einfach neue **Bekanntschaften** machen können.

# 1 3/29 *Friday night at the pub*

Freitag Abend im Pub.

1 ● Are you planning to have any more children?
● Sure, but we'll delay having another child until Joshua's in kindergarten.

2 ● We want to go on holiday next Saturday but I've still got an awful lot of work to do. Still, I hope to finish it in time.

3 ● Do you really like watching TV? I much prefer reading myself.

4 ● Did I mention seeing old Jack Simons the other day? He's over 90 now, you know, but he's still looking after himself.

5 ● I mean to find another flat as soon as I can. My neighbours are terrible. They seem to enjoy making as much trouble as possible.

6 ● Excuse me. Do you mind giving me an ashtray, please?

7 ● John and Molly have decided to sell their house. They're asking £120,000 for it, but they can't possibly expect to get that much.

8 ● Hey, is it true that Dick and Sheila intend to divorce?

9 ● Why on earth did the coach risk losing the match by using such young players? We can't afford to lose another game this season.

10 ● Don't keep interrupting me all the time, Bob. Let me finish speaking for once.

11 ● I could kick myself. I missed getting a ticket to the Stones concert because I rang up a few minutes too late.

12 ● I promised to redecorate the kitchen this spring but I just didn't have the time. Now Maggie's suggesting paying somebody to do it.

13 ● Well, as far as I can see Emma admits speaking to the boss, but she denies complaining to him about us. But if she didn't tell him, who did?

## 2 First look at the table. Then use the numbers 1–13 to sort the dialogues or utterances into their main topic area.

Zuerst sehen Sie sich die Tabelle an. Dann benutzen Sie die Zahlen 1–14, um die Dialoge bzw. Äußerungen ihrem Hauptthemenbereich zuzuordnen.

| home, family life | sport, free time | work | friends, acquaintances | other |
|---|---|---|---|---|
| 1, 5 | 3 | | | |

## 3 3/30 Make mini-dialogues from the single utterances 2–7 and 9–14 by linking them to the sentences A–L below. Look at the two solutions first.

Stellen Sie Minidialoge aus den einzelnen Äußerungen 2–7 und 9–14 her, indem Sie sie mit den Sätzen A – L unten verbinden. Sehen Sie sich zuerst die zwei Lösungen an.

A Come off it, Pete. She would say that, wouldn't she?
B Hey, wait a minute. I think Tony Evans wants to sell his ticket. He can't go.
C I am sorry, Jenny. What were you saying?
D Of course. Here you are, love.
E Oh, come on. Some programmes are terrific.
F Oh, I'm glad to hear that. Never miss a holiday, that's what I say.
G Really? Why don't you tell that TV programme "Neighbours from Hell" about them?
H Sure, but he's right to give the kids a chance, too. Look at Germany.
I Too true. Sometimes people go a bit crazy about house prices, don't they?
J Well, let's hope you earn more than the guy you get to do the job.
K Who on earth told you that? They had a bit of trouble but now they're fine.
L Yes, he's fantastic, isn't he? He'll probably live to be a hundred.

2 [F] – 3 [E] – 4 [ ] – 5 [ ] – 6 [ ] – 7 [ ] – 8 [ ] – 9 [ ] – 10 [ ] – 11 [ ] – 12 [ ] – 13 [ ]

**G** Vielleicht ist Ihnen bereits aufgefallen, dass im Englischen einige Verben mit Verben im Infinitiv, andere aber mit der **-ing**-Form verbunden werden, z. B. **We want to buy a house.** oder **I enjoy watching football**.

**4 G** Read the pub dialogues and utterances again and pick out all the examples of verb + infinitive and verb + ing-form combinations. Then complete the table below.

Lesen Sie die Kneipengespräche und -äußerungen nochmals durch und suchen Sie alle Beispiele von Verb + Infinitiv und Verb + **ing**-Form Konstruktionen heraus. Dann vervollständigen Sie die Tabelle unten.

| Verb + Infinitiv mit **to** | Verb + **-ing**-Form |
|---|---|
| **plan to have** | **delay having** |
| **want to go** | **like watching** |
| ........ | ........ |
| ........ | ........ |
| ........ | ........ |
| ........ | ........ |
| ........ | ........ |
| ........ | ........ |
| ........ | ........ |
| ........ | ........ |
| ........ | ........ |
| ........ | ........ |
| ........ | ........ |
| ........ | ........ |
| ........ | ........ |

Wegen der im Deutschen üblichen Wendung *zu* + Infinitiv, machen viele Englischlernende den Fehler, den **to**-Infinitiv anstatt der **ing**-Form zu gebrauchen. Da es keine Regel gibt, wann welche Form verwendet werden muss, bleibt Ihnen nichts anderes übrig als auswendig zu lernen, welche Verben mit dem **to**-Infinitiv und welche mit der **ing**-Form stehen. Einige haben Sie nun ja bereits kennen gelernt. Eine Zusammenstellung mit den wichtigsten Verben der beiden Gruppen finden Sie am Ende dieser Unit unter ***Neue Formen und Strukturen***.

5 Cross (✗) the correct form of the second verb.
Kreuzen Sie (✗) die richtige Form des zweiten Verbs an.

a. Look, Barbara, you chose marrying ◆ to marry ✗ John and so now you should try making ◆ to make ✗ it work.
b. I seem having ◆ to have ◆ the wrong number. Do you mind telling ◆ to tell ◆ me if Jerry Bolten lives there?
c. I know you enjoy going out ◆ to go out ◆ with your friends but you must promise getting back ◆ to get back ◆ home by 11.30 at the latest.
d. Tom Butler says he likes staying ◆ to stay ◆ at home best and he particularly dislikes going ◆ to go ◆ to the pub.
e. Wendy avoids seeing ◆ to see ◆ Jake Gibbs if possible but he keeps phoning ◆ to phone ◆ her. It's so bad that now she's considering changing ◆ to change ◆ her phone number.
f. Can you imagine spending ◆ to spend ◆ six weeks on a small island like Helgoland?
g. Fingers admits breaking ◆ to break ◆ into the house, but he denies stealing ◆ to steal ◆ anything.

## 6 3/31 *Do you remember …?*

Erinnerst du dich …?

a.
*Sheila:* Oh, dear. Davey's a great guy and I wouldn't change him for the world, but he can be so unromantic. When I said: "Do you remember sitting on the beach and watching the sun come up in Brittany last year?", he said: "Sure. I'll never forget having such an awful hangover".
*Dolly:* And you're complaining? My Fred would forget going there at all.

b.
*Sheila:* Kevin, remember to tell Mr Hudson that I can't come to school tomorrow, all right?
*Kevin:* Okay, Mum. Don't worry. I won't forget to give him the good news.

c.
*Sharon:* Lee, stop playing with my make-up, will you? I'm going to take some of your pocket-money to get some more.
*Lee:* Oh, don't be like that, Sharon. A beautiful girl like you doesn't need make-up.
*Sharon:* And stop trying to be funny, too.

d.
*Davey:* Sheila, can you stop to get the traveller's cheques on your way back from Dolly's?
*Sheila:* Sorry. The bank will be closed by then, Davey. Can't you get them?
*Davey:* No, I can't. Sharon will have to stop to pick them up on her way to work.

➤ G Eine kleine Gruppe von Verben wird je nach Anwendung bzw. Bedeutung mal mit der **-ing**-Form und mal mit dem Infintiv benutzt.

7 ➤ G Look at the dialogues. Pick out the uses of verb + verb combinations with **remember**, **forget** and **stop**.
Sehen Sie sich die Dialoge an. Suchen Sie die Verb + Verb-Kombinationen mit **remember**, **forget** und **stop** heraus.

a. ..........................................................................
..........................................................................
..........................................................................
..........................................................................

b. ..........................................................................
..........................................................................

c. ..........................................................................
..........................................................................

d. ..........................................................................
..........................................................................

8 ➤ G Wann benutzen wir nun den Infinitiv und wann die **-ing**-Form? Ist Ihnen der Unterschied aufgefallen?

Bei den Verben **forget** und **remember** benutzen wir die **-ing**-Form, wenn es sich um die Vergangenheit handelt, und den Infinitiv, wenn der Satz sich auf die Gegenwart oder die Zukunft bezieht:

Do you remember sitting on the beach in Brittany?
→ *Vergangenheit*
Remember to tell Mr Hudson I can't come tomorrow. → *Zukunft*

Bedeutet stop *aufhören, etwas zu tun,* dann benutzen wir die **-ing**-Form. Bedeutet es *eine Handlung unterbrechen, um etwas anderes (zwischenzeitlich) zu tun,* dann verwenden wir den Infinitiv:
Lee, stop playing with my make-up.
*Lee, hör auf mit meinem Make-up zu spielen.*

Can you stop to get the traveller's cheques?
*Kannst du anhalten, um die Reiseschecks zu holen?*

9 Complete the sentences with the correct form of the verb in brackets.
Vervollständigen Sie die Sätze mit der richtigen Form des Verbs in Klammern.

a. Please don't forget ................................ (bring) your swimming things with you on Saturday.

b. I wish you would stop ..................................... (spend) so much time with those awful boys, Lee.

c. I must be going mad. I forget ............................ (spend) £20 yesterday. – Oh, I'm sorry. I forgot ............................ (tell) you that I took £20 from your jacket.

d. I remember ..................................... (ask) Sarah several times to post the letters on her way home yesterday. Now she says she forgot .......................... (do) it, but I bet she didn't stop ........................... (give) them in at the post office because there was no parking.

e. Few people forget ............................ (see) their future marriage partner for the first time, but Davey was so drunk that he can't remember .................................. (see) anything or anybody.

f. ● I'm sorry we're a bit late. We had to stop ............................ (ask) the way several times.
● Don't mention it. I forgot ............................ (send) you a map.

# *The final round!*

Die letzte Runde!

10 3/32 You are about to hear part of a radio talk about English as a foreign language. First look at the word list. Then read through the questions. After that listen to the cassette as often as necessary and do the exercises.
Gleich werden Sie einen Auszug aus einem Radiovortrag über Englisch als Fremdsprache hören. Sehen Sie sich zunächst die Wortliste an und lesen Sie dann die Fragen. Hören Sie sich danach die Kassette/CD so oft wie nötig an und lösen Sie die Aufgaben.

| | |
|---|---|
| common language | *gemeinsame Sprache* |
| citizen | *Bürger(in)* |
| to claim | *behaupten* |
| foreign language | *Fremdsprache* |
| equivalent | *Entsprechung* |
| Dutch | *Holländer(in), holländisch* |
| Dane | *Däne/-in, dänisch* |
| official language | *Amtssprache* |
| mixture | *Mischung* |
| linguist | *Linguist(in), Sprachkundiger* |
| mother tongue | *Muttersprache* |
| optimistic | *optimistisch* |
| knowledge | *Kenntnis* |
| amazing | *erstaunlich* |
| not to mention … | *ganz zu schweigen von …* |

Cross (✘) the exact wording of the talk.
Kreuzen Sie (✘) den genauen Wortlaut des Vortrages an.

a. 1 … can speak at least one European language … ✘
2 … can speak at last a European language … ◆

b. 1 The equivalent numbers of German and French are … ◆
2 The equivalent numbers for French and German are … ◆

c. 1 It's no surprise people from small countries …
2 It's not surprising that from small countries …

d. 1 Perhaps that's why 86 % also speak French, …
2 Perhaps that is why 86 % speak French, …

e. 1 The Dutch are good at languages as well.
2 The Dutch are very good at foreign languages, too.

f. 1 …, two-thirds German and nearly a quarter French.
2 …, two-third German and almost a quarter speak French.

g. 1 I don't suppose the Romans were …
2 I do not suppose that Romans were …

h. 1 It's amazing how people claim they speak …
2 It is amazing how many people claim they can speak …

Complete the sentences with details from the talk.
Vervollständigen Sie die Sätze mit Einzelheiten aus dem Vortrag.

a. Over 30 % of ................................ citizens speak ........................................ as a foreign language.

b. French is spoken by ...............................% of EU citizens as a foreign language, and .................... by 9 %.

c. Letzeburgisch is a mixture of ....................... and .......................

d. In Luxembourg, .........................% of the people speak French, .......................... % of them speak German and nearly ............................... English.

e. Only 14 % of the ....................... say they cannot speak any .................................. language at all.

f. Nearly three-quarters of the ............................... ...................................... speak English and over half ...................................................................

# Special Events

**Don't miss The Revelling Crooks Saturday night at The Black Bull! It's gonna be a night to remember...**

## Revelling CROOKS

# Neue Formen und Strukturen

## 1. Der to-Infinitiv und die -ing-Form nach bestimmten Verben

Die im Deutschen übliche Konstruktion Verb + *zu* + Infinitiv wird im Englischen unterschiedlich ausgedrückt. Man verwendet nach einigen Verben den **to**-Infinitiv und nach anderen die **-ing**-Form. Vergleichen Sie:

Jane plans to marry in a year.
*Jane beabsichtigt, in einem Jahr zu heiraten.*

You should avoid going through the town centre during the rush hour.
*Man sollte es vermeiden, während der Stoßzeit durch die Stadtmitte zu fahren.*

Da es keine Regel gibt, die zwischen den beiden Gruppen von Verben unterscheidet, muss man auswendig lernen, nach welchem Verb welche Form steht: Hier eine Zusammenstellung wichtiger Verben:

Verb + Infinitiv mit **to**:

| | | |
|---|---|---|
| afford | We can't afford to go on holiday. | *sich leisten* |
| allow | You aren't allowed to smoke here. | *erlauben* |
| choose | Jane chose to go to university, not to get a job. | *wählen* |
| decide | We have decided to buy a new car. | *entscheiden* |
| expect | Anne expects to get the job. | *erwarten* |
| hope | Joe hopes to marry in the spring. | *hoffen* |
| intend | We intend to buy a bigger house next year. | *beabsichtigen* |
| mean | Do you really mean to ask for more money? | *etwas vorhaben* |
| plan | The Roberts plan to move to California. | *planen* |
| promise | I promise to stop smoking after the World Cup. | *versprechen* |
| refuse | Sheila refused to allow Lee to keep a mouse. | *verweigern* |
| seem | Is that your dog? It really seems to like you. | *scheinen* |
| try | I tried to find a taxi but there weren't any. | *versuchen* |
| want | The boss wants to speak to you immediately. | *wollen* |

Verb + **ing**-Form:

| | | |
|---|---|---|
| admit | The boy admits damaging the car. | *zugeben* |
| avoid | Avoid talking about politics at the bar. | *vermeiden* |
| consider | Jane considered changing her job. | *sich überlegen* |
| delay | The firm delayed paying me for months. | *verschieben* |
| deny | Do you deny breaking the cup? | *verneinen* |
| dislike | Most children dislike doing homework. | *nicht mögen* |
| enjoy | We really enjoy cycling in Holland. | *genießen* |
| finish | Kevin, have you finished cleaning the van? | *mit etwas fertig sein* |
| hate | I hate cutting the grass on a lovely sunny day. | *hassen* |
| imagine | Can you imagine winning millions of dollars? | *sich vorstellen* |
| keep | That horrible man keeps hitting his dog. | *etwas dauernd tun* |
| like | I like reading much more than watching TV. | *mögen* |
| love | The Roberts love living in California now. | *sehr mögen* |
| mention | Did I mention seeing Tom at the pub? | *erwähnen* |
| mind | Do you mind opening a window? | *etwas dagegen haben* |
| miss | I had to work late so I missed seeing Jane. | *versäumen* |
| practise | The team must practise throwing in the ball. | *üben* |

| | | |
|---|---|---|
| prefer | Let's not take the car. I prefer cycling. | *vorziehen* |
| risk | Do you want to risk losing your job? | *riskieren* |
| suggest | Ben suggests going by train. | *vorschlagen* |

## *2. Verben, die mit der* ing*-Form und dem* to*-Infinitiv stehen können*

Einige Verben können sowohl mit der **ing**-Form als auch mit dem **to**-Infinitiv stehen. **Start**, **begin**, **continue** oder **intend** können jeweils mit beiden Formen ohne Bedeutungsunterschied verbunden werden.
Bei **hate**, **like**, **love** und **prefer** betont die **ing**-Form meist den generellen Charakter einer Aussage:
I love going to the opera.
*Ich liebe es, in die Oper zu gehen.* (ganz allgemein)

Liegt die Betonung auf dem konkreten Einzelfall, steht eher der **to**-Infinitiv. In solchen Fällen erfolgt jedoch meist eine Einleitung durch **'d** (**would**):
I'd love to go to the opera (tonight).
*Ich würde liebend gerne (heute Abend) in die Oper gehen.*

## *3. Infinitiv oder -ing-Form je nach Anwendung bzw. Bedeutung*

Eine kleine Gruppe von Verben wird je nach Anwendung bzw. Bedeutung mit der **-ing**-Form oder mit dem Infintiv benutzt.

Bei **forget** und **remember** benutzen wir die **-ing**-Form, wenn ein Bezug zur Vergangenheit vorliegt:
I will never forget seeing Manhattan for the first time.
*Ich werde es nie vergessen, als ich Manhattan zum ersten Mal gesehen habe.*

Do you remember visiting Jane in 1994?
*Erinnerst du dich daran, als wir Jane 1994 besucht haben?*

Mit dem **to**-Infinitiv erfolgt dagegen ein Verweis auf die Gegenwart bzw. Zukunft:
Kevin, remember to post the letters before 5 o'clock.
*Kevin, denk daran, die Briefe vor 5 Uhr abzuschicken.*

Bedeutet **stop** *aufhören, etwas zu tun*, dann benutzen wir die **-ing**-Form. Bedeutet es *eine Handlung unterbrechen, um etwas anderes zwischenzeitlich zu tun*, dann verwenden wir den Infinitiv:

Helen should stop working so hard and go on holiday.
*Helen sollte aufhören so hart zu arbeiten und in Urlaub fahren.*

On the way to England we stopped to see Cologne cathedral.
*Auf dem Weg nach England hielten wir an, um den Kölner Dom zu besichtigen.*

## Quellennachweis

H: = Hintergrund; li. = links; M. = Mitte; o. = oben; re. = rechts; u. = unten; v. = von

### *Fotos und Reprovorlagen*

Bavaria: S. 80

Bilderberg: 74 (re.), 197 (2. v. u. li)

BTA: S. 12 (li.), 13, 15, 22, 23 (o.), 28 (o. li., u. li.), 33 (M. li., u.), 35 (o. li.), 39, 47 (u.), 48, 53 (o., u.), 73 (H.), 82, 106, 108, 111, 112, 196, 198, 201, 202

Deutsche Bahn: 170 (M. re.)

Dieterich: 83 (M.), 100 (H.), 104 (o. re.), 152, 170 (u. li.), 171 (M. re.), 183, 190, 193

Frieser: 135 (H., M.)

Gill: S. 23 (u.), 47 (o.), 83 (u.), 104 (H. o.), 125 (o.), 171 (M. li), 212

Glaubitz: S. 94 (H.), 96/97 (H.)

Hackenberg: S. 25 (H.), 35 (re.), 53 (H.), 61 (H.), 62, 70 (H., M., re.), 110, 119, 120 (u.), 129, 146 (o. li.), 171 (u. li.), 197 (u.), 203, 215, 216

Hälbich: S. 17

Hartmann: 169 (H.)

Hoverspeed: S. 170/171 (H.), 170 (o. re.)

Kaeflein: S. 143 (H.), 145 (H.), 149

Kiedrowski: S. 35 (H.), 88, 92, 96 (re.), 120 (M.), 122, 182 (H.), 205 (H.), 213 (o. li.)

Kiedrowski/Koshofer: S. 138

MEV Verlag: S. 12 (re.), 25 (u. re.), 45 (o. li.), 51, 61 (o.), 64, 65, 73, 74 (li.), 86, 91, 95, 96 (o. li., u. li.), 97 (o. li.), 107, 124, 125 (u.), 135 (o.), 182 (o. re., M. re.)

Mme Tussauds: S. 43

Oldham: S. 30, 33 (M. re.), 220 (u. li.)

Polyglott: S. 25 (o. li),

Privat: 113 (M. li., M. re), 169 (o. li.), 170 (2x 2. v. o. re.), 192

Reiter: S. 28 (M. re.)

Riss: 220 (u. re.)

Rußwurm: 70 (li.)

Sagenschneider: S. 136

Setchfield: S. 27, 41, 45 (H.), 47 (M.), 57, 59 (M. li., M. re.), 113 (H.), 116, 120 (o.), 213 (H.)

Stadler: S. 23 (M.), 156 (2. v. o.), 166 (u.)

Stromm: 162 (o. li.)

The Economist: S. 197 (2. v. u. re.)

Thiele: 145 (u.), 146 (o. re.), 150

Trummer: 59 (o.), 102, 114, 133, 170 (o. li.), 171 (o. li.)

Widmann: S. 94 (M. re.), 100 (M. re.), 103, 104 (u. li., u. re.), 156 (H., o. re.), 157, 162 (u. re.), 163, 166 (H.), 167 (H.)

### *Zeichnungen*

Deberdeeva, Elina: Lektionen 4–6
Steingrobe, Fritz: Lektionen 1–3, 7–20

Der Verlag dankt den genannten Personen und Unternehmen für die Abdruckgenehmigungen. In einigen Fällen ist es uns trotz intensiver Bemühungen nicht gelungen, die Rechteinhaber zu ermitteln. Für entsprechende Hinweise wären wir dankbar.

Langenscheidt

# Der Englisch-Kurs

## Wortschatzheft

Langenscheidt

Berlin · München · Wien · Zürich · New York

## Einige Hinweise vorab

Auf den folgenden Seiten finden Sie den Wortschatz der einzelnen Lektionen. Die Ziffern geben Ihnen an, in welchem Text oder welcher Übung die neuen Wörter vorkommen. Sie sollten diese Wörter nach jedem Abschnitt lernen, denn sie werden in den folgenden Texten vorausgesetzt.

Durch das separate Wortschatzheftchen wird das Lernen für Sie leichter: Sie können das Heft überall hin mitnehmen und so bequem auch im Bus oder in der U-Bahn lernen.

Sie finden im Wortschatz nicht nur einzelne Wörter, sondern auch Redewendungen, Ausdrücke und manchmal auch ganze Sätze. Versuchen Sie, diese Wendungen nicht zu hinterfragen, sondern einfach ihre deutsche Bedeutung zu lernen – man kann nicht jeden Ausdruck aus einer Fremdsprache genau wörtlich übersetzen. Wenn eine wörtliche Übersetzung Ihnen helfen könnte, haben wir sie zusätzlich zur »guten« Übersetzung mit dem Vermerk *wörtl.* angegeben.

Der Wortschatz enthält auch einzelne Formen, die Sie noch nicht kennen können. Sie werden Ihnen meist in derselben Lektion zu einem späteren Zeitpunkt erklärt. Bis dahin geben wir Ihnen die Bedeutung des Wortes in dieser neuen Form an, damit Sie den Text besser verstehen.

Neue Wörter und Formen aus den Grammatik-Abschnitten, wie z. B. Zahlen oder Konjugationsformen, haben wir nicht in den Lektionswortschatz aufgenommen. Sie lernen sie am besten zusammen mit den Grammatikerklärungen.

Die Überschriften der einzelnen Abschnitte und die neuen Wörter in den Geschenk-Texten müssen Sie nicht mitlernen. Sie finden deshalb diese Wörter nicht im Wortschatzverzeichnis. Aber wenn Sie möchten, können Sie sie natürlich gerne lernen – ihre deutsche Bedeutung steht ja jeweils dabei.

Hier noch die Erklärung der Abkürzungen:
*Adj. Adjektiv; Adv. Adverb;* AE American English; BE British English; j-m *jemandem;* j-n *jemanden; Pl. Plural; Mehrzahl; Sg. Singular, Einzahl;* s.b. somebody *(jemand);* s.o. someone *(jemand);* s.th. something *(etwas); ugs. umgangssprachlich; wörtl.* wörtlich

## Unit 1

| | |
|---|---|
| Hello [hə'ləʊ] | Hallo |
| I'm (= I am) [aɪm] | Ich bin |
| from [frɒm] | von, aus |
| How do you do? [ˌhəʊdju'du:] | *Begrüßungsformel wie* „Es ist nett, Sie kennen zu lernen". |
| you [jə, jʊ, ju:] | du, Sie (*Sg. und Pl.*) |
| My name is … [maɪˌneɪm'ɪz] | Mein Name ist … |
| my [maɪ] | mein(e) |
| name [neɪm] | Name, Bezeichnung |
| You're (=you are) [jɔ:] | du bist, Sie sind (*Sg.*), Ihr seid, Sie sind (*Pl.*) |
| German ['dʒɜ:mən] | Deutsche(r), deutsch, Deutsch |
| …, are you? ['a:jə] | …, nicht wahr? |
| that [ðæt] | das |
| That's (=That is) right. [ˌðæts'raɪt] | Das ist richtig. |
| in [ɪn] | in |
| Saxony ['sæksani] | Sachsen |
| Cambridge ['keɪmbrɪdʒ] | *Universitätsstadt in Südengland* |
| yes [jes] | ja |
| we're (= we are) [wɪə] | wir sind |

| | |
|---|---|
| It's nice to meet you. [ɪtsˌnaɪstə'mi:tˌjə] | Es ist nett, Sie kennen zu lernen. |
| it's (= it is) [ɪts] | er, sie, es ist |
| nice [naɪs] | nett, freundlich, schön |
| meet [mi:t] | kennen lernen |
| How are you? [ˌhaʊ'ɑ:jə] | Wie geht es Ihnen? |
| how? [haʊ] | wie? |
| Fine, thanks. [faɪnˌ θæŋks] | Prima, danke. |
| fine [faɪn] | prima, großartig; fein; schön |
| Thanks, Thank you. [θæŋks] ['θæŋkju] | Danke. |
| Not too bad. ['nɒtˌtu:bæd] | Nicht schlecht. |
| not [nɒt] | nicht |
| bad [bæd] | schlecht |
| Goodbye. [ˌgʊd'baɪ] | Auf Wiedersehen, Auf Wiederhören |
| 'Bye / Bye-bye / …'bye now [baɪ] [baɪ'baɪ] ['baɪˌnaʊ] | Tschüs |
| Cheerio [ˌtʃɪəri'əʊ] | Tschüs |

| | |
|---|---|
| Good morning. [ˌgʊd'mɔ:nɪŋ] | Guten Morgen! Guten Tag! |
| afternoon [ˌɑ:ftə'nu:n] | Nachmittag |
| evening ['i:vnɪŋ] | Abend |

**3**

| | |
|---|---|
| I'm fine. [aɪm'faɪn] | Mir geht es gut. |
| Look, … [lʊk] | Schau mal, … Sehen Sie, … |
| look [lʊk] | schauen, sehen |
| neighbour (*Pl.* neighbours) ['neɪbə] | Nachbar(in) |
| at [æt] | an, bei, in; *hier:* auf |
| for [fɔ:] | für |
| two [tu:] | zwei |
| week (*Pl.* weeks) [wi:k] | Woche |
| first name ['fɜ:stneɪm] | Vorname |
| and [ænd] | und |
| this [ðɪs] | diese(r, -s); der, die, das hier |
| wife [waɪf] | Ehefrau |
| …, too [tu:] | auch |
| I'd like to introduce you to … [aɪdˌlaɪktəɪntrə'djʊ:sjutu] | Ich möchte Ihnen … vorstellen. |
| I'd like to …(= I would like to …) [aɪd'laɪktə] | Ich würde gerne … |
| introduce [ˌɪntrə'dju:s] | vorstellen, bekannt machen mit, einführen |
| but [bʌt] | aber |
| she [ʃi:] | sie |
| isn't (= is not) ['ɪzənt] | ist nicht |
| here [hɪə] | hier |
| at the moment [ˌætðə'məʊmənt] | im Moment, augenblicklich |
| the [ðə] | der, die, das; die *(Pl.)* |
| moment ['məʊmənt] | Moment, Augenblick |
| in town [ɪn'taʊn] | im Stadtzentrum |
| with [wɪð] | mit |
| child, (*Pl.*: children) [tʃaɪld] [tʃɪldrən] | Kind |
| they're (= they are) [ðeə] | sie sind |
| at the supermarket [ætðə'su:pəˌmɑ:kɪt] | im Supermarkt |
| supermarket ['su:pəˌmɑ:kɪt] | Supermarkt |
| What a pity. [ˌwɑtə'pɪti:] | Wie schade! |
| Till later, then. [tɪl'leɪtəˌðen] | Dann bis später. |
| May I …? ['meɪˌaɪ] | Darf ich … ? |
| husband ['hʌzbənd] | Ehemann |
| It's my pleasure. [ɪts'maɪˌpleʒə] | Es freut mich sehr. |
| pleasure ['pleʒə] | Vergnügen |
| these [ði:z] | diese, die hier |
| our ['aʊə] | unser(e) |
| daughter ['dɔ:tə] | Tochter |
| her [hɜ:] | ihr(e) |
| kid brother ['kɪdˌbrʌðə] | der kleine Bruder |
| brother ['brʌðə] | Bruder |
| son [sʌn] | Sohn |
| he [hi:] | er |
| very ['veri] | sehr |
| funny [fʌnɪ] | lustig, komisch |
| Dad [dæd] | Vati, Papa |
| Well, come on, … [wel'kʌmɒn] | Nun/Also, komm(t) doch, … |
| you two [ju: 'tu:] | ihr beiden |
| Say hello to … [ˌseihə'ləʊtə] | … grüßen |
| say [sei] | sagen |
| their [ðeə] | ihr |
| caravan ['kærəvæn] | Wohnwagen |
| next door [ˌnekst'dɔ:] | nebenan |
| on holiday [ɒn'hɒlədeɪ] | im Urlaub |
| …, aren't we? [ɑ:ntwi] | …, nicht wahr? |
| dog [dɒg] | Hund |
| We must be off, I'm afraid. [wi'mʌstbi'ɒfˌaɪmə'freɪd] | Wir müssen leider weg(gehen). |
| It was nice talking to you. [ɪtwəz'naɪsˌtɔ:kɪŋtə'ju:] | Es war nett mit Ihnen zu reden. |
| talk [tɔ:k] | sprechen, reden |
| See you later. [si:ju'leɪtə] | Bis später/bald. |
| see [si:] | sehen |
| Have a nice day. [ˌhəvə'naɪsdeɪ] | Schönen Tag! |
| have [hæv] | haben |
| day [deɪ] | Tag |

Die so genannten Verhältniswörter (Präpositionen), z. B. *in, auf, unter,* etc. werden im Englischen und im Deutschen oft unterschiedlich verwendet und können deshalb in solchen Fällen auch nicht einfach wörtlich übersetzt werden. So kann eine deutsche Präposition im Englischen je nach Kontext mehrere verschiedene Entsprechungen haben. Sehen wir uns z. B. die verschiedenen Übersetzungen von *in* an: *in der Stadt* heißt **in town,** *im Urlaub* wird jedoch mit **on holiday** übersetzt. Für *im Moment* wiederum sagt man **at the moment.** Eine Regel gibt es für solche Fälle leider nicht. Man muss sich solche Wendungen einfach jeweils einzeln einprägen. Aber Sie werden sehen: Es ist einfacher als Sie denken. Mit der Zeit werden Sie immer mehr Sicherheit erlangen und automatisch die richtige Präposition parat haben.

**4**

| | |
|---|---|
| a [ə] | ein, eine |
| caravan park [ˌkærəvæn'pɑ:k] | Wohnwagenpark |
| near [nɪə] | in der Nähe von |
| family (*Pl.:* families) ['fæmli] [fæmliz] | Familie |
| three [θri:] | drei |
| married couple [ˌmærid'kʌpl] | Ehepaar |
| married ['mærid] | verheiratet |

**7**

| | |
|---|---|
| registration form [ˌredʒɪ'streɪʃnˌfɔ:m] | Anmeldeformular |
| edition [ɪ'dɪʃn] | Ausgabe |
| surname ['sɜ:neɪm] | Familienname |
| address [ə'dres] | Adresse, Anschrift |
| street [stri:t] | Straße |
| town [taʊn] | Stadt |
| country ['kʌntri] | Staat |
| car [kɑ:] | Auto |
| make [meɪk] | Fabrikat |
| model ['mɒdl] | Modell |
| registration number [ˌredʒɪ'streɪʃnˌnʌmbə] | Amtliches Kennzeichen |
| Do you wish to pay by …? [dʊjuˌwɪʃtə'peɪbaɪ] | Möchten Sie mit … zahlen? |
| wish [wɪʃ] | wünschen |
| pay [peɪ] | (be)zahlen |
| credit card ['kredɪtkɑ:d] | Kreditkarte |
| no [nəʊ] | nein, kein(e) |
| If yes, please tick. [ɪf'jes pli:zˌtɪk] | Wenn ja, bitte ankreuzen. |
| please [pli:z] | bitte |
| signature ['sɪgnətʃə] | Unterschrift |
| date [deɪt] | Datum |

Aufgepasst mit dem deutschen Wort *bitte:* es wird im Englischen je nach Situation unterschiedlich übersetzt: **please** wird im Englischen nur verwendet, um eine Bitte zu äußern und nicht als Antwort auf **thank you.** In diesem Fall benutzt man **that's all right** oder **you're welcome,** z. B.:

| | |
|---|---|
| Thanks for the beer. | *Danke für das Bier.* |
| That's all right / You're welcome. | *Bitte (keine Ursache).* |

Als Antwort auf eine Entschuldigung erwidert man im Englischen **it's all right.**
Wenn man jemandem etwas anbietet, sagt man **here you are** oder **there you are.**

**9**

| | |
|---|---|
| on Site 24 [ɒn'saɪt twentiˌfɔ:] | auf Platz 24 |
| on [ɒn] | an, auf |
| father ['fɑ:ðə] | Vater |

**12**

| | |
|---|---|
| person [pɜ:sn] | Person |
| Irish ['aɪrɪʃ] | Ire, Irin; irisch |
| British ['brɪtɪʃ] | Brite, Britin; britisch |
| The man's name [ðəˌmænz'neɪm] | Der Name des Mannes |
| man (*Pl.:* men) [mæn] [men] | Mann |
| hotel [ˌhəʊ'tel] | Hotel |

**14**

| | |
|---|---|
| sister ['sɪstə] | Schwester |
| mother [mʌðə] | Mutter |

**15**

| | |
|---|---|
| pub [pʌb] | Kneipe |
| Italian [ɪ'tæljən] | Italiener(in), italienisch; Italienisch |
| teacher ['ti:tʃə] | Lehrer(in) |
| colleague ['kɒli:g] | Kollege, Kollegin |
| English ['ɪŋglɪʃ] | Englisch; englisch; Engländer(in) |
| Russian ['rʌʃn] | Russe, Russin; russisch; Russisch |
| really ['rɪəli] | wirklich, tatsachlıch |
| Good heavens! [ˌgʊd'hɛvnz] | Du gütiger Himmel! |
| that's why ['ðætswaɪ] | deshalb, darum |
| so [səʊ] | so |
| good [gʊd] | gut |
| an [ən] | ein, eine (*vor vokalischem Anlaut*) |
| engineer [ˌendʒɪ'nɪə] | Ingenieur(in) |
| French [frentʃ] | Franzose, Französin; französisch; Französisch |
| interpreter [ɪn'tɜ:prɪtə] | Dolmetscher(in) |
| on business [ɒn'bɪznəs] | geschäftlich |
| business ['bɪznəs] | Geschäft |
| two or three times [tu: ɔ: θri: 'taɪmz] | zwei- oder dreimal |
| a month [ə'mʌnθ] | monatlich, im Monat |
| month [mʌnθ] | Monat |

**19**

| | |
|---|---|
| girl [gɜ:l] | Mädchen |
| boy [bɔɪ] | Junge |
| seaside resort ['si:saɪdrɪˌzɔ:t] | Seebad |

**20**

| | |
|---|---|
| barbecue ['bɑ:bɪkju:] | Grillfest |
| what? [wɒt] | was? |
| job [dʒɒb] | Job, Arbeit, Beruf |

| | |
|---|---|
| plumber ['plʌmə] | Klempner(in) |
| bank clerk ['bæŋk ˌklɑ:k] | Bankangestellte(r) |
| bank [bæŋk] | Bank |
| I'd like to become … [aɪd'laɪktəbɪ'kʌm] | Ich möchte … werden. |
| become [bɪ'kʌm] | werden |
| computer programmer [kəm'pju:təˌprəʊgræmə] | Computerprogrammierer(in) |
| separated ['sepəreɪtɪd] | getrennt |
| awful ['ɔ:fl] | furchtbar, schrecklich |
| …, isn't it? ['ɪzntɪt] | …, nicht wahr? |
| why? [waɪ] | warum? |
| divorced [dɪ'vɔ:st] | geschieden |
| fashion [fæʃn] | Mode |
| photographer [fə'tɒgrəfə] | Fotograf(in) |
| full-time ['fʊltaɪm] | Vollzeit- |
| at school [æt'sku:l] | in der Schule |
| school [sku:l] | Schule |
| often [ˌɒfn] | oft |
| be away [biə'weɪ] | abwesend sein |
| away [ə'weɪ] | fort, weg |
| sales rep ['seɪlzrep] | Außendienstmitarbeiter(in), Vertreter(in) |
| freelance ['fri:lɑ:ns] | freiberuflich |
| journalist ['dʒɜ:nəlɪst] | Journalist(in) |
| What about you? [ˌwɒtəbaʊt'ju:] | Und Sie?, Was ist mit Ihnen? |
| biologist [baɪ'ɒlədʒɪst] | Biologe, Biologin |
| unemployed [ˌʌnɪm'plɔɪd] | arbeitslos |
| I'm sorry. [aɪm'sɒri] | Es tut mir Leid. |
| That's bad luck. [ðæts'bædlʌk] | Das ist Pech! |
| bad luck ['bædlʌk] | Pech |
| Not really. [nɒt'rɪəli] | Nicht wirklich, eigentlich nicht |
| dentist ['dentɪst] | Zahnarzt,Zahnärztin |
| house husband ['həʊsˌhʌzbənd] | Hausmann (vgl. Hausfrau = housewife) |
| now [naʊ] | jetzt, nun |

| | |
|---|---|
| 22 friend [frend] | Freund(in) |
| tourist ['tʊərɪst] | Tourist(in) |
| boyfriend ['bɔɪfrend] | fester Freund, Partner |
| girlfriend ['gɜ:lfrend] | feste Freundin, Partnerin |

# Unit 2

| | |
|---|---|
| 1 breakfast ['brekfəst] | Frühstück |
| time [taɪm] | Zeit |
| weekday ['wi:kdeɪ] | Wochentag |
| Ted Carter has breakfast [tedˌkɑ:təhəz 'brekfəst] | Ted Carter frühstückt |
| at 6:30 [æt sɪks'θɜ:ti] | um sechs Uhr dreißig |
| a cup of coffee [əˌkʌpəv'kɒfi] | eine Tasse Kaffee |
| cup [kʌp] | Tasse |
| of [ɒv] | von |
| coffee ['kɒfi] | Kaffee |
| black [blæk] | schwarz |
| cigarette [ˌsɪgə'ret] | Zigarette |
| the girls have breakfast [ðəˌgɜ:lz həv 'brekfəst] | die Mädchen frühstücken |
| at 8 o'clock [æt 'eɪtə 'klɒk] | um 8 Uhr |
| tea [ti:] | Tee |
| some [sʌm] | einige, ein paar |
| jam [dʒæm] | Marmelade |
| marmalade ['mɑ:məleɪd] | Orangenmarmelade |
| a glass of orange juice [əˌglɑ:səv 'ɒrɪndʒdʒu:s] | ein Glas Orangensaft |
| glass [glɑ:s] | Glas |
| orange ['ɒrɪndʒ] | Orange |
| juice [dʒu:s] | Saft |

| | |
|---|---|
| 3 quarter ['kwɔ:tə] | Viertel |
| past [pɑ:st] | nach (bei Zeitangaben) |
| to [tʊ] | vor (bei Zeitangaben) |
| half past… ['hɑ:f pɑ:st] | halb… |
| a.m. [ˌeɪ'em] | vormittags |
| p.m. [ˌpi:'em] | nachmittags |
| bread roll ['bredˌrəʊl] | Brötchen |
| bread [bred] | Brot |
| butter ['bʌtə] | Butter |
| egg [eg] | Ei |
| a slice of cheese [əˌslaɪsəv 'tʃi:z] | eine Scheibe Käse |
| slice [slaɪs] | Scheibe |
| cheese [tʃi:z] | Käse |

| | |
|---|---|
| continental [ˌkɒntɪ'nentl] | kontinental |
| honey ['hʌni] | Honig |

| | |
|---|---|
| luncheon meats [ˌlʌntʃənmi:ts] | Frühstücksfleisch |
| meat [mi:t] | Fleisch |
| porridge ['pɒrɪdʒ] | Porridge, Haferbrei |
| bacon ['beɪkən] | Frühstücks, -Schinkenspeck |
| fried [fraɪd] | gebraten, frittiert |
| tomatoes [tə'mɑ:təʊz] | Tomaten |
| sausage ['sɒsɪdʒ] | Würstchen |
| **4** There is [ðear'ɪz] | es gibt; da ist |
| there are [ðeərɑ:] | es gibt, da sind |
| small [smɔ:l] | klein |
| difference ['dɪfrəns] | Unterschied |
| number ['nʌmbə] | Nummer |
| (it) has got [hæs'gɒt] | (es) hat, besitzt |
| (they) have got [hæv'gɒt] | (sie) haben, besitzen |
| room [ru:m] | Raum, Zimmer |
| all [ɔ:l] | alle, alles |
| house (*Pl.:* houses) [haʊs] [haʊzɪz] | Haus |
| upstairs [ˌʌp'steəz] | oben, die Treppe hinauf |
| bedroom ['bedru:m] | Schlafzimmer |
| bathroom ['bɑ:θru:m] | Badezimmer |
| downstairs [ˌdaʊn'steəz] | unten, die Treppe hinunter |
| living-room ['lɪvɪŋru:m] | Wohnzimmer |
| kitchen ['kɪtʃən] | Küche |
| garden ['gɑ:dn] | Garten |
| conservatory [kən'sɜ:vətri] | Wintergarten |
| hasn't (= has not) got [hæznt'gɒt] | hat nicht, hat kein(e, -en) |
| garage ['gærɑ:ʒ] | Garage |
| haven't got [hævnt'gɒt] | haben nicht, haben kein(e, -en) |
| **5** bricklayer ['brɪkˌleɪə] | Maurer |
| toilet ['tɔɪlət] | Toilette |
| **6** wonderful ['wʌndəfl] | wunderbar |
| news [nju:z] | Nachricht(en), Neuigkeit(en) |
| love [lʌv] | *hier:* Liebste(r), mein Liebling. |
| today [tə'deɪ] | heute |
| different (from) ['dɪfrəntˌfrɒm] | verschieden, unterschiedlich, anders |
| You're up early. [jʊrʌp'ɜ:li] | Du bist früh auf. |
| early [ɜ:li] | früh |
| I've got something on my mind. [aɪvgɒtˌsʌmθɪŋɒn maɪ'maɪnd] | Etwas beschäftigt mich. |
| Is something wrong? [ɪzˌsʌmθɪŋ'rɒŋ] | Stimmt etwas nicht? |
| something [sʌmθɪŋ] | etwas |
| little ['lɪtl] | klein |
| surprise [sə'praɪz] | Überraschung |
| need [ni:d] | brauchen |
| new [nju:] | neu |
| old [əʊld] | alt |
| enough [ɪ'nʌf] | genug |
| dear [dɪə] | Schatz, Liebling |
| pregnant ['pregnənt] | schwanger |
| **8** terrace house ['terəsˌhaʊs] | Reihenhaus |
| big [bɪg] | groß |
| suburb ['sʌbɜ:b] | Vorort |
| **9** for sale [fə'seɪl] | zu verkaufen |
| estate agent [ɪ'steɪtˌeɪdʒənt] | Immobilienmakler(in) |
| at an estate agent's [ætənɪ'steɪtˌeɪdʒənt] | beim Immobilienmakler |
| card [kɑ:d] | Karte |
| window ['wɪndəʊ] | Fenster, Schaufenster |
| renovated ['renəʊveɪtɪd] | renoviert |
| beautiful ['bju:təfl] | (wunder)schön |
| price [praɪs] | (Kauf-)Preis |
| buyer ['baɪə] | Käufer(in) |
| not yet [nɒt 'jet] | noch nicht |
| for us [fɔ:r'ʌs] | für uns |
| photo ['fəʊtəʊ] | Foto |
| modern ['mɒdn] | modern |
| semi-detached [ˌsemidɪ' tætʃt] | halb frei stehend |
| semi-detached house [semidiˌtætʃt'həʊs] | eine Doppelhaushälfte |
| near us [nɪər'ʌs] | in unserer Nähe |
| How many? [həʊ'meni] | Wie viele? |
| parking space ['pɑ:kɪŋspeɪs] | Parkbucht |
| in front (of) [ɪn'frʌntəv] | vorne, vor |
| behind [bɪ'haɪnd] | hinter |
| **11** type [taɪp] | Art |
| **12** lots of / a lot of ['lɒtsəv] [ə'lʌtəv] | viel(e), eine Menge |
| breadknife, (*Pl.:* breadknives) ['brednaɪf] ['brednaɪvz] | Brotmesser |
| lamp [læmp] | Lampe |

| | |
|---|---|
| toothbrush [tu:θbrʌʃ] | Zahnbürste |
| knife (*Pl.:* knives) [naɪf] [naɪvz] | Messer |
| cushion ['kʊʃn] | Kissen |
| tea towel [ti: taʊəl] | Geschirrtuch |
| towel ['taʊəl] | Handtuch |
| fork [fɔ:k] | Gabel |
| spoon [spu:n] | Löffel |
| toothpaste [tu:θpeɪst] | Zahnpasta |

## Unit 3

| | |
|---|---|
| **1** where [weə] | wo, wohin |
| car park ['kɑ:pɑ:k] | Parkplatz |
| map [mæp] | Karte, Stadtplan |
| city centre [ˌsɪti'sentə] | Stadtzentrum |
| covered market ['kʌvədˌmɑ:kɪt] | Markthalle |
| road [rəʊd] | Straße |
| can [kæn] | können |
| walk [wɔ:k] | (zu Fuß)gehen, spazieren |
| far [fɑ:] | weit (entfernt) |
| can't (= cannot) [kɑ:nt] | kann nicht, können nicht |
| go [gəʊ] | gehen, fahren |
| must [mʌst] | müssen |
| to [tʊ] | zu, nach |
| town hall [ˌtaʊn'hɔ:l] | Rathaus |
| other ['ʌðə] | andere(r,-s) |
| direction [də'rekʃn] | Richtung |
| first [fɜ:st] | (zu)erst, zunächst |
| meet [mi:t] | (sich) treffen |
| lunch [lʌntʃ] | Mittagessen |
| shopping ['ʃɒpɪn] | Einkauf(en) |
| department store [dɪ'pɑ:tmənt stɔ:] | Kaufhaus |
| later ['leɪtə] | später |
| should [ʃʊd] | sollte(n, -st), soll(en, -st) |
| remember [rɪ'membə] | sich erinnern (an) |
| find [faɪnd] | finden |
| when [wen] | wann, wenn, als |
| See you then. ['si:jʊ ˌðen] | Bis später. |
| cathedral [kə'θi:drəl] | Kathedrale, Dom |
| art gallery [ɑ:t'gæləri] | Kunstgalerie |
| post office ['pəʊstˌɒfɪs] | Postamt |

Das Verb **go** heißt wörtlich *gehen,* wird aber sehr oft in der Bedeutung von *fahren* oder *fliegen* benutzt. Die jeweilige Bedeutung ergibt sich dabei in aller Regel aus dem Zusammenhang.

| | |
|---|---|
| **2** cinema ['sɪnəmə] | Kino |
| bus station ['bʌsˌsteɪʃn] | Busbahnhof |
| hospital ['hɒspɪtəl] | Krankenhaus |
| church ['tʃɜ:tʃ] | Kirche |
| museum [mju'zi:əm] | Museum |
| ➤ **G** way [weɪ] | Weg |
| **3** drink [drɪŋk] | Getränk, trinken |
| thirsty ['θɜ:sti] | durstig |
| great [greɪt] | großartig, toll, phantastisch |
| idea [ɑɪ'dɪə] | Idee, Einfall |
| money [mʌni] | Geld |
| somewhere ['sʌmweə] | irgendwo |
| halfway [ˌhɑ:f'weɪ] | halbwegs |
| down [daʊn] | hinunter |
| **4** word [wɜ:d] | Wort |
| shoe [ʃu:] | Schuh |
| book [bʊk] | Buch |
| computer [kəm'pju:tə] | Computer |
| camera ['kæmərə] | Fotoapparat |
| sports [spɔ:ts] | Sport |
| shop [ʃɒp] | Geschäft, Laden |
| centre (BE) ['sentə] | Zentrum |
| center (AE) ['sentər] | Zentrum |
| **5** village ['vɪlɪdʒ] | Dorf |
| **6** Excuse me [ɪk'skju:zmi] | Entschuldigen Sie |
| help [help] | Hilfe |
| ask the way [ɑ:skðə'weɪ'] | nach dem Weg fragen |
| ask [ɑ:sk] | fragen |
| somebody ['sʌmbədi] | jemand |
| tell the way ['telðəweɪ] | den Weg beschreiben |
| tell [tel] | sagen, erzählen |
| along [ə'lɒn] | entlang |
| turn (into) [tɜ:n] | *hier:* abbiegen, einbiegen (in) |
| left [left] | links |
| into ['ɪntu:] | in (… hinein) |

| | |
|---|---|
| past [pɑ:st] | vorbei |
| crossroad(s) ['krɒsrəʊd] | Kreuzung |
| take [teɪk] | nehmen |
| right [raɪt] | rechts |
| on the left [ɒnðə'left] | auf der linken Seite |
| on the right [ɒnðə'raɪt] | auf der rechten Seite |
| You can't miss it. [jʊ'kɑ:nt,mɪsɪt] | Sie können sie nicht verfehlen. |
| miss [mɪs] | verfehlen, verpassen; vermissen |
| ask for ['ɑ:sk fɔ:] | bitten um |
| again [ə'gen] | wieder, noch (ein)mal |
| stranger ['streɪndʒə] | Fremde(r) |
| worried ['wʌrid] | besorgt, beunruhigt |
| about [ə'baʊt] | ungefähr |
| minute ['mɪnɪt] | Minute |
| end [end] | Ende |
| cross [krɒs] | überqueren |
| much [mʌtʃ] | viel |
| Thank you very much [ˌθæŋkjʊ 'verimʌtʃ] | Vielen Dank |
| inside [ˌɪn'saɪd] | innen, drinnen |
| at last [æt'lɑ:st] | endlich, schließlich |
| know [nəʊ] | wissen, kennen |
| sit down [sɪt'daʊn] | sich setzen |

Oft ist es ist nicht leicht, Wegbeschreibungen in einer fremden Sprache zu verstehen! In solchen Fällen ist es hilfreich, sich auf die Kernaussage(n) zu konzentrieren, z. B. **cross** *überqueren,* **turn** *abbiegen,* **the first street** *die erste Straße,* **the second street** *die zweite Straße,* **on the right** *rechts,* **on the left** *links,* **straight on** *geradeaus,* **at the end of the street** *am Ende der Straße.*
Manche Verben lösen automatisch bestimmte Hinweise aus: Auf **turn** folgt meist **right** oder **left.** Das Verb bereitet Sie auf die wichtige Aussage, nämlich die Richtung, vor.

**9**

| | |
|---|---|
| get to [get'tʊ] | gelangen zu, kommen zu |

**10**

| | |
|---|---|
| drive [draɪv] | fahren |
| drive home [draɪv'həʊm] | nach Hause fahren |
| so [səʊ] | so, in dieser Weise, deshalb, also |
| half [hɑ:f] | Hälfte, halb |
| hour ['aʊə] | Stunde |
| meal [mi:l] | Mahlzeit, Essen |
| do [du:] | machen, tun |
| back [bæk] | zurück |
| put [pʊt] | stellen, legen, setzen |
| bag [bæg] | Tasche, Tüte, Beutel |
| buy [baɪ] | kaufen |
| another [ə'nʌðə] | ein(e) andere(r, -s), noch ein(e) |
| parking ticket ['pɑ:kɪŋˌtɪkɪt] | Parkschein |
| waiter ['weɪtə] | Kellner |
| call [kɔ:l] | anrufen, telefonieren |
| Let's … [lets] | Lass(t) uns … |
| newspaper ['nju:sˌpeɪpə] | Zeitung |
| … what's on [wɒts'ɒn] | … was los ist |
| performance [pə'fɔ:məns] | Vorstellung |
| visit ['vɪzɪt] | besuchen, besichtigen |
| currently ['kɜrəntli] | zur Zeit |
| exhibition [ˌeksɪ'bɪʃn] | Ausstellung |
| admission [əd'mɪʃn] | Eintritt |
| free [fri:] | frei, umsonst |
| Opening times ['əʊpənɪŋ taɪmz] | Öffnungszeiten |
| The Vikings [ðə'vaɪkɪŋz] | Die Wikinger |
| adults ['ædʌlts] | Erwachsene |
| under [ʌndə] | unter |
| try [traɪ] | versuchen, ausprobieren |
| adventure [əd'ventʃə] | Abenteuer |
| swimming pool ['swɪmɪŋpu:l] | Swimmingpool, Schwimmbad |
| or [ɔ:] | oder |
| course [kɔ:s] | Bahn |
| enjoy [ɪn'dʒɔɪ] | genießen |
| first floor [fɜ:st flɔ:] | erster Stock |
| floor [flɔ:] | Stockwerk |
| senior citizens [ˌsi:niə' sɪtɪzən] | Senioren |

**11**

| | |
|---|---|
| too late [tu: 'leɪt] | zu spät |
| too + Adjektiv [tu:] | zu … |
| late [leɪt] | spät |
| interesting ['ɪntrəstɪŋ] | interessant |
| uninteresting [ˌʌn'ɪntrəstɪŋ] | uninteressant |
| exciting [ɪk'saɪtɪŋ] | aufregend |
| boring ['bɔ:rɪŋ] | langweilig |
| expensive [ɪk'spensɪv] | teuer |
| inexpensive [ˌɪnɪk'spensɪv] | billig |
| cheap [tʃi:p] | billig |

13 crossword puzzle ['krɒswɜ:dˌpʌzl] – Kreuzworträtsel
doctor ['dɒktə] – Arzt, Ärztin
thing [θɪŋ] – Sache, Ding

## Unit 4

1 busy ['bɪzi] – beschäftigt, hektisch
Monday ['mʌndeɪ] – Montag
parents ['peərənts] – Eltern
parents' house ['peərəntsˌhaʊs] – (das) Haus der Eltern
detached house [dɪ'tætʃtˌhaʊs] – frei stehendes Haus
cook [kʊk] – kochen, zubereiten
food [fu:d] – Essen, Lebensmittel
tomorrow [tə'mɒrəʊ] – morgen
Tuesday ['tju:zdi] – Dienstag
Indira's house ['ɪndɪrəzˌhaʊs] – Indiras Haus
also ['ɔ:lsəʊ] – auch
birthday ['bɜ:θdeɪ] – Geburtstag
niece [ni:s] – Nichte
Mumtaz' birthday party [mʊmtɑ:zɪz' bɜ:θdeɪpɑ:ti] – (die) Geburtstagsparty von Mumtaz
They're having [ðeə 'hævɪŋ] – Die (werden) haben
children's party ['tʃɪldrənz pa:ti] – Kinderfest
Mumtaz' friends [mʊmtɑ:zɪz' frendz] – die Freunde von Mumtaz
the neighbours' children [ðə'neɪbəzˌtʃɪldrən] – die Kinder der Nachbarn
Wednesday ['wenzdeɪ] – Mittwoch
theatre ['θɪətə] – Theater
rehearsal [rɪ'hɜ:sl] – Probe
'Macbeth' [mək'beθ] – *Drama von William Shakespeare*
part [pa:t] – *hier:* Rolle
witch [wɪtʃ] – Hexe

2 scratch [skrætʃ] – Kratzer
door [dɔ:] – Tür

4 go out [gəʊ'aʊt] – ausgehen
out [aʊt] – hinaus
flat [flæt] – Wohnung
share (with) ['ʃeə wɪð] – (sich) teilen (mit), gemeinsam benutzen
It's me. [ɪts'mi:] – Ich bin's.
come in [kʌm'ɪn] – eintreten, hereinkommen
come [kʌm] – kommen
in [ɪn] – in, in … hinein
only ['əʊnli] – nur
Would you like (to) …? [wʊdjʊ 'laɪktə] – Möchten Sie …?, Möchtest du …?, Möchtet ihr…?
like [laɪk] – möchten, mögen
tonight [tə'naɪt] – heute Abend, heute Nacht
after [ɑ:ftə] – nach, nachdem
How about …? ['haʊəbaʊt] – Wie wär's mit …?
Thursday ['θɜzdeɪ] – Donnerstag
Indian ['ɪndiən] – indisch
You're joking! [jɔ:'dʒəʊkɪŋ] – Du machst Witze!, Das ist nicht dein Ernst!
get [get] – bekommen, kriegen
real [rɪəl] – echt, wirklich
traditional [trə'dɪʃnəl] – traditionell
That's fine with me. [ðæts'fəɪnwɪðˌmi:] – Das ist mir recht.
So long. [səʊ'lɒŋ] – Tschüss.

6 aunt [ɑ:nt] – Tante
uncle ['ʌŋkl] – Onkel
who [hu:] – wer, wen, wem

7 menu ['menju:] – Speisekarte
sit [sɪt] – sitzen
starter ['stɑ:tə] – Vorspeise, Appetithäppchen
table [teɪbl] – Tisch
give [gɪv] – geben
coat [kəʊt] – Mantel
above [ə'bʌv] – über, oberhalb
in … order [ɪn'ɔ:də] – in … Anordnung, in … Reihenfolge
picture ['pɪktʃə] – Bild

9 choose [tʃu:z] – (aus)wählen, aussuchen
order ['ɔ:də] – bestellen, beauftragen
posh [pɒʃ] – todschick, elegant
chips (BE) [tʃɪps] – Pommes frites
French fries (AE) [ˌfrentʃ'fraɪz] – Pommes frites
impressed [ɪm'prest] – beeindruckt
salad ['sæləd] – Salat
I'd like a … (= I would like) [aɪd 'laɪk ə] – Ich möchte gerne, ich hätte gerne …

| | |
|---|---|
| vegetarian [ˌvedʒə'teəriən] | Vegetarier(in) |
| chicken ['tʃɪkɪn] | Huhn, Hähnchen |
| think [θɪŋk] | denken |
| all right [ɔ:l'raɪt] | gut, in Ordnung |
| I'm starving! [aɪm'stɑ:vɪŋ] | Ich verhungere! |
| chicken casserole [tʃɪkɪn'kæsərəʊl] | Hühnertopf |
| casserole ['kæsərəʊl] | Kasserolle |
| steak [steɪk] | Steak |
| lager [lɑ:gə] | Pils |
| water [wɔ:tə] | Wasser |
| separate ['seprət] | getrennt |
| bill (BE) [bɪl] | Rechnung |

In diesem Abschnitt finden Sie ein typisches Beispiel für einen **false friend,** zu Deutsch *falscher Freund.* Gemeint sind damit Wörter, die im Englischen und im Deutschen gleich sind, aber unterschiedliche Bedeutungen haben: So heißt das englische Wort **chips** eben nicht *Chips,* sondern *Pommes frites.* Die deutschen *Kartoffelchips* heißen auf Englisch **crisps.**

| | |
|---|---|
| beef [bi:f] | Rindfleisch |
| pork [pɔ:k] | Schweinefleisch |
| fish [fɪʃ] | Fisch |
| lamb [læm] | Lamm, Lammfleisch |

| | |
|---|---|
| **11** question tag ['kwestʃən tæg] | Frageanhängsel |
| question ['kwestʃən] | Frage |
| sentence ['sentəns] | Satz |
| student ['stju:dnt] | Student(in) |
| MTA (= medical technical assistant) [emti:eɪ] ['medɪkl teknɪkl ə'sɪstənt] | medizinisch-technische(r) Assistent(in) |

## Unit 5

| | |
|---|---|
| **1** important [ɪm'pɔ:tnt] | wichtig, bedeutend |
| backpacking (AE) ['bækpækɪŋ] | wandern, trampen, mit dem Rucksack verreisen |
| hiking (BE) [haɪkɪŋ] | wandern |
| Super! ['sju:pə] | Großartig!, Toll! |
| popular with ['pɒpjʊləˌwɪð] | beliebt bei |
| young [jʌŋ] | jung |
| people [pi:pl] | Menschen, Leute |
| because [bɪ'kɒs] | weil |
| How much? [haʊ'mʌtʃ] | Wie viel? |
| weight [weɪt] | Gewicht |
| carry ['kæri] | tragen |
| equipment [ɪ'kwɪpmənt] | Ausrüstung |
| clothing [kləʊðɪŋ] | Kleidung |
| backpack (AE) ['bækpæk] | Rucksack |
| tent [tent] | Zelt |
| groundsheet ['graʊndʃi:t] | Zeltbahn |
| sleeping bag ['sli:pɪŋbæg] | Schlafsack |
| spirit stove ['spɪrɪtˌstəʊv] | Spirituskocher |
| frying pan ['fraɪɪŋˌpæn] | Bratpfanne |
| plate [pleɪt] | Teller |
| a pair of [ə'peərəv] | ein Paar |
| pair [peə] | Paar |
| sock [sɒk] | Socke |
| underwear ['ʌndəweə] | Unterwäsche |
| shirt [ʃɜ:t] | Hemd |
| pullover ['pʊləʊvə] | Pullover |
| a pair of jeans [əˌ peərəv'dʒi:nz] | eine Jeans |
| a pair of swimming trunks [əˌpeərəv'swɪmɪŋtrʌŋkz] | eine Badehose |
| kettle ['ketl] | Kessel |
| pan [pæn] | Pfanne |
| tin opener (BE) [tɪn'əʊpənə] | Dosenöffner |
| can opener (AE) [kæn'əʊpənə] | Dosenöffner |
| a pair of tights [əˌpeərəv 'taɪts] | eine Strumpfhose |
| a pair of shorts [əˌpeərəv 'ʃɔ:ts] | kurze Hosen |
| swimming costume ['swɪmɪŋˌkɒstju:m] | Badeanzug |
| more [mɔ:] | mehr |
| rucksack (BE) ['rʌksæk] | Rucksack |
| few [fju:] | wenige *(bei zählbaren Dingen)* |
| fewer [fju:ə] | weniger *(bei zählbaren Dingen)* |
| less [les] | weniger *(bei nicht zählbaren Dingen)* |

| | |
|---|---|
| **5** tired ['taɪəd] | müde |
| hungry ['hʌŋgrɪ] | hungrig |
| moor(s) [mʊə] [mʊəz] | Heidelandschaft |
| summer ['sʌmə] | Sommer |
| American [ə'merɪkən] | Amerikaner(in), amerikanisch |

| | |
|---|---|
| pretty ['prɪti] | hübsch |
| both [bəʊθ] | beide(s) |
| place [pleɪs] | Platz, Ort |
| Have you got any money? [ˌhævjʊ gɒtəni 'mʌnɪ] | Hast du Geld? |
| traveller's cheque (BE) ['trævləsˌtʃek] | Reisescheck |
| traveler's check (AE) ['trævlərsˌtʃek] | Reisescheck |
| I haven't got any money. [aɪ'hævntgɒt əni 'mʌnɪ] | Ich habe kein Geld. |
| change [tʃeɪndʒ] | (Geld) wechseln |

| | |
|---|---|
| 7 yoghurt ['jɒgət] | Joghurt |
| sugar ['ʃʊgə] | Zucker |
| soap [səʊp] | Seife |
| tampon ['tæmpɒn] | Tampon |
| plastic ['plæstɪk] | Kunststoff, Plastik |
| condensed milk [kənˌdenst'mɪlk] | Kondensmilch |
| milk [mɪlk] | Milch |
| paper ['peɪpə] | Papier, Papier- |
| toilet paper ['tɔɪlətˌpeɪpə] | Toilettenpapier |

| | |
|---|---|
| 8 Just a minute. ['dʒəstə'mɪnɪt] | Einen Moment! |
| mistake [mɪ'steɪk] | Fehler |
| buying rate ['baɪɪŋˌ reɪt] | Ankaufspreis *(beim Geldwechsel)* |
| selling rate ['selɪŋˌreɪt] | Verkaufspreis *(beim Geldwechsel)* |
| service charge ['sɜ:vɪsˌtʃɑ:dʒ] | Bearbeitungsgebühr |

| | |
|---|---|
| 9 tea shop ['ti:ˌʃɒp] | Teestube |
| was [wɔs] | war |
| check (AE) [tʃek] | Rechnung (im Restaurant) |
| brown [braʊn] | braun |
| envelope ['envələʊp] | Briefumschlag |
| anorak ['ænəræk] | Anorak |
| I can't find it anywhere. [aɪkɑ:nt'faɪndɪtˌeniweə] | Ich kann es nirgendwo finden. |
| not…anywhere [nɒt… 'eniweə] | nirgendwo(hin) |
| somewhere ['sʌmweə] | irgendwo(hin) |
| waitress ['weɪtres] | Kellnerin |
| Is anything wrong? [ɪsˌeniθiŋ'rɒŋ] | Stimmt etwas nicht?, Ist etwas nicht in Ordnung? |
| anything ['eniθiŋ] | (irgend)etwas |
| of course [əv'kɔ:s] | natürlich |

| | |
|---|---|
| pocket [pɒkɪt] | Tasche |
| That's a relief! [ðətsərɪ'li:f] | Was für eine Erleichterung! |
| keep [ki:p] | behalten |
| change [tʃeɪndʒ] | Wechselgeld |
| idiot ['ɪdiət] | Idiot |
| Be fair! [ˌbi: 'feə] | Sei fair! |
| be [bi:] | sein |
| fair [feə] | fair, anständig |
| happen (to) ['hæpən tʊ] | passieren, geschehen |
| anybody ['enibɒdi] | jede(r), irgendjemand |
| like [laɪk] | wie |

| | |
|---|---|
| ➤G someone ['sʌmwʌn] | jemand |
| anyone ['eniwʌn] | jemand; jede(r), irgendjemand |
| not … anyone | keine(r), niemand |
| nobody [nəʊbədi] | keine(r), niemand |

| | |
|---|---|
| 12 holiday ['hɒlədeɪ] | Feiertag; *Pl.:* Ferien, Urlaub |

| | |
|---|---|
| 13 crisps [krɪsps] | Chips |
| lemonade [ˌlemə'neɪd] | Limonade |
| wine [waɪn] | Wein |
| could [kʊd] | könnte(n, -st) |
| prepare [prɪ'peə] | vorbereiten |
| something else [ˌsʌmθɪŋ'els] | etwas anderes |
| Something is missing. [ˌsʌmθɪŋ ɪs 'mɪsɪŋ] | Es fehlt etwas. |

## Unit 6

| | |
|---|---|
| 1 to live [lɪv] | wohnen, leben |
| Clive works for ['klaɪv wɜ:ks fɔ] | Clive arbeitet für … |
| to work [wɜ:k] | arbeiten |
| insurance company [ɪn'ʃʊərəns ˌkʌmpəni] | Versicherungsgesellschaft |
| He commutes… [hi kə'mju:ts] | er pendelt … |
| to commute [kə'mju:t] | pendeln *(zwischen Wohnort und Arbeit)* |
| by train [baɪ 'treɪn] | mit der Bahn |
| by [baɪ] | mit *(bezogen auf Verkehrsmittel)* |
| train [treɪn] | Zug |
| Penny writes for… [penɪ 'raɪts fɔ:] | Penny schreibt für… |
| to write [raɪt] | schreiben |

| | |
|---|---|
| woman, (*Pl.:* women) ['wʊmən] ['wɪmɪn] | Frau |
| magazine [ˌmægəzi:n] | Zeitschrift |
| she doesn't commute [ʃi 'dʌznt kə'mju:t] | sie pendelt nicht |
| usually ['ju:ʒuəli] | normalerweise, gewöhnlich |
| they don't … go [ðeɪ 'dəʊnt gəʊ] | sie gehen nicht |
| always ['ɔ:lweɪz] | immer |
| together [tə'geðə] | zusammen |
| around [ə'raʊnd] | umher, um … herum |
| market ['mɑ:kɪt] | Markt |
| I don't like… [aɪ' dəʊnt laɪk] | Ich mag nicht, Ich mag kein(e)… |
| that [ðæt] | der, die, das da; jene(r, -s) da |
| giant ['dʒaɪənt] | riesig, Riese |
| never ['nevə] | nie |
| there [ðeə] | dort |
| impersonal [ɪm'pɜ:snəl] | unpersönlich |
| the butcher's [ðə'bʊtʃəz] | der Fleischerladen, die Metzgerei |
| butcher ['bʊtʃə] | Fleischer(in), Metzger(in) |
| the baker's [ðə'beɪkəz] | die Bäckerei |
| baker [beɪkə] | Bäcker(in) |
| the grocer's [ðə'grəʊsəz] | die Lebensmittelhandlung |
| grocer ['grəʊsə] | Lebensmittelhändler(in) |
| I take my time. [aɪ 'teɪk maɪ ˌtaɪm] | Ich lasse mir Zeit. |
| as much as ['æzmʌtʃəz] | (genau)so sehr wie |
| sometimes ['sʌmtaɪmz] | manchmal |
| bottle ['bɒtl] | Flasche |
| river ['rɪvə] | Fluss |
| It doesn't matter. [ɪtˌdʌznt'mætə] | Das macht doch nichts., Es ist egal. |
| to matter ['mætə] | wichtig sein |
| to serve [sɜ:v] | servieren, (be)dienen |
| excellent ['eksələnt] | ausgezeichnet |
| to arrive [ə'raɪv] | ankommen, eintreffen |

Mit der Konstruktion go by … kann man verschiedene Fortbewegungsarten ausdrücken, z. B. **I go by car** *Ich fahre mit dem Auto,* **I go by plane** *Ich fliege,* **I go by bike (bicycle)** *Ich fahre mit dem Fahrrad,* **I go by boat** *Ich fahre mit dem Schiff.*

| | |
|---|---|
| ➤ **G** simple present [.sɪmpl 'preznt] | einfaches Präsens (einfache Form der Gegenwart) |

Die Grundform des Verbs nennt man Infinitiv (z. B. *gehen, schreiben, arbeiten,* etc). Diese Form wird im Englischen üblicherweise zusammen mit **to** angegeben, z. B. **to go, to write, to work.**

| | |
|---|---|
| **3** factory [fæktri] | Fabrik |
| housework ['haʊswɜ:k] | Hausarbeit |
| everything ['evriθɪŋ] | alles |
| shopping centre ['ʃɒpɪŋˌsentə] | Einkaufszentrum |
| as … as [æz… æz] | genau(so) … wie |
| to take long [teɪk'lɒŋ] | lange dauern |
| long [lɒŋ] | lang |
| ➤ **G** grandmother ['grænmʌðə] | Großmutter |
| him [hɪm] | ihn, ihm |
| **4** every ['evri] | jede(r, -s) |
| to stay [steɪ] | übernachten; bleiben |
| them [ðem] | sie; ihnen *(Objektpronomen)* |
| to leave [li:v] | lassen |
| at home [æt həʊm] | zu Hause |
| us [ʌs] | uns |
| letter ['letə] | Brief |
| ➤ **G** her [hɜ:] | sie, ihr *(Objektpronomen)* |
| **6** town wall [taʊn wɔ:l] | Stadtmauer |
| wall [wɔ:l] | Mauer |
| So do I. [ˌsəʊdʊ'aɪ] | Ich auch. |
| to agree (with) [ə'gri:] | übereinstimmen (mit), zustimmen |
| I don't like it either. [aɪ ˌdəʊntlaɪkɪt 'aɪðə] | Ich mag es auch nicht. |
| not … either [nɒt ... 'aɪðə] | auch nicht |
| ugly ['ʌgli] | hässlich, unansehnlich |
| rotten ['rɒtn] | (hunds)miserabel, scheußlich |
| to disagree (with) [ˌdɪsə'gri:] | nicht übereinstimmen (mit), anderer Meinung sein |
| **7** by [baɪ] | von |
| Swedish ['swi:dɪʃ] | schwedisch; Schwedisch |

| | |
|---|---|
| Chinese [ˌtʃaɪ'ni:z] | chinesisch; Chinese, Chinesin; Chinesisch |
| Stephen King [sti:vn 'kɪŋ] | *US-amerikanischer Schriftsteller* |
| Australian [ɒ'streɪliən] | australisch; Australier(in) |
| Japanese [ˌdʒæpə'ni:z] | japanisch; Japaner(in); Japanisch |
| which [wɪtʃ] | welche(r, -s) |
| statement ['steɪtmənt] | Aussage |
| 8 best [best] | beste(r, -s) |
| to want [wɒnt] | wollen |
| present ['preznt] | Geschenk |
| next [nekst] | nächste(r, -s) |
| perhaps [pə'hæps] | vielleicht |
| this one ['ðɪswʌn] | diese(r, -s) |
| better ['betə] | besser |
| older than ['əʊldə] | älter als |
| that one ['ðætwʌn] | der, die, das da; jene(r, -s) dort |
| more expensive [mɔ:r ɪk'spensɪv] | teuerer |
| single malt [ˌsɪŋgl'mɔ:lt] | Single Malt *(Whiskysorte)* |
| the oldest [ði 'əʊldəst] | der, die, das Älteste |
| the most expensive [ðə 'məʊst ɪkˌspensɪv] | der, die, das Teuerste, am teuersten |
| cufflinks ['kʌflɪŋks] | Manschettenknöpfe |
| still [stɪl] | (immer) noch |
| to wear [weə] | tragen, anhaben |
| a bit [ə'bɪt] | ein bisschen |
| old-fashioned [ˌəʊld 'fæʃnd] | altmodisch |
| ceramic [sə'ræmɪk] | Keramik-, aus Keramik |
| these silver ones [ði:z 'sɪlvəˌwʌnz] | diese silbernen |
| silver [sɪlvə] | Silber-, sibern |
| nicer ['naɪsə] | schöner |
| prettier ['prɪtiə] | hübscher |
| these gold ones [ði:z 'gəʊldˌwʌnz] | diese goldenen (Manschettenknöpfe) |
| gold [gəʊld] | Gold-, golden, goldfarben |
| to guess [ges] | schätzen, ahnen, vermuten |
| the nicest [ðə 'naɪsɪst] | der, die, das Schönste, am schönsten |
| the prettiest [ðə 'prɪtiɪst] | der, die, das Hübscheste, am hübschesten |
| bad [bæd] | schlimm |

| | |
|---|---|
| worse [wɜ:s] | schlechter |
| tie [taɪ] | Krawatte, Schlips |
| ➤ G red [red] | rot |
| green [gri:n] | grün |
| 10 blue [blu:] | blau |
| yellow ['jeləʊ] | gelb |
| white [waɪt] | weiß |
| grey [greɪ] | grau |
| orange ['ɒrɪndʒ] | orange(farben) |
| pink [pɪŋk] | pink(farben) |
| trousers [traʊzəz] | Hosen |
| scarf (*Pl.:* scarves) [skɑ:f] [skɑ:vz] | Schal |
| gloves [glʌvz] | Handschuhe |
| vest (BE) [vest] | Unterhemd |
| vest (AE) [vest] | Weste |
| undershirt (AE) ['ʌndəʃɜ:t] | Unterhemd |
| underpants ['ʌndəpænts] | Unterhosen |
| cap [kæp] | Mütze |
| waistcoat ['weskət] | Weste |
| ➤ G clever [klevə] | schlau |
| gentle ['dʒentl] | freundlich, sanft |
| happy ['hæpi] | glücklich, froh |
| narrow ['nærəʊ] | eng |
| famous ['feɪməs] | berühmt |
| attractive [ə'træktɪv] | attraktiv |
| 11 (the) worst [ðə 'wɜ:st] | der, die, das Schlechteste, Schlimmste; am schlechtesten, am schlimmsten |
| difficult ['dɪfɪklt] | schwierig |
| 12 second hand [ˌsekənd'hænd] | (aus) zweiter Hand |
| mph (= miles per hour) [maɪlz pə 'aʊə] | Meilen pro Stunde |
| per [pə] | pro |
| hp (= horse power) ['hɔ:spaʊə] | PS |
| middle [mɪdl] | Mitte |
| Right! [raɪt] | Richtig! Stimmt! |
| ➤ G than [ðæn] | *(nach gesteigertem Adjektiv)* als |
| 13 for sale [fɔ: 'seɪl] | zu verkaufen |

| | |
|---|---|
| 15 Jack drives very carefully. [ˌdʒæk draɪvz veri ˈkeəfli] | Jack fährt sehr vorsichtig. |
| to stop [stɒp] | anhalten |
| bed [bed] | Bett |
| to get up [get ˈʌp] | aufstehen |
| up [ʌp] | oben, nach oben, hinauf, herauf |
| to clean [kli:n] | sauber machen, reinigen, putzen |
| before [bɪ ˈfɔ:] | vorher, bevor, ehe |
| to leave [li:v] | weggehen, abfahren, verlassen |
| ladder [ˈlædə] | Leiter |
| bucket [ˈbʌkɪt] | Eimer |
| van [væn] | Lieferwagen |
| fast [fɑ:st] | schnell |
| to be in a hurry [biɪnəˈhʌri] | in Eile sein, es eilig haben |
| police [pəˈli:s] | Polizei |
| WPC (Woman Police Officer) [wʊmən pəˈli:sˌɒfɪsə] | Polizistin |
| ticket [ˈtɪkɪt] | *hier:* Strafzettel |
| careful [ˈkeəfl] | vorsichtig, sorgfältig |
| sign [saɪn] | Hinweisschild, Verkehrszeichen |
| to get … out of [get ˈaʊtəv] | herausholen, herauskommen |
| to ring [rɪŋ] | klingeln, läuten |
| doorbell [ˈdɔ:bel] | Türglocke, Türklingel |
| to climb (up) [klaɪm] | klettern, steigen (auf) |
| through [θru:] | durch |
| to scream [skri:m] | schreien, kreischen |
| to shout [ʃaʊt] | rufen, schreien |
| to run [rʌn] | laufen, rennen |
| Well, … [wel] | Nun, Also, … |
| burglar [ˈbɜ:glə] | Einbrecher(in) |
| window cleaner [ˈwindəʊˌ kli:nə] | Fensterputzer(in) |
| police station [pə li:sˌ steɪʃn] | Polizeiwache |
| poor [pɔ:] | arm |
| lucky day [ˈlʌkiˌ deɪ] | Glückstag |
| 16 Italy [ˈɪtəli] | Italien |
| trip [trɪp] | Reise |
| Greece [gri:s] | Griechenland |
| Athens [ˈæθɪnz] | Athen |
| to cost [kɒst] | kosten |
| Rome [rəʊm] | Rom |
| true [tru:] | wahr, richtig |
| a little [əˈlɪtl] | ein wenig |

## Unit 7

| | |
|---|---|
| 1 sports reporter [ˈspɔ:tsrɪˌpɔ:tə] | Sportreporter(in) |
| sport [spɔ:t] | Sport |
| reporter [rɪˈpɔ:tə] | Reporter |
| national [ˈnæʃnəl] | national, überregional |
| reader [ri:də] | Leser(in) |
| information [ˌɪnfəˈmeiʃn] | Information(en) |
| about [əˈbaʊt] | über |
| game [geɪm] | Spiel |
| player [ˈpleiə] | Spieler(in) |
| interview [ˈɪntəvju:] | Interview |
| to surprise [səˈpraɪz] | überraschen |
| rude [ru:d] | unhöflich, grob |
| polite [pəˈlaɪt] | höflich |
| to get [get] | *hier:* werden |
| angry [ˈæŋgri] | ärgerlich |
| patient [ˈpeɪʃnt] | geduldig |
| calm [kɑ:m] | ruhig, gelassen |
| sportsman [ˈspɔ:tsmən] | Sportler |
| sportswoman [ˌspɔ:tsˈwʊmən] | Sportlerin |
| report [rɪˈpɔ:t] | Bericht |
| tall [tɔ:l] | groß, hoch |
| natural [ˈnætʃrəl] | natürlich, Natur- |
| blonde [blɒnd] | blond, Blondine |
| leg [leg] | Bein |
| short [ʃɔ:t] | kurz |
| hair [heə] | Haar, Haare |
| eye [aɪ] | Auge |
| slim [slɪm] | schlank |
| figure [ˈfɪgə] | Figur |
| to look good [lʊk ˈgʊd] | gut aussehen |
| dark [dɑ:k] | dunkel |
| cool [ku:l] | kühl |
| reserved [rɪˈzɜ:vd] | reserviert, zurückhaltend |
| ice [aɪs] | Eis |
| princess [ˌprɪnˈses] | Prinzessin |
| smile [smaɪl] | Lächeln |
| warm [wɔ:m] | warm |
| friendly [ˈfrendli] | freundlich, nett |
| shy [ʃaɪ] | schüchtern, scheu |
| a few [əˈfju:] | einige |
| not … yet [nɒt ... ˈjet] | noch nicht |
| to play [pleɪ] | spielen |
| tennis [ˈtenɪs] | Tennis |

| | |
|---|---|
| to swim [swɪm] | schwimmen |
| snooker ['snu:kə] | Billard |
| television (TV) ['telɪˌvɪʒn] | Fernseher, Fernsehen |
| to watch [wɒtʃ] | ansehen, zuschauen |
| Scotland ['skɒtlənd] | Schottland |
| Thailand ['taɪlænd] | Thailand |
| hero (*Pl.:* heroes) ['hɪərəʊ] | Held |
| thin [θɪn] | dünn, mager, dürr |
| plump [plʌmp] | pummelig |
| fat [fæt] | dick, fett |

Anders als im Deutschen kennt das Substantiv **information** im Englischen keine Pluralform, kann also *Information* oder *Informationen* bedeuten. Möchte man betonen, dass es sich um jeweils verschiedene, einzelne Informationen handelt, so spricht man von **pieces of information** (**piece** = *Stück*).

| | |
|---|---|
| **4** who [hu:] | der, die *(Relativpronomen)* |
| to report [rɪ'pɔ:t] | berichten |
| to use [ju:z] | benutzen |
| user ['ju:zə] | Benutzer(in) |
| caller [kɔ:lə] | Anrufer(in) |
| phone [fəʊn] | Telefon |
| cleaner ['kli:nə] | Reinigungskraft |
| mountain ['maʊntɪn] | Berg |
| climber ['klaɪmə] | Kletterer |
| drinker ['drɪŋkə] | Trinker(in) |
| driver ['draɪvə] | Fahrer(in) |
| cook [kʊk] | Koch, Köchin |
| to act [ækt] | spielen *(im Theater oder Film)* |
| actor ['æktə] | Schauspieler |

| | |
|---|---|
| **5** good-looking [ˌgʊd'lʊkɪŋ] | gut aussehend |
| dancer ['dɑ:nsə] | Tänzer(in) |
| … is getting better [ɪs getɪŋ'betə] | wird besser |
| story (*Pl.:* stories) ['stɔ:ri] ['stɔ:riz] | Geschichte |
| clothes [kləʊðz] | Kleider, Kleidung |

| | |
|---|---|
| **6** arrogant ['ærəgənt] | arrogant |

| | |
|---|---|
| **7** cool [ku:l] | kühl, „cool" |
| sexy ['seksi] | sexy |
| tights [taɪts] | Strumpfhose |

Sie haben nun jede Menge Adjektive zur Personenbeschreibung kennen gelernt. Eine gute Möglichkeit, diese zu üben ist die folgende: Versuchen Sie, Menschen aus Ihrem persönlichen Umfeld zu beschreiben. Sie können dazu ruhig im Wortschatzteil nachsehen, falls Sie nicht alle Wörter parat haben. Sie werden sehen: Wenn Sie diese Übung öfter durchführen, werden Sie bald nicht mehr viel nachschlagen müssen.

| | |
|---|---|
| **8** life (*Pl.:* lives) [laɪf] [laɪvz] | Leben |
| professional [prə'feʃnəl] | professionell, berufsmäßig; Profi |
| the same [ðə'seɪm] | die-, der-, dasselbe |
| easy ['i:zi] | einfach, leicht |
| private ['praɪvət] | privat, persönlich |
| to start [stɑ:t] | anfangen, beginnen (mit), starten |
| daily ['deɪli] | täglich |
| routine [ˌru:'ti:n] | Routine; *hier:* Alltag |
| exercise ['eksəsaɪz] | Übung |
| to have a shower [hævə 'ʃaʊə] | (sich) duschen |
| local ['ləʊkl] | örtlich, hiesige(r, -s), Lokal- |
| to take s.o. (to) ['teɪkˌsʌmwʌn] | j-n zu/nach … bringen |
| on tour [ən'tʊə] | auf Tournee |
| tour [tʊə] | Tour, Tournee |
| next [nekst] | der, die, das Nächste; *hier:* als Nächstes |
| manager ['mænɪdʒə] | Manager(in) |
| to organize ['ɔ:gənaɪz] | organisieren, veranstalten |
| training ['treɪniŋ] | Training |
| match [mætʃ] | Spiel, Wettkampf |
| to win [wɪn] | gewinnen |
| dream [dri:m] | Traum |
| league [li:g] | Liga |
| against [ə'genst] | gegen |
| ➤ G football ['fʊtbɔ:l] | Fußball |

| | |
|---|---|
| **10** without [wɪð'aʊt] | ohne |

| | |
|---|---|
| **12** Canada ['kænədə] | Kanada |
| Australia [ɒ'streɪliə] | Australien |

# Unit 8

| | |
|---|---|
| **1** emergency services [ɪ'mɜ:dʒənsi ˌsɜ:vɪs] | Notfalldienste |
| to lift [lɪft] | (auf, ab)heben, hochheben |
| receiver [rɪ'si:və] | Hörer *(beim Telefon)* |
| is needed [ɪs'ni:dɪd] | ist notwendig, wird gebraucht |
| to dial ['daɪəl] | wählen *(beim Telefon)* |
| to wait (for) [weɪt] | warten (auf) |
| emergency [ɪ'mɜ:dʒənsi] | Notfall |
| operator ['ɒpəreɪtə] | Amt *(beim Telefon)* |
| call [kɔ:l] | Anruf |
| all over [ɔ:l 'əʊvə] | überall |
| Britain ['brɪtən] | Großbritannien |
| (tele)phone box ['telɪfəʊnbɒks] | Telefonzelle |
| service ['sɜ:vɪs] | Dienst(leistung) |
| fire brigade ['faɪə brɪ'geɪd] | Feuerwehr |
| fire ['faɪə] | Feuer, Brand |
| ambulance ['æmbjələns] | Krankenwagen |
| coastguard ['kəʊstgɑ:d] | Küstenwache, Seenotrettungsdienst |
| to connect (with) [kə'nekt] | verbinden (mit) |
| unclear [ˌʌn'klɪə] | unklar, undeutlich |
| message ['mesɪdʒ] | Nachricht, Botschaft, Mitteilung |
| to cause [kɔ:z] | verursachen |
| delay [dɪ'leɪ] | Verzögerung, Verspätung |
| calmly ['kɑ:mli] | ruhig *(Adv.)* |
| to speak [spi:k] | sprechen |
| clear ['klɪə] | deutlich, klar *(Adj.)* |
| clearly ['klɪəli] | deutlich, klar *(Adv.)* |
| quick [kwɪk] | schnell *(Adj.)* |
| quickly [kwɪkli] | schnell *(Adv.)* |
| slow [sləʊ] | langsam *(Adj.)* |
| slowly [sləʊli] | langsam *(Adv.)* |
| carefully ['keəfli] | sorgfältig, vorsichtig *(Adv.)* |
| might [maɪt] | könnte(n) vielleicht |
| to answer ['ɑ:nsə] | antworten |
| patiently ['peɪʃntli] | geduldig *(Adv.)* |
| politely [pə'laɪtli] | höflich *(Adv.)* |
| double ['dʌbl] | doppelt, Doppel- |
| one by one [ˌwʌn baɪ 'wʌn] | eins nach dem anderen, einzeln |
| area code ['eəriəˌkəʊd] | Vorwahl |
| **2** Hold on! [həʊld 'ɒn] | Einen Moment! |
| ➤ **G** automatic [ˌɔ:tə'mætɪk] | automatisch *(Adj.)* |
| automatically [ˌɔ:tə'mætɪkli] | automatisch *(Adv.)* |
| well [wel] | gut *(Adv.)* |
| hard [hɑ:d] | hart *(Adj. u. Adv.)* |
| I haven't seen you... [aɪ ˌhævnt 'si:njʊ] | Ich habe dich nicht gesehen... |

Wie Sie gelernt haben, gibt es Adjektive, die als Adverb die gleiche Form haben (z. B. **hard – hard, high – high, late – late**). Einige dieser Adverbien existieren aber auch mit einer **-ly** Endung, sie haben dann allerdings eine andere Bedeutung, z. B. **hardly** *kaum,* **highly** *höchst,* **lately** *in letzter Zeit.*

| | |
|---|---|
| **4** terrible ['terəbl] | schrecklich |
| speaker [spi:kə] | Sprecher(in), Redner(in) |
| singer ['sɪŋə] | Sänger(in) |
| to sing [sɪŋ] | singen |
| writer ['raɪtə] | Schriftsteller(in) |
| worker ['wɜ:kə] | Arbeiter(in) |
| wild [waɪld] | wild |
| to dance [dɑ:ns] | tanzen |
| **5** president ['prezɪdənt] | Präsident |
| rather ['rɑ:ðə] | ziemlich |
| unattractive [ʌnə'træktɪv] | unattraktiv |
| politics ['pɒlətɪks] | Politik |
| ➤ **G** Spain [speɪn] | Spanien |
| **6** Germany [dʒɜ:məni] | Deutschland |
| to send [send] | schicken, senden |
| **7** dental ['dentl] | zahnärztlich |
| appointment [ə'pɔɪntmənt] | Termin, Verabredung |
| is calling [ɪz'kɔ:lɪŋ] | ruft an |
| is making [ɪz'meɪkɪŋ] | macht |
| to make [meɪk] | machen |
| Would ... suit you? [wʊd ... su:t] | Würde ... Ihnen passen? |
| to suit [su:t] | recht sein, passen *(auch Kleidung)* |

| | |
|---|---|
| unfortunately [ʌn'fɔ:tʃənɒtli] | leider, bedauerlicherweise |
| I can't manage that. [aɪ ˌkɑ:nt' mænɪdʒ ðæt] | Das schaffe ich nicht. |
| to manage ['mænɪdʒ] | schaffen |
| I'd prefer … [aɪdprɪ'fɜ:] | Ich würde … vorziehen, Mir wäre … lieber. |
| to prefer [prɪ'fɜ:] | vorziehen, lieber mögen |
| Very well. ['veri wel] | Sehr gut. |
| the sixteenth of April [ðə ˌsɪks'ti:n θəv 'eɪprəl] | der sechzehnte April |
| April [eɪprəl] | April |
| ➤ G cardinal number [kɑ:dɪnəl ˌnʌmbə] | Kardinalzahl |
| ordinal number [ɔ:dɪnəl ˌnʌmbə] | Ordinalzahl |
| overview ['əʊvəvju:] | Überblick |

| | |
|---|---|
| Europe ['jʊərəp] | Europa |
| to mean [mi:n] | bedeuten |
| March [mɑ:tʃ] | März |
| year [jɪə] | Jahr |
| Japan [dʒə 'pæn] | Japan |
| October [ɒk'təʊbə] | Oktober |

**8**

| | |
|---|---|
| June [dʒu:n] | Juni |
| July [dʒu'laɪ] | Juli |
| February ['februəri] | Februar |
| September [sep'tembə] | September |
| May [meɪ] | Mai |
| November [nəʊ'vembə] | November |
| January ['dʒænjuəri] | Januar |
| to fill out [fɪl 'aʊt] | ausfüllen |
| to join (with) [dʒɔɪn] | verbinden (mit) |
| to take photos [teɪk 'fəʊtəʊz] | Fotos machen |

**11**

| | |
|---|---|
| calendar ['kæləndə] | Kalender |
| New Year's Day [ˌnju: jɪəz 'deɪ] | Neujahr |
| night [naɪt] | Nacht |
| Scottish ['skɒtɪʃ] | Schottisch |
| poet ['pəʊɪt] | Dichter(in) |
| St Valentine's Day [sənt 'væləntaɪnz ˌdeɪ] | Valentinstag |
| patron saint [ˌpeɪtrən 'seɪnt] | Nationalheiliger |
| Wales [weɪlz] | Wales |
| Ireland ['aɪələnd] | Irland |
| fool [fu:l] | Narr, Dummkopf |
| The Queen [ðə 'kwi:n] | Die Queen |
| queen [kwi:n] | Königin |
| official [ə'fɪʃl] | offiziell, amtlich |
| legend says … ['ledʒənd ˌsez] | der Legende nach … |
| legend ['ledʒənd] | Legende |
| it will rain [ɪt wɪl 'reɪn] | es wird regnen |
| bank holiday [ˌbænk 'hɒlədeɪ] | gesetzlicher Feiertag |
| holiday ['hɒlədeɪ] | Feiertag |
| England ['ɪŋglənd] | England |
| Northern Ireland [ˌnɔ:ðn 'aɪələnd] | Nordirland |
| fair [feə] | Jahrmarkt, Kirmes |
| harvest festival [ˌhɑ:vɪst 'festɪvəl] | Erntedankfest |
| harvest [hɑ:vɪst] | Ernte |
| Halloween [ˌhæləʊ'i:n] | Halloween (Nacht des 31. Oktober) |
| bonfire ['bɒnfaɪə] | Freudenfeuer |
| December [dɪ'sembə] | Dezember |
| Christmas ['krɪsməs] | Weihnachten |
| Christmas Eve [ˌkrɪsməs'i:v] | Heilig Abend |
| eve [i:v] | Vorabend |
| Christmas Day [ˌkrɪsməs'deɪ] | 1. Weihnachtsfeiertag |
| Boxing Day ['bɒksiŋ deɪ] | 2. Weihnachtsfeiertag |
| New Year's Eve [ˌnju: jɪəz 'i:v] | Silvester |

Der Legende nach glaubte man einst, dass in der Nacht auf Allerheiligen die Geister der Toten erscheinen. Heute ist Halloween vor allem in den USA ein großes Fest für Kinder. Sie verkleiden sich als Gespenster und gehen von Haus zu Haus, wo sie Süßigkeiten und Gebäck bekommen.

**12**

| | |
|---|---|
| luck [lʌk] | Glück |
| babysitter ['beɪbisɪtə] | Babysitter |
| I'm washing … [aɪm 'wɒʃɪŋ] | Ich wasche (gerade) … |
| to wash [wɒʃ] | (sich) waschen |
| race [reɪs] | Rennen |

**14**

| | |
|---|---|
| sofa [səʊfə] | Sofa |
| to listen to [lɪsn] | anhören *(z. B. Musik)* |
| romantic [rəʊ'mæntɪk] | romantisch |
| music ['mju:zɪk] | Musik |

| | |
|---|---|
| to put in a CD [pʊt,ɪn ə si:'di:] | eine CD einlegen |
| to open [əʊpən] | aufmachen, öffnen |
| to eat [i:t] | essen |
| sandwich [sænwɪdʒ] | Sandwich |
| arm [ɑ:m] | Arm |
| shoulder [ʃəʊldə] | Schulter |
| towards... [tə'wɔ:dz] | auf...zu |
| Hurry up! [hʌri'ʌp] | Beeil dich, beeilt euch, beeilen Sie sich! |
| 15 to build [bɪld] | bauen |
| to draw [drɔ:] | zeichnen |
| to dress [dres] | (sich) kleiden, anziehen |
| to fry [fraɪ] | braten, frittieren |
| to park [pɑ:k] | (Fahrzeug) parken |
| board [bɔ:d] | Tafel, Brett |
| gown [gaʊn] | Kleid, Robe |
| licence ['laɪsns] | Erlaubnis |
| machine [mə'ʃi:n] | Maschine, Apparat |
| metre ['mi:tə] | Meter |
| pot [pɒt] | Topf |
| driving licence (BE) ['draɪvɪŋ ,laɪsns] | Führerschein |
| driving license (AE) ['draɪvɪŋ ,laɪsns] | Führerschein |
| washing machine ['wɒʃɪŋmə'ʃi:n] | Waschmaschine |
| cleaning lady ['kli:nɪŋ leɪdi] | Putzfrau |
| building site ['bɪldɪŋ saɪt] | Baustelle |
| cooking pot ['kʊkɪŋ pɒt] | Kochtopf |
| dressing gown ['dresɪŋ ,gaʊn] | Morgenmantel |
| drawing board ['drɔ:ɪŋ bɔ:d] | Zeichenbrett |
| answering machine ['ɑ:nsərɪŋ mə,ʃi:n] | Anrufbeantworter |
| parking metre ['pɑ:kɪŋ ,mi:tə] | Parkuhr |
| 16 fantastic [fæn'tæstɪk] | fantastisch |
| most [məʊst] | die meisten, das meiste |
| even [i:vən] | sogar |
| successful [sək'sesfl] | erfolgreich |
| tournament ['tʊənəmənt] | Turnier |
| confident [kɒnfɪdənt] | zuversichtlich |
| nervous ['nɜ:vəs] | nervös |
| opponent [ə'pəʊnənt] | Gegner |
| to hit [hɪt] | schlagen, treffen |
| ball [bɔ:l] | Ball, Kugel |
| so... that [səʊ ... ðæt] | so..., dass |
| to beat [bi:t] | schlagen, besiegen |
| 17 Milan [mɪ'læn] | Mailand |

## Unit 9

| | |
|---|---|
| 1 special [speʃl] | speziell, besonders |
| need [ni:d] | Bedürfnis |
| kid (AE) [kɪd] | Kind, Jugendlicher |
| summer camp ['sʌmə kæmp] | Sommerferienlager |
| just [dʒʌst] | nur, bloß |
| ... want to enjoy themselves [wɒnttə ɪn'dʒɔɪ ðəm,selvz] | ... wollen sich amüsieren |
| to enjoy oneself [ɪn'dʒɔɪ wʌn,self] | sich amüsieren |
| during [djʊərɪŋ] | während |
| vacation (AE) [və'keɪʃn] | Ferien |
| brochure ['brəʊʃə] | Broschüre, Prospekt |
| to like best [laɪk 'best] | am liebsten mögen |
| to love [lʌv] | lieben |
| golf [gɒlf] | Golf |
| regularly ['regjʊləli] | regelmäßig |
| Mom [mɒm] | *Anrede für Mutter* |
| pro [prəʊ] = professional | Profi, professionell |
| to have a hard time [hæv ə 'hɑ:d taɪm] | es schwer haben |
| High School ['haɪsku:l] | High School |
| everybody ['evri,bɒdi] | alle, jede(r) |
| crazy ['kreɪzi] | verrückt, wahnsinnig |
| to jump [dʒʌmp] | springen |
| to look at [lʊk'æt] | hin-, ansehen |
| in an unfriendly way [ɪnən ʌn,frendli'weɪ] | unfreundlich *(Adverbform von unfriendly; s. Grammatik Unit 7)* |
| unfriendly [ʌn'frendli] | unfreundlich |
| way [weɪ] | Art, Weise |
| to act [ækt] | sich benehmen, sich verhalten |
| to get called [get 'kɔ:ld] | genannt werden |
| over there [əʊvə 'ðeə] | dort drüben |
| to read [ri:d] | lesen |
| to exist [ɪg'zɪst] | existieren |
| just [dʒʌst] | *hier:* einfach |
| to lose weight [lu:z'weɪt] | abnehmen, Gewicht verlieren |
| to lose [lu:z] | verlieren |
| that [ðæt] | *hier:* das, welches *(Relativpronomen)* |

| | |
|---|---|
| to offer ['ɒfə] | anbieten |
| diet ['daɪət] | Diät, Schlankheitskur |
| program (AE) ['prəʊgræm] | Programm |
| programme (BE) ['prəʊgræm] | Programm |
| good at ['gʊdˌæt] | gut in |
| math (AE) [mæθ] | Mathe |
| maths (BE) [mæθs] | Mathe |
| to understand [ˌʌndə'stænd] | verstehen, begreifen |
| to finish [fɪnɪʃ] | (be)enden |
| course [kɔ:s] | Kurs |
| learner ['lɜ:nə] | Lerner(in) |
| to explain [ɪk'spleɪn] | erklären, erläutern |

## 2

| | |
|---|---|
| ad (AE) [æd] | Anzeige, Reklame |
| advert (BE) [əd'vɜ:t] | Anzeige, Reklame |
| to saddle up [ˌsædl'ʌp] | aufsatteln |
| acre ['eɪkə] | Acre *(engl. Flächenmaß)* |
| trail [treɪl] | Pfad, Weg |
| ring [rɪŋ] | Kreis, Ring |
| riding ['raɪdɪŋ] | Reiten |
| horse [hɔ:s] | Pferd |
| desert ['dezət] | Wüste |
| survival [sə'vaɪvl] | Überleben |
| creative [kri'eɪtɪv] | schöpferisch, kreativ |
| arts [ɑ:ts] | Künste |
| optional academics (= optional academic courses) [ˌɒpʃnəl ækə'demɪks] | Wahlfächer |
| southwest travel [ˌsaʊθ 'west trævl] | Reisen durch den Südwesten |
| session ['seʃn] | *hier:* Veranstaltung |
| coed = coeducational ['kəʊed] | koedukativ |
| age [eɪdʒ] | Alter |
| beginner [bɪ'gɪnə] | Anfänger(in) |
| advanced [əd'vɑ:nst] | Fortgeschrittene(r) |
| toll free [ˌtəʊl 'fri:] | gebührenfrei |
| fishing ['fɪʃɪŋ] | Angeln |
| rafting ['rɑ:ftɪŋ] | Wildwasserfahren |
| friendship ['frendʃɪp] | Freundschaft |
| outdoor [ˌaʊt'dɔ:] | draußen, Freiluft- |
| arena [ə'ri:nə] | Arena, Schauplatz |
| fun [fʌn] | Spaß, Vergnügen |
| Rockies (= Rocky Mountains) ['rɒkiz] | *Gebirgskette im Westen der USA* |
| to feature ['fi:tʃə] | als Attraktion haben, bieten |
| various ['veəriəs] | verschiedene, diverse |
| activity [æk'tɪvəti] | Aktivität |
| outside [ˌaʊt'saɪd] | außerhalb, draußen |
| magnificent [mæg'nɪfɪsənt] | großartig |
| setting ['setɪŋ] | Lage, Standort |
| to acquire [ə'kwaɪə] | sich aneignen |
| skills [skɪlz] | Fähigkeiten |
| to experience [ɪk'spɪəriəns] | erfahren |
| relationship [rɪ'leɪʃnʃɪp] | Beziehung |
| peer [pɪə] | Gleichrangige(r), Gleichaltrige(r), Gleichgesinnte(r) |
| from all over the country [frɒm ɔ:l əʊvə ðə' kʌntri] | aus dem ganzen Land |
| tradition [trə'dɪʃn] | Tradition |
| to shape up [ʃeɪp'ʌp] | (sich) in Form bringen |
| fitness [fɪtnis] | Fitness |
| loss [lɒs] | Verlust |
| opportunity [ˌɒpə'tju:nəti] | Gelegenheit |
| in shape [ɪn'ʃeɪp] | in Form |
| to work-out ['wɜ:kaʊt] | trainieren |
| muscle ['mʌsl] | Muskel |
| pound [paʊnd] | Pfund |
| inch [ɪntʃ] | Inch *(engl. Längenmaß)* |
| to feel [fi:l] | (sich) fühlen |
| to gain [geɪn] | gewinnen |
| self-confidence [ˌself 'kɒnfɪdəns] | Selbstvertrauen |
| fabulous ['fæbjʊləs] | sagenhaft |
| location [ləʊ'keɪʃn] | Lage |
| Pacific [pə'sɪfɪk] | Pazifik |
| beach [bi:tʃ] | Strand |
| training ground ['treɪnɪŋ ˌgraʊnd] | Sportplatz |
| field [fi:ld] | Feld |
| achievement [ə'tʃi:vmənt] | *hier:* Leistung |
| curriculum [ka'rɪkjʊləm] | Lehrplan |
| including [ɪn'klu:dɪŋ] | einschließlich |
| full [fʊl] | voll, umfassend |
| recreation [ˌrekri'eɪʃn] | Erholung |
| leader ['li:də] | Führer(in) |
| since [sɪns] | seit |
| formerly ['fɔ:məli] | früher *(Adv.)* |
| sea [si:] | Meer |
| to explore [ɪk'splɔ:] | erkunden, erforschen |
| wonder ['wʌndə] | Wunder |
| island ['aɪlənd] | Insel |
| qualified ['kwɒlɪfaɪd] | qualifiziert |
| instructor [ɪn'strʌktə] | Ausbilder(in), Lehrer(in) |

| | |
|---|---|
| to snorkel ['snɔ:kl] | schnorcheln |
| marine biology [mə'ri:n baɪˌɒlədʒi] | Meeresbiologie |
| u/w photography (= underwater photography) [ˌʌndə'wɔ:tə fə'tɒgrəfi] | Unterwasserfotografie |
| sailing ['seɪlɪŋ] | Segeln |
| to sail [seɪl] | segeln |
| seamanship ['si:mənʃɪp] | Seemannschaft |
| walking ['wɔ:kɪŋ] | Laufen, spazieren gehen |
| season [si:zn] | Saison, Jahreszeit |
| atmosphere ['ætməsfɪə] | Atmosphäre |
| operating ['ɒpəreɪtɪŋ] | in Betrieb |
| to operate ['ɒpəreɪt] | arbeiten, in Betrieb sein |
| cattle [kætl] | Rinder |
| to include [ɪn'klu:d] | einschließen, beinhalten |
| water skiing ['wɔ:tə ski:ɪŋ] | Wasserski fahren |
| skiing ['ski:ɪŋ] | Ski fahren |
| horseback riding ['hɔ:sbæk ˌraɪdɪŋ] | Reiten |
| camping ['kæmpɪŋ] | Camping |
| swimming ['swɪmɪŋ] | Schwimmen |
| farm [fɒ:m] | Bauernhof, Farm |
| animal ['ænɪml] | Tier |
| **3** to learn [lɜ:n] | lernen, herausfinden, erfahren |
| ➤G straight [streɪt] | gerade, geradeaus, geradewegs |
| manner ['mænə] | Art, Weise |
| **5** look [lʊk] | Aussehen |
| to try hard [traɪ 'hɑ:d] | sich anstrengen |
| ➤G once a year [wʌns ə 'jɪə] | einmal im Jahr |
| once [wʌns] | einmal |
| **6** twice a year [twaɪs ə 'jɪə] | zweimal im Jahr |
| twice [twaɪs] | zweimal |
| **7** camper [kæmpə] | Camping Reisender |
| to bring [brɪŋ] | (mit)bringen |
| personal ['pɜ:snəl] | persönlich |
| is washed [ɪz 'wɒʃt] | wird … gewaschen |
| boot [bu:t] | Stiefel |
| alarm clock [ə'lɑ:m klɒk] | Wecker |

| | |
|---|---|
| needn't [ni:dnt] | nicht müssen, nicht brauchen |
| bedlinen ['bedˌlɪnɪn] | Bettzeug |
| mustn't [mʌsnt] | nicht dürfen |
| video camera ['vɪdiəʊ ˌkæmrə] | Videokamera |
| personal stereo [pɜ:snəl 'steriəʊ] | tragbarer Radio-Kassettenrecorder/CD-Spieler |
| mobile (phone) [ˌmoʊbaɪl 'fəʊn] | Handy |

Aufgepasst bei dem Wort **handy** ['hændi]: im Englischen bedeutet es *handlich, praktisch; geschickt* oder *zur Hand,* hat aber nichts mit dem deutschen Wort *Handy* zu tun. Das heißt, wie Sie wissen, **mobile** bzw. **mobile phone** oder **cellular phone.**

| | |
|---|---|
| **10** incorrect [ˌɪnkə'rekt] | inkorrekt, unrichtig |
| sad [sæd] | traurig |
| wrong [rɒŋ] | falsch |
| **11** to get bored [get 'bɔ:d] | sich langweilen |
| to get started [get 'stɑ:tɪd] | anfangen |
| **13** autumn (BE) [ɔ:təm] | Herbst |
| biscuit (BE) ['bɪskɪt] | Keks |
| film (BE) [fɪlm] | Film |
| note (BE) [nəʊt] | Geldschein |
| pavement (BE) ['peɪvmənt] | Gehsteig |
| petrol (BE) ['petrəl] | Benzin |
| postcode (BE) ['pəʊstkəʊd] | Postleitzahl |
| queue (BE) [kju:] | (Warte)schlange |
| tap (BE) [tæp] | Wasserhahn |
| taxi (BE) ['tæksi] | Taxi |
| tin (BE) [tɪn] | Blechdose |
| underground (BE) ['ʌndəgraʊnd] | U-Bahn |
| bill (AE) [bɪl] | Geldschein |
| cab (AE) [kæb] | Taxi |
| can (AE) [kæn] | Blechdose |
| cooky (AE) ['kʊki] | Keks |
| fall (AE) [fɔ:l] | Herbst |
| faucet (AE) ['fɔ:sɪt] | Wasserhahn |
| gas (AE) [gæs] | Benzin |
| line (AE) [laɪn] | (Warte)schlange |
| movie (AE) ['mu:vi] | Film |

| | |
|---|---|
| potato chips (AE) [pə'teɪtəʊ tʃɪps] | Kartoffelchips |
| potato [pə'teɪtəʊ] | Kartoffel |
| sidewalk (AE) ['saɪd wɔ:k] | Gehsteig |
| subway (AE) ['sʌbweɪ] | U-Bahn |
| zipcode (AE) ['zɪpkəʊd] | Postleitzahl |

Wenn Sie nun negierig auf die USA geworden sind, dann probieren Sie mal die folgenden Websites: www.visitusa.org/ oder www.usatourist.com/

| | |
|---|---|
| 15 grandma ['grænmɑ:] | *ugs. für* Großmutter |
| sure [ʃɔ:] | sicher, gewiss |
| pound [paʊnd] | Pfund *(brit. Währung)* |
| ... will do [wɪl du:] | wird/werden genug sein |
| to ring s.o. up [rɪŋ ˌsʌmwʌn 'ʌp] | j-n anrufen |
| to forget [fə'get] | vergessen |

## Unit 10

| | |
|---|---|
| 1 by himself [baɪ hɪm'self] | allein |
| charming ['tʃɑ:mɪŋ] | reizend, bezaubernd |
| building ['bɪldɪŋ] | Gebäude |
| member (of) ['membər əv] | Mitglied (in, von) |
| darts [dɑ:ts] | Darts *(Wurfpfeile)* |
| team [ti:m] | Mannschaft, Team |
| I don't feel like going out. [aɪ dəʊnt 'fi:l laɪk gəʊɪŋˌaʊt] | Ich habe keine Lust auszugehen. |
| to feel like doing s.th. [fi:l laɪk du:ɪŋ] | sich danach fühlen, etwas zu tun |
| to feel well [fi:l 'wel] | sich wohl fühlen |
| Channel 4 [tʃænl 'fɔ:] | *Britischer Fernsehkanal* |
| channel [tʃænl] | Kanal |
| That's a pity. [ðætsə 'pɪtɪ] | Das ist schade. |
| Angel ['eɪndʒəl] | *Name eines Pubs* |
| angel ['eɪndʒəl] | Engel |
| winner ['wɪnə] | Gewinner(in), Sieger(in) |
| key [kɪ:] | Schlüssel |
| ➤ G squash [skwɒʃ] | Squash |
| 5 office ['ɒfɪs] | Büro |
| 6 first things first [fɜ:st θɪŋz 'fɜ:st] | das Wichtigste zuerst |
| whose [hu:z] | wessen *(als Fragewort)* |
| round [raʊnd] | Runde |
| 'Killer' ['kɪlə] | „Killer" *(Name eines Dart-Spiels)* |
| out [aʊt] | raus *(bei einem Spiel)* |
| to close [kləʊz] | schließen, zumachen |
| to throw (at) [θrəʊ] | werfen (auf, zu) |
| dartboard ['dɑ:tbɔ:d] | Dartsbrett |
| It's Danny's turn. [ɪts 'dænis ˌtɜ:n] | Danny ist dran. |
| open [əʊpən] | offen, geöffnet |
| to aim (for/at) [eɪm] | zielen (auf) |
| to laugh [lɑ:f] | lachen |
| pint [paɪnt] | Pint *(etwa ½ Liter (0,586 Liter))* |
| lager ['lɑ:gə] | Lager *(engl. Biersorte)* |
| mineral water ['mɪnrəl ˌwɔ:tə] | Mineralwasser |
| bitter [bɪtə] | Bitter *(engl. Biersorte)* |

| | |
|---|---|
| beer [bɪə] | Bier |
| ale [eɪl] | *engl. Bierart* |
| 7 visitor ['vɪzɪtə] | Besucher(in) |
| northeast [ˌnɔ:θ 'i:st] | Nordosten, Nordost-.... |
| coast [kəʊst] | Küste |
| almost ['ɔ:lməʊst] | fast, beinahe |
| dress [dres] | Kleid |
| sea food ['si:fu:d] | Seafood *(Fisch, Meeresfrüchte)* |
| 8 bull's eye ['bʊlzaɪ] | *das Schwarze der Zielscheibe* |
| outer ['aʊtə] | äußere(r, -s) |
| score [skɔ:] | Spielstand |
| point [pɔɪnt] | Punkt |
| treble ['trebl] | dreifache(r, -s) |
| 9 last [lɑ:st] | letzte(r, -s) |
| nearly ['nɪəli] | beinahe, fast |

| | |
|---|---|
| quiet ['kwaɪət] | ruhig |
| to score [skɔ:] | e-n Treffer landen, erfolgreich sein |
| to cheer [tʃɪə] | jubeln |
| 10 Whitby ['wɪtbi] | *Küstenstadt in Nord-Yorkshire* |
| Saturday ['sætədeɪ] | Samstag |
| captain ['kæptɪn] | Mannschaftsführer, Kapitän |
| boat [bəʊt] | Boot, Schiff |
| minibus ['mɪnibʌs] | Kleinbus |
| 11 departure [dɪ'pɑ:tʃə] | Abflug, Abfahrt, Abreise |
| arrival [ə'raɪvl] | Ankunft |
| Munich ['mju:nɪk] | München |
| New Delhi [ˌnju: 'deli] | Neu Delhi |
| Moscow ['mɒskəʊ] | Moskau |
| flight [flaɪt] | Flug |
| 12 disco(theque) ['dɪskəʊ] ['dɪskətek] | Disco(thek) |

## Unit 11

| | |
|---|---|
| 1 We were [wi: 'wɜ:] | Wir waren |
| Cyprus ['saɪprəs] | Zypern |
| was [wɒs] | ich war: er, sie, es war |
| wasn't ['wɒznt] | ich war nicht, er, sie, es war nicht |
| to describe [dɪ'skraɪb] | beschreiben |
| catastrophe [kə'tæstrəfi] | Katastrophe |
| certainly ['sɜ:tnli] | sicherlich, bestimmt |
| shower [ʃaʊə] | Dusche |
| dirty ['dɜ:ti] | schmutzig, dreckig |
| clean [kli:n] | sauber |
| short [ʃɔ:t] | klein (bezogen auf Körpergröße) |
| worth [wɜ:θ] | wert |
| visit ['vɪzɪt] | Besuch |
| camping site ['kæmpɪŋˌsaɪt] | Campingplatz |
| quite [kwaɪt] | ziemlich |
| party [pɑ:ti] | Party |
| next to ['nekstʊ] | (direkt) neben |
| Holland ['hɒlənd] | Holland |
| luckily ['lʌkili] | glücklicherweise |
| Dutch [dʌtʃ] | niederländisch, Niederländer(in), Niederländisch |
| serious ['sɪəriəs] | ernst(haft) |
| to be lucky [bi: lʌki] | Glück haben |
| helpful ['helpfl] | hilfsbereit |
| pleasant ['pleznt] | angenehm |
| Netherlands ['neðələndz] | Niederlande |
| 3 at least [æt 'li:st] | mindestens |
| unpleasant [ʌn'pleznt] | unangenehm |
| travel guide ['trævl gaɪd] | Reiseführer |
| 4 to be wrong with… [bi: 'rɒŋ] | nicht stimmen mit |
| injured ['ɪndʒəd] | verletzt |
| to injure ['ɪndʒə] | verletzen |
| to burn [bɜ:n] | (ver)brennen |
| 5 damaged ['dæmɪdʒd] | beschädigt |
| to damage ['dæmɪdʒ] | beschädigen |
| to loan [ləʊn] | leihen, überlassen |
| 6 two years ago [tu: jɪəz ə'gəʊ] | vor zwei Jahren |
| … ago [ə'gəʊ] | vor (zeitlich) |
| It didn't start well. [ɪt ˌdɪdnt stɑ:t 'wel] | Es fing nicht gut an. |
| started [stɑ:tɪd] | *hier:* fuhr(en, -st) los |
| travelled ['trævld] | reiste(n, -st) |
| to travel ['trævl] | reisen |
| from … to [frɒm … tʊ] | von … bis |
| airport ['eəpɔ:t] | Flughafen |
| didn't have …['dɪdnt hæv] | hatte(n, -st) nicht, hatte(n, -st) kein… |
| wanted ['wɒntɪd] | wollte(n, -st) |
| strike [straɪk] | Streik |
| Heathrow [ˌhi:θ'rəʊ] | *einer der Londoner Flughäfen* |
| delayed [dɪ'leɪd] | verspätet |
| waited ['weɪtɪd] | wartete(n, -st) |
| didn't like …[dɪdnt 'laɪk] | mochte(n, -st) nicht, gefiel…nicht |
| closed [kləʊzd] | geschlossen |
| didn't get [dɪdnt 'get] | bekam(en, -st) nicht |
| arrived [ə'raɪvd] | kam(en, -st) an |
| missed [mɪst] | verpasste(n, -st) |
| connecting flight [kə'nektɪŋ flaɪt] | Anschlussflug |
| checked in [tʃekt 'ɪn] | checkte(n, -st) ein |

| | |
|---|---|
| to check in [tʃek 'ɪn] | (sich) anmelden, einchecken |
| asked about ['ɑ:skt əbaʊt] | fragte(n, -st) nach |
| to ask about ['ɑ:sk əbaʊt] | fragen nach |
| talked [tɔ:kt] | sprach(en, -st) |
| desk [desk] | Schalter |
| plane [pleɪn] | Flugzeug |
| seat [si:t] | Sitzplatz |
| changed [tʃeɪndʒd] | änderte(n, -st) |
| to change [tʃeɪndʒ] | umstellen, (um)ändern |
| ticket [tɪkɪt] | Flug-, Fahrkarte, Fahrschein |
| reserved [rɪ'sɜ:vd] | reservierte(n, -st) |
| to reserve [rɪ'sɜ:v] | reservieren |
| didn't have [dɪdnt 'hæv] | hatte(n, -st) nicht, kein(e) |
| irritated ['ɪrɪteɪtɪd] | irritierte(n, -st) |
| to irritate ['ɪrɪteɪt] | irritieren, (sich) ärgern |
| went [went] | ging(en, -st), lief(en, -st) |
| left [left] | verließ(en, -est) |
| had [hæd] | hatte(n, -st) |
| didn't want [dɪdnt 'wɒnt] | wollte(n, -st) nicht |
| slept [slept] | schlief(en, -st) |
| to sleep [sli:p] | schlafen |
| woke up [wəʊk'ʌp] | wachte(n, -st) auf |
| to wake up [weɪk'ʌp] | aufwachen, aufwecken |
| in time (for) [ɪn 'taɪm] | rechtzeitig (zu) |
| enjoyed [ɪn'dʒɔɪd] | genoss(en, -est) |
| told [təʊld] | erzählte(n, -st) |
| didn't enjoy [dɪdnt ɪn'dʒɔɪ] | genoss(en, -est) nicht |
| usual ['ju:ʒuəl] | normal, üblich, gewöhnlich |
| airline ['eəlaɪn] | Fluggesellschaft |
| said [sed] | sagte(n, -st) |
| perfect ['pɜ:fɪkt] | perfekt |
| gourmet ['gʊəmeɪt] | Feinschmecker |
| ate [et] | aß(en, -est) |
| didn't feel [dɪdnt 'fi:l] | fühlte(n. -st) (sich/dich) nicht… |
| thought [θɔ:t] | dachte(n, -st) |
| to be asleep [bi ə'sli:p] | schlafen |
| saw [sɔ:] | sah(en, -st) |
| typical ['tɪpɪkl] | typisch |
| drank [dræŋk] | trank(en, -st) |
| landed ['lændɪd] | landete(n, -st) |
| to land [lænd] | landen |

Anders als das deutsche *vor* wird **ago** immer nachgestellt: **two days ago** *vor zwei Tagen,* **three weeks ago** *vor drei Wochen,* **ten years ago vor zehn Jahren.**

Erinnern Sie sich noch an die verschiedenen Bedeutungen von **to miss**? Clive benutzt es in der Bedeutung von *verpassen*, es kann aber auch *verfehlen, vermissen* (s. Unit 3) oder *fehlen* (s. Unit 5) heißen.

| | |
|---|---|
| 8 felt [felt] | fühlte(n, -st) (sich) |
| 9 stewardess [ˌstju:ə'des] | Stewardess |
| 10 meeting [mi:tɪŋ] | Konferenz, Treffen |
| to get back [get 'bæk] | zurückkehren |
| editor ['edɪtə] | Redakteur(in) |
| problem ['prɒbləm] | Problem |
| at first [æt 'fɜ:st] | zuerst, anfangs |
| list [lɪst] | Liste |
| medium-priced ['mi:diəm praɪst] | mittlere Preislage |
| Manhattan [mæn'hætn] | *Stadtteil von New York* |
| reservation [ˌrezə'veɪʃn] | Reservierung |
| wouldn't ['wʊdnt] | würde(n, -st) nicht |
| to recommend [ˌrekə'mend] | empfehlen |
| had to [hædtʊ] | musste(n, st) |
| to have to do s.th. [hæv tə 'du:] | etw. tun müssen |
| own [əʊn] | eigene(r) |
| air-conditioning ['eəkənˌdɪʃnɪŋ] | Klimaanlage |
| didn't work [dɪdnt 'wɜ:k] | funktionierte nicht, war kaputt |
| to work [wɜ:k] | *hier:* funktionieren |
| to complain [kəm'pleɪn] | (sich) beschweren |
| couldn't ['kʊdnt] | konnte(n, -st) nicht |
| thought [θɔ:t] | dachte(n, -st) |
| staff [stɑ:f] | Personal |
| gave [geɪv] | gab(en, -st) |
| made [meɪd] | machte(n, -st) |
| could [kʊd] | konnte(n, -st) |
| reasonable ['ri:znəbl] | vernünftig |
| wrote [rəʊt] | schrieb(en, -st), habe(n) geschrieben |

| | |
|---|---|
| Did you visit…? [dɪd jə'vɪzɪt] | Haben Sie … besucht? |
| sight [saɪt] | Sehenswürdigkeit |
| Rockefeller Center ['rɒkəfelə ˌsentə] | *Gebäudekomplex in Manhattan* |
| Empire State Building ['empaɪə 'steɪt bɪldɪŋ] | *Einst höchstes Gebäude der Welt* |
| Bronx [brɒŋks] | *Stadtteil in New York* |
| zoo [zu:] | Zoo |
| Macy's ['meɪsis] | *großes Kaufhaus in New York* |
| world [wɜ:ld] | Welt |
| Fifth Avenue [fɪfθ 'ævənju:] | *noble Einkaufsstraße in New York* |
| to hire [haɪə] | mieten, *hier:* engagieren |
| amateur ['æmətə] | Amateur |
| did [dɪd] | tat(en, -est) |
| They turned out well. [ðeɪ ˌtɜ:nd aʊt 'wel] | Sie sind gut geworden. |
| Take a look. [teɪkə'lʊk] | Schauen Sie mal. |
| took [tʊk] | nahm(en, -est) |

Ein Tipp wie Sie sich in puncto unregelmäßige Verben fit machen können: Schreiben Sie auf die Vorderseite einer Karteikarte jeweils den Infinitiv des Verbs und auf die Rückseite zunächst die Vergangenheitsform und darunter die deutsche Bedeutung. Legen Sie alle Karten mit Verben, die Sie gut beherrschen auf einen Stapel. Bilden Sie einen weiteren Stapel mit Verben, bei denen Sie Schwierigkeiten haben und eventuell einen Stapel mit Verben, die Ihnen besonders schwierig erscheinen. Durch diese Aufteilung haben Sie die Möglichkeit, sich ganz gezielt auf die Verben zu konzentrieren, bei denen es besonders notwendig ist. Vergessen Sie aber nicht, auch die Wörter aus der ersten Gruppe regelmäßig zu wiederholen! Nur durch regelmäßiges Üben werden Sie zum echten Profi.

| | |
|---|---|
| 14 spokeswoman ['spəʊks wʊmən] | Sprecherin |
| NYPD [en'waɪpi:di:] | New York Police Department |
| policewoman [pə'li:swʊmən] | Polizistin |
| crime [kraɪm] | Verbrechen |
| just as ['dʒʌst æz] | genauso…wie |
| tolerant ['tɒlərənt] | tolerant, nachsichtig, geduldig |
| impressive [ɪm'presɪv] | beeindruckend |
| to get off [get 'ɒf] | aussteigen |
| press conference ['presˌkɒnfrəns] | Pressekonferenz |
| success [sək'ses] | Erfolg |
| main [meɪn] | Haupt-… |
| tolerance ['tɒlərəns] | Toleranz, Nachsicht, Duldsamkeit |
| police officer [pə'li:s ɒfɪsə] | Polizeibeamter, -beamtin |
| to go after [gəʊ 'ɑ:ftə] | nachgehen, verfolgen |
| whether ['weðə] | ob |
| violent ['vaɪələnt] | gewalltätig, Gewalt- |
| petty crime [ˌpeti 'kraɪm] | leichte Vergehen, Bagatelldelikte |
| minor misdemeanor ['maɪnə mɪsdɪˌmi:nər] | *hier:* Ordnungswidrigkeit |
| to lead to ['li:d tə] | führen zu |
| to lead ['li:d] | führen |
| criminal [krɪmɪnal] | Straftäter(in), Kriminelle(r) |
| policy ['pɒləsi] | Politik, Vorgehensweise |
| since [sɪns] | seitdem |
| Central Park ['sentrəl ˌpɑ:k] | Central Park *(großer Park in Manhattan)* |
| at night [æt 'naɪt] | nachts |
| station [steɪʃn] | (U-Bahn)Station, -bahnhof |
| to be afraid [bi: ə'freɪd] | Angst haben |
| cop (AE) [kɒp] | Polizist |
| to be able to [bi: 'eɪblə tə] | können, fähig sein, in der Lage sein (etwas zu tun) |
| general ['dʒenrəl] | allgemein |
| part [pɑ:t] | Teil |
| note [nəʊt] | Notiz |

## Unit 12

| | |
|---|---|
| 1 anniversary [ˌænɪ'vɜ:səri] | Jubiläum |
| plan [plæn] | Plan, Vorhaben |
| northwest (of) [ˌnɔ:θ'west əv] | Nordwesten, nordwestlich (von) |
| golden wedding [gəʊldən 'wedɪŋ] | Goldene Hochzeit |
| wedding [wedɪŋ] | Hochzeit |
| born [bɔ:n] | geboren |
| By the way, … ['baɪ ðə weɪ] | Übrigens … |

| | |
|---|---|
| yesterday [jestədi] | gestern |
| won't (= will not) [wəʊnt] | wird nicht, werde(n) nicht, wirst nicht |
| exam(ination) [ig'zæm] [ig,zæmɪ'neɪʃn] | Prüfung |
| to take an exam [teɪk ən ɪg'zæm] | an einer Prüfung teilnehmen |
| they'll (= they will) [ðeɪl] | sie werden |
| mum [mʌm] | *Bezeichnung oder Anrede für „Mutter"* |
| I'll (= I will) [aɪl] | Ich werde |
| to find out [faɪnd 'aʊt] | herausfinden, erfahren |
| we'll (= we will) [wi:l] | wir werden |
| cost [kɒst] | Preis, Kosten |
| Sunday ['sʌndeɪ] | Sonntag |
| fax [fæks] | Fax |
| room [ru:m] | *hier:* Platz |
| What about you two, though? [wɒt əbaʊt ju: 'tu: ðəʊ] | Was ist denn mit euch beiden? |
| to hope [həʊp] | hoffen |

Beachten Sie bitte das unterschiedliche Verb im Deutschen und Englischen bei eine *Prüfung machen* und **to take an exam.**

| | |
|---|---|
| **5** senile ['si:naɪl] | senil |
| video recorder ['vɪdiəʊ rɪ,kɔ:də] | Videorecorder |
| knew [nju:] | wusste(n), wusste(s)t |
| fax machine [fæks mə'ʃi:n] | Faxgerät |
| video film ['vɪdɪəʊ fɪlm] | Videofilm |
| grandchildren ['græntʃɪldrən] | Enkel, Enkelkinder |
| We may be old... [wi: meɪ bi 'əʊld] | Wir mögen vielleicht alt sein ... |
| ourselves [aʊə'selvz] | uns selbst, *hier:* wir |
| to celebrate ['seləbreɪt] | feiern |
| to mean [mi:n] | meinen |
| guest [gest] | Gast |
| to cost a fortune [kɒst ə 'fɔtʃən] | ein Vermögen kosten |
| fortune ['fɔ:tʃən] | Vermögen |
| large [lɑ:dʒ] | groß, umfangreich |
| We're going to ... [wɪər 'gəʊɪŋ tə] | Wir werden ..., haben vor, ...., Wir haben die Absicht, ... |
| dance band ['dɑ:ns bænd] | Tanzkapelle |
| bandleader ['bænd,li:də] | Bandleader |
| favourite ['feɪvrət] | Lieblings- |
| to be right [bi: 'raɪt] | Recht haben |
| to take too long [teɪk 'tu lɒŋ] | zu lange dauern |
| buffet ['bʊfeɪ] | Buffet |
| Everybody can help themselves [evribɒdi kən help ðem'selvz] | Jeder kann sich (selbst) bedienen. |
| an awful lot [æn 'ɔ:flɒt] | fürchterlich viel |
| kind (of you) ['kaɪnd əv ju:] | nett, freundlich (von dir) |
| right now [raɪt'naʊ] | jetzt gleich |
| though [ðəʊ] | dennoch, trotzdem |
| disappointed [,dɪsə'pɔɪntɪd] | enttäuscht |
| colour printer ['kʌlə prɪntə] | Farbdrucker |
| invitation [,ɪnvɪ'teɪʃn] | Einladung |
| £50 a room [fɪfti paʊndz ə 'ru:m] | £50 pro Zimmer |
| Don't worry. [dəʊnt 'wʌri] | Mach dir keine Sorgen! |
| to worry ['wʌri] | sich Sorgen machen |
| weekend [,wi:k'end] | Wochenende |
| glad [glæd] | froh, erfreut |
| ➤ **G** cloud [klaʊd] | Wolke |
| to rain [reɪn] | regnen |
| necessarily ['nesəsərli] | notwendigerweise |
| **7** to book [bʊk] | reservieren |
| party service ['pɑ:ti sɜ:vɪs] | Partyservice |
| snack [snæk] | Imbiss, Snack |
| **9** silly [sɪlɪ] | dumm, albern, blöd |
| That's just it ... [ðæts ,dʒʌst 'ɪt] | Das ist es (doch) gerade ... |
| retired [rɪ'tɑɪəd] | in Rente, im Ruhestand |
| **13** boss [bɒs] | Chef, Boss |
| **15** huge [hju:dʒ] | riesig |
| cosy ['kəʊzi] | gemütlich |
| empty [empti] | leer |
| decorated ['dekəreɪtɪd] | *hier:* geschmückt |
| space [speɪs] | Raum |
| to supply [sə'plaɪ] | liefern |
| busy [bɪzi] | *hier:* voll |
| cynical ['sɪnɪkl] | zynisch |

# Unit 13

| | |
|---|---|
| 1 nowadays ['naʊədeɪz] | heutzutage |
| driving test ['draɪvɪŋ test] | Fahrprüfung |
| sometime ['sʌmtaɪm] | irgendwann |
| just round the corner [dʊʌst raʊnd ðə 'kɔ:nə] | *(ugs.)* gleich um die Ecke, ganz in der Nähe |
| round [raʊnd] | *(Präpostition)* um … herum |
| corner ['kɔ:nə] | Ecke |
| Anyhow … ['enihaʊ] | Übrigens …, Außerdem … |
| until [ʌn'tɪl] | bis |
| except [ɪk'sept] | außer |
| fact [fækt] | Tatsache |
| to stop talking [stɒp 'tɔ:kɪŋ] | aufhören zu sprechen |
| to stop doing s.th. [stɒp du:ɪŋ] | (damit) aufhören, etw. zu tun |
| simply [sɪmpli] | einfach |
| you'll have to (= you will have to) [ju:l 'hæv tə] | du wirst müssen |
| to accept [ək'sept] | akzeptieren |
| and that's that [ænd ˌðæts 'dæt] | und damit basta |
| democratic [ˌdemə'krætɪk] | demokratisch |
| lesson ['lesn] | Unterrichtsstunde |
| to borrow ['bɒrəʊ] | (ent)leihen, sich (aus)leihen |
| I'm sorry, but … [aɪm 'sɒri bʌt] | Es tut mir leid, aber … |
| law [lɔ:] | Gesetz |
| to argue ['ɑ:gju:] | (sich) streiten, zanken |
| unfair [ˌʌn'feə] | unfair |
| to redecorate [ri:'dekəreɪt] | renovieren |
| soon [su:n] | bald |
| to teach [ti:tʃ] | unterrichten, lehren, beibringen |
| to take a test [teɪk ə 'test] | eine Prüfung machen |
| practice ['præktɪs] | *hier:* Fahrpraxis |
| safe ['seɪf] | sicher |
| to think of s.th. [θɪŋk əv] | an etw. denken |

Im Englischen gibt es zwei verschiedene Wörter für *leihen:* **to borrow** wird nur im Sinne von *sich etw. ausleihen* gebraucht, während **to lend** dem deutschen *verleihen* entspricht. Möchte man sich also z. B. ein Buch ausleihen, könnte man sagen **Can I borrow this book?** *Kann ich mir dieses Buch (aus)leihen?* oder **Can you lend me this book?** *Kannst du mir dieses Buch leihen?*

| | |
|---|---|
| 4 garage ['gærɑ:ʒ] | Werkstatt |
| concert ['kɒnsət] | Konzert |
| EU (= European Union) [i: 'ju:] | Europäische Union |
| visa ['vi:zə] | Visum |
| Russia ['rʌʃə] | Russland |

Im Zusammenhang mit dem Begriff *Europäische Gemeinschaft* stößt man auch oft auf die Abkürzung EEC (European Economic Community, zu Deutsch *EWG* oder *Europäische Wirtschaftsgemeinschaft).*

| | |
|---|---|
| 5 to discuss [dɪ'skʌs] | besprechen, diskutieren über |
| answer ['ɑ:nsə] | Antwort |
| surely ['ʃɔ:li] | sicher(lich), gewiss |
| mad [mæd] | verrückt |
| suggestion [sə'dʒestʃən] | Vorschlag |
| in a way [ɪn ə 'weɪ] | in gewisser Weise, irgendwie |
| thought [θɔ:t] | Gedanke |
| head [hed] | Kopf |
| ambition [æm'biʃn] | Ambition, Ziel; Ehrgeiz |
| to be allowed to [bi ə'laʊd] | dürfen |
| to confirm [kən'fɜ:m] | bestätigen |
| as soon as [æs 'su:n əs] | sobald |
| have become [hæv bɪ'kʌm] | ist, sind geworden |
| crowded [kraʊdɪd] | überfüllt |
| Caribbean [ˌkærə bi:ən] | Karibik |
| Florida ['flɒrɪdə] | Florida |
| to be right about [bi 'raɪt əbaut] | Recht haben in Bezug auf |
| possibly ['pɒsəbli] | möglicherweise, vielleicht |
| we couldn't possibly [wi kʊdnt 'pɒsəbli] | wir könnten unmöglich |
| to afford [ə'fɔ:d] | sich leisten |
| trained [treɪnd] | ausgebildet |
| driving instructor ['draɪvɪŋ ɪn'strʌktə] | Fahrlehrer(in) |
| to pass a test ['pɑ:s ə test] | eine Prüfung bestehen |
| over [əʊvə] | über |

| | |
|---|---|
| to allow [ə'laʊ] | erlauben |
| to accompany [a'kʌmpəni] | begleiten |
| learner driver ['lɜ:nə ˌdraɪvə] | Fahrschüler |
| Times are changing. [ˌtaɪmz ɑ: 'tʃeɪndʒɪŋ] | Die Zeiten ändern sich. |
| sensible ['sensəbl] | vernünftig |
| to save [seɪv] | sparen; retten |
| condition [kən'dɪʃn] | Bedingung |
| chance [tʃɑ:ns] | Chance, Gelegenheit |

Vorsicht falscher Freund: das Wörtchen **sensible** bedeutet im Englischen *vernünftig.* Das englische Wort für *sensibel* ist **sensitive.**

7

| | |
|---|---|
| parking problem ['pɑ:kɪŋ prɒbləm] | Parkproblem |
| reason [ri:sən] | Grund, Begründung |

8

| | |
|---|---|
| change [tʃeɪndʒ] | Veränderung, Wechsel |

9

| | |
|---|---|
| to move [mu:v] | bewegen, *hier:* wegfahren |
| Give Way sign [gɪv 'weɪ] | Vorfahrtsschild |
| Halt sign ['hɔ:lt saɪn] | Stoppschild |
| according to [ə 'kɔ:dɪŋ tu] | entsprechend, gemäß |
| for example [fər ɪg'zɑ:mpl] | zum Beispiel |
| example [ɪg'zɑ:mpl] | Beispiel |
| wet [wet] | nass |
| truck [trʌk] | Lastwagen |
| to overtake [ˌəʊvə'teɪk] | überholen |
| notice ['nəʊtɪs] | *hier:* Schild |
| to take away [teɪk ə'weɪ] | *hier:* abschleppen |

11

| | |
|---|---|
| to feed [fi:d] | füttern |
| shopping bag ['ʃɒpɪŋ bæg] | Einkaufstasche |
| grass [grɑ:s] | Gras |
| hard hat ['hɑ:d hæt] | Schutzhelm |

12

| | |
|---|---|
| (tax) accountant ['tæksəˌkaʊntənt] | Steuerberater |

13

| | |
|---|---|
| rain [reɪn] | Regen |
| weather ['weðə] | Wetter |
| sunshine ['sʌnʃaɪn] | Sonnenschein |
| Friday [fraɪdeɪ] | Freitag |
| traffic [træfɪk] | Verkehr |
| area ['eəriə] | Gebiet |
| heavy ['hevi] | schwer, *hier:* stark |
| is expected [ɪz ɪk'spektɪd] | wird erwartet |
| to expect [ɪk'spekt] | erwarten |
| main road ['meɪnrəʊd] | Hauptverkehrsstraße |
| ferry port ['feri ˌpɔ:t] | Fährhafen |
| particularly [pə'tɪkjʊləli] | besonders |
| delay [di'lei] | *hier:* Behinderung |
| bridge [brɪdʒ] | Brücke |
| toll machine [təʊl mə'ʃi:n] | Mautautomat |
| to avoid [a'vɔɪd] | vermeiden |
| journey ['dʒɜ:ni] | Reise |
| northbound [nɔ:θbaʊnd] | in Richtung Norden |
| carriageway ['kærɪdʒweɪ] | Fahrbahn |
| will be reduced [wɪlbi:rɪ'dju:st] | wird reduziert |
| lane [leɪn] | Fahrspur |
| junction ['dʒʌŋkʃən] | *hier:* Ausfahrt |
| bridge repairs ['brɪdʒ rɪpeəz] | Brückenreparaturarbeiten |
| motorway ['məʊtəweɪ] | Autobahn |
| south [saʊθ] | Süden, südlich |
| horse racing ['hɔ:s reɪsɪŋ] | Pferderennen |
| road works ['rəʊd wɜ:ks] | Straßenarbeiten |
| minister ['mɪnɪstə] | Minister |
| further ['fɜ:ðə] | weitere(r) |
| headline ['hedlaɪn] | Schlagzeile |

Wie Sie sicher wissen, werden Geschwindigkeit und Entfernung in den meisten englischsprachigen Ländern in Meilen gemessen. Eine Meile entspricht ungefähr 1,6 Kilometer. Eine Geschwindigkeit von 50 Meilen in der Stunde (abgekürzt mph = miles per hour) ist also so viel wie etwa 80 Stundenkilometer.

## Unit 14

1

| | |
|---|---|
| to do s.o. a favor [du: sʌmwʌn ə 'feɪvə] | j-m e-n Gefallen tun |
| favor (AE) [feɪvər] | Gefallen |
| favour (BE) [feɪvə] | Gefallen |
| honey ['hʌni] | *hier als Kosename* |
| to stop by [stɒp 'baɪ] | *(ugs.)* vorbeischauen |
| I'd (= I would) do it myself... [aɪd du:ɪt maɪ'self] | Ich würde es selbst tun... |
| class [klɑ:s] | Schulklasse |

| | |
|---|---|
| plenty of … ['plentiəv] | viel, jede Menge … |
| freezer [fri:zə] | Tiefkühltruhe |
| dozen ['dʌzn] | Dutzend |
| fresh [freʃ] | frisch |
| to invite [ɪn'vaɪt] | einladen |
| else [els] | sonst noch; anderes |
| soft drinks ['sɒft drɪŋkz] | nicht-alkoholische Getränke |
| to be … left [bi: left] | übrig sein |
| to have … left [hæv left] | übrig haben |
| later on [leɪtər'ɒn] | *(ugs.)* etwas später, nach einer Weile |
| anything else ['eniθiŋ els] | (sonst) noch etwas |
| sauce [sɔ:s] | Soße |
| Fourth of July [fɔ:θ əv dʒ'laɪ] | *amerikanischer Nationalfeiertag* |
| to be off [bi: 'ɒf] | *hier:* weggehen |
| to be late [bi: 'leɪt] | zu spät kommen |

Weitere Informationen zu New Hampshire können Sie übrigens im Internet unter folgender Adresse finden: www.state.nh.us/ . Eine weitere interessante Website zu einem der Neuengland-Staaten ist: www.masstourist.com/ .

| | |
|---|---|
| **2** next-door neighbor (AE) [ˌnekstdɔ: 'neɪbə] | unmittelbarer Nachbar |
| cold [kəʊld] | kalt |
| **4** store (AE) [stɔ:] | Geschäft, Laden |
| parking lot ['pɑ:kɪŋ lɒt] | (einzelner) Parkplatz |
| cupboard ['kʌbəd] | (Geschirr)schrank |
| to store [stɔ:] | lagern, aufbewaren |
| below [bɪ'ləʊ] | unter |
| each other [ˌi:tʃ 'ʌðə] | einander, gegeneinander |
| alcohol ['ælkəhɒl] | Alkohol |
| adverb ['ædvɜ:b] | Adverb |
| opposite ['ɒpəzɪt] | Gegenteil |
| **6** to employ [ɪm'plɔɪ] | beschäftigen, anstellen |
| **7** mine [maɪn] | meine(r, -s) |
| service [sɜ:vɪs] | *hier:* Kundendienst |
| forgot [fə'gɒt] | vergaß(en, -est) |
| yours [jɔ:z] | deine(r, -s); Ihre(r, -s); eure(r, -s) |

| | |
|---|---|
| for heaven's sake [fə 'hevnz seɪk] | um Himmelswillen |
| his [hɪz] | seine(r, -s) |
| hers [hɜ:z] | ihre(r, -s) |
| to expect s.o. to do s.th. [ɪk'spekt] | von j-m erwarten, dass er, sie etw. tut |
| theirs [ðeəz] | ihre(r, -s) |
| bike [baɪk] | Fahrrad |
| **8** probably ['prɒbəbli] | wahrscheinlich |
| In the end [in ði 'end] | am Ende, schließlich |
| ➤ **G** ours ['aʊəz] | unsere(r, -s) |
| **11** history ['hɪstri] | Geschichte |
| independence [ˌɪndɪ'pendəns] | Unabhängigkeit |
| is called [ɪz 'kɔ:ld] | wird genannt |
| was owned [wɒs 'əʊnd] | war Besitz von |
| to own [əʊn] | besitzen |
| settler ['setlə] | Siedler |
| had no say [hæd nəʊ 'seɪ] | hatten nichts zu sagen |
| were governed [wɜ: 'gʌvnd] | wurden regiert |
| to govern ['gʌvn] | regieren |
| war [wɔ:] | Krieg |
| were defeated [wɜ: dɪ'fi:tɪd] | wurden besiegt |
| to defeat [dɪ'fi:t] | besiegen |
| colonists ['kɒlənɪst] | Kolonisten |
| were driven out [wɜ: drɪvn 'aʊt] | wurden vertrieben |
| to drive out [draɪv 'aʊt] | vertreiben |
| declaration [ˌdeklə'reɪʃn] | Erklärung |
| to declare [dɪ'kleə] | erklären; deklarieren *(Zoll)* |
| colony ['kɒləni] | Kolonie |
| east (of) ['i:st əv] | östlich (von), Ost- |
| nation [neɪʃn] | Nation |
| was born [wɒz 'bɔ:n] | wurde geboren |
| is celebrated [ɪz 'seləbreɪtɪd] | wird gefeiert |
| firework ['faɪəwɜ:k] | Feuerwerk |
| display [dɪ'spleɪ] | *hier:* Darbietung |
| are put on [a: pʊt 'ɒn] | werden veranstaltet |
| to put on [pʊt 'ɒn] | *hier:* veranstalten |
| public ['pʌblɪk] | öffentlich |
| park [pɑ:k] | Park |
| parade [pa'reɪd] | Parade, Umzug |
| are held [a: 'held] | werden (ab)gehalten, werden organisiert |
| to hold [həʊld] | halten; abhalten, organisieren |

| | |
|---|---|
| patriotic [pætri'ɒtɪk] | patriotisch |
| speech [spi:tʃ] | Rede |
| are given [ɑ: 'gɪvn] | werden gegeben |
| politician [ˌpɒlə'tɪʃn] | Politiker |
| religion [rɪ'lɪdʒən] | Religion |
| culture ['kʌltʃə] | Kultur |
| are united [ɑ: ju'naɪtɪd] | werden vereint |
| to unite [ju'naɪt] | vereinen |
| Thanksgiving Day [θæŋks 'gɪvɪŋ deɪ] | Erntedankfest |
| to spend [spend] | (Zeit) verbringen; (Geld) ausgeben |
| spread [spred] | verstreut |
| to live abroad [lɪv ə'brɔ:d] | im Ausland leben |
| abraod [ə 'brɔ:d] | im Ausland, ins Ausland |
| are arranged [ɑ: ə'reɪndʒd] | werden arrangiert, werden vereinbart |
| to arrange [ə'reɪndʒ] | arrangieren, vereinbaren |
| turkey ['tɜ:ki] | Truthahn |
| is eaten [ɪz 'i:tn] | wird gegessen |
| dinner ['dɪnə] | Hauptmahlzeit, Festtagsessen |
| climax ['klaɪmæks] | Höhepunkt |

| | |
|---|---|
| million ['mɪljən] | Million |
| billion ['bɪljən] | Milliarde |
| trillion ['trɪljən] | Trillion |
| **12** to pick out [pɪk 'aʊt] | heraussuchen |
| **15** are made [ɑ: 'meɪd] | werden gemacht |
| to pick up [pɪk 'ʌp] | abholen |
| is spoken [ɪz 'spəʊkən] | wird gesprochen |
| were bought [wɜ: 'bɔ:t] | wurden gekauft |
| computer chip [kəm'pju:tə ˌtʃɪp] | Computerchip |
| chauffeur ['ʃəʊfə] | Chauffeur |
| firm [fɜ:m] | Firma |
| curry ['kʌri] | Curry(gericht) |
| **17** announcement [ə'naʊnsmənt] | Durchsage, Ankündigung, Bekanntmachung |
| passenger ['pæsɪndʒə] | Passagier, Fluggast |
| call [kɔ:l] | *hier:* Aufruf |
| gate [geɪt] | Flugsteig |
| boarding card ['bɔ:dɪŋ kɑ:d] | Bordkarte |
| to remind s.o. [rɪ'maɪnd] | j-n erinnern |
| security reasons [sɪ'kjʊərəti ri:znz] | Sicherheitsgründe |
| to leave [li:v] | *hier:* liegen lassen |
| baggage ['bægɪdʒ] | Gepäck |
| unattended [ˌʌnə'tendɪd] | unbeaufsichtigt |
| to repeat [rɪ'pi:t] | wiederholen |
| due to take off (at) [dju: tə teɪk 'ɒf æt] | planmäßiger Abflug (um) |
| due [dju:] | zeitlich fällig, *hier:* planmäßig |
| to join [dʒɔɪn] | *hier:* sich anschließen |
| plate [pleɪt] | *hier:* Nummernschild |
| to remove [rɪ'mu:v] | entfernen |
| immediately [ɪ'mi:diətli] | sofort |
| to block [blɒk] | blockieren |
| emergency exit [ɪ'mɜ:dʒənsi] | Notausgang |
| technical fault ['teknɪkl ˌfɔ:lt] | technischer Fehler |
| fault [fɔ:lt] | Fehler |

## Unit 15

| | |
|---|---|
| **1** population [ˌpɒpju'leɪʃn] | Bevölkerung, Einwohner(zahl) |
| northern ['nɔ:ðn] | nördlich |
| Victoria [vɪk'tɔ:riə] | *Bundesstaat in SO-Australien* |
| labrador ['læbrədɔ:] | Labrador *(Hunderasse)* |
| grandfather ['grændfɑ:ðə] | Großvater |
| to emigrate ['emɪgreɪt] | auswandern, emigrieren |
| nurse [nɜ:s] | Krankenschwester, Krankenpfleger(in) |
| originally [ə'rɪdʒnəli] | ursprünglich |
| has been in Australia since 1828 [hæz 'bi:n ɪn ɒˌstreɪliə sɪns ˌeɪ'ti:n 'twenti'eɪt] | (sie) ist seit 1828 in Australien |
| marriage (to) ['mærɪdʒ] | Heirat; Ehe (mit) |
| Flying Doctor Service [flaɪɪŋ 'dɒktə sɜ:vɪs] | ärztliche Hilfe aus der Luft (in ländlichen Gebieten Australiens) |
| housewife [haʊswaɪf] | Hausfrau |
| strange [streɪndʒ] | seltsam, sonderbar, fremd |
| between [bɪ'twi:n] | zwischen |

| | |
|---|---|
| … say … [seɪ] | *hier:* … sagen wir (einmal) … |
| Melbourne ['melbən] | *Hauptstadt des Bundesstaates Victoria (zweitgrößte Stadt des Landes)* |
| to surround [sə'raʊnd] | umgeben |
| close meshed ['kləʊz meʃt] | engmaschig |
| wire fence [ˌwaɪə 'fens] | Drahtzaun |
| fence [fens] | Zaun |
| edge [edʒ] | Rand, Kante |
| bush [bʊʃ] | Busch *(Das trockene Innere von Australien wird oft als* **bush** *oder* **outback** *bezeichnet)* |
| especially [ɪ'speʃli] | besonders; insbesondere |
| snake [sneɪk] | Schlange |

Nach wie vor ist der fünfte Kontinent ein Einwanderungsland. Doch während früher die Neuankömmlinge überwiegend aus Europa kamen, sind es heute vor allem Zuwanderer aus dem asiatischen Raum, die sich in Australien niederlassen.

| | |
|---|---|
| Turkey [tɜ:ki] | Türkei |
| Switzerland ['swɪtsələnd] | Schweiz |
| Basle [bɑ:l] | Basel |
| Hanover ['hænəʊvə] | Hannover |
| Constance ['kɒnstəns] | Konstanz |
| Cologne [kə'ləʊn] | Köln |
| Nuremberg ['njʊərəmbɜ:g] | Nürnberg |
| Vienna [vi'enə] | Wien |
| Bavaria [bə'veəriə] | Bayern |
| North Rhine-Westphalia [nɔ:θ raɪn west'feɪliə] | Nordrhein-Westfalen |
| Rhineland-Palatinate ['raɪnlænd pəˌlætɪnət] | Rheinland-Pfalz |
| Lake Constance [leɪk 'kɒnstəns] | Bodensee |
| lake [leɪk] | See |
| Danube ['dænju:b] | Donau |
| Franconia [fræŋ'kəʊniə] | Franken |
| Baltic Sea [ˌbɔ:ltɪk 'si:] | Ostsee |
| Rhine [raɪn] | Rhein |
| Swabia ['sweɪbiə] | Schwaben |

| | |
|---|---|
| **2** New South Wales [ˌnju: saʊθ 'weɪlz] | *australischer Bundesstaat* |

| | |
|---|---|
| **4** to help [help] | helfen |
| to cut [kʌt] | schneiden |
| to prepare [prɪ'peə] | vorbereiten; zubereiten |
| dressing [dresɪŋ] | Salatsoße |
| I've (= I have) just finished … [aɪv dʒʌst 'fɪnɪʃt] | Ich habe gerade … fertig gemacht |
| to finish [fɪnɪʃ] | erledigen, fertig machen |
| just [dʒʌst] | gerade (eben) |
| salad bowl ['sæləd ˌbəʊl] | Salatschüssel |
| bowl [bəʊl] | Schüssel, Schale |
| Where has Will gone? [weə həz wɪl 'gɒn] | Wo ist Will hingegangen? |
| gone [gɒn] | gegangen |
| seen [si:n] | gesehen |
| to hear (heard, heard) [hɪə] [hɜ:d] [hɜ:d] | hören |
| told [təʊld] | erzählt |
| Playing out there alone… [pleɪɪŋ aʊt ðeər ə'ləʊn] | Da draußen alleine zu spielen … |
| alone [ə'ləʊn] | alleine |
| far too … [fɑ: tu:] | viel zu … |
| dangerous ['deɪndʒərəs] | gefährlich |
| to bark [bɑ:k] | bellen |
| to sound [saʊnd] | klingen, sich anhören |
| excited [ɪk 'saɪtɪd] | aufgeregt |

Genau wie bei der Bildung des Passiv (siehe Unit 14) benötigen Sie auch beim **present perfect** die 3. Form des jeweiligen Verbs. Diese Form wird auch **past participle** genannt. Wie Sie wissen wird sie bei regelmäßigen Verben durch Anhängen von **-ed** gebildet **(to finish – finished)**. Bei unregelmäßigen Verben gibt man üblicherweise die jeweilige **past tense** und **past participle** (3. Form) immer gleich mit an (**to go – went – gone**). Die beiden Formen können unterschiedlich oder gleich (**to hear – heard – heard**) sein.

| | |
|---|---|
| **6** dishes ['dɪʃɪz] | Geschirr |
| delicious [dɪ'lɪʃəs] | köstlich |
| to repair [rɪ'peə] | reparieren |
| ➤**G** for [fɔ:] | seit |
| so far [səʊ 'fɑ:] | bisher |

| | |
|---|---|
| already [ɔ:l 'redi] | schon |
| ever ['evə] | jemals |
| **7** several ['sevrəl] | mehrere |
| **8** to bite (bit, bitten) [baɪt] [bɪt] ['bɪtn] | beißen |
| bite [baɪt] | Biss |
| back garden ['bæk gɑ:dn] | Garten |
| to treat [tri:t] | behandeln |
| has been taken to [hæz bi:n teɪkən tu] | ist zu … gebracht worden, wurde zu … gebracht |
| has been bitten [hæz bi:n 'bɪtn] | ist gebissen worden, wurde gebissen |
| hand [hænd] | Hand |
| to recover (from) [rɪ'kʌvə] | sich erholen (von) |
| completely [kəm'pli:tli] | gänzlich, völlig |
| normally ['nɔ:məli] | normalerweise |
| to check [tʃek] | überprüfen |
| have been repaired [hæv bi:n rɪ'peəd] | sind repariert worden, wurden repariert |
| to owe s.th. to s.o. / to owe s.o. s.th. [əʊ] | j-m etw. schulden, *hier:* j-m etw. verdanken |
| has been attacked [hæz bi:n ə'tækt] | ist angegriffen worden, wurde angegriffen |
| to attack [ə'tæk] | angreifen |
| journalists have been told ['dʒɜ:nəlɪsts hæv bi:n 'təʊld] | den Journalisten wurde mitgeteilt |
| state [steɪt] | Bundesland; Staat |
| government ['gʌvnment] | Regierung |
| to plan [plæn] | planen |
| campaign [kæm'peɪn] | Kampagne; Feldzug |
| media ['mi:diə] | Medien |
| **10** driven [drɪvn] | gefahren |
| accident ['æksɪdənt] | Unfall |
| to forbid (forbade, forbidden) [fə'bɪd] [fə'bæd] [fə'bɪdn] | verbieten |
| land [lænd] | Land |
| to sell (sold, sold) [sel] [səʊld] [səʊld] | verkaufen |
| travel company ['trævl,kʌmpəni] | Reiseveranstalter |
| company ['kʌmpəni] | Gesellschaft |
| **12** a couple of [ə 'kʌpl əv] | ein paar, einige |
| **13** argument ['ɑ:gjumənt] | Streit |
| group [gru:p] | Gruppe |
| among [ə'mʌŋ] | (mitten) unter, zwischen |
| Asia ['eɪʃə] | Asien |
| **15** flying [flaɪɪŋ] | fliegend |
| to fly (flew, flown) [flaɪ] [flu:] [fləʊn] | fliegen |
| sheep (*Pl.:* sheep) [ʃi:p] | Schaf |
| station [steɪʃn] | *australische Bez. für die großen Vieh- und Schaffarmen im Landesinneren* |
| populated [pɒpjuleɪtɪd] | besiedelt |
| outback ['aʊtbæk] | Outback *(Bez. für das Landesinnere Australiens)* |
| Great Dividing Range [greɪt dɪ'vaɪdɪŋ reɪndʒ] | Kette von Hochplateaus in Südostaustralien |
| all the time [ɔ:l ðə 'taɪm] | ständig, die ganze Zeit |
| boarding school ['bɔ:dɪŋ sku:l] | Internat |
| Sydney ['sɪdni] | *Hauptstadt des Bundesstaates New South Wales* |
| Hesse [hes] | Hessen |
| as well [æz'wel] | auch, sowie, ebenso |
| foot [fʊt] | Fuß |
| to hurt (hurt, hurt) [hɜ:t] | wehtun; verletzen |
| medical ['medɪkl] | Medizin-, medizinisch |
| to climb out [klaɪm 'aʊt] | herausklettern, heraussteigen |
| case [keɪs] | Fall |
| poisoning ['pɔɪznɪŋ] | Vergiftung |
| while [waɪl] | während |
| to break (broke, broken) [breɪk] [brəʊk] ['brəʊkən] | (zer)brechen |
| properly ['prɒpəli] | richtig |
| to press [pres] | drücken |
| ankle ['æŋkl] | Knöchel |
| swollen ['swəʊlən] | geschwollen |
| nasty ['nɑ:sti] | unangenehm, schrecklich |
| sprain [spreɪn] | Verstauchung, Verrenkung |
| to bind (bound, bound) [baɪnd] [baʊnd] [baʊnd] | (ver)binden |
| to rest [rest] | ausruhen |

| | |
|---|---|
| swelling [swelɪŋ] | Schwellung, Beule |
| to go down [gəʊ 'daʊn] | *hier:* zurückgehen |
| to lie (lay, lain) [laɪ] [leɪ] [leɪn] | liegen |
| to keep up [ki:p 'ʌp] | aufrecht erhalten, *hier:* hoch halten |
| possible ['pɒsəbl] | möglich |
| to promise ['prɒmɪs] | versprechen |
| to fall off (fell, fallen) [fɔ:l 'ɒf] [fel] [fɔ:l ən] | herunterfallen |

**18**

| | |
|---|---|
| loud [laʊd] | laut |

**19**

| | |
|---|---|
| marathon ['mærəθən] | Marathon |
| although [ɔ:l'ðəʊ] | obwohl, obgleich |
| ready ['redi] | fertig, bereit |
| to belong [bɪ'lɒŋ] | gehören |

**21**

| | |
|---|---|
| interested in ['ɪntrəstɪd ɪn] | interessiert an |
| Olympics [ə'lɪmpɪks] | Olympische Spiele |
| continent ['kɒntɪnənt] | Kontinent, Erdteil |
| to phone [fəʊn] | anrufen |

**23**

| | |
|---|---|
| urgent ['ɜ:dʒənt] | dringend |
| blood group ['blʌd gru:p] | Blutgruppe |
| to contact['kɒntækt] | *hier:* sich in Verbindung setzen mit |
| to tour [tʊə] | eine Rundreise machen |
| motorbike ['məʊtəbaɪk] | Motorrad |
| whereabouts [ˌweərə'baʊts] | Aufenthaltsort |
| code [kəʊd] | Vorwahl |
| taxi-driver ['tæksidraɪvə] | Taxifahrer |
| motor-cycling holiday ['məʊtəsaɪklɪŋ hɒlədeɪ] | Motorradurlaub |
| motorcycle ['məʊtəsaɪkl] | Motorrad |

Mehr Informationen zu Australien finden Sie unter folgender Adresse: **Australian Tourist Commission**, Neue Mainzer Straße 22, 60311 Frankfurt/M. oder im Internet unter: www.atc.net.au

## Unit 16

**1**

| | |
|---|---|
| ferry ['feri] | Fähre |
| to interview ['ɪntəvju:] | interviewen |
| means of travel [mi:nz əv 'trævl] | Reisemöglichkeiten |
| express [ɪk'spres] | Express-, Schnell- |
| coach [kəʊtʃ] | Reisebus |
| comfortable ['kʌmftəbl] | bequem |
| carrier ['kæriə] | *hier:* Fluggesellschaft, *wörtl.:* Beförderer |
| to charge [tʃɑ:dʒ] | als Bezahlung verlangen, berechnen |
| fare [feə] | Fahrpreis, Fahrgeld |
| in-flight services [ɪn'flaɪt sɜ:vɪsɪz] | Service an Bord |
| ... and that's it. [ænd 'ðætsɪt] | ... und das ist alles. |
| bitter ['bɪtəli] | bitter, verbittert |
| baby changing-table [beɪbi 'tʃeɪndʒɪŋteɪbl] | Wickeltisch |
| on board [ɒn 'bɔ:d] | an Bord |
| to pass through [pɑ:s 'θru:] | durchfahren, durchqueren |
| tunnel [tʌnl] | Tunnel |
| motorway service area [məʊtəweɪ 'sɜ:vɪs eəriə] | Autobahnraststätte |
| lift [lɪft] | Mitfahrgelegenheit |
| offer ['ɒfə] | Angebot |
| suddenly ['sʌdnli] | plötzlich |
| to touch [tʌtʃ] | anfassen, berühren |
| to imagine [ɪ'mædʒɪn] | sich vorstellen |
| hitch-hiking ['hɪtʃhaɪkɪŋ] | per Abhalter fahren |
| side of the road [saɪd əv ðə 'rəʊd] | Straßenrand |
| to take notice of s.o. [teɪk 'nəʊtɪs əv] | j-n beachten |
| cycling [saɪklɪŋ] | Radfahren |
| frightening ['fraɪtnɪŋ] | beängstigend, erschreckend |
| to suppose [sə'pəʊz] | annehmen, vermuten |
| to be used to [bi: 'ju:zd tə] | an etwas gewöhnt sein |
| cyclist ['saɪklɪst] | Radfahrer |
| near miss ['nɪəmɪs] | Beinahe-Unfall |
| to get annoyed with s.o. [get ə'nɔɪd] | sich über j-n ärgern |
| tailback ['teɪlbæk] | (Rück-)Stau |

**2**

| | |
|---|---|
| low [ləʊ] | niedrig |
| holidaymaker ['hɒlədeɪmeɪkə] | Urlauber(in) |

**5**

| | |
|---|---|
| what on earth ['wɒt ɒn ɜ:θ] | was um alles in der Welt |
| earth [ɜ:θ] | Erde, Welt |
| lovely ['lʌvli] | (wunder)schön, reizend |
| flower ['flaʊə] | Blume |

**6**

| | |
|---|---|
| to brake [breɪk] | bremsen |

**to brake** *bremsen* – **to break (broke, broken)** *(zer)brechen:* beide Verben werden gleich ausgesprochen. Ebenso verhält es sich mit den dazu gehörigen Substantiven **brake** *Bremse* und **break** *Unterbrechung, Pause.*

**7**

| | |
|---|---|
| bus-stop ['bʌsstɒp] | Bushaltestelle |
| spring [sprɪŋ] | Frühling |
| to become ill [bɪˌkʌm'ɪl] | krank werden |
| thief (*Pl.* thieves) [θi:f] [θi:vz] | Dieb |
| to break into [breɪk 'ɪntu:] | einbrechen |
| value ['vælju:] | Wert |
| to catch (caught, caught) [kætʃ] [kɔ:t] | fangen |
| tube [tju:b] | Rohr, Röhre; *hier: Bez. für Londoner U-Bahn* |
| to cycle [saɪkl] | Rad fahren |
| to fight (fought, fought) [faɪt] [fɔ:t] | (be)kämpfen |

**9**

| | |
|---|---|
| explosion [ɪk'spləʊʒn] | Explosion |
| at once [æt 'wʌns] | sofort |
| freeway ['fri:weɪ] | Schnellstraße |
| to snow [snəʊ] | schneien |
| to die [daɪ] | sterben |

**10**

| | |
|---|---|
| extract ['ekstrækt] | Auszug |
| to point out [pɔint 'aʊt] | hinweisen auf |
| to mention ['menʃn] | erwähnen |

**12**

| | |
|---|---|
| to inform [ɪn'fɔ:m] | benachrichtigen, informieren |
| to think (thought, thought) [θɪŋk] [θɔ:t] [θɔ:t] | *hier:* meinen |

**13**

| | |
|---|---|
| biker ['baɪkə] | Motorradfahrer(in) |
| a kind of [ə 'kaɪnd əv] | eine Art |
| uniform ['ju:nɪfɔ:m] | Uniform |
| maybe ['meɪbi] | vielleicht |
| threatened ['θretnd] | bedroht |

**14**

| | |
|---|---|
| to remark [rɪ'mɑ:k] | bemerken, äußern |

Das deutsche Wort *bemerken* hat im Englischen verschiedene Entsprechungen. In der Bedeutung von *eine Bemerkung machen* sagt man **to remark** oder auch **to mention.** *Bemerken* im Sinne von *etwas bzw. jemand, der einem auffällt, bemerken* bedeutet **to notice.**

**15**

| | |
|---|---|
| spokesman ['spəʊksmən] | Sprecher |
| female ['fi:meɪl] | weiblich |
| court [kɔ:t] | *hier:* Gericht |
| to get past [get pɑ:st] | vorbeikommen an |

## Unit 17

**1**

| | |
|---|---|
| unique [ju'ni:k] | einmalig, einzigartig |
| whose [hu:z] | *(Relativpronomen)* dessen, deren |
| to grow (grew, grown) [grəʊ] | (an)wachsen |
| challenge [tʃælɪndʒ] | Herausforderung |
| to dream [dri:m] | träumen |
| Come off it. [kʌm 'ɒf ɪt] | Lass es sein; Hör auf damit. |
| yourself [jɔ:'self] | du, dir, dich (selbst) |
| ourselves [aʊə'selvz] | wir, uns (selbst) |
| States [steɪts] | kurz für „United States" |
| California [kæləfɔ:niə] | Kalifornien |
| myself [maɪ'self] | mir, mich (selbst) |
| to joke [dʒəʊk] | scherzen, Witze machen |
| I can't possibly … [aɪ kɑ:nt 'pɒsəbli] | Ich kann unmöglich … |
| interior designer [ɪnˌtɪəriə 'dekəreɪtə] | Innenarchitekt(in) |
| all over again [ɔ:l 'əʊvər əgen] | völlig neu |
| convenient [kən'vi:niənt] | bequem, zweckdienlich |
| absolute ['æbsəlu:t] | absolut |

| | |
|---|---|
| nonsense ['nɒnsəns] | Unsinn |
| himself [hɪm'self] | sich (selbst) |
| … in the way … [ɪn ðə 'weɪ] | auf die Art, … so wie |
| … if we moved … [ɪf wi: 'mʊ:vd] | wenn wir umziehen würden |
| to move [mu:v] | *hier:* umziehen |
| theoretical [ˌθɪə'retɪk] | theoretisch |
| to slip (out) [slɪp'aʊt] | (heraus)schlüpfen; *hier:* (heraus)rutschen |
| themselves [ðəm'selvz] | (sie) sich (selbst) |
| to respect [rɪ'spekt] | respektieren, achten |
| to be willing [bi: 'wɪlɪŋ] | bereit, willens sein |
| to compromise ['kɒmprəmaɪz] | Kompromisse schließen |
| responsible [rɪ'spɒnsəbl] | verantwortlich |
| to believe [bɪ'li:v] | glauben |
| to uproot (oneself) [ˌʌp'ru:t wʌnself] | (sich) entwurzeln |
| to pull [pʊl] | ziehen |
| to pull oneself together [pʊl wʌnself tə'geðə] | sich zusammenreißen |
| to put s.th. at risk [pʊt sʌmθɪŋ æt 'rɪsk] | etw. gefährden |
| risk [rɪsk] | Risiko |

**2**

| | |
|---|---|
| surprised [sə'praɪzd] | überrascht |
| ➤ **G** one another [wʌnə'nʌðə] | sich (gegenseitig), einander |

**5**

| | |
|---|---|
| dance [dɑ:ns] | Tanz |
| to study ['stʌdi] | studieren, lernen |

**6**

| | |
|---|---|
| foreign language [ˌfɒrən 'læŋgwɪdʒ] | Fremdsprache |
| foreign ['fɒrən] | ausländisch |
| language ['læŋgwɪdʒ] | Sprache |

**8**

| | |
|---|---|
| dancing school ['dɑ:nsɪŋ sku:l] | Tanzschule |
| well-off [ˌwel 'ɒf] | begütert, reich |
| to crash [kræʃ] | zusammenstoßen, verunglücken, abstürzen |
| Lockerbie ['lɒkəbi] | *Ort in Schottland* |
| bomb [bɒm] | Bombe |
| roof [ru:f] | Dach |
| to destroy [dɪ'strɔɪ] | zerstören, vernichten |

**9**

| | |
|---|---|
| competition [ˌkɒmpə'tɪʃn] | Wettbewerb |
| recently ['ri:sntli] | kürzlich, in letzter Zeit |

**10**

| | |
|---|---|
| whole [həʊl] | ganz, gesamt |
| to drop [drɒp] | fallen lassen |
| to follow ['fɒləʊ] | folgen, verfolgen |
| poodle ['pu'dl] | Pudel |
| choice [tʃɔɪs] | Wahl, Auswahl |
| to make s.o. do s.th. [meɪk sʌmwʌn 'du: sʌmθɪŋ] | j-n zwingen etw. zu tun |
| to beg [beg] | (er)bitten, (er)betteln |
| to cry [kraɪ] | weinen |

**11**

| | |
|---|---|
| suntop ['sʌntɒp] | Top |
| smart [smɑ:t] | schick, vornehm |
| terrace ['terəs] | Terrasse |
| bird [bɜ:d] | Vogel |
| vice-president [vaɪs 'prəsɪdnt] | Vizepräsident(in) |
| to earn [ɜ:n] | (Geld) verdienen |

Sind Sie neugierig auf Kalifornien geworden? Dann probieren Sie doch mal folgende Adresse im Internet aus: www.amerikaonline.de. Und speziell für den Raum Los Angeles: www.la.com/ oder www.locoseek.com/.

**16**

| | |
|---|---|
| to switch on/off [swɪtʃ'ɒn] [swɪtʃ'ɒf] | an-, bzw. ausschalten |
| homework ['həʊmwɜ:k] | Hausaufgabe(n) |
| to slow down [sləʊ 'dəʊn] | *hier:* langsamer fahren |
| cat food ['kæt fu:d] | Katzenfutter |

## Unit 18

**1**

| | |
|---|---|
| organisation [ɔ:gənaɪ'zeɪʃn] | Organisation |
| to establish [ɪ'stæblɪʃ] | gründen |
| industrial [ɪn'dʌstriəl] | Industrie-, industriell |
| urban ['ɜ:bən] | städtisch |
| development [dɪ'veləpmənt] | Entwicklung, Erschließung |
| to protect [prə'tekt] | (be)schützen |
| building ['bɪldɪŋ] | *hier:* Bebauung |
| inalienably [ɪn'eɪliənəbli] | unveräußerlich |
| in perpetuity [ɪn ˌpɜ:pə'tju:əti] | auf ewig |

| | |
|---|---|
| not … even [nɒt 'i:vn] | nicht einmal |
| parliament ['pɑ:ləmənt] | Parlament |
| today [tə'deɪ] | *hier:* heutzutage |
| acre ['eɪkə] | *brit. Flächenmaß* (4047 $m^2$) |
| hectare ['hekteə] | Hektar |
| rest [rest] | Rest |
| to lend (lent, lent) [lend] [lent] [lent] | (ver)leihen |
| permanent ['pɜ:mənəntli] | (be)ständig, dauerhaft |
| owner ['əʊnə] | Eigentümer(in) |
| to make use [meɪk 'ju:z] | nützen |
| similar ['sɪmələ] | ähnlich |
| to form [fɔ:m] | formen, bilden |
| preservation [ˌprezə'veɪʃn] | Bewahrung, Erhaltung |
| country house ['kʌntri haʊs] | Landsitz |
| single-handed [ˌsɪŋgl'hændɪd] | allein, eigenhändig |
| work [wɜ:k] | Arbeit |
| to disappear [ˌdɪsə'pɪə] | verschwinden |
| shortage ['ʃɔ:tɪdʒ] | Knappheit, Mangel |
| irresponsibility [ˌɪrɪspɒnsə'bɪləti] | Verantwortungslosigkeit, Leichtfertigkeit |
| barbaric [bɑ:'bærɪk] | barbarisch |
| for ever [fɔ:r 'evə] | für immer, ewig |
| painting ['peɪntɪŋ] | Gemälde |
| statue ['stætʃu:] | Statue, Standbild |
| furniture ['fɜ:nɪtʃə] | Möbel |
| for target practice [fɔ:r 'tɑ:gɪt præktɪs] | als Zielscheibe |
| target ['tɑ:gɪt] | Zielscheibe |
| to entertain [ˌentə'teɪn] | unterhalten, in Stand halten |
| such as [sʌtʃ 'æz] | wie |
| priceless ['praɪsləs] | unbezahlbar |
| tapestry ['tæpɪstri] | Wandteppich, Gobelin |
| to shoot (shot, shot) [ʃu:t] [ʃɒt] [ʃɒt] | (er)schießen |
| century ['sentʃəri] | Jahrhundert |
| porcelain ['pɔ:slɪn] | Porzellan |
| as [æz] | als |
| ashtray ['æʃtreɪ] | Aschenbecher |
| to urinate [jʊərɪneɪt] | urinieren |
| dynasty ['dɪnəsti] | Dynastie |
| vase [vɑ:z] | Vase |
| to replace [rɪ'pleɪs] | ersetzen |
| turning point ['tɜ:nɪŋ pɔɪnt] | Wendepunkt |
| to join [dʒɔɪn] | *hier:* beitreten |
| unpaid [ˌʌn'peɪd] | unbezahlt |
| adviser [ad'vaɪzə] | Berater(in) |
| to persuade [pə'sweɪd] | überreden, überzeugen |
| historic [hɪ'stɒrɪk] | historisch |
| task [tɑ:sk] | Aufgabe |
| tasty ['teɪsti] | lecker, schmackhaft |
| carrot ['kærət] | Karotte, Möhre |
| heir [eə] | Erbe, Erbin |
| death duty ['deθ ˌdju:ti] | Erbschaftssteuer |
| for nothing [fɔ: 'nʌθɪŋ] | umsonst |
| to renovate ['renəʊveɪt] | renovieren |
| to care for ['keəfɔ:] | sich kümmern (um) |
| catch [kætʃ] | *hier:* Haken |
| to take over (took, taken) [teɪk 'əʊvə] [tʊk] [teɪkn] | übernehmen |
| public ['pʌblɪk] | Öffentlichkeit |
| mainly ['meɪnli] | hauptsächlich |
| builder [bɪldə] | Bauunternehmer(in) |
| castle [kɑ:sl] | Schloss |
| warehouse ['weəhaʊs] | Lagerhalle |
| a year [ə'jɪə] | jährlich |
| **2** aim [eɪm] | Ziel |
| by the 1930s [baɪ ðə naɪnti:n'θɜ:tiz] | bis zu den 30er Jahren |
| by [baɪ] | *(+ Zeitangabe)* bis (zu) |
| to disgust [dɪs'gʌst] | anwidern |
| valuable ['væljʊbl] | wertvoll |
| to attract [ə'trækt] | anziehen |
| **3** tea-lady ['ti: leɪdi] | Teeserviererin |
| **6** stamp [stæmp] | Briefmarke |
| souvenir shop [su:və'nɪə ʃɒp] | Souvenirladen |
| umbrella [ʌm'brelə] | Regenschirm |
| kiosk ['ki:ɒsk] | Kiosk |
| reading room ['ri:dɪŋ ru:m] | Leseraum |
| to show [ʃəʊ] | zeigen, vorführen |
| notice [nəʊtɪs] | Hinweis |
| employee [ɪm'plɔɪi:] | Angestellte(r) |
| ➤**G** to design [dɪ'zaɪn] | entwerfen, gestalten |
| **8** to display [dɪ'spleɪ] | zeigen, ausstellen |
| duke [dju:k] | Herzog |
| royal ['rɔɪəl] | königlich |
| architect ['ɑ:kɪtekt] | Architekt |
| entrance ['entrəns] | Eingang |

| | |
|---|---|
| palace ['pæləs] | Palast |
| title ['taɪtl] | Titel |
| Ernest Hemingway [ɜ:nɪst 'hemɪŋweɪ] | *US-amerikanischer Schriftsteller (1899–1961)* |
| poem ['pəʊɪm] | Gedicht |
| John Donne [dʒɒn 'dʌn] | *englischer Dichter (1572–1631)* |
| microchip ['maɪkrəʊtʃɪp] | Mikrochip |
| to develop [dɪ'veləp] | entwickeln |
| king [kɪŋ] | König |
| **9** customer ['kʌstəmə] | Kunde, Kundin |
| ballpoint pen ['bɔ:lpɔɪnt pen] | Kugelschreiber |
| form [fɔ:m] | Form |
| **10** to be situated [bi: 'sɪtʃueɪtɪd] | gelegen sein, liegen |
| Thames [temz] | Themse |
| to wonder ['wʌndə] | sich fragen |
| wide [waɪd] | weit, offen, umfangreich |
| unlike [ˌʌn'laɪk] | im Gegensatz zu, anders als |
| to hide (hid, hidden) [haɪd] [hɪd] [hɪdn] | (sich) verstecken |
| rubbish ['rʌbɪʃ] | Abfall, Müll |
| **11** guided tour [gaɪdɪd 'tʊə] | Führung |
| high chair ['haɪ tʃeə] | Hochstuhl |
| chair [tʃeə] | Stuhl |
| reduced [rɪ'dju:sd] | ermäßigt |
| **12** to welcome ['welkəm] | willkommen heißen |
| Jacobean [ˌdʒækəʊ'bi:ən] | *jakobinisch (aus der Zeit 1603–1625)* |
| site [saɪt] | *hier:* Grundstück |
| bishop ['bɪʃəp] | Bischof |
| descendant [dɪ'sendənt] | Nachkomme |
| capital ['kæpɪtl] | Hauptstadt |
| to annul [ə'nʌl] | annullieren |
| desperate ['despərət] | verzweifelt |
| male [meɪl] | männlich |
| to give birth [gɪv 'bɜ:θ] | zur Welt bringen |
| stillborn ['stɪlbɔ:n] | tot geboren |
| to accuse [ə'kju:z] | anklagen, beschuldigen |
| adultery [ə'dʌltəri] | Ehebruch |
| to execute ['eksɪkju:t] | hinrichten |
| treason [tri:zn] | (Landes)verrat |
| to associate with [ə'səʊʃieɪt wɪθ] | (gedanklich) verbinden mit |
| nearby [ˌnɪə'baɪ] | nahe gelegen |
| monument ['mɒnjumənt] | Denkmal |
| tragic ['trædʒɪk] | tragisch |
| to name after s.o. [neɪm 'ɑ:ftə] | nach j-m benennen |

## Unit 19

| | |
|---|---|
| **1** everywhere [evriweə] | überall |
| gone [gɒn] | *hier:* weg, verschwunden |
| to bet (bet, bet) [bet] | wetten |
| tenner ['tenə] | *ugs.* Zehner (Zehnpfundschein) |
| If you looked after … [ɪf ju lʊkd 'ɑ:ftə] | Wenn du nachsehen würdest, … |
| … you wouldn't lose [ju: wʊdnt lu:z] | würdest du … nicht verlieren |
| If I didn't know … [ɪf aɪ dɪdnt 'nəʊ] | Wenn ich nicht wüsste … |
| obvious ['ɒbviəs] | offensichtlich |
| hooligan ['hu:lɪgən] | (Fußball)rowdy |
| horrible ['hɒrəbl] | schrecklich, fürchterlich, entsetzlich |
| the other day [ði ʌðə 'deɪ] | vor kurzem |
| If they called me a hooligan … [ɪf ðeɪ ˌkɔ:ld mɪ a 'hu:lɪgan] | Wenn man mich einen „hooligan" nennen würde … |
| if I called myself [ɪf aɪ ˌkɔld maɪ'self] | wenn ich mich … nennen würde |
| If I did that … [ɪf aɪ dɪd ðæt] | Wenn ich das täte … |
| to marry ['mæri] | heiraten |
| darling [dɑ:lɪŋ] | Liebling |
| mind your own business [maɪnd jʊər 'əʊn bɪznəs] | kümmern Sie sich um Ihre eigenen Angelegenheiten |
| to mind one's own business [maɪnd wʌns 'əʊn bɪznəs] | sich um seine eigenen Angelegenheiten kümmern |
| mouse (*Pl.* mice) [maʊz] [maɪs] | Maus |
| Don't you dare. [dəʊnt ju 'deə] | Wage es nicht. |
| tom-cat ['tɒm kæt] | Kater |
| to kill [kɪl] | töten |
| … what gets into you [wɒt gets 'ɪntə ju:] | … was in dich fährt |

| | |
|---|---|
| smell [smel] | Geruch |
| If Sharon hadn't told me, … [ɪf ʃærən hædnt 'təʊld mi] | Wenn Sharon mir nichts gesagt hätte … |
| rat-catcher ['rætkætʃə] | Rattenfänger(in) |
| mouth [maʊθ] | Mund |
| to keep shut [ki:p'ʃʌt] | geschlossen halten |
| to shut (shut, shut) [ʃʌt] | schließen, zumachen |
| one day [wʌn 'deɪ] | eines Tages |
| if you had done your homework… [ɪf ju hæd dʌn jʊə 'həʊmwɜ:k] | wenn du deine Hausaufgaben gemacht hättest … |
| **2** In some ways [ɪn 'sʌmweɪz] | In gewisser Weise |
| argument ['ɑ:gjumənt] | Argument |
| **8** one-way street [ˌwʌnweɪ 'stri:t] | Einbahnstraße |
| at all [æt 'ɔ:l] | überhaupt |

Nach einem verneinten Verb bedeutet **at all** *überhaupt nicht*, z. B. **Francis didn't like the film at all.** *Francis mochte den Film überhaupt nicht.* Als Erwiderung auf **Thank you (very much)** verwendet man **Not at all** in der Bedeutung von *Nichts zu danken.*

| | |
|---|---|
| **10** lazy ['leɪzi] | faul, träge |
| truth [tru:θ] | Wahrheit |
| **11** to record [rɪ'kɔ:d] | aufnehmen, aufzeichnen |
| current ['kʌrənt] | laufend, gegenwärtig, augenblicklich |
| screen [skri:n] | Leinwand |
| nature ['neɪtʃə] | Natur |
| certificate [sə'tɪfɪkət] | Bescheinigung, Zertifikat, *hier:* Zulassung |
| blockbuster ['blɒkbʌstə] | Kassenschlager (Film) |
| late-night performance [ˌleɪtnaɪt pə'fɔ:məns] | Spätvorstellung |
| horror film ['hɒrə fɪlm] | Horrorfilm |
| foyer ['fɔɪeɪ] | Foyer |

## Unit 20

| | |
|---|---|
| **1** to delay doing s.th. [dɪ'leɪ du:ɪŋ] | (es) verschieben etw. zu tun |
| kindergarten ['kɪndəgɑ:tn] | Kindergarten |
| Still, … [stɪl] | Dennoch … |
| to mean to do s.th. [mi:n tə du:] | beabsichtigen etw. zu tun |
| to seem [si:m] | scheinen |
| trouble ['trʌbl] | Schwierigkeiten |
| Do you mind? [du:ju 'maɪnd] | Stört es Sie? Haben Sie etwas dagegen? |
| Do you mind giving me an ashtray, please? [du: ju maɪndˌ gɪvɪŋ mi: æn 'æʃtreɪ] | Würden Sie so freundlich sein, mir einen Aschenbecher zu geben, bitte? |
| to decide [dɪ'saɪd] | beschließen, (sich) entscheiden |
| jerk [dʒɜ:k] | *(ugs.)* Niete, Idiot |
| to refuse [rɪ'fju:s] | sich weigern, verweigern, ablehnen |
| to intend [ɪn'tend] | vorhaben, beabsichtigen |
| to divorce [dɪ'vɔ:s] | sich scheiden lassen |
| Why on earth …? [waɪ ɒn 'ɜ:θ] | Warum zum Teufel …? |
| coach [kəʊtʃ] | *hier:* Trainer |
| to risk [rɪsk] | riskieren, wagen |
| such [sʌtʃ] | solch, derart(ig) |
| to keep (kept, kept) doing s.th. [ki:p 'du:ɪŋ] | etw. andauernd tun, etw. immer wieder tun |
| to interrupt ['ɪntərʌpt] | unterbrechen |
| for once [fə' wʌns] | dieses eine Mal (ausnahmsweise) |
| to kick [kɪk] | treten |
| concert [kɒnsət] | Konzert |
| to suggest [sə'dʒest] | vorschlagen |
| to admit [əd'mɪt] | zugeben |
| to deny [dɪ'naɪ] | (ab)leugnen, dementieren |
| **2** acquaintance [a'kweɪntəns] | Bekannte(r) |
| **3** terrific [tə'rɪfɪk] | toll, phantastisch |
| guy [gaɪ] | *(ugs.)* Kerl |
| **5** to dislike [dɪs'laɪk] | nicht mögen |
| to consider [kən'sɪdə] | nachdenken, sich überlegen, erwägen |

| | |
|---|---|
| to refuse [rɪ'fju:z] | ablehnen, sich weigern |
| to steal (stole, stolen) [sti:l] [stəʊl] [stəʊlən] | stehlen |
| **6** for the world [fə ðə 'wɜ:ld] | um nichts in der Welt |
| unromantic [ʌnrəʊ'mæntɪk] | unromantisch |
| sun [sʌn] | Sonne |
| to come up [kʌm'ʌp] | aufsteigen, aufgehen |
| Brittany ['brɪtəni] | Bretagne |
| hangover ['hæŋəʊvə] | Kater |
| make-up ['meɪkʌp] | Make-up |
| pocket-money ['pɒkɪtmʌni] | Taschengeld |
| **8** to remember doing s.th. [rɪˌmembə 'du:ɪŋ] | sich daran erinnern, etw. getan zu haben |
| to remember to do s.th. [rɪmembə tə 'du:] | daran denken, etw. zu tun |
| to stop doing s.th. [stɒp 'du:ɪŋ] | damit aufhören, etw. zu tun |
| to stop to do s.th. [stɒp tə 'du:] | anhalten, um etw. zu tun |
| **9** swimming things ['swɪmɪŋ θɪŋz] | Schwimmsachen |
| jacket ['dʒækɪt] | Jacke, Jackett |
| to post (a letter) [pəʊst] | (einen Brief) aufgeben, einwerfen |
| future [fju:tʃə] | zukünftig |
| drunk [drʌŋk] | betrunken |
| **10** common language ['kɒmən læŋgwɪdʒ] | gemeinsame Sprache |
| European [ˌjʊərə'pi:ən] | europäisch |
| citizen ['sɪtɪzən] | Bürger(in) |
| to claim [kleɪm] | behaupten, beanspruchen |
| equivalent [ɪ'kwɪvələnt] | Entsprechung |
| Luxembourger ['lʌksəmbɜ:gə] | Luxemburger(in) |
| Dane [deɪn] | Däne, Dänin |
| official language [ə'fɪʃl ˌlæŋgwɪdʒ] | Amtssprache |
| mixture ['mɪkstʃə] | Mischung |
| linguist ['lɪŋgwɪst] | Sprachwissenschaftler(in); Sprachkundige(r) |
| mother tongue ['mʌðə tʌŋ] | Muttersprache |
| tongue [tʌŋ] | Zunge |
| optimistic [ˌɒptɪ'mɪstɪk] | optimistisch |
| knowledge ['nɒlɪdʒ] | Kenntniss(e) |
| amazing [ə'meɪzɪŋ] | erstaunlich |
| not to mention … [nɒt tə 'menʃn] | ganz zu schweigen von … |
| Roman ['rəʊmən] | Römer(in); römisch |
| Luxembourg ['lʌksəmbɜ:g] | Luxemburg |

Übrigens: Eine gute Möglichkeit, sich in Englisch fit zu halten ist die Zeitschrift **Spotlight,** die Artikel zu verschiedensten interessanten Themen aus der englischsprachigen Welt bietet. Diese Zeitschrift ist ganz auf die Bedürfnisse fortgeschrittener Englisch-Lerner(innen) zugeschnitten, denn zu jedem Artikel gibt es umfangreiche Erläuterungen zu Wortschatz und Grammatik: Spotlight Verlag, Postfach 11565, 82144 Planegg, e-mail: spotlight@spotlight-verlag.com

Langenscheidt

# Der Englisch-Kurs

Begleitbuch

Langenscheidt

Berlin · München · Wien · Zürich · New York

## Lösungen

Seite 5



## Gesamtwortschatz

Seite 43

## Grammatik im Überblick

Seite 59



## Zwischentests

Seite 75

# Unit 1

Vermeiden Sie es möglichst, den Lösungsteil geöffnet vor sich liegen zu haben, wenn Sie die Übungen machen. Selbst wenn Sie sich bei manchen Aufgaben nicht sicher sind, machen Sie einen Versuch. Erst wenn Sie Ihre Lösung laut gesprochen oder aufgeschrieben haben, sollten Sie Ihre Antwort im Lösungsteil überprüfen.

## 2

a. you  b. name is  c. from  d. right  e. is, in

## 4

✓ = Die Sätze b., c., d, j und k.

✗ :

a. The Cobbs are from Cambridge.
e. The two families are on holiday for two weeks.
f. Anna is Uli Keller's wife.
g. Sally is at the supermarket in town.
h. The Cobbs' children are at the supermarket with Sally.
i. Helen Cobb's brother Nick is 12.

## 5

a. are, fine  b. neighbours  c. families, weeks
d. husband, wife  e. daughter, son  f. next door
g. supermarket

## 6

b. I'm from Germany / Austria / Switzerland /… .
c. I'm from Halle / Munich / Vienna / Zurich,… .
d. This is Nils Weber. / I'd like to introduce you to Nils Weber . / May I introduce … ?
e. It's nice to meet you.
f. How are you?
g. Well, I / we must be off. / Goodbye. / It was nice talking to you. / Cheerio. See you later.

## 7

Freie Übung mit eigenen Angaben

## 8

| | | | |
|---|---|---|---|
| *ich* | I | *wir* | we |
| *du, Sie* | you | *ihr, Sie* | you |
| *er* | he | | |
| *sie* | she | *sie (Pl.)* | they |
| *es* | it | | |

## 9

b. She is Sally's daughter.
c. It is on Site 24.
d. They are our holiday neighbours.
e. It is in Sheringham.
f. He is Helen's and Nick's father.
g. She is Uli's wife. They are from Dresden. It is in Saxony.

## 10

a. are  b. is  c. am, is  d. are, are  e. is, am
f. are  g. is  h. are  i. is

## 11

a. Is Uli from Berlin or Dresden?
b. Are the Cobbs nice?
c. Are you German?
d. Are we in Sheringham or Cromer?
e. How are you?  f. Am I right here?

## 12

b. No, it isn't. The man's name is Tim Cobb.
c. No, he isn't. He is from Cambridge.
d. No, it isn't. The man's car is a Ford.
e. No, they aren't. They are at a caravan park.
f. No, they aren't. They're on Site 22.

## 13

I – my  you – your  she – her  we – our
they – their

## 14

b. Her  c. their  d. his  e. Its  f. my  g. Our

## 16

a. French
b. away on business
c. good
d. engineer
e. colleagues
f. teacher
g. month
h. (to) meet
i. interpreter
j. Really?

## 17

b. Luigi and Anna are English teachers.
c. Anna is a Russian teacher, too.
d. Uli is an engineer from Dresden.
e. Odile is an interpreter from Rouen.
f. Anna and Uli are on holiday at a caravan park.
g. Odile is in England on business two or three times a month.
h. Sally is with Anna and Luigi.

## 18

a teacher
a Russian teacher
an English teacher
an engineer
an interpreter

## 19

a. a caravan park
b. an Italian teacher
c. a French interpreter, a month
d. an engineer, an English teacher
e. a girl, a boy
f. a nice day
g. a married couple
h. a seaside resort

## 20

your job at the moment married husband aren't you? children on business What That's My wife's

## 21

Jobs:
teacher, engineer, interpreter, plumber, bank clerk, computer programmer, fashion photographer, dentist, sales rep, freelance journalist, biologist, house husband

Family:
daughter, son, brother, sister, father, mother, wife, husband, house husband

Personal relationships:
married, separated, divorced

Sie haben nun schon einige Berufsbezeichnungen auf Englisch kennen gelernt. Wie Sie sehen unterscheiden diese meist nicht zwischen männlicher und weiblicher Form, sodass Sie es beim Lernen etwas einfacher haben.
Beachten Sie aber, dass englische Berufsbezeichnungen anders als im Deutschen immer mit Artikel verwendet werden: **I'm a fashion photographer.** *Ich bin Modefotograph(in).*

## 22

- How do you do? Nice to meet you. I'm ... . And this is my friend (girlfriend/boyfriend) ... .
- My room is next door. We're neighbours.
- Are you British?
- No, I'm not. I'm from Chicago. Where are you from?
- We're from ... . Are you here on holiday?
- No, I'm here on business. Are you tourists?
- Yes, we are. We're here for a week.
- Well, I must be off I'm afraid. It was nice talking to you/It was nice to meet you.
- See you later. Goodbye.
- Goodbye.

# Unit 2

Sind Sie ein Frühaufsteher oder ein Nachtmensch? Stellen Sie fest, zu welcher Tageszeit Sie am besten lernen können. Machen Sie dann nach Möglichkeit diese Zeit zu Ihrem Englischtermin.

## 2

a. *frühstücken*
b. *eine Tasse Kaffee trinken*
c. *eine Zigarette rauchen*
d. *eine Tasse Tee trinken*
e. *(etwas) Toast essen*
f. *ein Glas Orangensaft trinken*

# 3

Freie Angaben

# 5

a. has got ('s got) b. 's got c. hasn't got
d. 's got e. has got ('s got) f. has got g. 's got
h. hasn't got i. hasn't got j. 's got

# 7

a. We've got a house in Salford.
b. I've got a wonderful wife.
c. I've got two daughters.
d. I haven't got a son.
e. I've got something on my mind.
f. I've got a surprise for Ted.
g. We haven't got enough bedrooms.

# 8

b. No, they haven't. Jenny and Ted Carter have got two daughters.
c. No, they haven't. The Carters have got a small/little house in a suburb of Manchester.
d. No, they haven't. They've got four rooms.
e. No, they haven't. They haven't got a garden.
f. No, they haven't. They need three bedrooms.

# 10

a. Have you got a job, Mrs Carter?
b. Has your husband got a job?
c. Have you got a house?
d. How many rooms have you got?
e. Has your house got a downstairs toilet? (Has your house got a toilet downstairs?)
f. How many children have you got?

# 11

**Hörverständnistext zu Haus:**
This house is in Churchill Road.
It's a semi-detached house. There are four bedrooms upstairs and two bathrooms.
There are four rooms downstairs. It's got a two-car garage, a conservatory and a very big garden.
The price is £126,000.

**Hörverständnistext zu Haus 2:**
This house is in York Street. It's a big bungalow. There are 3 bedrooms, a big living-room and a big kitchen. There's a garage and a small garden. The price is £98,000.

| | Churchill Road | York Street |
|---|---|---|
| Type: | semi-detached | bungalow |
| Bedrooms | 4 | 3 |
| Garage | yes – 2-car | yes |
| Conservatory | yes | no |
| Garden | yes – very big | yes – small |
| Price | £126,000 | £98,000 |

# 12

| **Box 1** Kitchen: | **Box 2** Living-room: | **Box 3** Bathroom: |
|---|---|---|
| breadknife | CDs | toothbrushes |
| cups | cushions | toothpaste |
| forks | lamps | towel |
| glasses | photos | shampoo |
| knives | | |
| spoons | | |
| tea towels | | |

# 13

1 semi-detached 2 conservatory 3 bricklayer
4 bedrooms 5 bathroom 6 suburb 7 breakfast

# 14

b. It's twelve fifteen./It's a quarter past twelve.
c. It's six forty-five./It's a quarter to seven.
d. It's fifteen fifty./It's three fifty (pm)./It's ten to four (pm).
e. It's nineteen ten./It's seven ten (pm)./It's ten past seven (pm).

Neben der Schreibweise **p.m.** oder **a.m.** findet man häufig auch **pm** bzw. **am** ohne Punkte.

# Unit 3

## 2

a. Where's the post office? – It's in Rutland Road.
b. Where's the town hall? – It's in George Street.
c. Where's the bus station? – It's in George Street.
d. Where's the Trent hospital? – It's in Bradford Road.
e. Where's the Cogg art gallery? – It's in Blenheim Road.
f. Where's the Odeon cinema? – It's in York Street.
g. Where's the Blake museum? – It's in Brent Street.
h. Where's St Mark's church? – It's in Wells Street.

## 3

should Can/Should must/should can can't must/should can

## 4

| | |
|---|---|
| a. job centre | e. computer shop |
| b. shoe shop | f. bookshop |
| c. garden centre | g. kitchen centre |
| d. sports centre | h. camera shop |

## 5

a. Where are Steve and Sheila/the Watsons from?
b. Where are Steve and Sheila (now)?
c. Where's the covered market?
d. Can they walk there?
e. Where must Steve go?
f. Where should they meet?
g. When should they meet?

## 7

You're in front of the Ye Olde Starre Inne in Russel Street.

*Woman:* Excuse me. Can you tell me the way to the bus station, please?

*You:* From here? Well, turn right and walk to the end of the street. Turn right into York Street. Go along/ down York Street to Kent Road and turn right. Walk to the crossroads and turn left. Walk to the crossroads and turn right into George Street. The bus station is halfway along on your left.

*Woman:* Thank you very much.

## 8

**Hörtext:**

a. You're in front of the Trent Hospital in Bradford Road. Cross the road and go along George Street. Walk past the first two crossroads. It's halfway down on the right. Where are you?

b. You're in front of the covered market in Kent Road. Go along Kent Road and cross the road into York Street. It's on the right. Walk down the street and take the first street on the left. It's on your right. Where are you?

c. You're in front of the Bent Fork Café in Russell Street. Walk to the end of the street and turn left into Blenheim Road. Take the first street on the right. Walk to the end of the street and turn left. Go past the crossroads. It's on your right. Where are you?

d. You're in front of the sports centre in Cambridge Road. Turn right. Walk to the crossroads and turn left into George Street. Walk past the bus station to the crossroads. Turn right. It's on your left. Where are you?

**Lösungen:**

a. I'm in front of the garden centre in George Street.
b. I'm in front of the Ye Olde Starre Inne in Russell Street.
c. I'm in front of the sports centre in Cambride Road.
d. I'm in front of the Cogg Art Gallery in Blenheim Road.

## 9

**Lösungsbeispiele:**

a. – Yes. Turn right and walk along George Street to the crossroads. Turn left into Blenheim Road. Take the first street on the right. That's Kent Road. Turn left into York Street. The Odeon cinema is on the left.

b. – Walk to the end of the street and turn right into York Street. Walk to the end of the street and turn left into Kent Road. The covered market is on your right.

c. Excuse me. can you help me, please? Can you tell me the way to the Trent hospital? – Turn left into York Street. Walk to the end of the street and turn right and then turn left at the crossroads. Go along Blenheim Road. Walk past Rutland Road to the crossroads. Turn right into George Street. Walk to the end of George Street and the hospital is in front of you.

## 11

**Musterdialog:**

*Steve:* We can't go to the cinema. We're too late. Should we visit the art gallery?
*Sheila:* American op art? That's boring!
*Steve:* Yes, but it's cheap!
*Sheila:* The sports centre is interesting. They've got an adventure swimming pool. That should be exciting.
*Steve:* Yes, but it's expensive and I haven't got my swimming costume.
*Sheila:* Well, we can go to the museum. It's cheap.
*Steve:* Why not? Museums can be interesting places.

## 12

You can walk there. Go down this street to the crossroads. Turn right and walk down to the next crossroads. Turn left there and walk to the end of that street. Now you can't miss it. You are right in front of the Oktoberfest.

## 13

| | | |
|---|---|---|
| 1. kitchen centre | 2. camera shop | 3. town hall |
| 4. shoe shop | 5. hospital | 6. cinema |
| 7. car park | 8. job centre | 9. cathedral |
| 10. museum | 11. bookshop | 12. post office |
| 13. pub | | |

# Unit 4

## 2

**apostrophe (') + s:**
for tomorrow's party  at her sister's house
Indira's house  her daughter's birthday
Madhur's niece  a children's party
Shakespeare's Macbeth

**s/z + apostrophe ('):**
at her parents' house  Mumtaz' birthday party
for Mumtaz' friends  their neighbours' children

## 3

<u>Genitiv (*'s*) Singular</u>:
e. my sister's son  f. my wife's name
i. today's newspaper

<u>Genitiv (*s'*) Plural</u>:
b. the boys' names

<u>Genitiv mit **of**</u>:
a. the days of the week
(b. the names of the boys)
c. the doors of the garage
d. a window of the house
(e. the son of my sister)
(f. the name of my wife)
g. the rooms of the house
h. the gardens of the houses

## 5

a. Hello, Madhur.  b. Can I come in?
c. Yes, but only for a minute or two.
d. Would you like a cup of coffee, Barry?
e. No, thanks.
f. Would you like to go out for a meal tonight?/ Would you like to go to the Indian restaurant in Seymour Street?
g. I'm sorry. I can't this evening. I'm at my parent's house. And I'm busy.
h. You're joking!
i. How about Thursday?/Let's go to the Eagle in Bridge Street.
j. OK/That's fine with me.  k. See you, Barry./So long.

## 6

a. He's my father.
b. It's me. (Sie, die Leserin/der Leser.)
c. She's my cousin.

## 8

**Hörtext:**
a. ● Would you like a table for two?
● Yes, please.
b. ● Would you like to sit near the window?
● Yes, we would.
c. ● Would you like to give me your coats?
● Yes, thanks.
d. ● Would you like the menu?
● Yes, please.
e. ● Would you like something to drink?
● No, thanks. Not yet.
f. ● Would you like a starter?
● No, thanks.

## 11

| | | |
|---|---|---|
| b. aren't they? | d. isn't she? | e. are they? |
| f. isn't it? | g. is it? | h. aren't they? |
| i. are they? | j. aren't they? | k. is she? |

## 12

**1.**
b. He'd like a new car, too.
c. His wife would like a new house.
d. Mr and Mrs White would like another child.
e. They'd like a daughter.

**2.**
b.
● Would he really like a new car, too?
● Yes, he would.
c.
● Would his wife really like a new house?
● Yes, she would.
d.
● Would Mr and Mrs White really like another child?
● Yes, they would.
e.
● Would they really like a daughter?
● Yes, they would.

## 13

a. I'd like a table for two, please.
b. I'd like the menu, please.
c. I'd like (another) knife and fork, please.
d. I'd like a salad, please.
e. I'd like a mineral water, please.
f. I'd like the bill, please. (AE: I'd like the check, please.)

# Unit 5

## 2

a. time b. money c. weight d. water
e. equipment f. clothing g. spirit h. underwear

## 3

**a.**
a. How much equipment has Shane got? – Ten kilos.
b. How many spirit stoves has he got? – One.
c. How much spirit has he got – One litre.
d. How many towels has he got? – One.
e. How much underwear has he got? – Five pairs.
f. How many shirts has he got? – Two.
g. How much clothing has he got? – Two kilos.
h. How much weight must he carry? – Twelve kilos.

**b.**
a. How much water has Carol got? – One litre.
b. How much equipment has she got? – Six kilos.
c. How many pans has she got? – One.
d. How much clothing has she got? – 4 kilos.
e. How many shoes has she got? – Two pairs.
f. How much underwear has she got? – Six pairs.
g. How much weight must she carry? – Ten kilos.

## 4

a. less b. fewer c. fewer d. less e. more
f. more g. less h. more i. less

## 7

b. We've got some coffee.
c. We've got some oranges.
d. We've got some yoghurt.
e. We've got some sugar.
f. We've got some toothpaste.
g. We've got some soap.
h. We've got some cheese.
i. We've got some eggs.
j. We've got some tampons.

2. We haven't got any orange juice.
3. We haven't got any condensed milk.
4. We haven't got any plastic cups.
5. We haven't got any plastic spoons.
6. We haven't got any butter.
7. We haven't got any bacon.
8. We haven't got any toothbrushes.
9. We haven't got any paper towels.
10. We haven't got any toilet paper.

## 8

**Hörtext:**

*Shane:* Good morning. I'd like to change these dollars, please.
*Clerk:* Good morning, sir. That's £21.43.
*Shane:* Just a minute. Is that a mistake? It should be £25.80.
*Clerk:* No, sir. The buying rate is less than the selling rate.
And there's also a £4 service charge.
*Shane:* Oh. Sorry.

a. *Geld wechseln* b. *Einen Moment!*
c. *Fehler* d. *Ankaufspreis* e. *Verkaufspreis*
f. *Bearbeitungsgebühr*

## 11

a. This is boring! Let's do something? – What? – Anything!
b. This is boring! Let's go somewhere? – Where? – Anywhere!
c. This is boring! Let's ask somebody? – Who? – Anybody!

## 12

**Uncountable nouns** – *Unzählbare Substantive:*
bacon, bread, butter, cheese, clothing, coffee, equipment, food, milk, money, paper, soap, spirit, sugar, tea, time, toothpaste, underwear, water, weight

**Countable nouns** – *Zählbare Substantive:*
bread rolls, dollar bill, egg, holiday, kilo, knife, meal, orange, question, shop, spirit stove, thing, toothbrush, tourist, towel

## 13

any some any some some anywhere
somewhere somebody/someone some
any some anything anything anything

# Unit 6

## 2

(+) He commutes by train…
Penny writes for…
She works at home.
Clive sometimes goes one way…
Penny likes "The Viking".
They usually go shopping…
(–) Clive doesn't enjoy shopping…
It doesn't really matter.
But they don't always go shopping together.

## 3

live [1] works [2] doesn't work [3] don't have [4]
walk [5] take [6] does [7] goes [8] doesn't go [9]
doesn't have [10]
buy [11] like [12] don't need [13] don't go [14]
takes[15]

## 4

a. We visit my sister in York every summer.
b. We don't usually stay with them because their house is too small.
c. We always stay at a hotel near the river.
d. We never leave our dog at home.
e. We sometimes take him to York with us.
f. My sister writes me a letter every month.
g. She sometimes visits us here in London.

## 5

them her him us him

## 7

**a. Hörtext:**

*Clive:* I like books by Agatha Christie.
*Jenny:* I like them, too. But I don't like books by Stephen King.
*Clive:* I don't like his books either. I like French and German wines.
*Jenny:* I like them, too. But I don't like Australian wines.
*Clive:* No, I don't like them either. I like German and Swedish cars.
*Jenny:* So do I. But I don't like Japanese cars. They're too small.
*Clive:* Yes, they are. I don't like them, either. I like cats.
*Jenny:* I like them, too. But I don't like dogs.
*Clive:* I don't like dogs either. I like Chinese food.
*Jenny:* Yes, I like it, too. I don't like Indian food.
*Clive:* I don't like it either. I like British television.
*Jenny:* Yes, so do I. I don't like American television.
*Clive:* No, I don't either. I like Paris.
*Jenny:* So do I. I don't like Rome.
*Clive:* I agree with you. I don't like Rome either.

**b/c** Freie Übungen

## 9

a. present b. expensive c. more expensive
d. still e. to wear f. old-fashioned

## 10

a. I like the blue/red one. I don't like the ... one.
b. I like the grey/white one. I don't like the ... one.
c. I like the green/brown ones. I don't like the ... ones.
d. I like the blue/yellow one. I don't like the ... one.
e. I like the black/brown ones. I don't like the ... ones.
f. I like the orange/pink one. I don't like the ... one.
g. I like the black/grey ones. I don't like the ... ones.
h. I like the grey/brown one. I don't like the ... one.
i. I like the red/blue ones. I don't like the ... ones.
j. I like the green/yellow one. I don't like the ... one.

## 11

a. bad, worse, (the) worst
b. big, bigger, (the) biggest
c. beautiful, more beautiful, (the) most beautiful
d. careful, more careful, (the) most careful
e. cheap, cheaper, (the) cheapest
f. difficult, more difficult, (the) most difficult
g. early, earlier, (the) earliest
h. expensive, more expensive, (the) most expensive
i. great, greater, (the) greatest
j. happy, happier, (the) happiest
k. interesting, more interesting, (the) most interesting
l. little, littler, (the) littlest
m. modern, more modern, (the) most modern
n. new, newer, (the) newest
o. nice, nicer, (the) nicest
p. old, older, (the) oldest
q. old-fashioned, more old-fashioned, (the) most old-fashioned
r. pretty, prettier, (the) prettiest
s. small, smaller, (the) smallest
t. traditional, more traditional, (the) most traditional

## 12

**Mögliche Lösungen:**

- I'd like the one in the middle. It's fast!
- But the one on the right is faster. It's the fastest!
- Okay but it's the most expensive.

- I'd like the one on the right. It's the strongest!
- I'd like the one on the left. It's the cheapest!
- Right. But it's the slowest. And it's the oldest, too.

- I'd like the one on the right. It's the newest.
- But the one in the middle is cheaper.
- Right. But it's older and slower.

## 13

b. Flat A is as big as Flat B.
c. Flat A has got more bedrooms than Flat B.
d. Flat A is more expensive than Flat B.

## 14

**Mögliche Lösungssätze:**

The woman is picture b. is younger than the one in picture a.
The man and the woman in picture b. are more elegant than the man and the woman in picture a.
The house in picture b. is more beautiful than the one in picture a.
The man in picture b. is younger than the one in picture a.
The boy in picture a. is smaller / younger than the one in picture b.
The girl in picture a is older than the girl in picture b.
The house in picture a. is more modern than the one in picture b.
The house in picture b. is older than the house in picture a.
The car in picture a. is dirtier than the one in picture b.
The car in picture a. is more modern / newer than the car in picture b.
The bike in picture b. is more old-fashioned than the bike in picture a.
(usw.)

Nutzen Sie doch z. B. die Zeit, die Sie in der U-Bahn, im Bus oder in der Arztpraxis verbringen, um Ihre Englischkenntnisse zu trainieren. Beobachten Sie ganz diskret die Menschen in Ihrer Umgebung und versuchen Sie, sie für sich im Stillen zu beschreiben. Welche Kleidung tragen sie? Ein schwarzes Hemd, braune Schuhe? Sie können sich dabei auch Notizen machen. Wenn Sie auf Wörter stoßen, für die Sie das englische Wort nicht kennen, sehen Sie zuhause im Glossar unseres Kurses oder im Wörterbuch nach. So können Sie Ihren Wortschatz erweitern.

## 15

**Hörtext: "What an awful day!":**

It's 7:25 and Jack Sullivan is still in bed. Jack cleans windows and today he's got a job in Wakefield Road. "Jack, get up!" Edith tells him. "Mrs Whittaker at number 23 wants you at her house before she leaves for work at 8:30."
Jack hasn't time for breakfast. He puts his ladder and his buckets in his van and leaves. He drives fast because he's in a hurry. But he drives too fast and a police car stops him. It's WPC Bates and she gives Jack a ticket and tells him to be more careful. It's 8:25 now. Jack sees a sign: Wakefield Street. Jack stops at number 23 and gets his ladder out of the van. He rings the doorbell but nobody answers. So he gets his bucket and climbs up the ladder. He sees a woman through the window. The woman sees him and screams. "It's only me!" he shouts, but the woman runs out of the bedroom.
Five minutes later a police car stops in front of the house. It's WPC Bates. "Well, well. So we meet again." she says. "Come on. Let's go!" She thinks Jack is a burglar! "I'm not a burglar," Jack tells her. "I'm a window cleaner. Ask Mrs Whittaker!" But the woman's name isn't Whittaker and she doesn't know Jack. So the police take Jack to the police station. It takes three hours before Jack's wife, Edith, arrives and tells the police about Jack's mistake. Poor Jack! Today isn't his lucky day!

**Lösungen:**

a. No, he doesn't. Jack cleans windows.
b. No, it isn't. His wife's name is Edith.
c. No, he must go to Mrs Whittaker.
d. No, he doesn't. Jack is in a hurry. He drives too fast and the police stop him.
e. No, he doesn't. Jack stops at 23 Wakefield Street.
f. No, they don't. They think he is a burglar.

## 16

*Clive:* Italy is very nice but it's too expensive.
*Penny:* No, it isn't. A trip to Greece is more expensive.
*Clive:* The hotel in Athens costs as much as the hotel in Rome. And it's warmer in Greece than in Italy.
*Penny:* The hotel in Rome is a little cheaper than the one in Athens. And Italy is more interesting than Greece.

# Unit 7

## 2

b. a natural blonde
c. She looks good in dark clothing.
d. But her smile is warm and friendly.
e. She's tall for a woman.
f. pretty blue eyes and a slim figure
g. Alison Carney is young.
h. She's also very cool and reserved.
i. ...with long legs and short hair
j. Perhaps she's only shy.

## 3

b. reporter c. user d. buyer e. caller
f. cleaner g. climber h. drinker i. driver
j. waiter k. cook l. actor

## 4

a. old
b. rude/impolite
c. angry
d. short
e. dark
f. plump
g. ugly
h. a bad dancer
i. worse
j. the worst tennis player
k. boring/uninteresting stories
l. cheap clothes

## 5

a. Don't arrive too early!
b. Don't ask so many questions!
c. Don't drink the coffee, it's awful!
d. Don't drive so fast!
e. Don't be so arrogant!
f. Don't buy an old car!
g. Don't get up so late!

## 6

**Mögliche Lösungssätze:**

Your mother looks worried in paper shorts!
My dog looks cool in yellow gloves.
My girlfriend looks sexy in gold tights.
Charlie's aunt looks rude in green socks.
(usw.)

## 8

a. Do you enjoy your life as a professional snooker player?
b. Do you have children?
c. Do you take her to school every day?
d. When do you get up?

## 9

**who / what with do / does:**

a. What do you do next?
b. Who do you play?
c. What do you want to do next?

**who / what without do / does:**

d. What happens then?
e. Who takes Mandy to school when you're away?
f. Who chooses the tour?
g. Who wins the most matches?
h. What's your big dream?

# 10

a. What game does Alison play? – She plays snooker.
b. When does she get up? – She gets up at 6 o'clock.
c. What does she do after breakfast? – She takes her daughter to school.
d. Who takes Mandy when Alison is on tour? – Her father takes her.
e. Where does he live? – He lives in the same street.
f. What does she do next? – She drives into town.
g. Who does she meet? – She meets her manager.
h. What do they talk about? – They talk about the next snooker tour.
i. Who does she meet at the snooker club? – She meets other players.
j. How many matches does she play? – She plays about 20 matches.

# 11

got [1] player [2] daughter [3] life [4] doesn't [5] daily [6] at [7] does [8] local [9] lives [10] same [11] on [12] makes [13] later [14] men [15] as [16] dream [17] against [18]

# 12

a. How many kids/children have you got/do you have?
b. What do they have for breakfast?
c. Do your children go to local schools?
d. Do your children walk to school?
e. Do your children have/get a warm meal/lunch at school?

# 13

**Hörtext:**

Hello. My name is Peter and I work in a bank. I drive to work and I take my wife. She works for an insurance company.

Hello. My name is Mary. I work in a shoe shop. My father sometimes takes me to work in his car. But sometimes he starts work at a different time and he can't take me. I go by bus when that happens. It stops in our street.

**Lösungen:**

a. Peter.
b. His wife.
c. In a shoe shop.
d. Her father.
e. A car.
f. A/The/Her bus.

Versuchen Sie doch 'mal, Ihren Alltag (Arbeit, Feierabend, Hobbys, etc.) auf Englisch zu beschreiben. Sie können das mündlich oder auch schriftlich in Ihrem Übungsheft tun. Versuchen Sie dabei mit den Wörtern, die Sie bereits kennen, auszukommen. Wenn Sie dennoch unbedingt ein ganz bestimmtes Wort brauchen, sehen Sie ruhig in unserem Glossar oder im Wörterbuch nach.

# Unit 8

## 2

| | | |
|---|---|---|
| a. | *Emergency operator* | Hello. Which service do you need? |
| | *Caller* | The fire service, please. |
| | *Emergency operator* | What's your phone number, please? |
| b. | *Emergency operator* | Hello. Which service do you need? |
| | *Caller* | The coastguard, please. |
| | *Emergency operator* | Please give me your phone number. |
| | *Caller* | It's 05661 – 2999370. |
| | *Emergency operator* | Hold on. I'm connecting you now. |
| c. | *Emergency operator* | Hello. Which service do you need? |
| | *Caller* | The ambulance service, please. |
| | *Emergency operator* | What's your phone number, please? |
| | *Caller* | It's 06937 - 883360. |
| | *Emergency operator* | Hold on. I'm connecting you now. |

## 3

| Adjective: | Adverb: |
|---|---|
| b. clear | clearly |
| c. quick | quickly |
| d. slow | slowly |
| e. careful | carefully |
| f. patient | patiently |
| g. polite | politely |

## 4

a. badly b. carefully c. nicely d. beautifully
e. awfully f. differently g. fast h. terribly
i. wildly

## 5

disagree old-fashioned I think that's bad.
I think he only speaks about unimportant things.

## 6

a. We sometimes go to Spain for our holidays.
b. I often write to my friends in Germany.
c. My son never writes letters.
d. He always sends e-mail messages.
e. I usually go to Italy in the summer.

## 8

a. 15.6.2001 b. 1.7.2001 c. 2.2.2001
d. 23.9.2001 e. 10.5.2001 f. 5.11.2001
h. The twenty-first of November, two thousand and two.
i. The fourth of February, eighteen eighty-eight.
j. The eleventh of November, two thousand and one.
k. The first of January, nineteen oh one.
l. The second of May, nineteen fifty-two.

## 9

**Hörtexte:**

1. ● Good morning. My name is Janet Lee.
   ● Good morning, Ms Lee. How can I help you?
   ● I'd like to make an appointment, please.
   ● Would next Monday at 2:15 pm suit you?
   ● Yes. That's fine. Thanks.
   ● OK. That's 2:15 pm on Monday, 20 April.

2. ● Good morning. I'm Martin West and I'd like to make an appointment, please.
   ● Good morning, Mr West. Would next Tuesday at 9:15 suit you?
   ● Oh, no. I can't manage that.
   ● Very well. How about a week later? That's at 11:30 on Tuesday, 21 April.
   ● That's OK. Thanks.

3. ● Good morning. My name is Carol Watson and I'd like to make an appointment, please.
   ● Good morning, Ms Watson. You can have an appointment in two weeks. That's at 3:20 on Thursday, 30 April. Is that OK?
   ● Yes, that's fine. Thank you.

Beim letzten Telefonanruf ist es nicht immer unbedingt nötig, die Angabe **p.m.** hinzuzufügen, da ohnehin klar ist, zu welcher Tageszeit der Termin ist.

## 10

b. I often go to Whitby and take photos.
c. Have you got a dog or a cat?
d. Mary is young and very attractive.
e. We never stay with Uncle Bill because his house is too small.
f. Leeds is bigger than York but it isn't as popular with tourists.
g. Jim often drives too fast because he's always in a hurry.
h. I don't enjoy shopping but I like old bookshops.

## 13

b. Fred can't come because he's playing football.
c. Bill and Susan can't come because they're taking the kids to a party.
d. Mike can't come because he's writing a report.
e. Linda and Ellen can't come because they're cooking a meal.
f. Carol can't come because she's running a race.
g. Tom can't come because he's swimming.

## 14

...is putting in a CD.
Steve is opening a bottle of wine.
Now they're eating some sandwiches.
They're watching TV.
Now Steve is putting his arm around her shoulder.
But now Steve is coming towards the door.

## 15

b. driving licence
c. washing machine
d. frying pan
e. cleaning lady
f. building site
g. cooking pot
h. dressing gown
i. drawing board
j. answering machine
k. parking metre

## 16

easy, fantastic, easily, successfully, confident, nervously, hard, fast

## 17

b. She's in Glasgow from the second of March until the fifth of March.
c. From the ninth of June until the eleventh of June she's in Milan.
d. Mrs Fuller is on holiday from the twelfth of July until the twenty-second of July.
e. She's in New York from the twenty-third of October until the twenty-eighth of October.
f. Mrs Fuller is in Madrid from the fifth of November until the eleventh of November.
g. From the eighteenth of December until the twenty-fourth of December she's in Tokyo.

# Unit 9

## 3

a. Anderson Camps. b. Catalina Sea Camp.
c. The Quarter Circle V Bar Ranch.
d. Patricia would choose the Billy Casper Golf Camp because she loves golf. She needs professional training.
Bob would choose Camp Del Mar because he needs a good diet programme.
e. (Freie Antwort)

## 4

well (the) best badly (the) worst

## 5

a. as careful as; more carefully.
b. easier than; easily.
c. good; well; better.
d. unfriendly; unfriendly way/manner
e. clear; more clearly.
f. hard; harder.
g. fast; (the) fastest.

## 6

a. Katy often visits her friend in San Francisco.
b. Katy visits her friend in San Francisco every summer.
c. Katy usually visits her friend in San Francisco.
d. Katy visits her friend in San Francisco daily.
e. Katy visits her friend in San Francisco twice a year.
f. Katy never visits her friend in San Francisco.
g. Katy visits her friend in San Francisco regularly.
h. Katy sometimes visits her friend in San Francisco.
i. Katy visits her friend in San Francisco at weekends.
j. Katy visits her friend in San Francisco on Thursday afternoons.

## 8

a. We must get up very early tomorrow.
b. We mustn't arrive late tomorrow.
c. We need (some) milk and eggs.
d. We don't need any bread.
e. You needn't pay now.
f. Must you be so rude/impolite?
g. You must meet Aunt Emma at the bus station.
h. You needn't help me today.
i. You must be very hungry.
j. I need (some) new clothes. I must look good tomorrow.

## 9

a. get
b. by
c. take
d. past
e. in front of
f. any

## 10

a. uninteresting
b. inexpensive
c. unfriendly
d. unhappy
e. unattractive
f. incorrect

## 11

a. *Kinder langweilen sich leicht.*
b. *Sie besorgen sich/holen sich eine Broschüre.*
c. *Er wird „Fatso" genannt.*
d. *Es wird schwerer.*
e. *Sie wird älter.*
f. *Es wird dunkel.*
g. *Lass uns anfangen.*
h. *Ich stehe früh auf.*
i. *Wie komme ich zum Bahnhof?*
j. *Steig aus dem Auto aus!*

## 12

a. The film gets boring.
b. She gets angry easily.
c. The book gets better.
d. It gets really exciting later.
e. I get very hungry at about/around six o'clock in the afternoon.
f. I get married in April.

## 13

| | British English | American English |
|---|---|---|
| a. *Rucksack* | rucksack | backpack |
| b. *Kekse* | biscuits | cookies |
| c. *Herbst* | autumn | fall |
| d. *Benzin* | petrol | gas |
| e. *(Menschen)Schlange* | queue | line |
| f. *(Kino)film* | film | movie |
| g. *Postleitzahl* | postcode | zipcode |
| h. *Weste* | waistcoat | vest |
| i. *Unterhemd* | vest | undershirt |
| j. *Rechnung (im Restaurant)* | bill | check |
| k. *Blechdose* | tin | can |
| l. *Geldschein* | note | bill |
| m. *Gehweg* | pavement | sidewalk |
| n. *U-Bahn* | underground | subway |
| o. *Taxi* | taxi | cab |
| p. *Pommes frites* | chips | (French) fries |
| q. *Kartoffelchips* | crisps | potato chips |
| r. *Wasserhahn* | tap | faucet |
| s. *Urlaub, Ferien* | holiday | vacation |

## 14

b. José Carreras sings beautifully. Luciano Pavarotti sings more beautifully but Plácido Domingo sings most beautifully.
c. André Agassi plays confidently. Michael Chang plays more confidently but Pete Sampras plays most confidently.
d. Magic Johnson jumps high but Michael Jordan jumps higher.
e. Diane Keaton acts good. Emma Thompson acts better but Angelica Houston acts (the) best.

## 15

Can can't might/can can must needn't mustn't should should/can would

# Unit 10

## 2

a. Where is Danny going?
b. Why is Joan staying at home?
c. What is Danny playing?
d. Who are they playing?
e. When are they starting?

## 3

a. Are you feeling ill?
b. I'm not feeling well.
c. Are you feeling better now?
d. Yes, thanks./Yes, thank you. I'm feeling OK/all right now.

## 4

later tonight this evening tonight tonight next Saturday after the film
Funktion: Beschreibung zukünftiger Handlungen.

## 5

b. We're working in the garden right now, but tonight we're going to the pub.
c. I'm reading a book at the moment. Tonight I'm going to see Grandma.
d. Right now I'm cooking a meal. Later we're watching a football match on TV.
e. I'm washing the car right now. Tonight I'm listening to some CDs.

## 7

go[1] aren't going[2] are/'re waiting[3] live[4] don't visit[5] is/'s driving[6] is feeling[7] thinks[8] Stay[9] tells[10] is being[11] is/'s taking[12] is wearing[13] are/'re going[14] arrive[15] are/'re having[16] serves[17] like[18] aren't paying[19]

## 8

1 – d. 2 – f. 3 – a. 4 – g. 5 – b. 6 – c. 7 – e.

## 9

Danny's big night
The Angel darts team win the first game, the Black Horse team win the second one. The third and last game is nearly over. It's Danny's turn now. The Angel team are winning. They only need ten points – that's a double five. Danny must score 51 points. He throws his first dart – a twenty. Now he needs 31 points. He thinks carefully and aims for the one – and he gets it. Now he needs thirty points. It's his last dart. The pub is very quiet. Everybody is watching Danny. Danny aims and throws. It's a double fifteen! Everybody is cheering.

## 10

**Hörtext:**
Now the Black Horse darts team can go to Whitby next Saturday. Alice is the captain of the darts team and she's talking about their plans for next Saturday. We meet outside the Black Horse at 2:15 pm. Our minibus arrives at 2:30. The trip to Whitby takes about an hour. We can use the Jolly Sailors' car park. We can look around Whitby for an hour or so. There's a boat trip at five o'clock.
It takes an hour and a half. The darts match starts at half past seven. We have a meal in the Jolly Sailors at nine o'clock. We leave at half past ten.

**Lösungen:**
a. They meet outside the Black Horse at 2:15 pm.
b. It arrives at 2:30.
c. It takes about an hour.
d. They park in the Jolly Sailors' car park.
e. It starts at five o'clock.
f. It finishes at 6:30.
g. It starts at 7:30.
h. They have a meal at 9 o'clock.
i. They leave Whitby at 10:30.

## 11

b. The flight to Sydney leaves at 9 o'clock. The flight from New Delhi arrives at 9.15.
c. The flight to Los Angeles leaves at 9.25. The flight from Toronto arrives at 9.45.
d. The flight to Rome leaves at 10.05. The flight from Manchester arrives at 10.10.
e. The flight to Munich leaves at 11 o'clock. The flight from Moscow arrives at 11.55.

## 12

- I'm watching a football match in the "Black Bull" tonight. Are you coming, too?
- I can't. I'm going to Birmingham with Karen tonight.
- What are you doing there?
- We're going to the theatre.
- When are you going?
- Our train leaves at half past five.
- Perhaps we could go to a disco later?
- Well, the performance ends at ten o'clock and the train arrives here at half past eleven.

# Unit 11

## 2

**was:**

It was a catastrophe!
Our room was too small.
It was much smaller than in their brochure.
... and the toilet was dirty.
He was very rude.
... and it was a cheap hotel near the city centre.
... but there was an excellent restaurant in the same street.
For us it was just a short visit.
That was much better.
It was even cheaper than the hotel and much nicer.
Our first night there was quite exciting.
There was a barbecue and a beach party.
Our tent was next to a couple from Holland.
There was a fire in their tent that night.
... and the manager of the camping site was very helpful.
It was a very pleasant place.

**wasn't:**

It certainly wasn't a double room.
There wasn't a shower...
The bedlinen wasn't too clean either.
Luckily it wasn't too serious.

**were:** After that we were at a camping site near the coast.
The toilets and showers were always clean and the people there were very friendly.
The Dutch couple were OK ...
But they were very lucky...

**weren't:** The meals at the hotel weren't very good...
...but their tent and their camping equipment weren't.

## 3

unpleasant[1] different[2] pleasant[3] enough[4] clean[5] dirty[6] friendly[7] at least[8] expensive[9] far[10]

## 4

a. The Frazers were in Cyprus last May.
b. Their hotel was in Nicosia. It was near the city centre.
c. Their room was too small. (It was smaller than in the brochure.) It wasn't a double room. There wasn't a shower and the toilet was dirty. The bedlinen was dirty, too. There weren't any towels, either.
d. The manager was a short, fat man in a dirty vest. He was very rude.
e. They were at a camping site near the coast.
f. The camping site was better because it was cheaper. The toilets and showers were always clean and the people there were friendly.
g. A young Dutch couple./A young couple from Holland.
h. There was a barbecue, a beach party and a fire.
i. No, they weren't seriously injured. They were very lucky.
j. Their tent was burned.

## 5

a. Were the Frazers in Cyprus last year?
b. Was their hotel good?
c. Was there a shower in their room?
d. Was the toilet clean?
e. Was the manager friendly?
f. Were the people at the camping site friendly?
g. Were the young Dutch couple seriously injured?
h. Was their tent burned?
i. Were they loaned a tent?

Lassen Sie uns doch 'mal kurz Ihr Gedächtnis testen! Versuchen Sie, alle **simple past**-Formen von **to be** nacheinander aufzusagen, also **I was, you …, he/she/it …, we …** usw. Falls es nicht auf Anhieb kappt, schlagen Sie auf den Grammatikseiten nach.

## 7

| Infinitiv | simple past-Form (+) | simple past-Form (–) |
|---|---|---|
| visit | visited | didn't visit |
| start | started | didn't start |
| travel | travelled | didn't travel |
| want | wanted | didn't want |
| wait | waited | didn't wait |
| like | liked | didn't like |
| arrive | arrived | didn't arrive |
| miss | missed | didn't miss |
| check-in | checked-in | didn't check-in |
| ask | asked | didn't ask |
| talk | talked | didn't talk |
| change | changed | didn't change |
| reserve | reserved | didn't reserve |
| irritate | irritated | didn't irritate |
| enjoy | enjoyed | didn't enjoy |
| land | landed | didn't land |
| drink | drank | didn't drink |
| eat | ate | didn't eat |
| have | had | didn't have |
| feel | felt | didn't feel |
| get | got | didn't get |
| go | went | didn't go |
| leave | left | didn't leave |
| say | said | didn't say |
| see | saw | didn't see |
| sleep | slept | didn't sleep |
| tell | told | didn't tell |
| think | thought | didn't think |
| wake up | woke up | didn't wake up |

## 8

a. There was an airport workers' strike.
b. They were nearly three hours late.
c. The young woman at the check-in desk.
d. The man next to Clive.
e. Clive ate it.
f. Pamela.

## 9

The Frazers' holiday in the USA started badly. They got up before 6 am and took a taxi to Manchester airport. They didn't have time for breakfast. They wanted to eat something at the airport. But there was a strike at the airport and the restaurants there weren't open. Their flight was delayed and they arrived at Heathrow nearly three hours late. They talked to a young woman at the check-in desk. She helped them with their tickets and they took the next flight to New York. It left twenty minutes later, so they didn't get any breakfast at Heathrow either. That irritated Clive more than the delay. Pamela and Clive sat in separate seats. Pamela went straight to sleep and woke up for lunch. Clive was very hungry and ate two meals – his own and the one from the man next to him. Then Clive ordered two whiskies from the stewardess. He finished his drinks and slept until New York.

## 11

get – got  have – had  do – did  must – had to
say – said  can – could  think – thought
make – made  tell – told  write – wrote
go – went  give – gave

Eine gute Methode, sich die unregelmäßigen Verben einzuprägen ist, sie auf einen Zettel zu schreiben und diesen gut sichtbar in einem Zimmer zu platzieren, so dass Sie beim Üben immer wieder schnell nachsehen können. Eine andere Möglichkeit ist, Kärtchen zu benutzen, wobei auf einer Seite der Infinitv und auf der Rückseite die unregelmäßigen Formen und die deutsche Bedeutung stehen.

## 12

a. Did you talk to the manager?
b. Who did you see?
c. Did you complain about your room?
d. What did she do?
e. What did he say?
f. Did you take it?
g. Did he give you the better room for the same price?
h. Did you get angry?
i. What did you say?

## 13

a. *Kannst du bitte den Hund spazieren führen.*
b. *Kannst du/Können Sie gute Fotos machen?*
c. *Bring diesen Brief dem Manager/der Managerin.*
d. *Du solltest/Sie sollten ein Taxi nehmen – es ist schneller.*

## 14

**a.**

a. Patricia Kelly is a spokeswoman for the NYPD.
b. She's talking to reporters.
c. She's telling them about the NYPD anti-crime program.
d. There are now more police on the streets than before.
e. The police are less tolerant of small crimes than before.
f. The programme is working impressively.
g. There are now fewer serious crimes than before.

**b. Freie Übung**

**c. Lösungsbeispiele:**

1. At Central Park South.
2. Two men.
3. They wanted money.
4. He gave them $5, but it wasn't enough. They wanted more.
5. A subway train arrived and a policeman got off. The men saw him and walked away.
6. In Times Square.
7. He stopped a Japanese tourist.
8. A policeman.
9. He wanted Nick's name.
10. He called another policeman for help.
11. They took Nick to the police station.
12. Nick had to show his driver's license (AE) /driving licence (BE). The police kept him at the station for three hours.

**Hörtexte:**

Patricia Kelly

Good morning ladies and gentlemen. My name is Patricia Kelly and I'm a spokeswoman for the New York Police Department. In this press conference I'd like to tell you about the success of our anti-crime program. There are two main parts to this program: more police on the streets and no tolerance of crime. The local police officers know their streets and the people who live there. They go after all kinds of crime whether it's serious, violent crime, petty crime or even minor misdemeanours. In our experience, small crimes lead to big crimes and police on the streets irritate the criminals. This policy is a success. Since we started the program the number of violent crimes has fallen dramatically. There are now nearly 20% fewer serious crimes than before we started this program. Have you any questions?

Ramon Chavez

I got off the subway at Central Park South. It was late at night and the station was dark. There were two men in front of me. I had to walk past them. They stopped me and asked for money. I had a five dollar bill in my shirt pocket and gave them that. But they wanted more. When I told them that I didn't have any more money they got angry. One of them had a knife. I was really afraid. Then the next subway train arrived and a cop got off. The men saw him and walked away. I was very lucky.

Nick Carpenter

Hey, man, I didn't do anything! I was in Times Square where all the tourists go. There was this Japanese guy with this really big camera. I asked him what it was. So I like cameras, OK? Then this cop walked up to me. "What's your name?" he asked. "Hey, you want a name," I told him, "so go look in a phone book." Next thing I'm on the sidewalk with this cop on my back and he's calling the station. Another cop arrives and they took me to the station. I had to show them my driver's license and they kept me there for three hours. What's this city coming to when a guy can't go for a walk at night?

**Bonbon: Everyday inventions: A quiz**

ball-point pen – Lazlo Biro – 1938
bra – Hugo Schindler – 1891
cocoa powder – Coenrad Johannes van Houten – 1828
coffee filter – Melitta Bentz – 1908
cornflakes – William Kellogg – 1898
coca-cola – John Pemberton – 1886
electic drill – Duncan Black and Alonso Decker – 1917

electic razor – Jacob Schick – 1928
fish fingers – Clarence Birdseye – 1916
fridge – Carl Paul Gottfried von Linde – 1879
Indian tonic water – Jakob Schweppes – 1840
jeans – Oscar Levi-Strauss – 1850
lawnmower – Edwin Budding – 1830
light bulb – Thomas Alva Edison and Sir Joseph Wilson Swan – 1879
linoleum – Fred Walton – 1864
margarine – Hippolyte Mège-Mouriès – 1869
microwave oven – Percy Spencer – 1946
pressure cooker – Denis Papin – 1679
spray can – Erik Rotheim – 1926
sticking plaster – Paul Beiersdorf – 1882
tin can – Nicolas François Appert – 1814
toaster – Charles Strite – 1918
toilet paper – Joseph Cayetti – 1857
thermos can – James Dewar – 1906
tupperware – Earl W. Tupper – 1945
vacuum cleaner – Murray Spengler and William Hoover – 1908
zip – Gideon Sundbach – 1913

# Unit 12

## 2

they will buy they won't be they'll send
they won't want I'll ask I'll find out
we'll share will you ask I'll call Will you be...?
I'll organize There'll be we'll stay
There (certainly) won't be It'll be

## 3

will buy [1] won't be [2]
will be [3] will choose [4]
will pay [5] will take [6]
will need [7] won't be [8]
will stay [9] will organize [10]

## 4

a. Who will choose the anniversary present?
b. Who will pay for it?
c. Who won't be at the party?
d. What will Susan do?
e. Who will visit John and Molly next Saturday?
f. What will Cathy ask them?
g. What will Cathy find out?
h. Who will call Cathy?
i. Who will organize the anniversary party?
j. What will Harry organize?

Tabelle: **Miss:** ledig **Mrs:** verheiratet, geschieden oder verwitwet
Text: ledige; verheiratete, geschiedene oder verwitwete; verheiratete wie ledige

## 6

We're going to hire
I'm going to hire
we're not going to have
We're going to have
it's going to be
We're going to talk to
We're going to reserve
we're going to choose
we're not going to pay

## 7

a. 4 b. 3 c. 4 d. 2, 5 e. 1 f. 3, 6 g. 2 h. 2

## 8

b. John c. Molly d. Cathy e. Harry f. John
g. Ms Fox h. Molly

## 9

disappointed [1] organize [2] list [3] room [4] buffet [5]
help [6] wedding [7] special day [8] machine [9]
hotel [10] enjoy [11] manager [12] glad [13] children [14]

## 10

b. Molly and John will enjoy organizing a party.
c. We will buy the presents in Birmingham on Saturday.
d. I will ask Ms Fox about the rooms.
e. Tell Harry I will send him the guest list tomorrow.
f. John says the young guests will not / won't like the music.
g. Cathy will call Susan in the USA at the weekend.
h. You will not/won't forget to ask about the rooms, Cathy?
i. Our guests will not/won't need hotel rooms.

## 11

a. I am going to hire a dance band.
b. We are going to have our party in a private room, not at a restaurant.
c. Are the children going to buy their parents a fax machine?
d. You are not/aren't going to organize our party, Harry. We are.
e. It's a pity, but Susan and Grant are not/aren't going to come to the party.
f. Tell the hotel that we aren't going to pay more than £50, ok?

## 12

b. Molly and John are going to invite about 60 guests to their party.
c. Cathy is asking about the rooms this afternoon.
d. We are going to choose the buffet ourselves.
e. Sally and Grant are coming to see us at Christmas.
f. We are not/aren't taking a taxi to the hotel on Saturday.
g. Are you going to try to get a summer job in the USA?
h. I am meeting mum at the station at 9 o'clock tomorrow morning.
i. Stop! Can't you see that that boy is going to run on to the road?
j. Harry is writing the invitations at the weekend.
k. The band is going to play a lot of Glen Miller's music.
l. Harry is going to write the invitations on his computer.
m. Is Grant going to get a new job?

## 13

b. - C c. - F d. - G e. - B f. - E g. - E
h. - A i. - C j. - D k. - D

## 14

a. Cathy says (that) they are not going on holiday this summer.
b. The train goes at half past four on Sundays.
c. What are you doing this evening, Cathy? – I'm visiting my parents in Milton Keynes.
d. I'm seeing the Dees on Saturday.
e. I think (that) Harry will be very disappointed.
f. Molly says (that) there will be about 60 guests.

## 15

**Hörtext:**

*Ms Fox:* Well, this is the room. As you see, it's quite big.

*John:* You can say that again. It's huge. It's much too big for us.

*Ms Fox:* Not really, Mr Dee. You'll be surprised.

*Molly:* Yes, but it's not very, well, "cosy", is it?

*Ms Fox:* Well, not at the moment, of course. That's because it's empty and the tables aren't decorated. But it'll look great on the day.

*Molly:* I certainly hope so. I must say that I'm a little disappointed.

*Ms Fox:* Yes, but you'll need a lot of space, Mrs Dee.

*Cathy:* Ms Fox is right, Mum. You won't just need space for the guests, you know. There's the buffet and the band as well.

*Ms Fox:* And you're inviting quite a lot of people, don't forget, Mrs Dee. They'll want to walk around – to the buffet, dancing, just talking. You said people won't want to just sit at tables.

*John:* Yes, you're right there, Ms Fox. Okay, then. Now what about the price?

*Ms Fox:* Well, I understand that we will supply the buffet and all the drinks, right?

*John:* Sure. In fact, we'd like to choose the buffet today.

*Ms Fox:* And some of your guests will stay at the hotel?

*Cathy:* That's right. We'll need five double rooms.

*John:* If the price is right, that is.
*Ms Fox:* Well, I'm sure there will be no problem about room prices, Mr Dee. We won't be busy that weekend. Yes, well, ... Okay, then, you can have the room for nothing.
*Molly:* What? For nothing? Well, that's wonderful, Ms Fox. Thank you so much. It really is very good of you.
*John:* All right, all right, Molly. Nothing in life is free. They'll just put the price on the buffet and the drinks.
*Cathy:* Oh, Dad! Don't be so cynical.

## 16

a. – T  b. – F  c. – T  d. – T  e. – F  f. – F
g. – F  h. – T  i. – T  j. – F

## 17

b. Yes, but it's not very, well "cosy", is it?
c. The tables aren't decorated.
d. I must say that I'm a little disappointed.
e. Yes, but you'll need a lot of space.
f. Ms Fox is right, Mum.
g. In fact, we'd like to choose the buffet today.
h. Okay, then, you can have the room for nothing.

Bonbon:
(1) money (2) note (3) love (4) are
(5) Owl (6) married (7) ring (8) day
(9) stood (10) shilling (11) away (12) hill
(13) mince; (14) hand (15) moon

# Unit 13

## 2

a. licence; home  b. school; corner
c. young; expensive  d. car; petrol
e. pay; need  f. accept; like
g. lessons; redecorate  h. problem; teach

## 3

Roger had to wait (past)
I'll have to wait (future)
you won't have to drive (future)
you'll simply have to accept (future)
I had to pay (past)
we'll have to pay (future)
you will just have to learn to accept it (future)
we'll have to redecorate (future)
he won't have to take (future)

## 4

a. will have to (take)
b. had to (leave)
c. won't have to (change)
d. didn't have to (hire)
e. had to (pay)
f. didn't have to (come)
g. won't have to (get)

## 6

– I think it could be the answer.
*Ich meine, dass es die Antwort sein könnte.*
– In a few weeks he will be allowed to drive.
*In wenigen Wochen wird er fahren dürfen.*
– A lot of students were allowed to do their test as soon as they were 17.
*Viele Schüler(innen) durften ihre Fahrprüfung machen, sobald sie 17 waren.*
– John says that soon the teachers won't be able to park their cars because of all the students' cars.
*John sagt, dass die Lehrer(innen) ihre Autos wegen der vielen Autos der Studenten bald nicht mehr werden parken können.*
– We couldn't possibly afford that.
*Das könnten wir uns unmöglich leisten.*
– Yes, but will Roger be able to teach him?
*Ja, aber wird Roger es ihm beibringen können?*
– Roger's allowed to accompany a learner now.
*Roger darf jetzt einen Fahrschüler begleiten.*
– And we'll certainly be able to save a lot of money.
*Und wir werden sicherlich viel Geld sparen können.*

## 7

a. She uses "crazy" and "mad".
b. The law says he can drive at 17 and a lot of his friends have got a driving licence.
c. Because of all the students' cars.
d. Because they do not accept what the law says.
e. Roger is sensible and he is quite a lot older than David. Also, David won't want to lose this chance of learning to drive.
f. David must accept that Roger is the teacher and he is the learner. He mustn't be silly.

## 8

a. (to) accept a condition
b. (to) accompany a learner driver
c. (to) agree to a suggestion
d. (to) confirm a story
e. (to) discuss an idea
f. (to) do a test
g. (to) go on holiday
h. (to) have lessons
i. (to) lose a chance
j. (to) pass a test
k. (to) save money

## 9

a. mustn't; could/might
b. can/may; must
c. needn't; must
d. should; shouldn't; might
e. mustn't; can/may
f. can/may/must; could/might

## 10

a. won't be able to see; will have to try
b. had to leave; were able to get
c. should pay; cannot find; can find; can get
d. could go; had to work; had to work
e. was able to speak; cannot remember

## 11

c. pay d. Take e. Don't walk f. Wear

## 12

a. Peter, may I introduce my sister? She is a tax accountant and could help / may be able to help you.
b. Yesterday we had to work an / one hour longer.
c. You won't be able to get a table in the restaurant without a reservation.
d. Will you really have to visit the doctor every day? Why can't you go during your holiday(s)?
e. Can Helen also speak German?

## 13

**Hörtext:** A traffic report

... with rain on Monday afternoon. On Tuesday the weather will get better, though, with a lot of sunshine. This good weather should stay with us until Friday, when more rain will move into Wales and the west of England from the west.

And now here is the traffic news for the Bristol area for the coming weekend.

Very heavy traffic is expected on all main roads because of the start of the school holidays. The M4 and A40 to the ferry ports at Milford Haven and Fishguard and the M5 to the south-west coast will be particularly busy. Expect bad delays on the M4 at both Severn bridges because of heavy traffic and problems with the toll machines. To avoid long delays, drivers should start their journey as early as possible and not travel during the middle of the day.

On the M5 the northbound carriageway will be reduced to one lane between junctions 12 and 13 for two hours between 1.30 and 3.30 on Sunday morning because of bridge repairs. Police say drivers should leave the motorway at junction 12 and use the A38 as far as junction 12 to the south of Gloucester.

Also in the Bristol area this weekend, there will be delays in Chepstow because of horse racing on Saturday afternoon and also on the B3353 because of a pop festival at the village of Gastard near Corsham.

Now for some better news. There are no longer road works on the A367 at Radstock or on the B3130 at Nailsea, both of which are now open to traffic. The roads minister also says there will be no further big road works in the Bristol area until after the holiday season.

**Lösungen:**
richtige Lösung: b.

a. ✓ b. ✓ c. ✓ d. ✗ e. ✗ f. ✓
g. ✗ h. ✗ i. ✓ j. ✗ k. ✓

(A367) A38 A40 B3130 B3353 M4 M5

Bristol Chepstow Corsham Fishguard Gastard Gloucester Milford Haven Nailsea Radstock

# Unit 14

## 2

b. 2 c. 1 d. 1 e. 2 f. 1 g. 2 h. 1

## 3

| food | drink |
|---|---|
| steaks | beer |
| bread | wine |
| rolls | soft drinks |
| barbecue sauce | coke |
| | mineral water |
| | coffee |

## 4

a. guest
b. shopping center (AE) / centre (BE)
c. freezer
d. neighbors (AE), neighbours (BE)
e. to invite (somebody)
f. soft drink
g. at the last minute
h. to be off
i. traffic
j. late

## 5

| Countable noun | Uncountable noun |
|---|---|
| a few things | much bread |
| plenty of steaks | plenty of beer |
| many rolls | a little wine |
| many guests | plenty of coffee |
| a few neighbors | a lot of barbecue sauce |
| a lot of children | a little traffic |
| many bottles | |
| a few bottles | |
| a lot of shops | |

## 6

a. 2 b. 3 c. 2, 3 d. 1, 4 e. 1, 4

## 8

1 – C 2 – E 3 – A 4 – B 5 – D 6 – G
7 – F

## 9

| | | | | | |
|---|---|---|---|---|---|
| my | **mine** | his | **his** | your | **yours** |
| your | **yours** | her | **hers** | their | **theirs** |

## 10

you[1] you[2] I[3] we[4] me[5] my[6] his[7] mine[8]
you[9] ours[10] we[11] ours[12] it[13] his[14]

## 12

a. Independence Day (public): firework displays in public parks; parades in town centres; speeches; people invite friends and neighbours.
Thanksgiving (private): families come together; many go to church; family meal with traditional turkey
b. Because it is the date of the Declaration of Independence.
c. Families try to come together, even if they live a long way apart or even abroad.
d. In Germany, *Der Tag der deutschen Einheit* on 3rd October is rather like Independence Day. Christmas Day is a family festival like Thanksgiving in the United States.

## 13

a. public holiday b. settler c. governed
d. defeated e. colonies f. huge g. parade
h. patriotic speech i. united j. spread
k. abroad l. special flight m. airline
n. turkey o. climax

## 14

**Present:**
The Fourth of July is celebrated all over the USA.
Huge firework displays are put on in parks …
(unregelmäßige 3. Form)
… and parades are held in town centres.
(unregelmäßige 3. Form)
Patriotic speeches are given by important
politicians. (unregelmäßige 3. Form)
… are united as one nation.
… even if they are spread all over the country …
(unregelmäßige 3. Form)
Special flights are arranged …
… a family dinner with turkey is eaten …
(unregelmäßige 3. Form)

**Past:**
The American settlers had no say in how they were governed.
In the war of Independence the British were defeated …
… they were driven out of the country.
(unregelmäßige 3. Form)
… a new nation, the USA, was born.
(unregelmäßige 3. Form)

## 15

a. is spoken
b. are made
c. were bought
d. is picked up
e. were married
f. are called
g. was started, was not finished
h. was paid
i. was cooked

## 16

a. Can you buy a bottle of barbecue sauce, please?
b. We have plenty of beer but we don't have much mineral water.
c. How much cash do we need?
d. I hope (that) the guests don't drink too much wine. We've only got a few bottles.
e. How many children have you invited to the barbecue?
f. ● Is your house as big as the Hunters'?
● I don't know. How big is theirs?
● It has (got) five bedrooms.
● Then it's bigger than ours.
● Yes, it's bigger than mine, too.

## 17

**Hörtext: Airport announcements**

Will Ms Holly Barns of Atlanta, Georgia, passenger on Southern Air's special Fourth of July flight to Concord, please go to Delta Air's desk in Terminal One.

This is the first call for Virgin Atlantic's flight VA 219 to London Heathrow. Will all passengers please go to Gate 27 with their boarding cards now.

May we please remind you that for security reasons passengers should not leave their baggage unattended. We repeat. Please do not leave your baggage unattended.

This is the final call for Lufthansa's flight LH 481 to Frankfurt. Will all passengers please go to Gate 23 for boarding immediately.

Will Mark Wilson's mother please go to the main information desk in Terminal Two where Mark is waiting for her. Here's that again. Will Mrs Jane Wilson of Orlando, Florida, please go to the main information desk in Terminal Two where her son, Mark, is waiting for her.

British Airways' flight BA 741 to Los Angeles due to take off at 9.20 is delayed because of a technical problem. Will passengers joining British Airways' flight BA 741 from London to Los Angeles please go to the British Airways desk in Terminal Two.

Will the driver of the blue Buick convertible with the New York plate HTR 673 please remove his car immediately. It is blocking an emergency exit. We repeat. Will the driver of ...

**Lösungen:**

a. 1; b. 2; c. 2; d. 1; e. 1; f. 2; g. 1

a. Atlanta [1], Concord [2], One [3]
b. first [1], 219 [2], Heathrow [3]
c. remind [1], reasons [2], leave [3]
d. final [1], Frankfurt [2], 23 [3]
e. Florida [1], desk [2], Two [3], Mark [4]
f. BA 741 [1], Los Angeles [2], Two [3]
g. blue [1], HTR 673 [2], car [3]

# Unit 15

## 2

a. northern Victoria b. one boy and one girl
c. nurse d. Saxony e. Wales

## 3

a. Heather finds her life boring because she is a housewife and a "full-time mother" and she would like to work again as a nurse.
b. The houses in Cobham are all surrounded by a close meshed wire fence.
c. Cobham is at the edge of the bush and wild animals, for example snakes can get into the garden.

## 5

**Bejahte Aussage:**
I've cut the tomatoes into slices, Mum.
I've just finished the dressing, too.

**Verneinte Aussage:**
I haven't seen him since breakfast.
I haven't heard of him for a long time, either.

**Frage:**
Where has Will gone?
Has he gone next door to play with Marco?
How many times have I told him ...?

## 6

a. ● Have you washed the dishes?
  ● Yes, I have washed them.
b. ● Have you cleaned the table?
  ● No, I haven't. It's still dirty.
c. The salad is delicious. Who has prepared it?
d. Nicole has just made some coffee. Who wants some?
e. Dad has repaired the garden fences. They are OK now.

## 7

a. I have never visited an Australian desert before.
b. The Hohmanns have lived here for several years.
c. We have finished the shopping.
d. Have you repaired the fence, Frank?
e. Nicole hasn't cut the tomatoes yet.
f. Will has gone to see Marco.

## 9

Will has been taken
*Will wurde ... gebracht* (wörtl.: *wurde genommen)*
Will has been bitten twice
*Will wurde zweimal gebissen*
they have just been repaired
*sie wurden (gerade) erst repariert*
has been attacked *ist angegriffen worden*
journalists have been told
*Journalisten wurde mitgeteilt/gesagt*

## 10

b. has been driven
c. has been delayed
d. has been forbidden
e. has been sold
f. has been united
g. has been cooked

## 11

a. for b. since c. for
d. since e. since. f. for

## 12

a. Marco's mother b. Nicole c. Heather
d. a reporter e. a doctor f. the government
g. Heather h. Will i. the ambulance service

## 13

b. came, has been, have never lived
c. have settled, have become
d. have come, have had
e. has always said, has started, had

## 14

b. salad c. bowl d. dog e. garden f. Road
g. fence h. Victoria i. campaign j. government

## 16

a. No, their sheep station is in New South Wales.
b. That's not right. Liz still lives at home (all the time).
c. No, she has hurt her foot.
d. No, he didn't come for hours.
e. Well, they might have, but Kim and Ben don't know.
f. No, she's probably just sprained it.
g. No, she can get up, but she must keep it up (as much as possible) and not walk on it (for a few days).
h. She didn't fall off her bike. She fell off her horse.

## 17

we've been waiting
I've been flying around have been repairing
they've been eating she's been lying

## 18

a. have been waiting
b. have you been working?
c. has been cleaning
d. have been sitting
e. have been arguing
f. have been writing
g. has not been doing, has been staying
h. have been playing

## 19

a. writing b. working c. dancing d. playing
e. coming f. standing g. studying h. paying

## 21

a. I have never been interested in sport so of course I didn't watch the Olympics last year.
b. We finally bought the tickets to Sydney last week. We have always wanted to visit the continent of Australia.
c. Have you heard anything of Chris? I haven't seen him for years.
d. Dad has been working on the fences for some days now but so far he hasn't repaired all of them.
e. Have you phoned the doctor already? Yes, I called him one hour ago but he hasn't come yet.

## 22

a. Your jeans are dirty. You have been wearing them for three weeks.
b. We have been waiting for nearly 20 minutes and the waiter still hasn't brought the menu.
c. What's wrong with the dog? – He has been barking for over an hour now.
d. The garage has been repairing our car since the beginning of the week and it still isn't ready.

## 23

**Hörtexte: Your help is needed**

**1**

This is an urgent message. There has been a bad road accident near Cobham. Three people have been seriously injured. The blood group AB is urgently needed for an eight-year-old girl who was hurt in the accident. Anybody with this blood group is asked to contact the accident unit at the Queen Victoria Hospital or the Flying Doctor Service immediately.

Now here are the main points again.

The blood group AB is urgently needed. People with this blood group are asked to contact the Queen Victoria Hospital in Cobham or the Flying Doctor Service.

**2**

Here is an urgent message for Mr John Baker of Melbourne who is touring southern Australia on a red Honda 750 motor-bike. Will anybody who knows the whereabouts of Mr John Baker please ask him to contact his mother, Mrs Brenda Baker of Eden, New South Wales on 096 65 82 as soon as possible. Here's that again. Will anybody who sees Mr John Baker of Melbourne please ask him to contact his mother on 096 for Eden and then 65 82 immediately.

**Lösungen:**

Message 1:

a. ✓ b. – c. ✓ d. – e. ✗

Message 2:

f. ✗ g. ✗ h. ✓ i. – j. ✓

Message 1:

a. urgent, accident b. seriously, eight
c. unit, AB. d. contact, immediately

Message 2:

e. touring, 750 f. Eden, 096 65 82.

# Unit 16

## 2

a. Arles; road b. motorway; Belgium
c. carrier; airports; services d. L'Escala; Girona
e. Italy; motorbike f. Cologne; coach
g. ferry; Dover h. Paris; Shuttle

## 3

b. to charge a fare
c. to enjoy a coffee
d. to fall off a bike
e. to have a near miss
f. to imagine things
g. to offer s.o. a lift
h. to open a door
i. to pass through a tunnel
j. to travel by coach
k. to watch a video

## 4

one woman was complaining
the train was passing through I was enjoying
we were driving I wasn't imagining
I was waiting I was standing
people weren't taking he wasn't going to
we were cycling traffic wasn't coming
we were touring they were sitting

## 5

a. was waiting; was raining
b. Was Jasmin working …?; was looking after
c. Were the Greens decorating …?
d. were working
e. was standing; was doing, was looking
f. was flying; was not travelling

## 6

b. Tom was reading a book when the doorbell rang.
c. Vanessa was watching TV when a friend called.
d. We were driving on the main road when the car in front braked.
e. Phil was trying to repair his car when his wife came.
f. Lynn was swimming in the lake when it started to rain.

## 7

a. were running; left; was; saw
b. were planning; became; did not / didn't go
c. were visiting
d. broke into; did not/didn't find; caught; were climbing
e. was lying; stopped; was raining; saw
f. went; came; was not/wasn't; was
g. was cycling; drove; was able to stop; was
h. arrived; was burning; were trying

## 8

had spent had gone had lost
had (already) had

## 9

b. heard, had happened c. were, had started
d. found, had been e. got, had died

## 11

| Joshua | Pamela |
|---|---|
| – | **pointed out that** |
| **charge** | **charged** |
| **are** | were |
| **get** | got |
| **that's** | that was |
| – | thought that |
| must accept | had to accept |
| get | got |
| paid for | had paid |

## 12

to answer to feel to mention to point out
to say to tell to think

## 13

| interview | article: |
|---|---|
| **were touring** | **had been touring** |
| **was** | had been |
| got | had got |
| were sitting | had been sitting |
| overtook | had overtaken |
| get | got |
| travel | travelled |
| wear | wore |
| feel | felt |

## 14

b. Jim remarked that they had arrived at the airport late because it was snowing very hard at the time.
c. Pat told Sally that Tom had seen "Titanic" the day before but he had not enjoyed it much.
d. Ben reminded Mr Todd that he was starting his holiday the following Tuesday so he wouldn't be able to come to the meeting.
e. Pam explained that she couldn't finish the letters because she had been ill until two days before.
f. Tim promised that he would meet me at the pub at about 7 the next day.

## 15

a. *Police spokesman:* We have caught the man who attacked several female hitch-hikers near Gent last summer.
b. *Car driver:* The accident was not my fault because the cyclist, who is British, was riding on the wrong side of the road.
c. *Louise Clarke:* While it is true that I was cycling on the left, this did not cause the accident. If I was riding on the left, the driver would see me more, not less, easily.
d. *Tom Bond:* We were unable to get to the burning church last night because we could not get past cars that were parked on both sides of Church Road.

# Unit 17

## 2

a. – 2 b. – 6 c. – 3 d. – 7 e. – 4 f. – 8
g. – 1 h. – 5

## 3

as[1] that[2] a[3] willing[4] You've[5] not[6]
told[7] is[8] you[9] got[10] enough[11] I'm[12]
go[13] here[14] and[15]

## 4

| | | | |
|---|---|---|---|
| I | myself | we | ourselves |
| you | yourself | you | **yourselves** |
| he | himself | | |
| she | **herself** | | |
| it | **itself** | they | themselves |

## 5

b. myself c. themselves d. ourselves e. itself
f. himself g. yourselves h. herself

# 6

each other/one another each other/one another
c. each other/one another herself himself

# 7

I've been dreaming about for years
you've always enjoyed until now
who is saying that
whose value is going up and up
you are responsible for
who loves you
you've just talked about at risk.

# 8

b. which c. whose d. who e. which f. who
g. whose

# 9

a. Is the girl that won the dancing competition your daughter?
b. Uwe is the German student ~~that~~ we met in Munich last summer.
c. Did you enjoy the concert that was on TV last night?
d. Mark won't have to take the exams ~~that~~ he should take next summer if Harry moves to California.
e. At first the Roberts don't want to sell the house ~~that~~ they have in London.

# 11

writing[1] house[2] flowers[3] suntop[4] beach[5]
minutes[6] arguments[7] happy[8] dream[9]
Battersea[10] wonderful[11] move[12] help[13]
job[14] likes[15] dollars[16] president[17] work[18]
idea[19] do[20]

# 12

**Fragen mit Fragewort:**
Why should the whole family do what …?
Why should we drop everything …?
(Why should we) follow you …?

**Fragen ohne Fragewort:**
Are you planning to destroy our …?
Do you think there are no …?

**Indirekte Fragen im Telefonanruf:**
He asked if I thought there were no good schools in Santa Teresa or something.
I asked why the whole family should do what …
I asked why we should drop everything…
(I asked why we should) follow him …
I asked him whether he understood what …
I even wanted to know whether he was planning to destroy our marriage.

# 14

b. Dad asked me who I had been speaking to on the phone.
c. Amy asked me what would happen to her dancing when we moved, Harry.
d. Mark asked Harry how big the high school in Santa Teresa was.
e. I asked Harry when our flight to Los Angeles was.
f. Mum, Amy asked me last night why you and dad were always arguing.
g. Mark asked if you had to wear a uniform at American high schools.
h. Mum asked dad if he had spoken to the bank about selling the house yet.
i. Amy asked me if she could have dancing lessons in California.
j. Dad asked mum if she was really willing to move to the USA with him and he called her "darling".
k. Mark asked Susan if he would still have to take exams next summer.
l. I asked Amy if she had remembered to give Carol our new address.

# 15

**Bitten und Aufforderungen:**
Accept it, Susan.
Make your choice and live with it.
Please don't make me leave you, Susan.
Come with me. Please.

**Indirekte Bitten und Fragen:**
He told me to accept it.
He told me to make my choice and live with it.
He asked me not to make him leave me.
He begged me to come with him.

## 16

a. Susan asked Mark to tell Amy to hurry up or she would miss her bus.
b. Harry told Amy to stop playing with the cat and to get on with her breakfast.
c. Harry asked Susan not to forget to pick up their visas.
d. Susan told Mark not to argue and to do as she asked. She told him to switch off the TV and to start his homework.
e. Harry asked Susan not to drive so fast. He told her to slow down and not to drive so near the car in front of them.
f. Susan asked Mark to go to the supermarket on his way home from school and told him to be sure to buy some cat food as well.

## 17

**Hörtext: An invitation**

*Mark:* Hallo.
*Kate:* Oh, hi. May I speak to Mrs Roberts, please?
*Mark:* Of course. Who's speaking, please?
*Kate:* My name's Kate Connors.
*Mark:* Fine. Could you hold on a moment, please? I'll see if my mother's there.
*Kate:* Thanks.

(Mark fetches Susan)

*Susan:* Hallo. Susan Roberts.
*Kate:* Oh, hallo, Mrs Roberts. You don't know me, but my name's Kate Connors. I'm Daryl Connors' wife. You know, A&C Datronics.
*Susan:* Oh, Mrs Connors. Hallo. How nice of you to phone.
*Kate:* Well, ... Oh, look, this is California. Just call me Kate, okay?
*Susan:* That's fine by me. Thank you very much. And my name's Susan.
*Kate:* Well, hallo, Susan. And I expect the polite young man I just spoke to is your boy, right?
*Susan:* That's right. That was Mark.
*Kate:* Well, Susan, why I'm calling. We – the A&C wives, that is – are having a barbecue at our place on Saturday and we'd just love to meet you and ... Harry, is it?
*Susan:* That's right. Harry.
*Kate:* Yes, well, why don't you come round at 6 for cocktails and then we'll barbecue at about 7. Do bring the children, of course. We'd love to meet them, too.
*Susan:* Well, that really is very kind of you, Kate. We'd love to come.
*Kate:* Great. We'll really look forward to it. See you Saturday ...
*Susan:* Oh, Kate, and what's the address?
*Kate:* How silly of me. It's 202 Pacific Boulevard. It's quite near you. Just go to the sea end of Redwood Drive and turn left. Then take the second right into Kennedy Road and Pacific Boulevard is at the end. Turn right again and we're the last house. You really can't miss it. Oh, and our phone number is 334982.
*Susan:* Fine. I've got that.

**Lösungen:**

a. May I speak to ..., please?
b. Who's speaking, please?
c. Could you hold on a moment, please?
d. I'll see if ... is there.
e. How nice of you to phone.
f. Now, why I'm calling.
g. Fine. I've got that.

a. Mark; Kate Connors b. Daryl Connors
c. barbecue; Saturday d. cocktails; 7/seven
e. 202; 334982 f. sea; left; second; Kennedy; end

# Unit 18

## 2

a. – 7 b. – 2 c. – 1 d. – 3 e. – 4 f. – 5
g. – 8 h. – 6

## 3

b. in c. to d. for; to e. of; as f. from
g. at h. from i. from j. with k. by, for

# 4

**simple present:**
are owned
are visited

**simple past:**
was given
were entertained
was used

**present perfect:**
have been formed

**with modal verb:**
could never be replaced
would be renovated
would be cared for
could be opened

# 5

*Die Vase könnte nie ersetzt werden.*
*Das Haus würde renoviert werden.*
*Es würde vom Trust für alle Ewigkeit gepflegt werden.*
*Die Häuser konnten der Öffentlichkeit zugänglich gemacht werden.*

# 6

b. BIKES MUST BE GIVEN BACK BY 6 P.M.
c. CARS MUST NOT BE PARKED ON THE PAVEMENT
d. UMBRELLAS CAN BE BORROWED FROM THE KIOSK
e. NEWSPAPERS MAY NOT BE TAKEN OUT OF THE READING ROOM
f. TICKETS SHOULD BE SHOWN AT THE DOOR
g. BOATS CAN BE HIRED HERE
h. PHOTOS SHOULD NOT BE TAKEN IN THE CHURCH
i. THIS CAR PARK MAY BE USED ONLY BY EMPLOYEES

# 7

are owned by the Trust
were entertained by games
would be cared for by the Trust
are visited by nearly 13 million people

# 8

b. ~~by drivers~~
c. by the Duke of Buckingham; ~~by them~~; ~~by a famous architect~~
d. ~~by visitors~~
e. by the government
f. by Ernest Hemingway; by John Donne.
g. by the microchip; ~~by computer engineers~~
h. by William of Normandy; ~~by later kings~~

# 9

b. English is used all over the world.
c. Windsor Castle was broken into last week.
d. Customers are asked to complain to us, not to other customers.
e. In Germany cars are often parked on the pavement.
f. The thief was caught as he was leaving the bank.
g. The ballpoint pen was invented by Lazlo Biro but he was not given any money for it.
h. Was the first car built by Karl Benz or Gottlieb Daimler?
i. A form of German is spoken in most of Switzerland.

# 10

a. was built[1]; was burnt down[2]; was destroyed[3]
b. was designed[1]; think[2]; became[3]; reminded[4]
c. is situated[1]; was owned[2]; gave[3]; was beginning[4]; came/had come[5]
d. designed[1]; were not accepted[2]; are hidden[3]

# 11

b. Can I bring a dog into the restaurant, please?
c. Has the palace got a car park for visitor/a visitors' car park, please?
d. Where are the toilets, please.
e. Is there another guided tour this afternoon, please?
f. Can I take photos in the castle?
g. Can I have a high chair for a small child, please?
h. Is there reduced admission for children under 14, please?

## 12

**Hörtext: A guided tour of Blickling Hall**

Well, first of all let me welcome you to Blickling Hall. The house is quite small, but a lot of people think that it is probably the finest Jacobean house in the country. It was built between 1616 and 1627 on the site of an earlier house that went right back to the 11th century. It is possible that the original house was built by Herbert de Losinga, Bishop of Norwich in William I's day and builder of the great cathedral, which he started in 1096.

The Jacobean house you see before you was designed by the architect Robert Lyminge for Sir Henry Hobart, whose descendant Robert Hobart gave his name to Hobart, the capital of Tasmania in Australia. Lyminge was one of the most popular architects of his day, and Hatfield House in Herfordshire was also designed by him.

Blickling Hall is famous because it was once owned by the Boleyn family. For our foreign visitors, Anne Boleyn was Henry VIII's second wife and mother of Queen Elizabeth I. They were married in 1533, after Henry's first marriage to Catherine of Aragon had been annulled. Henry desperately wanted a male heir, and after Ann gave birth to a stillborn boy in 1536, she was accused of adultery and was executed in the Tower of London for treason.

Although Ann is always associated with Blickling, we do not think that she was born here in the earlier house. In the nearby church of St Andrew there is a monument to Anna Boleyn who died in 1479 and after whom the tragic young queen was probably named.

And now I'd like to take you into the …

**Lösungen:**

b. Herbert c. Norwich d. Robert e. Henry f. Hobart g. Tasmania h. Hatfield i. Boleyn j. London k. Andrew l. Anna

a. 1616, 1627 b. 1096 c. second d. 1533 e. 1536 f. 1479

# Unit 19

## 2

a. ✓ b. O c. ✘ d. ✓ e. ✘
f. O g. ✘ h. ✘ i. ✓ j. ✓

## 3

b. right *richtig* c. nice *nett* d. usual *gewöhnlich* e. difficult *schwierig* f. nasty *scheußlich* g. big *groß* h. sensible *vernünftig* i. awful *fürchterlich* j. false *falsch*

## 4

a. – 8 b. – 12 c. – 10 d. – 4 e. – 2 f. – 3 g. – 9 h. – 1 i. – 5 j. – 7 k. – 13 l. – 6 m. – 11

## 5

**Dialog a:**
You'll need them on Saturday if you play in the match, won't you?
If you looked after your things properly, you wouldn't lose them all the time.

**Dialog b:**
What would happen to the business if I called myself "Jenkins" or something?
If I did that, I might lose half my customers.
If you marry your darling boyfriend Jeff Ryan, you can call yourself "Mrs Ryan", can't you?

**Dialog c:**
If you don't get that mouse right now, I'll take Patch and Hannibal up there.
And if I do that, they'll have a nice little snack.
If Sharon hadn't told me, I would have called in the rat-catcher.
If she doesn't keep her silly mouth shut, I'll shut it for her one day.

**Dialog d:**

If you had done your homework last weekend, you would have had plenty of time today.
If I hadn't helped you at the market on Saturday, I would have finished my homework twice.
If you had cleaned the van, I could have done my homework then.

## 6

[1] drei – [2] **simple present** – [3] **simple past** – [4] **would have**

## 7

b. will win, have
c. doesn't/does not show; will you put?
d. will cry; calls
f. wouldn't/would not like; changed
g. would do; worked
i. hadn't/had not been; would have gone
j. wouldn't/would not have sold; hadn't/had not helped
k. I'd/I had known; wouldn't/would not have kept

## 8

a. I'll/will tell   b. was
c. wouldn't/would not have happened
d. needs   e. hadn't/had not been held up
f. would be   g. get
h. wouldn't/would not have hurt
i. I'd / I would go out
j. didn't/did not have to look after

## 9

b. – 3   c. – 3   d. – 1   e. – 2   f. – 1

## 10

b. had come, wouldn't/would not have died
c. asks; will agree.
d. wouldn't/would not be; were not
e. would have allowed; you'd/you had told
f. didn't/did not drive; wouldn't/would not have
g. will not/won't take; gets

## 11

a. 267 – 6392   b. 17 Albert Road, Camden
c. 3   d. James Cameron
e. Leonardo DiCaprio and Kate Winslet   f. six

a. 4.45[1]; 8.15[2]   b. [1]/ One[1]; 4.20[2]; 7.10[3]; U[4]
c. 3/Three[1]; 18[2]   d. 14[1]; 3.75[2]; 4.50[3]
e. 2/Two[1]; 2.15[2]; 7.30[3]; 11.30[4]; Saturdays[5]; 12[6]

**Hörtext: A recorded message**

*Sharon:* What should we do tonight, Paul? I feel like going out – and I'm not talking about the pub.

*Paul:* Okay then. Let's find out what's on at the cinema. I'll give the Roxy a call. Do you know their number, Sharon?

*Sharon:* Sure. I wrote it down last time. Uhm ... Ah, here it is. It's two - six - seven and then six - three - nine - two.

*Paul:* # Thanks.

*Woman:* This is the Roxy Cinema Centre, 17 Albert Road, Camden. You are listening to a recorded message. Thank you for calling. Here are details of our current programme. On Screen One we have the nature film *A Year in the Life of a Tiger* showing at 1.30, 4.20 and 7.10. This film has a U certificate. On Screen Two we are showing James Cameron's hugely successful blockbuster *Titanic* with Leonardo DiCaprio and Kate Winslet for the seventh week. Performances are at 2.15 and 7.30 Sundays to Thursdays. On Fridays and Saturdays there is also a late-night performance at 11.30. This film has a 12 certificate. On Screen Three we have the horror film *Terror in the Dark* for a second week showing at 2 o'clock, 4. 45 and 8.15. This film has an 18 certificate. Prices are as follows: adults and young people over the age of 14 £4.50. Senior citizens £3.75 and children under the age of 14 £2.50. Please note that no smoking is allowed anywhere in the cinema centre, including the foyer and toilets.

This is the Roxy Cinema Centre, 17 Albert Road, ...

# Unit 20

## 1

home, family life: 7; 8; 9; 12
sport, free time: 9, 10; 12
work: 2; 13
friends, acquaintances: 4
other: 6; 10

## 2

4 – L   5 – G   6 – D   7 – I   8 – K   9 – H
10 – C   11 – B   12 – J   13 – A

## 4

**Verb + Infinitiv:**
hope to finish   mean to find   seem to enjoy
decide to sell   expect to get
intend to divorce   afford to lose
promise to redecorate

**Verb + -ing-Form:**
prefer reading   mention seeing   enjoy making
mind giving   risk losing   keep interrupting
finish speaking   miss getting   suggest paying
admit speaking   deny complaining

## 5

b. to have; telling   c. going out; to get back
d. staying; going   e. seeing; phoning; changing
f. spending   g. breaking; stealing

## 7

**a.**
remember sitting   (remember) watching
forget having   would forget going

**b.**
remember to tell   won't forget to give

**c.**
stop playing   stop trying (to be)

**d.**
stop to get   stop to pick ... up

## 9

a. to bring   b. spending   c. spending; to tell
d. asking; to do; to give   e. seeing; seeing
f. to ask; to send

## 10

**Hörtext: Europe's common language?**

More than half the people of the EU say they can speak at least one European language other than their own. Over 30% of EU citizens claim to speak English as a foreign language. The equivalent numbers for French and German are 15% and 9%.

It's not surprising that people from small countries – above all the Luxembourgers, the Dutch and the Danes – do best at foreign languages, with the Luxembourgers doing best of all. Their official language is Letzeburgisch, which is an ugly mixture of French and German. Perhaps that's why 86% also speak French, 77% German and almost half are quite good at English as well.

The Dutch are very good at foreign languages, too. Only 14% say they cannot speak any foreign language at all – 79% speak English, two-thirds German and nearly a quarter French. The Danes are among the best linguists as well. Nearly three-quarters have English and over half German.

The British and the Irish are awful language learners. This is not surprising as they speak English – which is quickly becoming Europe's common language – as their mother tongue. I don't suppose the Romans were particularly interested in learning anybody else's language, either.

But be careful. People can be extremely optimistic about their knowledge of foreign languages. It is amazing how many people claim they can speak, say, French, when they are safely at home, and then have big problems understanding – not to mention speaking – even the simplest sentences in France.

**Lösungen:**

b. 2   c. 2   d. 1   e. 2   f. 1   g. 1   h. 2

a. EU; English  b. 15; German  c. French; German.
d. 86; 77; half  e. Dutch; foreign  f. Danes; German

**Lösungen der Zwischentests (S. 75-78)**

## Test 1

### 1

a. are
b. is
c. is
d. are
e. are
f. am, isn't

### 2

*Dave:* Hello Sabine. How are you?
*Sabine:* Hello David. I'm fine, thanks. I'd like to introduce you to my friend, Thomas.
*Dave:* Hello Thomas. Nice to meet you. Are you German, too?
*Thomas:* Yes, from Frankfurt. I'm here on holiday.
*Sabine:* Yes, he's only here for two weeks. We must be off now, I'm afraid. But let's have a meal tonight.
*Dave:* Great idea. Let's go to the 'Waterhole'.
*Thomas:* OK. We could meet there at half past seven.

### 3

a. children
b. boxes
c. buses
d. knives
e. houses
f. checks

### 4

a. supermarket
b. signature
c. people
d. underwear

### 5

*Kellner:* Excuse me sir, is this <u>your</u> coffee?
*Sie:* No, it's <u>her</u> coffee. And that's <u>his</u> cream tea, I think.
*Tina:* Thanks.
*Joel:* Thanks a lot.
*Kellner:* This is <u>your</u> mineral water, isn't it?
*Terry and Lisa:* No, that's not <u>our</u> mineral water, in fact it's <u>their</u> bottle.
*Sie:* And is this <u>your</u> wine, Karen?
*Karen:* Yes, that's <u>my</u> wine, thanks.

### 6

b. him
c. her
d. us
e. them

### 7

a. twenty-five
b. seventeen
c. thirty-one
d. thirteen

### 8

a. teacher
b. photographer
c. unemployed
d. bricklayer
e. interpreter

## Test 2

### 1

a. live
b. has; commutes
c. has; leaves
d. has; doesn't commute
e. go
f. don't go; take
g. walk; buys
h. enjoys / likes; doesn't like / enjoy; buys
i. loves; have; go

### 2

● I'd like a pair of blue jeans, please.
● Would you like to try on this pair? They look good.
● Yes, where are the fitting rooms?
● Over there.
● I think they are too small. Could I try on the next size?
● Sure. Try these ones.
● They are perfect. How much are they, please?

## 3

a. (the) biggest
b. faster
c. more interesting
d. (the) highest
e. (the) most beautiful
f. worse

## 4

b. Los Angeles is bigger than Hamburg.
c. E-mails are quicker than ordinary letters.
d. Her new boyfriend is less charming than her other boyfriends.

## 5

a. fantastic; well
b. politely; rude
c. perfect; perfectly

## 6

*Sie müssen:*
*Gewicht verlieren, weniger essen, keine Süßigkeiten essen*

*Sie brauchen nicht:*
*jeden Tag ins Fitnesstudio kommen, Vegetarier zu werden*

*Sie sollten:*
*regelmäßig ins Fitnesstudio kommen, viel zu Fuß gehen und das Auto weniger häufig benutzen, weniger Fleisch essen, wenig Alkohol trinken*

*Sie dürfen nicht:*
*rauchen*

# Test 3

## 1

a. cleaned
b. arranged
c. went
d. slept
e. told
f. ate
g. thought

## 2

b. We arrived in London three hours ago.
c. Jane started her job as a stewardess five months ago.
d. The performance began one and a half hours ago.
e. I met Harry three days ago.
f. We went to South Africa ... years ago.

## 3

a. When did you arrive at Heathrow airport?
b. Why was your flight to New York delayed?
c. When did the next plane to New York go?
d. Did you have time for breakfast?
e. Did Clive enjoy his meal on the plane?

## 4

b. This song was played by a lot of radio stations last summer.
c. The trip was paid by my parents.
d. Our work is made a lot easier by computers.
e. French is spoken by a lot of people in African countries.
f. I was told to write the report immediately by my boss.

## 5

a. ● **Have you called Mr Denning yet?**
  ● Yes, I called him yesterday.

b. ● When did Terry and Joe go to Australia?
  ● They went there in 1998.

c. ● Has Ben checked our e-mails already?
  ● No, he hasn't checked them yet.

d. ● Have you ever eaten Indian food?
  ● No, I've never tried it.

e. ● How was the meeting in Manchester last week?
  ● It was interesting.

# Test 4

## 1

Joe said that Australia was just incredible. He and Tina had been there for three weeks. He told me that they had hired a car and had gone frome Sydney up to the Barrier Reef but, of course, they had also gone to see Ayers Rock. Tina had always wanted to do that. Joe said that it had been well worth the trip and that he had never seen anything like it. He also told me that they were already planning their next trip and said he hoped that they would be able to go to New Zealand next year.

## 2

a. Derek wanted to know if / whether John had ever been to Australia.
John answered that he and Tina had gone there two years before.

b. A policeman told me to show him my driving licence.

c. A woman asked me where Lexington Road was.

d. Ben told Fiona to give him his CDs back.

## 3

a. would have been; had compared
b. had; would try
c. is; can
d. had read; would have known / would know
e. will invite, have

## 4

a. to find
b. going
c. smoking
d. to post
e. seeing

## 5

a. (which / that)
b. whose
c. who
d. (which / that)
e. who

## Gesamtwortschatz

Die Zahlen verweisen auf die Lektion, in der das jeweilige Wort zum ersten Mal vorkommt. Bei Wörtern, die in den „Geschenktexten" oder in Grammatikabschnitten vorkommen, wird die entsprechende Seitenzahl angegeben.

**A**

**a** ein(e) 1
**a bit** ein bisschen 6
**a couple of** ein paar, einige 15
**a few** einige 7
**a little** ein wenig 6
**a lot of** viel(e), eine Menge 2
**a month** monatlich, im Monat 1
**to be able** können, fähig sein, in der Lage sein (etwas zu tun) 11
**about** ungefähr 3; über S. 59, 7
**How about ...?** Wie wär's mit ...? 4
**above** über, oberhalb 4
**abraod** im/ins Ausland 14
**to live abroad** im Ausland leben 14
**absolute** absolut 17
**to accept** akzeptieren 13
**accident** Unfall 15
**to accompany** begleiten 13
**according to** entsprechend, gemäß 13
**accountant** Steuerberater 13
**accurate** genau S. 166
**to accuse** anklagen, beschuldigen 18
**to achieve** erreichen S. 203
**achievement** *hier:* Leistung 9
**acquaintance** Bekannte(r) 20
**to acquire** sich aneignen 9
**acre** Acre (engl. Flächenmaß) 9
**to act** spielen (im Theater oder Film) 7; sich benehmen, sich verhalten 9
**activity** Aktivität 9
**actor** Schauspieler 7
**to add** hinzufügen S. 154
**address** Adresse, Anschrift 1
**admission** Eintritt 3
**to admit** zugeben 20
**ads (AE)** Anzeigen, Reklame 9
**adultery** Ehebruch 18
**adult** Erwachsene(r) 3
**advanced** Fortgeschrittene(r) 9
**adventure** Abenteuer 3
**adverb** Adverb 14
**adverts (BE)** Anzeige, Reklame 9
**adviser** Berater(in) 18
**to afford** sich leisten 13
**to be afraid** Angst haben 11
**after** nach, nachdem 4
**to go after** nachgehen, verfolgen 11
**afternoon** Nachmittag 1
**again** wieder, noch (ein)mal 3
**against** gegen 7
**age** Alter 9
**ago** vor (zeitlich) 11
**to agree (with)** übereinstimmen (mit), zustimmen 6
**to aim (for/at)** zielen (auf) 10
**aim** Ziel 18
**air-conditioning** Klimaanlage 11
**airline** Fluggesellschaft 11
**airport** Flughafen 11
**alarm clock** Wecker 9
**alcohol** Alkohol 14
**ale** engl. Bierart 10
**all** alle, alles 2
**all over** überall 8
**all over again** völlig neu 17
**from all over the country** aus dem ganzen Land 9
**all right** gut, in Ordnung 4
**all the time** ständig, die ganze Zeit 15
**at all** überhaupt 19
**to allow** erlauben 13
**to be allowed** dürfen 13
**almost** fast, beinahe 10
**alone** alleine 15
**along** entlang 3
**already** schon 15
**also** auch 4
**although** obwohl, obgleich 15
**always** immer 6
**a.m.** vormittags 2
**am** (ich) bin S. 18
**amateur** Amateur 11
**amazing** erstaunlich 20
**ambition** Ambition, Ziel; Ehrgeiz 13
**ambulance** Krankenwagen 8
**American** amerikanisch, Amerikaner(in) 5
**among** (mitten) unter S. 104; 15
**an** ein(e) 1
**and** und 1
**angel** Engel 10
**angry** ärgerlich 7
**animal** Tier 9
**ankle** Knöchel 15
**anniversary** Jubiläum 12
**announcement** Durchsage, Ankündigung, Bekanntmachung 14
**to annul** annullieren 18
**anorak** Anorak 5
**another** ein(e) andere(r,-s), noch ein(e) 3
**answer** Antwort 13
**to answer** antworten 8
**answering machine** Anrufbeantworter 8
**antiques** Antiquitäten S. 213
**any** (irgend)welche(r, -s) 5
**not ... any** kein(e, -r, -es) 5
**anybody** jede(r), irgendjemand 5
**anyhow ...** übrigens ..., außerdem ... 13
**anything** (irgend)etwas 5
**apple pie** Apfelkuchen S. 51
**apple vinegar** Apfelessig S. 154
**applicant** Bewerber(in) S. 166
**application** Bewerbung S. 166
**appointment** Termin, Verabredung 8
**April** April 8
**architect** Architekt 18
**are** (du) bist, (Sie) sind S. 18
**area** Gebiet 13
**area code** Vorwahl 8
**arena** Arena, Schauplatz 9
**to argue** (sich) streiten, zanken 13
**argument** Streit 15; Argument 19
**arm** Arm 8
**around** umher, um ... herum 6
**to arrange** arrangieren, vereinbaren 14
**arrival** Ankunft 10
**to arrive** ankommen, eintreffen 6
**arrogant** arrogant 7
**art gallery** Kunstgalerie 3
**arts** Künste 9
**as** wie 6; als 18
**as ... as** genau(so) ... wie 6
**as soon as** sobald 13
**as well** auch, sowie, ebenso 15
**ash** Asche S. 154
**ashtray** Aschenbecher 18
**Asia** Asien 15
**to ask** fragen 3
**to ask about** fragen nach 11
**to ask for** bitten um 3
**to ask the way** nach dem Weg fragen 3
**to associate with** (gedanklich) verbinden mit 18
**at** bei, an, in 1
**at ... o'clock** um ... Uhr 2
**at all** überhaupt 19
**at first** zuerst, anfangs 11
**at home** zu Hause 6
**at last** endlich, schließlich 3
**at least** mindestens 11
**at night** nachts 11
**at once** sofort 16
**at the moment** im Moment, augenblicklich 1
**to look at** hin-, ansehen 9
**ate** aß(en, -est) 11
**Athens** Athen 6
**atmosphere** Atmosphäre 9
**to attack** angreifen 15
**to attract** anziehen 18
**attractive** attraktiv 6
**aunt** Tante 4
**Australia** Australien 7
**Australian** australisch; Australier(in) 6
**automatic** automatisch 8
**autumn (BE)** Herbst 9
**to avoid** vermeiden 13
**away** fort, weg 1
**to take away** *hier:* abschleppen 13
**awful** furchtbar, schrecklich 1

**B**

**baby changing-table** Wickeltisch 16
**babysitter** Babysitter 8
**back** zurück 3
**to get back** zurückkehren 11
**back** Rückseite S. 59; S. 166
**back garden** Garten 15
**backpack (AE)** Rucksack 5
**backpacking (AE)** trampen, wandern, mit dem Rucksack verreisen 5
**bacon** Frühstücks, -Schinkenspeck 2
**bad** schlecht 1; schlimm 6
**bad luck** Pech 1
**bag** Tasche, Tüte, Beutel 3
**baggage (AE)** Gepäck 14
**baker** Bäcker(in) 6
**the baker's** die Bäckerei 6
**ball** Kugel, Ball S. 80; 8
**ball point pen** Kugelschreiber S. 122; 18
**Baltic Sea** Ostsee 15
**bandleader** Bandleader 12
**bank** Bank 1
**bank clerk** Bankangestellte(r) 1
**bank holiday** gesetzlicher Feiertag 8
**barbaric** barbarisch 18
**barbecue** Grillfest 1
**bargain** Schnäppchen S. 213
**to bark** bellen 15
**basis** Grundlage S. 166
**Basle** Basel 15
**bathroom** Badezimmer 2
**Bavaria** Bayern 15
**to be (was, been)** sein 5
**to be able** können, fähig sein, in der Lage sein (etwas zu tun) 11
**to be afraid** befürchten 1, Angst haben 11
**to be allowed** dürfen 13
**to be asleep** schlafen 11
**to be in a hurry** in Eile sein, es eilig haben 6
**to be late** zu spät kommen 14
**to be lucky** Glück haben 11
**to be off** *hier:* weggehen 14
**to be right about** Recht haben in Bezug auf 13
**to be situated** gelegen sein, liegen 18
**to be used to** an etw. gewöhnt sein 16
**to be willing** bereit, willens sein 17
**to be wrong with …** nicht stimmen mit 11
**beach** Strand 9
**to beat (beat, beaten)** schlagen, besiegen 8
**beautiful** (wunder)schön 2
**because** weil 5
**to become (became, become)** werden 1
**bed** Bett 6
**bedlinen** Bettzeug 9
**bedroom** Schlafzimmer 2
**beef** Rindfleisch 4
**beer** Bier 10
**before** vorher, bevor, ehe 6
**to beg** (er)bitten, (er)betteln 17
**to begin (began, begun)** anfangen, beginnen S. 154
**beginner** Anfänger(in) 9
**behind** hinter 2
**to believe** glauben 17
**to belong** gehören 15
**below** unter 14
**best** beste(r, -s) 6
**to bet (bet, bet)** wetten 19
**better** besser 6
**to get better** besser werden 7
**between** zwischen 15
**big** groß 2
**bike** Fahrrad 14
**biker** Motorradfahrer(in) 16
**bill (AE)** Geldschein S. 59
**bill (BE)** Rechnung 4
**billion** Milliarde 14
**to bind (bound, bound)** (ver)binden 15
**biologist** Biologe,Biologin 1
**bird** Vogel 17
**birth** Geburt S. 166
**birthday** Geburtstag 4
**biscuit (BE)** Keks 9
**bishop** Bischof 18
**bite** Biss 15
**to bite (bit, bitten)** beißen 15
**bitter** Bitter *(engl. Biersorte)* 10
**bitter** bitter, verbittert 16
**black** schwarz 2
**to block** blockieren 14
**blockbuster** Kassenschlager (Film) 19
**blonde** blond, Blondine 7
**blood group** Blutgruppe 15
**blue** blau 6
**board** Tafel, Brett 8; Anzeigetafel S. 179
**boarding card** Bordkarte 14
**boarding school** Internat 15
**boat** Boot, Schiff 10
**to boil** kochen S. 154
**bomb** Bombe 17
**bonfire** Freudenfeuer 8
**book** Buch 3
**to book** reservieren 12
**boot** Stiefel 9
**boring** langweilig 3
**to get bored** sich langweilen 9
**born** geboren 12
**to borrow** entleihen, sich (aus)leihen 13
**boss** Chef, Boss 12
**both** beide(s) 5
**bottle** Flasche 6
**bought** gekauft 14
**bowl** Schüssel, Schale S. 154; 15
**Boxing Day** 2. Weihnachtsfeiertag 8
**boy** Junge 1
**boyfriend** (fester) Freund 1
**bra** Büstenhalter S. 122
**to brake** bremsen 16
**bread** Brot 2
**bread roll** Brötchen 2
**breadknife, (*Pl.* breadknives)** Brotmesser 2
**to break (broke, broken)** (zer)brechen 15
**to break in** einbrechen 16
**breakfast** Frühstück 2
**bricklayer** Maurer 2
**bridge** Brücke 13
**bridge repairs** Brückenreparaturarbeiten 13
**to bring (brought, brought)** (mit)bringen 9
**Britain** Großbritannien 8
**British** Brite, Britin; britisch 1
**Brittany** Bretagne 20
**brochure** Broschüre, Prospekt 9
**brother** Bruder 1
**brown** braun 5
**to brush** bepinseln S. 154
**bucket** Eimer 6
**buffet** Buffet 12
**to build (built, built)** bauen 8
**builder** Bauunternehmer(in) 18
**building** Gebäude 10; Bebauung 18
**building site** Baustelle 8
**bull's eye** *das Schwarze der Zielscheibe* 10
**burglar** Einbrecher(in) 6
**to burn** (ver)brennen 11
**bus station** Busbahnhof 3
**bush** Busch 15
**business** Geschäft 1
**on business** geschäftlich 1
**bus-stop** Bushaltestelle 16
**busy** beschäftigt, hektisch 4; *hier:* voll 12
**but** aber 1
**butcher** Fleischer(in), Metzger(in) 6
**the butcher's** der Fleischerladen, die Metzgerei 6
**butter** Butter 2
**to buy (bought, bought)** kaufen 3
**buyer** Käufer(in) 2
**buying rate** Ankaufspreis (beim Geldwechsel) 5
**by** von 6
**by himself** er allein 10
**by train** mit der Bahn 6
**by the 1930s** bis zu den 30er Jahren 18
**by the way, …** übrigens … 12
**one by one** eins nach dem anderen, einzeln 8
**bye/Bye-bye/…'bye now** Tschüs 1

C

**cab (AE)** Taxi 9
**calendar** Kalender 8
**California** Kalifornien 17
**call** Anruf 8; Aufruf 14
**to call** anrufen, telefonieren 3
**caller** Anrufer(in) 7
**calm** ruhig, gelassen 7
**camera** Fotoapparat 3
**campaign** Kampagne; Feldzug 15
**camper** Camping Reisende(r) 9
**camping** Camping 9
**camping site** Campingplatz 11
**can** können 3
**can't (= cannot)** nicht können 3
**can (AE)** Blechdose 9
**can opener (AE)** Dosenöffner 5
**Canada** Kanada 7
**cap** Mütze 6
**capital** Hauptstadt 18
**captain** Mannschaftsführer, Kapitän 10
**car** Auto 1
**car park** Parkplatz 3
**caravan** Wohnwagen 1
**caravan park** Wohnwagenpark 1
**card** Karte 2
**cardinal number** Kardinalzahl 8
**to care for** sich kümmern (um) 18
**careful** vorsichtig, sorgfältig 6
**Caribbean** Karibik 13
**carriageway** Fahrbahn 13
**carrier** Fluggesellschaft 16
**carrot** Karotte, Möhre 18
**to carry** tragen 5
**case** *hier:* Fall 15
**casserole** Kasserolle 4
**castle** Schloss 18
**cat** Katze S. 133
**cat food** Katzenfutter 17
**catastrophe** Katastrophe 11
**catch** *hier:* Haken 18
**to catch (caught, caught)** fangen 16
**cathedral** Kathedrale, Dom 3
**cattle** Rinder 9
**to cause** verursachen 8
**to celebrate** feiern 12
**center (AE)** Zentrum 3
**centre (BE)** Zentrum 3
**century** Jahrhundert 18
**ceramic** Keramik-, keramisch 6
**certainly** bestimmt, sicherlich 11
**certificate** Bescheinigung, Zertifikat, *hier:* Zulassungsurkunde 19
**chair** Stuhl 18
**challenge** Herausforderung 17
**chance** Chance, Gelegenheit 13
**change** Wechselgeld 5; Veränderung, Wechsel 13
**to change** (Geld) wechseln 5; umstellen, (ver)ändern 11
**channel** Kanal 10
**charcoal barbecue** Holzkohlengrill S. 154
**charge** als Bezahlung verlangen, berechnen 16
**charity** *hier:* wohltätige Einrichtung, Stiftung S. 203
**charming** reizend, bezaubernd S. 70; 10
**chauffeur** Chauffeur 14
**cheap** billig 3
**check (AE)** Rechnung (im Restaurant) 5
**to check** überprüfen 15
**to check in** (sich) anmelden, einchecken 11
**to check s.th. out** etw. ausprobieren S. 193
**check-in desk** Abfertigungsschalter S. 179
**to cheer** jubeln 10
**Cheerio** Tschüss 1
**cheese** Käse 2
**cheesecake** Käsekuchen S. 51
**chicken** Huhn, Hähnchen 4
**chicken casserole** Hühnertopf 4
**child (*Pl.:* children)** Kind 1
**children's party** Kinderfest 4
**chili powder** Chilipulver S. 154
**Chinese** chinesisch; Chinese, Chinesin; Chinesisch 6
**chips (BE)** Pommes frites 4
**choice** Wahl, Auswahl 17
**to choose (chose, chosen)** (aus)wählen, aussuchen 4
**Christmas** Weihnachten 8
**Christmas Day** 1. Weihnachtsfeiertag 8
**Christmas Eve** Heilig Abend 8
**church** Kirche 3
**cigarette** Zigarette 2
**cinema** Kino 3
**circulatory system** Keislauf S. 167
**citizen** Bürger(in) 20
**city centre** Stadtzentrum 3
**to claim** behaupten, beanspruchen 20
**class** Schulklasse 14
**to clean** sauber machen, reinigen, putzen 6
**clean** sauber 11
**cleaner** Reinigungskraft 7
**cleaning lady** Putzfrau 8
**clear** deutlich, klar 8
**clever** schlau 6
**cliff** Klippe S. 112
**climax** Höhepunkt 14
**to climb (up)** klettern, steigen (auf) 6
**to climb out** herausklettern, -steigen 15
**climber** Kletterer 7
**close meshed** engmaschig 15
**to close** schließen, zumachen 10
**closed** geschlossen 11
**clothes** Kleider, Kleidung 7
**clothing** Kleidung 5
**cloud** Wolke 12
**coach** Reisebus 16; Trainer 20
**coast** Küste 10
**coastguard** Küstenwache, Seenotrettungsdienst 8
**coastline** Küstenstreifen S. 112
**coat** Mantel 4
**code** Vorwahl 15
**coed (= coeducational)** koedukativ 9
**coffee filter** Kaffeefilter S. 122
**coffee** Kaffee 2
**coin** Münze S. 59
**coke** Coke, Coca-Cola 5
**cold** Erkältung kalt 14; S. 167
**colleague** Kollege, Kollegin 1
**Cologne** Köln 15
**colonists** Kolonisten 14
**colony** Kolonie 14
**colour** Farbe S. 80
**colour printer** Farbdrucker 12
**to come** kommen 4
**Come off it.** Lass es sein; Hör auf damit. 17
**to come in** eintreten, hereinkommen 4
**to come up** aufsteigen, aufgehen 20
**comfortable** bequem 16
**common language** gemeinsame Sprache 20
**to commute** pendeln (zwischen Wohnort und Arbeit) 6
**company** Gesellschaft 15
**competition** Wettbewerb 17
**to complain** (sich) beschweren 11
**to complete** *hier:* ausfüllen S. 166
**completely** gänzlich, völlig 15
**to compromise** Kompromisse schließen 17
**computer** Computer 3
**computer chip** Computerchip 14
**computer programmer** Computerprogrammierer(in) 1
**concert** Konzert 13
**condensed milk** Kondensmilch 5
**condition** Bedingung 13; (Gesundheits)zustand S. 167
**confident** zuversichtlich 8
**to confirm** bestätigen 13
**to connect (with)** verbinden (mit) 8
**connecting flight** Anschlussflug 11
**conservatory** Wintergarten 2
**to conserve** erhalten, bewahren S. 203
**to consider** nachdenken, sich überlegen, erwägen 20
**Constance** Konstanz 15
**to contact** *hier:* sich in Verbindung setzen mit 15
**continent** Kontinent, Erdteil 15
**continental** kontinental 2
**convenient** bequem, zweckdienlich 17
**convertible** Cabrio S. 143
**to convince** überzeugen S. 104
**cook** Koch, Köchin 7
**to cook** kochen, zubereiten 4
**cooking pot** Kochtopf 8
**cooky (AE)** Keks 9
**cool** kühl 7
**cop (AE)** Polizist 11
**corner** Ecke 13
**cost** Preis, Kosten 12

**to cost** kosten 6
**to cost a fortune** ein Vermögen kosten 12
**cosy** gemütlich 12
**could** könnte(n, -st) 5; konnte(n, -st) 11
**couldn't** konnte(n, -st) nicht 11
**country** Staat 1
**country house** Landsitz 18
**a couple of** ein paar, einige 15
**course** Bahn 3; Kurs 9
**court** *hier:* Gericht 16
**to cover** *hier:* auffüllen S. 154
**covered market** Markthalle 3
**to crash** zusammenstoßen, verunglücken, abstürzen 17
**crazy** verrückt, wahnsinnig 9
**creative** schöpferisch, kreativ 9
**credit card** Kreditkarte 1
**crime** Verbrechen 11
**criminal** Straftäter(in), Kriminelle(r) 11
**crisps** Chips 5
**to cross** überqueren 3
**crossroad(s)** Kreuzung 3
**crossword puzzle** Kreuzworträtsel 3
**crowded** überfüllt 13
**to cry** weinen 17
**cufflinks** Manschettenknöpfe 6
**culture** Kultur 14
**cup** Tasse 2
**cupboard** (Geschirr)schrank 14
**current** laufend, gegenwärtig, augenblicklich 19
**currently** zur Zeit 3
**curriculum** Lehrplan 9
**curry** Curry(gericht) 14
**cushion** Kissen 2
**customs officer** Zollbeamter, -beamtin S. 179
**customer** Kunde, Kundin 18
**to cut (cut, cut)** schneiden 15
**cutlery** (Tisch)besteck S. 70
**to cycle** Rad fahren 16
**cycling** Radfahren 16
**cyclist** Radfahrer 16
**cynical** zynisch 12
**Cyprus** Zypern 11

## D

**Dad** Vati, Papa 1
**daily** täglich 7
**to damage** beschädigen 11
**damaged** beschädigt 11
**dance** Tanz 17
**dance band** Tanzkapelle 12
**to dance** tanzen 8
**dancer** Tänzer(in) 7
**dancing school** Tanzschule 17
**Dane** Däne, Dänin 20
**dangerous** gefährlich 15
**Danube** Donau 15
**dark** dunkel 7
**dark corn syrup** dunkler Sirup S. 154
**darling** Liebling 19
**dartboard** Dartsbrett 10
**darts** Darts (Wurfpfeile) 10
**date** Datum 1
**daughter** Tochter 1
**day** Tag 1
**one day** eines Tages 19
**per day** pro Tag S. 167
**dear** Schatz, Liebling 2
**death duty** Erbschaftssteuer 18
**December** Dezember 8
**to decide** beschließen, (sich) entscheiden 20
**declaration** Erklärung 14
**to declare** erklären; deklarieren (Zoll) 14
**decorated** *hier:* geschmückt 12
**to defeat** besiegen 14
**delay** Verzögerung, Verspätung 8; *hier:* Behinderung 13
**to delay doing s.th.** (es) verschieben etw. zu tun 20
**delayed** verspätet 11
**delicious** köstlich 15
**demand** Nachfrage S. 203
**democratic** demokratisch 13
**dental** zahnärztlich 8
**dentist** Zahnarzt, Zahnärztin 1
**to deny** (ab)leugnen, dementieren 20
**department of immigration** Einwanderungsbehörde S. 166
**department store** Kaufhaus 3
**departure** Abflug, Abfahrt, Abreise 10
**departure hall** Abflughalle S. 179
**to depend on** abhängig sein von S. 203
**dependant** (Familien)angehörige(r) S. 166
**descendant** Nachkomme 18
**to describe** beschreiben 11
**desert** Wüste 9
**to design** entwerfen, gestalten 18
**desk** Schalter 11
**desperate** verzweifelt 18
**dessert** Dessert, Nachtisch S. 51
**to destroy** zerstören, vernichten 17
**destruction** Zerstörung S. 104
**detached house** frei stehendes Haus 4
**to develop** entwickeln 18
**development** Entwicklung, Erschließung 18
**to dial** wählen (beim Telefon) 8
**did** tat(en, -est) 11
**to die** sterben 16
**diet** Diät, Schlankheitskur 9
**difference** Unterschied 2
**different (from)** verschieden, unterschiedlich, anders 2
**difficult** schwierig 6
**digestive system** Verdauungsorgane S. 167
**to dine** speisen S. 133
**dinner** Hauptmahlzeit, Festtagsessen 14
**direction** Richtung 3
**dirty** schmutzig, dreckig 11
**disabled** behindert S. 167
**disablement** Behinderung S. 167
**to disagree (with)** nicht übereinstimmen (mit), anderer Meinung sein 6
**to disappear** verschwinden 18
**disappointed** enttäuscht 12
**disco(theque)** Disco(thek) 10
**to discuss** besprechen, diskutieren über 13
**to disgust** anwidern 18
**dishes** Geschirr 15
**to dislike** nicht mögen 20
**display** *hier:* Darbietung 14
**to display** zeigen, ausstellen 18
**to distinguish** unterscheiden S. 166
**distinguishing marks** besondere Kennzeichen S. 166
**to divorce** sich scheiden lassen 20
**divorced** geschieden 1
**to do** machen, tun 3
**to do s.o. a favor (AE)** j-m e-n Gefallen tun 14
**How do you do?** Begrüßungsformel wie „Es ist nett, Sie kennen zu lernen". 1
**... will do ...** wird/ werden genug sein 9
**doctor** Arzt, Ärztin 3
**dog** Hund 1
**door** Tür 4
**next door** nebenan 1
**doorbell** Türglocke, Türklingel 6
**double** doppelt, Doppel- 8
**down** hinunter 3
**to go down** zurückgehen 15
**to slow down** langsamer fahren 17
**downstairs** unten, die Treppe hinunter 2
**dozen** Dutzend 14
**to drain** abgießen, abtropfen S. 154
**drank** trank(en) 11
**to draw** zeichnen 8
**drawing board** Zeichenbrett 8
**dream** Traum 7
**to dream (dreamed/dreamt, dreamed/dreamt)** träumen 17
**dress** Kleid 10
**to dress** (sich) kleiden, anziehen 8
**dressing gown** Morgenmantel 8
**dressing** Salatsoße 15
**drill** Bohrer S. 122
**drink** Getränk 3
**to drink** trinken 3
**drinker** Trinker(in) 7
**to drive (drove, driven)** fahren 3
**to drive out** vertreiben 14
**driven** gefahren 15
**driver** Fahrer(in) 7
**driving instructor** Fahrlehrer(in) 13
**driving licence (BE)** Führerschein 8
**driving test** Fahrprüfung 13
**to drop** fallen lassen 17
**drunk** betrunken 20
**due** zeitlich fällig, *hier:* planmäßig 14

**duke** Herzog 18
**during** während 9
**Dutch** niederländisch, Niederländer(in); Niederländisch 11
**dynasty** Dynastie 18
**dyslexic** Legastheniker S. 143

# E

**each** jede(r, -s) S. 80
**each other** einander, gegeneinander 14
**early** früh 2
**to earn** verdienen 17
**earth** Erde, Welt 16
**east (of)** östlich (von), Ost- 14
**easy** einfach, leicht 7
**to eat** essen 8
**eaten** gegessen 14
**edge** Rand, Kante S. 133; 15
**edition** Ausgabe 1
**editor** Redakteur(in) 11
**egg** Ei 2
**either** 6
**not ... either** auch nicht 6
**else** sonst noch; anderes 14
**emergency** Notfall 8
**emergency exit** Notausgang 14
**emergency services** Notfalldienste 8
**to emigrate** auswandern, emigrieren 15
**to employ** beschäftigen, anstellen 14
**employee** Angestellte(r) 18
**empty** leer 12
**end** Ende 3
**in the end** am Ende, schließlich 14
**engineer** Ingenieur(in) 1
**England** England 8
**English** englisch; Engländer(in); Englisch 1
**to enjoy** genießen 3
**to enjoy oneself** sich amüsieren 9
**enough** genug 2
**to entertain** unterhalten, in Stand halten 18
**entrance** Eingang 18
**envelope** Briefumschlag 5
**equipment** Ausrüstung 5
**equivalent** Entsprechung 20
**especially** besonders; insbesondere 15
**to establish** gründen S. 104; 18
**estate agent** Immobilienmakler(in) 2
**EU (= European Union)** Europäische Union 13
**Europe** Europa 8
**European** europäisch 20
**eve** Vorabend 8
**even** sogar S. 70; 8
**not ... even** nicht einmal 18
**evening** Abend 1
**event** Ereignis S. 213
**ever** jemals 15
**for ever** für immer, ewig 18
**every** jede(r, -s) 6
**everybody** alle, jede(r) 9
**everything** alles 6
**everywhere** überall 19
**exam(ination)** Prüfung 12; Untersuchung S. 166
**to take an exam** an einer Prüfung teilnehmen 12
**example** Beispiel 13
**for example** zum Beispiel 13
**excellent** ausgezeichnet 6
**except** außer 13
**exception** Ausnahme S. 166
**excited** aufgeregt 15
**exciting** aufregend 3
**Excuse me** Entschuldigen Sie 3
**to execute** hinrichten 18
**exercise** Übung 7
**exhibition** Ausstellung 3
**to exist** existieren 9
**to expect** erwarten 13
**to expect s.o. to do s.th.** von j-m erwarten, dass er (sie) etw. tut 14
**expensive** teuer 3
**experience** Erfahrung 9
**to explain** erklären, erläutern 9
**to explore** erkunden, erforschen 9
**explosion** Explosion 16
**express** Express-, Schnell- 16
**extract** Auszug 16
**eye** Auge 7

# F

**fabulous** sagenhaft 9
**fact** Tatsache 13
**factory** Fabrik 6
**failure** Unterlassung, Versäumnis S. 166
**fair** fair, anständig 5; Jahrmarkt, Kirmes 8
**fall (AE)** Herbst 9
**to fall (fell, fallen) off** herunterfallen 15
**family (*Pl.*: families)** Familie 1
**famous** berühmt 6
**fantastic** fantastisch 8
**far** weit (entfernt) 3
**far too ...** viel zu ... 15
**fare** Fahrpreis, Fahrgeld 16
**farm** Bauernhof, Farm 9
**fashion** Mode 1
**fast** schnell 6
**fat** dick, fett 7
**father** Vater 1
**faucet (AE)** Wasserhahn 9
**fault** Fehler 14
**favor (AE)** Gefallen 14
**favour (BE)** Gefallen 14
**favourite** Lieblings- S. 51, 12
**fax (machine)** Fax 12
**to feature** als Attraktion haben, bieten 9
**February** Februar 8
**to feed (fed, fed)** füttern 13
**to feel (felt, felt)** (sich) fühlen 9
**to feel like doing s.th.** sich danach fühlen, etwas zu tun 10
**to feel well** (sich) wohl fühlen 10
**felt** fühlte(n, -st) (dich/sich) 11
**female** weiblich 16
**fence** Zaun 15
**ferry** Fähre 16
**ferry port** Fährhafen 13
**few** wenige (bei zählbaren Dingen) 5
**fewer** weniger (bei zählbaren Dingen) 5
**field** Feld 9
**to fight (fought, fought)** (be)kämpfen 16
**figure** Figur 7
**to fill out** ausfüllen 8
**fillet of plaice** Schollenfilet S. 51
**film (BE)** Film 9
**to find (found, found)** finden 3
**to find out** herausfinden, erfahren 12
**fine** prima, großartig; fein; schön 1
**to finish** (be)enden 9; erledigen, fertig machen 15
**fire** Feuer, Brand 8
**fire brigade** Feuerwehr 8
**fire service** Feuerwehr 16
**firework** Feuerwerk 14
**firm** Firma 14
**first** (zu)erst, zunächst 3
**at first** zuerst, anfangs 11
**first floor** erster Stock 3
**first things first** das Wichtigste zuerst 10
**first name** Vorname 1
**fish (*Pl.*: fish)** Fisch 4
**fish fingers** Fischstäbchen S. 122
**fishing** Angeln 9
**fishing port** Fischereihafen, Hafenstadt S. 112
**fitness** Fitness 9
**flame** Flamme S. 154
**flat** Wohnung 4
**flight** Flug 10
**floor** Stockwerk 3
**Florida** Florida 13
**flower** Blume 16
**flu** Grippe S. 167
**to fly (flew, flown)** fliegen 15
**to follow** folgen, verfolgen 17
**food** Essen, Lebensmittel 4
**fool** Narr, Dummkopf 8
**foot** Fuß 15
**football** Fußball 7
**for** für 1
**for ever** für immer, ewig 18
**for example** zum Beispiel 13
**for heaven's sake** um Himmels willen 14
**for once** dieses eine Mal (ausnahmsweise) 20
**for sale** zu verkaufen 2
**for** seit 15
**to forbid (forbade, forbidden)** verbieten 15
**forbidden** verboten S. 104
**foreign** ausländisch 17 **foreign language** Fremdsprache 17
**to forget (forgot, forgotten)** vergessen 9
**forgot** vergaß(en, -est) 14
**fork** Gabel 2

form Formular S. 166; Form 18
to form bilden, formen S. 166; 18
formerly früher 9
fortune Vermögen 12
to cost a fortune ein Vermögen kosten 12
foyer Foyer 19
Franconia Franken 15
free frei, umsonst 3
freelance freiberuflich 1
freeway Schnellstraße 16
freezer Tiefkühltruhe 14
French Franzose, Französin; französisch; Französisch 1
french fries (AE) Pommes frites 4
frequently häufig S. 167
fresh frisch 14
Friday Freitag 13
fridge Kühlschrank S. 122
fried gebraten, frittiert 2
friend Freund(in) 1
friendly freundlich, nett 7
friendship Freundschaft 9
frightening beängstigend, erschreckend 16
from von, aus 1
from ... to von ... bis 11
front Vorderseite S. 59
in front (of) vorne, vor 2
to fry braten, frittieren 8
frying pan Bratpfanne 5
full voll, umfassend 9
full-time Vollzeit- 1
fun Spaß, Vergnügen 9
funny lustig, komisch 1
furniture Möbel 18
further weitere(r) 13
future zukünftig 20

G

to gain gewinnen 9
game Spiel 7
garage Garage 2; Werkstatt 13
garden Garten 2
garlic Knoblauch S. 51
gas (AE) Benzin 9
gate Flugsteig 14
gave gab(en, -st) 11
general allgemein 11
gentle freundlich, sanft 6
German Deutsche(r); deutsch; Deutsch 1
Germany Deutschland 8
to get bekommen, kriegen 4
to get *hier:* werden 7
to get annoyed with s.o. sich über j-n ärgern 16
to get back zurückkehren 11
to get better besser werden 7
to get bored sich langweilen 9
to get called genannt werden 9
to get off aussteigen 11
to get ... out of herausholen, herauskommen 6
to get past vorbeikommen an 16
to get started anfangen 9
to get to gelangen, (hin-)kommen 3
to get up aufstehen 6
giant riesig, Riese 6
girl Mädchen 1
girlfriend (feste) Freundin, Partnerin 1
to give (gave, given) geben 4
to give birth zur Welt bringen 18
Give Way sign Vorfahrtsschild 13
glad froh, erfreut 12
glass Glas 2
glasses Brille S. 166
gloves Handschuhe 6
to glow glühen S. 154
to go (went, gone) gehen, fahren 3
to go after nachgehen, verfolgen 11
to go down zurückgehen 15
to go out ausgehen 4
gold Gold-, golden, goldfarben 6
golden wedding Goldene Hochzeit 12
golf Golf 9
gone gegangen 15; weg, verschwunden 19
good gut 1
good at gut in 9
to look good gut aussehen 7
Good heavens! Du gütiger Himmel! 1
Good morning. Guten Morgen! Guten Tag! 1
good-looking gut aussehend 7
Goodbye. Auf Wiedersehen., Auf Wiederhören. 1
gourmet Feinschmecker 11
to govern regieren 14
government Regierung 15
gown Kleid, Robe 8
grandchildren Enkel, Enkelkinder 12
grandfather Großvater 15
grandma *ugs.:* Großmutter 9
grandmother Großmutter 6
grass Gras 13
great großartig, toll, phantastisch 3
Greece Griechenland 6
green grün S. 59; 6
grey grau S. 59; 6
griddle (Grill)rost S. 154
grocer Lebensmittelhändler(in) 6
the grocer's Lebensmittelhandlung 6
groundsheet Zeltbahn 5
group Gruppe 15
to grow (grew, grown) (an)wachsen S. 133; 17
to guess schätzen, ahnen, vermuten 6
guest Gast 12
guided tour Führung 18
guitar Gitarre S. 133
guy *ugs.:* Kerl 20

H

had hatte(n, -st) 11
had to musste(n, -st) 11
hair Haar(e) 7
half Hälfte, halb 3
half past... halb (bei Zeitangaben) ... 2
halfway halbwegs 3
Halt sign Stoppschild 13
hand Hand 15
second hand (aus) zweiter Hand 6
handy handlich, praktisch; geschickt; zur Hand 9
hangover Kater 20
Hanover Hannover 15
to happen (to) passieren, geschehen 5
happy glücklich, froh 6
hard *(Adj. und Adv.)* hart 8
hard hat Schutzhelm 13
hardly kaum 8
harvest Ernte 8
harvest festival Erntedankfest 8
has got ... hat/besitzt 2
hasn't (= has not) got ... hat nicht / kein 2
to have haben 1
to have got haben/besitzen 2
to have a hard time es schwer haben 9
to have a shower (sich) duschen 7
to have to do s.th. etw. tun müssen 11
haven't got habe(n) nicht / kein 2
he er 1
head Kopf 13
headaches Kopfschmerzen S. 167
headline Schlagzeile 13
to hear (heard, heard) hören 15
heart Herz S. 167
heavy schwer, *hier:* stark 13
hectare Hektar 18
height (Körper)größe S. 166
heir Erbe, Erbin 18
Hello Hallo 1
to help helfen 15
help Hilfe 3
helpful hilfsbereit 11
her ihr(e) 1; ihr, sie 6
here hier 1
hero (*Pl.:* heroes) Held, Helden 7
hers ihre(r, -s) 14
Hesse Hessen 15
to hide (hid, hidden) (sich) verstecken 18
high hoch S. 80; 8
high chair Hochstuhl 18
High School High School 9
highlight Höhepunkt S. 112
highly höchst 8
hiking (BE) Wandern 5
hill Hügel S. 133
him ihm, ihn 6
himself sich (selbst) 17
to hire mieten, *hier:* engagieren 11
his sein(e) S. 19; seine(r, -s) 14
historic historisch 18

**history** Geschichte 14
**to hit (hit, hit)** schlagen, treffen S. 80; 8
**hitch-hiking** per Anhalter fahren 16
**to hold (held, held)** halten; abhalten, organisieren 14
**Hold on!** Einen Moment! 8
**holiday** Feiertag 8
**holiday(s)** Ferien, Urlaub 5
**on holiday** im Urlaub 1
**holidaymaker** Urlauber(in) 16
**Holland** Holland 11
**homework** Hausaufgabe(n) 17
**honey** Honig 2; als Kosename 14
**hooligan** (Fußball)rowdy 19
**to hope** hoffen 12
**horrible** schrecklich, fürchterlich, entsetzlich 19
**horror film** Horrorfilm 19
**horse** Pferd 9
**horse power (hp)** Pferdestärke (PS) 6
**horse racing** Pferderennen 13
**horseback riding** Reiten 9
**hospital** Krankenhaus 3
**to hospitalise** ins Krankenhaus einliefern S. 167
**hotel** Hotel 1
**hour** Stunde 3
**miles per hour (mph)** Meilen pro Stunde 6
**house** Haus 2
**houseman** Hausmann 1
**housewife** Hausfrau 1,15
**housework** Hausarbeit 6
**how?** wie? 1
**How about ...?** Wie wär's mit ...? 4
**How are you?** Wie geht es Ihnen? 1
**How do you do?** Begrüßungsformel wie „Es ist nett, Sie kennen zu lernen". 1
**how many?** wie viele? 2
**how much?** wie viel? 5
**hp (= horse power)** Pferdestärke (PS) 6
**huge** riesig 12
**hungry** hungrig 5
**hunting** Jagen S. 104
**Hurry up!** Beeil dich, beeilt euch, beeilen Sie sich! 8
**to be in a hurry** in Eile sein, es eilig haben 6
**to hurt (hurt, hurt)** wehtun; verletzen 15
**husband** Ehemann 1

## I

**I** ich 1
**i.e.** das heißt S. 59
**ice** Eis 7
**ice cream** Eiscreme S. 51
**idea** Idee, Einfall 3
**idiot** Idiot 5
**if** wenn, falls 1
**illness** Krankheit S. 167
**to imagine** sich vorstellen 16
**immediately** sofort 14
**immigrant** Einwanderer S. 104
**impersonal** unpersönlich 6
**important** wichtig, bedeutend 5
**impressed** beeindruckt 4
**impression** Eindruck S. 70
**impressive** beeindruckend, imposant S. 112; 11
**in** in 1; in ... hinein 4
**in a way** in gewisser Weise, irgendwie 13
**in an unfriendly way** unfreundlich 9
**in front (of)** vorne, vor 2
**in perpetuity** auf ewig 18
**in response to** als Antwort auf S. 203
**in shape** in Form 9
**in some ways** in gewisser Weise 19
**in the end** am Ende, schließlich 14
**in time (for)** rechtzeitig (zu) 11
**in town** im Stadtzentrum 1
**interested in** interessiert an 15
**inalienably** unveräußerlich 18
**inch** Inch *(engl. Längenmaß)* 9
**to include** einschließen, beinhalten 9
**including** einschließlich 9
**incorrect** inkorrekt, unrichtig 9
**independence** Unabhängigkeit 14
**independent** unabhängig S. 203
**Indian** indisch 4
**industrial** Industrie-, industriell 18
**inexpensive** billig 3
**in-flight services** Service an Bord 16
**to inform** benachrichtigen, informieren 16
**information** Information(en) 7
**ingredients** Zutaten S. 154
**to injure** verletzen 11
**injured** verletzt 11
**inside** innen, drinnen 3
**instructor** Ausbilder(in), Lehrer(in) 9
**insurance company** Versicherungsgesellschaft 6
**to intend** vorhaben, beabsichtigen 20
**interested in** interessiert an 15
**interesting** interessant 3
**interior designer** Innenarchitekt(in) 17
**interpreter** Dolmetscher(in) 1
**to interrupt** unterbrechen 20
**interview** Interview 7
**to interview** interviewen 16
**into** in (... hinein) 3
**to introduce** vorstellen, bekannt machen mit, einführen 1
**invitation** Einladung 12
**to invite** einladen 14
**Ireland** Irland 8
**Irish** Ire, Irin; irisch 1
**irresponsibility** Verantwortungslosigkeit, Leichtfertigkeit 18
**to irritate** irritieren, (sich) ärgern 11
**is** (er, sie, es) ist S. 18
**island** Insel 9
**isn't (= is not)** (er, sie, es) ist nicht 1
**it's** er, sie, es ist 1
**it's me** ich bin's 4
**Italian** Italiener(in), italienisch; Italienisch 1
**Italy** Italien 6
**its** sein(e) S. 19

## J

**jacket** Jacke, Jackett 20
**jam** Marmelade 2
**January** Januar 8
**Japan** Japan 8
**Japanese** japanisch; Japaner(in); Japanisch 6
**jeans** Jeans 5
**jerk** *ugs.* Niete, Idiot 20
**job** Job, Arbeit, Beruf 1
**to join (with)** verbinden (mit) 8; sich anschließen 14; beitreten 18
**to joke** scherzen, Witze machen 17
**journalist** Journalist(in) 1
**journey** Reise 13
**juice** Saft 2
**July** Juli 8
**to jump** springen 9
**junction** *hier:* Ausfahrt 13
**June** Juni 8
**just** einfach; nur, bloß 9; gerade (eben) 15
**Just a minute.** Einen Moment! 5
**just as** genauso...wie 11
**just round the corner** *ugs.:* gleich um die Ecke, ganz in der Nähe 13

## K

**to keep (kept, kept)** behalten 5
**to keep cool** kühl stellen S. 154
**to keep doing s.th.** etw. andauernd, immer wieder tun 20
**to keep shut** zuhalten 19
**to keep up** aufrecht erhalten, hoch halten 15
**kettle** Kessel 5
**key** Schlüssel 10
**to kick** treten 20
**kid (AE)** Kind, Jugendliche(r) 9
**kid brother** der kleine Bruder 1
**to kill** töten 19
**kind** nett, freundlich 12
**kindergarten** Kindergarten 20
**king** König 18
**kiosk** Kiosk 18
**kitchen** Küche 2
**knew** wusste(n, -st) 12
**knife** (*Pl.:* **knives**) Messer 2
**to know (knew, known)** wissen, kennen 3
**knowledge** Kenntniss(e) 20

**L**

**ladder** Leiter 6
**lager** Pils 4; Lager *(engl. Biersorte)* 10
**Lake Constance** Bodensee 15
**lake** See 15
**lamb** Lamm, Lammfleisch 4
**lamp** Lampe 2
**land** Land 15
**to land** landen 11
**lane** Fahrspur 13
**language** Sprache 17
**large** groß, umfangreich 12
**last** letzte(r, -s) 10
  **at last** endlich, schließlich 3
**late** spät 3
  **to be late** zu spät kommen 14
**lately** in letzter Zeit 8
**late-night performance** Spätvorstellung 19
**later** später 3
  **See you later.** Bis später 1
  **later on** *ugs.:* etwas später, nach einer Weile 14
**to laugh** lachen 10
**law** Gesetz 13
**lawnmower** Rasenmäher S. 122
**lazy** faul, träge 19
**to lead (led, led)** führen 11
  **to lead to** führen zu 11
**leader** Führer(in) 9
**league** Liga 7
**to learn (learnt/learned, learnt/learned)** lernen, herausfinden, erfahren 9
**learner** Lerner(in) 9
  **learner driver** Fahrschüler 13
**to leave (left, left)** lassen 6; weggehen, abfahren, verlassen 6; liegen lassen 14
**left** links 3
  **on the left** auf der linken Seite 3
**left** verließ(en) 11
**left** übrig 14
**leg** Bein 7
**legend** Legende 8
  **legend says …** der Legende nach … 8
**lemonade** Limonade 5
**to lend (lent, lent)** (ver)leihen 18
**length** Länge S. 166
**less** weniger (bei nicht zählbaren Dingen) 5
**lesson** Unterrichtsstunde 13
**let's …** lass(t) uns … 3
**letter** Brief 6
**licence** Erlaubnis 8
**to lie (lay, lain)** liegen 15
**life** *(Pl.:* **lives)** Leben 7
**to lift** (auf, ab)heben, hochheben 8
**lift** Mitfahrgelegenheit 16
**light** Licht, Schein S. 133
**light bulb** Glühbirne S. 122
**to like** möchten, mögen 4
  **to like best** am liebsten mögen 9
  **I'd (= I would) like to …** ich würde gerne … 1
**like** wie 5
**line (AE)** (Warte)schlange 9; Zeile S. 133
**linguist** Sprachwissenschaftler(in); Sprachkundige(r) 20
**list** Liste 11
**to listen (to)** anhören (z. B. Musik) 8
**little** klein 2
**to live** wohnen, leben 6
**living-room** Wohnzimmer 2
**to loan** leihen, überlassen 11
**local** örtlich, hiesige(r, -s), Lokal- 7
**location** Lage 9
**long** lang 6
  **to take long** lang dauern 6
**to look** schauen, sehen 1
  **to look at** hin-, ansehen 9
  **to look good** gut aussehen 7
**look** Aussehen 9
**to lose (lost, lost)** verlieren 9
  **to lose weight** abnehmen, Gewicht verlieren 9
**loss** Verlust 9
**lots of** viel(e), eine Menge 2
**loud** laut 15
**love** *hier:* Liebste(r), mein Liebling. 2
**to love** lieben 9
**lovely** (wunder)schön, reizend S. 133; 16
**low** niedrig 16
**luck** Glück 8
**luckily** glücklicherweise 11
**lucky day** Glückstag 6
**to be lucky** Glück haben 11
**luggage (BE)** Gepäck S. 179
  **luggage trolley (BE)** Gepäckwagen S. 179
**lunch** Mittagessen 3
**luncheon meats** Frühstücksfleisch 2
**lung** Lunge S. 167
**Luxembourg** Luxemburg 20
**Luxembourger** Luxemburger(in) 20

**M**

**machine** Maschine, Apparat 8
**mad** verrückt 13
**made** machte(n, -st) 11
**magazine** Zeitschrift 6
**magnificent** großartig 9
**main** Haupt-… 11
  **main road** Hauptverkehrsstraße 13
**mainly** hauptsächlich 18
**major** Haupt-… S. 92
**make** Fabrikat 1
**to make (made, made)** machen 8
  **to make s.o. do s.th.** j-n zwingen etw. zu tun 17
  **to make use** nutzen 18
**make-up** Make-up 20
**male** männlich 18
**man** *(Pl.:* **men)** Mann 1
**to manage** schaffen 8
**manager** Manager(in) 7
**manner** Art, Weise 9
**many** viele S. 55
  **how many?** wie viele? 2
**map** Karte, Stadtplan 3
**marathon** Marathon 15
**March** März 8
**margerine** Margarine S. 122
**marine biology** Meeresbiologie 9
**market** Markt 6
**marmalade** Orangenmarmelade 2
**marriage (to)** Heirat; Ehe (mit) 15
**married** verheiratet 1
**married couple** Ehepaar 1
**to marry** heiraten 19
**match** Spiel, Wettkampf 7
**math (AE)** Mathe 9
**maths (BE)** Mathe 9
**to matter** wichtig sein 6
**may I …?** darf ich … ? 1
**May** Mai 8
**maybe** vielleicht 16
**me** mich, mir S. 71
**meal** Mahlzeit, Essen 3
**to mean (meant, meant)** bedeuten 8; meinen 12
  **to mean to do s.th.** beabsichtigen etw. zu tun 20
**means of travel** Reisemöglichkeiten 16
**meat** Fleisch 2
**media** Medien 15
**medical** Medizin-, medizinisch 15
**medium-priced** mittlere Preislage 11
**to meet (met, met)** kennen lernen 1, (sich) treffen 3
**meeting** Konferenz, Treffen 11
**member (of)** Mitglied (in, von) 10
**to mention** erwähnen 16
  **not to mention …** ganz zu schweigen von … 20
**menu** Speisekarte 4
**message** Nachricht, Botschaft, Mitteilung 8
**metre** Meter 8
**microchip** Mikrochip 18
**microwave oven** Mikrowellenherd S. 122
**middle** Mitte 6
**might** könnte(n) vielleicht 8
**Milan** Mailand 8
**milk** Milch 5
**million** Million 14
**mince (meat)** Hackfleisch S. 133
**to mind** Acht geben auf, sich kümmern um 19; etw. haben gegen 20
**mine** meine(r, -s) 14
**mineral water** Mineralwasser 10
**minibus** Kleinbus 10
**minister** Minister 13
**minor misdemeanor** *hier:* Ordnungswidrigkeit 11
**minute** Minute 3
**to miss** verfehlen, verpassen; vermissen 3; fehlen 5
  **to miss out on s.th.** etw. verpassen S. 70
**mistake** Fehler 5
**to mix** verrühren S. 154
**mixture** Mischung 20
**mobile (phone)** Handy 9
**model** Modell 1

**modern** modern 2
**Mom** Anrede für Mutter 9
**moment** Moment, Augenblick 1
**at the moment** im Moment, augenblicklich 1
**Monday** Montag 4
**money** Geld 3
**month** Monat 1
**a month** monatlich, im Monat 1
**monument** Denkmal 18
**moon** Mond S. 133
**moor(s)** Heidelandschaft 5
**more** mehr 5
**Moscow** Moskau 10
**most** die meisten, das meiste 8
**mother** Mutter 1
**mother tongue** Muttersprache 20
**motorbike** Motorrad 15
**motorcycle** Motorrad 15
**motor-cycling holiday** Motorradurlaub 15
**motorway** Autobahn 13
**motorway service area** Autobahnraststätte 16
**mountain** Berg 7
**mouse (*Pl.:* mice)** Maus 19
**mouth** Mund 19
**to move** bewegen, wegfahren 13; umziehen 17
**movie (AE)** Film 9
**mph (= miles per hour)** Meilen pro Stunde 6
**MTA (= medical technical assistant)** medizinisch-technische(r) Assistent(in) 4
**much** viel 3; S. 55
**how much?** wie viel? 5
**mum** Bezeichnung/Anrede für ‚Mutter' 12
**Munich** München 10
**muscle** Muskel 9
**museum** Museum 3
**music** Musik 8
**must** müssen 3
**mustn't** nicht dürfen S. 44; 9
**my** mein(e) 1
**myself** mir, mich (selbst) 17

## N

**to name** aufzählen ((B)) 19
**to name after s.o.** nach j-m benennen 18
**name** Name, Bezeichung 1
**narrow** eng 6
**nasty** unangenehm, schrecklich 15
**nation** Nation 14
**national** national, überregional 7
**nationality** Nationalität S. 166
**natural** natürlich, Natur- 7
**nature** Natur 19
**near** in der Nähe von 1
**near us** in unserer Nähe 2
**near miss** Beinahunfall 16
**nearby** nahe gelegen 18
**nearly** beinahe, fast 10
**necessarily** notwendigerweise 12
**necessary** notwendig S. 104
**need** Bedürfnis 9
**to need** brauchen 2
**needn't** nicht (tun) müssen, nicht (zu tun) brauchen S. 44; 9
**neighbour** Nachbar(in) 1
**nervous** nervös 8
**nervous system** Nervensystem S. 167
**Netherlands** Niederlande 11
**never** nie 6
**new** neu 2
**New Delhi** Neu Delhi 10
**New Year's Day** Neujahr 8
**New Year's Eve** Silvester 8
**news** Nachricht(en), Neuigkeit(en) 2
**newspaper** Zeitung 3
**next** nächste(r, -s) 6; der, die, das Nächste; *hier:* als Nächstes 7
**next door** nebenan 1
**next to** (direkt) neben 11
**nice** nett, freundlich, schön 1
**niece** Nichte 4
**night** Nacht 8
**at night** nachts 11
**no** nein, kein(e) 1
**nobody** niemand 6
**none** keine(r, -s) S. 166
**nonsense** Unsinn S. 133; 17
**normally** normalerweise 15
**North Rhine-Westphalia** Nordrhein-Westfalen 15
**northbound** in Richtung Norden 13
**north-east** Nordosten, Nordost- .... 10
**Northern Ireland** Nordirland 8
**northern** nördliche(r, -s) 15
**north-west (of)** Nordwesten, nordwestlich (von) 12
**not** nicht 1
**not ... any** kein(e, -r, -s) 5
**not ... even** nicht einmal 18
**not to mention ...** ganz zu schweigen von ... 20
**not yet** noch nicht 2
**not... either** auch nicht 6
**not...anywhere** nirgendwo(hin) 5
**note (BE)** Geldschein 5
**note** Notiz 11; Anmerkung S. 166/167
**notice** *hier:* Schild 13; Hinweis 18
**to take notice of s.o.** j-n beachten 16
**November** November 8
**now** jetzt, nun 1
**nowadays** heutzutage 13
**number** Nummer 2
**Nuremberg** Nürnberg 15
**nurse** Krankenschwester, Krankenpfleger(in) 15
**NYPD** New York Police Department 11

## O

**obvious** offensichtlich 19
**October** Oktober 8
**of** von 2
**to think of s.th.** an etw. denken 13
**of course** natürlich 5
**off**
**to be off** *hier:* weggehen 14
**to get off** aussteigen 11
**to switch off** ausschalten 17
**offer** Angebot 16
**to offer** anbieten S. 70; 9
**office** Büro 10
**official** offiziell, amtlich 8
**official language** Amtssprache 20
**often** oft 1
**old** alt 2
**old-fashioned** altmodisch 6
**Olympics** Olympische Spiele 15
**on** an, auf 1
**on board** an Bord 16
**on business** geschäftlich 1
**on holiday** im Urlaub 1
**on Site 24** auf Platz 24 1
**on the left/right** auf der linken/rechten Seite 3
**on tour** auf Tournee 7
**to put on** veranstalten 14
**to put on a CD** eine CD auflegen 8
**to switch on** anschalten 17
**... what's on ...** was los ist 3
**once** einmal 9
**at once** sofort 16
**once a year** einmal im Jahr 9
**for once** dieses eine Mal (ausnahmsweise) 20
**one another** sich (gegenseitig), einander 17
**one by one** eins nach dem anderen, einzeln 8
**one day** eines Tages 19
**one-way street** Einbahnstraße 19
**onion soup** Zwiebelsuppe S. 51
**only** nur 4
**to open** aufmachen, öffnen 8
**open** offen, geöffnet 10
**opening times** Öffnungszeiten 3
**to operate** arbeiten, in Betrieb sein 9
**operating** in Betrieb 9
**operator** Amt (beim Telefon) 8
**opponent** Gegner 8
**opportunity** Gelegenheit 9
**opposite** Gegenteil 14
**optimistic** optimistisch 20
**optional academics** Wahlfächer 9
**or** oder 3
**orange** Orange 2; orange(farben) 6
**to order** bestellen, beauftragen 4
**ordinal number** Ordinalzahl 8
**organisation** Organisation 18
**to organize** organisieren, veranstalten 7
**originally** ursprünglich S. 59; 15
**other** andere(r, -s) 3
**otherwise** andernfalls S. 203

**our** unser(e) 1
**ours** unsere(r, -s) 14
**ourselves** wir selbst 12; wir, uns (selbst) 17
**out** hinaus 4; raus (bei einem Spiel) 10
**to go out** ausgehen 4
**to pick out** heraussuchen 14
**to point out** hinweisen auf 16
**outdoor** draußen, Freiluft- 9
**outer** äußer(e, -r, -s) 10
**outside** außerhalb, draußen 9
**over** über 13
**over there** dort drüben 9
**to take over** übernehmen 18
**to overtake** überholen 13
**overwiew** Überblick 8
**to owe s.th. to s.o./to owe s.o. s.th.** j-m etw. schulden, *hier:* etw. j-m etw. verdanken 15
**owl** Eule S. 133
**own** eigene(r) 11
**to own** besitzen 14
**owner** Eigentümer(in) 18

## P

**Pacific** Pazifik 9
**painting** Gemälde 18
**pair of ...** ein Paar ... 5
**pair** Paar 5
**palace** Palast 18
**pan** Pfanne 5
**paper** Papier, Papier- 5
**parade** Parade, Umzug 14
**parents** Eltern 4
**park** Park 14
**to park** (Fahrzeug) parken 8
**parking lot** (einzelner) Parkplatz 14
**parking metre** Parkuhr 8
**parking problem** Parkproblem 13
**parking space** Parkbucht 2
**parking ticket** Parkschein 3
**parliament** Parlament 18
**part** Rolle 4; Teil 11
**particularly** besonders 13
**party** Party 11
**party service** Partyservice 12
**to pass** (Prüfung) bestehen 13; durchfahren, durchqueren 16
**passenger** Passagier, Fluggast 14
**passport control** Passkontrolle S. 179
**past** an ... vorbei 3
**to get past** vorbeikommen an 16
**past** nach (bei Zeitangaben) 2
**patient** geduldig 7
**patriotic** patriotisch 14
**patron saint** Nationalheiliger 8
**pavement (BE)** Gehsteig 9
**to pay (paid, paid)** (be)zahlen 1
**peer** Gleichrangige(r), Gleichaltrige(r), Gleichgesinnte(r) 9
**people** Menschen, Leute 5
**per** pro 6
**per day** pro Tag S. 167
**miles per hour** Meilen pro Stunde 6
**perfect** perfekt 11
**performance** Vorstellung 3
**perhaps** vielleicht 6
**permanent** (be)ständig, dauerhaft 18
**person** Person 1
**personal** persönlich 9
**personal stereo** tragbarer Radio-Kassettenrecorder/CD-Spieler 9
**to persuade** überreden, überzeugen 18
**petrol (BE)** Benzin 9
**petty crime** leichte Vergehen, Bagatelldelikte 11
**to phone** anrufen 15
**phone** Telefon 7
**phone box** Telefonzelle 8
**photo** Foto 2
**to take photos** Fotos machen 8
**photographer** Fotograf(in) 1
**to pick out** heraussuchen 14
**to pick up** abholen 14
**picture** Bild 4
**picturesque** malerisch S. 112
**piece** Stück 7
**pink** pink(farben) 6
**pint** Pint (0,586 Liter) 10
**place** Platz, Ort 5
**plan** Plan, Vorhaben 12
**to plan** planen 15
**plane** Flugzeug 11
**plastic** Kunststoff, Plastik- 5
**plate** Teller 5; Nummernschild 14
**to play** spielen 7
**player** Spieler(in) 7
**pleasant** angenehm 11
**please** bitte 1
**pleasure** Vergnügen 1
**plenty of** viel(e), jede Menge S. 133; 14
**plumber** Klempner(in) 1
**plump** pummelig 7
**p.m.** nachmittags 2
**pocket** Tasche 5
**pocket-money** Taschengeld 20
**poem** Gedicht S. 133; 18
**poet** Dichter(in) 8
**to point out** hinweisen auf 16
**point** Punkt S. 80, 10
**poisoning** Vergiftung 15
**police** Polizei 6
**police officer** Polizeibeamter, -beamtin 11
**police station** Polizeiwache 6
**policewoman** Polizistin 11
**policy** Politik, Vorgehensweise 11
**polite** höflich 7
**politician** Politiker 14
**politics** Politik 8
**pollution** Verschmutzung S. 104
**poodle** Pudel 17
**poor** arm 6
**popular (with)** beliebt (bei) 5
**populated** besiedelt 15
**population** Bevölkerung, Einwohner(zahl) 15
**porcelain** Porzellan 18
**pork** Schweinefleisch 4; Schwein S. 154
**porridge** Porridge, Haferbrei 2
**posh** todschick, elegant 4
**possible** möglich 15
**possibly** möglicherweise, vielleicht 13
**to post (a letter)** (einen Brief) aufgeben, einwerfen 20
**post office** Postamt 3
**postcode (BE)** Postleitzahl 9
**pot** Topf 8
**potato** Kartoffel 9
**potato chips (AE)** Kartoffelchips 9
**pound** Pfund 9
**practice** *hier:* Fahrpraxis 13
**prawn** Krabbe S. 51
**to prefer** vorziehen, lieber mögen 8
**pregnant** schwanger 2
**to prepare** vorbereiten 5; vor-, zubereiten 15
**present** Geschenk 6
**preservation** Bewahrung, Erhaltung 18
**president** Präsident 8
**press conference** Pressekonferenz 11
**to press** drücken 15
**pressure cooker** Schnellkochpf S. 122
**pretty** hübsch 5
**price** (Kauf-)Preis 2
**priceless** unbezahlbar 18
**princess** Prinzessin 7
**private** privat, persönlich 7
**pro (= professional)** Profi, professionell 9
**probably** wahrscheinlich 14
**problem** Problem 11
**process** bearbeiten S. 166
**professional** professionell, berufsmäßig; Profi 7
**program (AE)** Programm 9
**programme (BE)** Programm 9
**to promise** versprechen S. 143; 15
**properly** richtig 15
**to protect** schützen S. 104; 18
**pub** Kneipe 1
**public** öffentlich 14; Öffentlichkeit 18
**to pull** ziehen 17
**to pull oneself together** sich zusammenreißen 17
**pullover** Pullover 5
**to push** drücken, schieben S. 143
**pussy cat** Mietzekätzchen S. 133
**to put (put, put)** stellen, legen, setzen 3
**to put on** veranstalten 14
**to put on a CD** eine CD auflegen 8
**to put s.th. at risk** etw. gefährden 17

Q

**qualified** qualifiziert 9
**quarter** Viertel 2
**quarter past/to…** Viertel nach/vor … 2
**queen** Königin 8
**question** Frage 4
**question tag** Frageanhängsel 4
**questionnaire** Fragebogen S. 166
**queue (BE)** (Warte)schlange 9
**quick** schnell 8
**quiet** ruhig 10
**quince** Quitte S. 133
**quite** ziemlich 11

R

**race** Rennen 8
**rafting** Wildwasserfahren 9
**rain** Regen 13
**to rain** regnen 12
**rat-catcher** Rattenfänger(in) 19
**rather** ziemlich 8
**razor** Rasierapparat S. 122
**to read (read, read)** lesen 9
**reader** Leser(in) 7
**reading room** Leseraum 18
**ready** fertig, bereit 15
**real** echt, wirklich 4
**really** wirklich, tatsächlich 1
**reason** Grund, Begründung 13
**reasonable** vernünftig 11
**to receive** empfangen S. 167
**receiver** Hörer (beim Telefon) 8
**recently** kürzlich, in letzter Zeit 17
**to recommend** empfehlen 11
**to record** aufnehmen, aufzeichnen 19
**to recover (from)** sich erholen (von) 15
**recreation** Erholung 9
**red** rot 6
**to redecorate** renovieren 13
**reduced** ermäßigt 18
**to refuse** ablehnen, sich weigern 20
**registration form** Anmeldeformular 1
**registration number** Amtliches Kennzeichen 1
**regularly** regelmäßig 9
**rehearsal** Probe 4
**relationship** Beziehung 9
**religion** Religion 14
**to remark** bemerken, äußern 16
**to remember** sich erinnern (an) 3
**to remember doing s.th.** sich daran erinnern, etw. getan zu haben 20
**remember to do s.th.** daran denken, etw. zu tun 20
**to remind s.o.** j-n erinnern 14
**to remove** entfernen 14
**to renovate** renovieren 18
**renovated** renoviert 2
**to repair** reparieren 15
**to repeat** wiederholen 14
**to replace** ersetzen 18
**report** Bericht 7
**to report** berichten 7
**reporter** Reporter 7
**to require** erfordern S. 166
**reservation** Reservierung 11
**to reserve** reservieren 11
**reserved** reserviert, zurückhaltend 7
**resources** (Boden-, Naturschätze) S. 104
**to respect** respektieren, achten 17
**respiratory system** Atemwege S. 167
**responsible** verantwortlich 17
**rest** Rest 18
**to rest** ausruhen 15
**to result (in)** zur Folge haben S. 166
**retired** in Rente/im Ruhestand 12
**Rhineland-Palatinate** Rheinland-Pfalz 15
**Rhine** Rhein 15
**rhyme** Reim S. 133
**riding** Reiten 9
**right** rechts 3; Richtig! Stimmt! 6; Recht 17
**right now** jetzt gleich 12
**to be right about** Recht haben in Bezug auf 12
**ring** Kreis, Ring 9
**to ring (rang, rung)** klingeln, läuten 6
**to ring s.o. up** j-n anrufen 9
**risk** Risiko 17
**to risk** riskieren, wagen 20
**river** Fluss 6
**road** Straße 3
**road works** Straßenarbeiten 13
**roast chicken** Brathähnchen S. 51
**Roman** Römer(in); römisch 20
**romantic** romantisch 8
**Rome** Rom 6
**roof** Dach 17
**room** Raum, Zimmer 2; Platz 12
**rotten** (hunds)miserabel, scheußlich 6
**round** Runde 10; um … herum 13
**routine** Routine, *hier:* Alltag 7
**royal** königlich 18
**rubbish** Abfall, Müll 18
**rucksack (BE)** Rucksack 5
**rude** unhöflich, grob 7
**to run (ran, run)** laufen, rennen 6
**Russia** Russland 13
**Russian** Russe, Russin; russisch; Russisch 1

S

**sad** *traurig 9*
**to saddle up** *aufsatteln 9*
**safe** sicher 13
**said** sagte(n, -st) 11
**to sail** segeln 9
**sailing** Segeln 9
**salad** Salat 4
**salad bowl** Salatschüssel 15
**sales rep** Außendienstmitarbeiter-(in), Vertreter(in) 1
**same** die-, der-, dasselbe(n) 7
**sand** Sand S. 133
**sandwich** Sandwich 8
**Saturday** Samstag 10
**sauce** Soße 14
**saucepan** Pfanne S. 154
**sausage** Würstchen 2
**to save** sparen; retten 13
**saw** sah(en, -st) 11
**Saxony** Sachsen 1
**to say** sagen 1
**say …** *hier:* … sagen wir (einmal) … 15
**scarf (*Pl.:* scarves)** Schal 6
**school** Schule 1
**to score** ein Treffer landen, erfolgreich sein 10
**score** Spielstand, Ergebnis S. 80; 10
**Scotland** Schottland 7
**Scottish** Schottisch 8
**scratch** Kratzer 4
**to scream** schreien, kreischen 6
**screen** Leinwand 19
**sea** Meer 9
**sea food** Seafood (Fisch, Meeresfrüchte) 10
**seamanship** Seemannschaft 9
**seaside resort** Seebad 1
**season** Saison, Jahreszeit 9
**seat** Sitzplatz 11
**second hand** (aus) zweiter Hand 6
**security reasons** Sicherheitsgründe 14
**see** sehen 1
**See you later.** Bis später/bald. 1
**seem** scheinen 20
**seen** gesehen 15
**self-confidence** Selbstvertrauen 9
**to sell (sold, sold)** verkaufen S. 133; 15
**selling rate** Verkaufspreis (beim Geldwechseln) 5
**semi-detached house** halb frei stehend, eine Doppelhaushälfte 2
**to send (sent, sent)** schicken, senden 8
**senile** senil 12
**senior citizens** Senioren 3
**sensible** vernünftig 13
**sentence** Satz 4
**separate** getrennt 4
**separated** getrennt 1
**September** September 8
**serious** ernst(haft) 11
**to serve** servieren, (be)dienen 6
**service** Dienst(leistung) 8; Kundendienst 14
**service charge** Bearbeitungsgebühr 5
**session** *hier:* Veranstaltung 9
**to set s.th. to** etw. einstellen S. 154
**setting** Lage, Standort 9
**settler** Siedler S. 104; 14
**several** mehrere 15
**sexual organ** Geschlechtsorgan S. 167
**sexy** sexy 7
**to shape up** (sich) in Form bringen 9
**to share (with)** (sich) teilen (mit), gemeinsam benutzen 4
**sharp** scharf S. 154

**she** sie 1
**sheep** (*Pl.*: **sheep)** Schaf 15
**shirt** Hemd 5
**shoe** Schuh 3
**to shoot (shot, shot)** (er)schiessen 18
**shop** Geschäft, Laden 3
**shopping** Einkauf(en) 3
**shopping bag** Einkaufstasche 13
**shopping centre** Einkaufszentrum 6
**short** kurz 7; klein 11
**shortage** Knappheit, Mangel 18
**should** sollte(n, -st), soll(en, -st) 3
**shoulder** Schulter 8
**to shout** rufen, schreien 6
**Show** zeigen S. 112
**to show** zeigen, vorführen 18
**shower** Dusche 11
**to shut (shut, shut)** schließen, zumachen 19
**to keep shut** zuhalten 19
**shy** schüchtern, scheu 7
**side of the road** Straßenrand 16
**sidewalk (AE)** Gehsteig 9
**sight** Sehenswürdigkeit 11
**sign** Hinweisschild, Verkehrszeichen 6
**signature** Unterschrift 1
**silly** dumm, albern, blöd 12
**silver** Silber-, sibern 6
**similar** ähnlich 18
**to simmer** köcheln S. 154
**simply** *(Adv.)* einfach 13
**since** seit 9; seitdem 11
**to sing (sang, sung)** singen 8
**singer** Sänger(in) 8
**single malt** Single Malt *(Whiskysorte)* 6
**single-handed** allein, eigenhändig 18
**sister** Schwester 1
**to sit (sat, sat)** sitzen 4
**to sit down** sich setzen 3
**site** Platz 1; Grundstück 18
**situated** gelegen 18
**size** Größe S. 59
**skiing** Ski fahren 9
**skills** Fähigkeiten 9
**to sleep (slept, slept)** schlafen 11
**to be asleep** schlafen 11
**sleeping bag** Schlafsack 5
**slept** schlief(en, -st) 11
**slice** Scheibe 2
**sliced** in Scheiben S. 154
**slim** schlank 7
**to slip (out)** (heraus)schlüpfen, (heraus)rutschen 17
**slow** langsam 8
**to slow down** *hier:* langsamer fahren 17
**small** klein 2
**smart** schick, vornehm 17
**smell** Geruch 19
**smile** Lächeln 7
**to smoke** rauchen S. 167
**snack** Imbiss, Snack 12
**snake** Schlange 15
**snooker** Billard 7
**to snorkel** schnorcheln 9
**to snow** schneien 16
**so** so 1; in dieser Weise, deshalb, also 3
**so far** bisher 15
**So long.** Tschüs. 4
**so… that** so…, dass 8
**soap** Seife 5
**sock** Socke 5
**sofa** Sofa 8
**soft drinks** nicht-alkoholische Getränke 14
**some** einige, ein paar 2
**in some ways** in gewisser Weise 19
**somebody** jemand 3
**something else** etwas anderes 5
**something** etwas 2
**sometime** irgendwann 13
**sometimes** manchmal 6
**somewhere** irgendwo 3; irgendwo(hin) 5
**son** Sohn 1
**soon** bald 13
**sore throat** Halsentzündung S. 167
**to be sorry** Leid tun 1
**to sound** klingen, sich anhören 15
**south** Süden, südlich 13
**souvenir shop** Souvenirladen 18
**space** Raum 12
**parking space** Parkbucht 2
**Spain** Spanien 8
**to speak (spoke, spoken)** sprechen 8
**speaker** Sprecher(in), Redner(in) 8
**special** speziell, besonders 9
**speech** Rede 14
**spend** (Zeit) verbringen; (Geld) ausgeben 14
**spirit stove** Spirituskocher 5
**spoken** gesprochen 14
**spokesman** Sprecher 16
**spokeswoman** Sprecherin 11
**spoon** Löffel 2
**sport** Sport 7
**sports** Sport 3
**sports reporter** Sportreporter 7
**sportsman** Sportler 7
**sportswoman** Sportlerin 7
**sprain** Verstauchung, Verrenkung 15
**spread** verstreut 14
**spring** Frühling 16
**squash** Squash 10
**St Valentine's Day** Valentinstag 8
**staff** Personal 11
**stamp** Briefmarke 18
**stand** stehen S. 133
**star** Stern S. 133
**to start** anfangen, beginnen (mit), starten 7
**to get started** anfangen 9
**to start with** anfangen mit S. 51
**starter** Vorspeise, Appetithäppchen 4
**state** Bundesland; Staat 15
**statement** Aussage 6
**station** (U-Bahn)Station, Bahnhof 11; Bez. für Schaffarm in Australien 15
**statue** Statue, Standbild 18
**stay** Aufenthalt S. 167
**to stay** übernachten; bleiben 6
**steak** Steak 4
**to steal (stole, stolen)** stehlen 20
**stewardess** Stewardess 11
**sticking plaster** Heftpflaster S. 122
**still** (immer) noch 6**;** dennoch … 20
**stillborn** tot geboren 18
**stomach** Magen S. 167
**stomach ache** Magenschmerzen S. 167
**to stop** anhalten 6
**to stop s.o.** j-n anhalten 6
**to stop by** *ugs.:* vorbeischauen 14
**to stop doing s.th.** (damit) aufhören, etw. zu tun 13
**to stop to do s.th.** anhalten, um etw. zu tun 20
**store (AE)** Geschäft, Laden S. 70; 14
**to store** lagern, aufbewaren 14
**story** (*Pl.*: **stories)** Geschichte 7
**straight** gerade, geradeaus, geradewegs 9
**strange** seltsam, sonderbar… fremd 15
**stranger** Fremde(r) 3
**street** Straße 1
**one-way street** Einbahnstraße 19
**strike** Streik 11
**student** Student(in) 4
**to study** studieren, lernen 17
**subway (AE)** U-Bahn 9
**success** Erfolg 11
**successful** erfolgreich 8
**such as** wie 18
**suddenly** plötzlich 16
**to suffer (from)** leiden (an) S. 167
**sugar** Zucker 5
**to suggest** vorschlagen 20
**suggestion** Vorschlag 13
**to suit** recht sein, passen (auch Kleidung) 8
**suitcase** Koffer S. 179
**summer** Sommer 5
**summer camp** Sommerferienlager 9
**sun** Sonne 20
**Sunday** Sonntag 12
**sunshine** Sonnenschein 13
**suntop** Top 17
**super!** Großartig!, Toll! 5
**supermarket** Supermarkt 1
**to supply** liefern 12
**to suppose** annehmen, vermuten 16
**sure** sicher 9
**surname** Familienname 1
**surprise** Überraschung 2
**to surprise** überraschen 7
**surprised** überrascht 17
**to surround** umgeben 15
**survival** Überleben 9
**Swabia** Schwaben 15

**Swedish** schwedisch; Schwedisch 6
**sweet** süß S. 133
**swelling** Schwellung, Beule 15
**to swim (swam, swum)** schwimmen 7
**swimming** Schwimmen 9
**swimming costume** Badeanzug 3
**swimming pool** Swimmingpool, Schwimmbad 3
**swimming things** Schwimmsachen 20
**to switch on/off** an-, bzw. ausschalten 17
**Switzerland** Schweiz 15
**swollen** geschwollen 15

**T**

**table** Tisch 4
**tablespoon** Esslöffel S. 154
**to tackle** anpacken S. 203
**tailback** (Rück-)Stau 16
**to take (took, taken)** nehmen 3
**to take away** *hier:* abschleppen 13
**to take an exam** an einer Prüfung teilnehmen 12
**to take long** lang dauern 6
**to take a look** schauen, einen Blick werfen 11
**to take notice of s.o.** j-n beachten 16
**to take over** übernehmen 18
**to take photos** Fotos machen 8
**to take s.o. (to)** j-n zu / nach ... bringen 7
**to take a test** eine Prüfung machen 13
**to talk** sprechen, reden 1
**tall** groß, hoch 7
**tampon** Tampon 5
**tap (BE)** Wasserhahn 9
**tapestry** Wandteppich, Gobelin 18
**target** Zielscheibe 18
**task** Aufgabe 18
**tasty** lecker, schmackhaft 18
**tax accountant** Steuerberater 13
**taxi (BE)** Taxi 9
**taxi-driver** Taxifahrer 15
**tea** Tee 2
**tea-lady** Teeserviererin 18
**tea shop** Teestube 5
**tea towel** Geschirrtuch 2
**to teach (taught, taught)** unterrichten, lehren, beibringen 13
**teacher** Lehrer(in) 1
**team** Mannschaft, Team S. 80; 10
**teaspoon** Teelöffel S. 154
**technical fault** technischer Fehler 14
**telephone box** Telefonzelle 8
**television (TV)** Fernseher, Fernsehen 7
**to tell (told, told)** sagen, erzählen 3
**to tell the way** den Weg beschreiben 3
**tender** zart S. 154
**tenner** *ugs.* Zehner (10-Pfund-Schein) 19
**tennis** Tennis 7
**tent** Zelt 5
**terrace** Terrasse 17
**terrace house** Reihenhaus 2
**terrible** schrecklich 8
**terrific** toll, phantastisch 20
**Thailand** Thailand 7
**Thames** Themse 18
**than** *(nach gesteigertem Adjektiv)* als 6
**thank you** danke. 1
**thanks** danke. 1
**Thanksgiving Day** Erntedankfest 14
**that** das 1
**that's why** deshalb, darum 1
**that** der, die, das (da), jene(r,-s) da 6
**that one** der, die, das da; jene(r, -s) dort 6
**that** das, welches (Relativpronomen) 9, S. 194
**that** dass S. 80; 8
**the** der, die, das; die *(Pl.)* 1
**the grocer's** die Lebensmittelhandlung 6
**theatre** Theater 4
**their** ihr 1
**theirs** ihre(r, -s) 14
**them** ihnen, sie 6
**themselves** sich (selbst) 17
**theoretically** *(Adv.)* theoretisch 17
**there** dort 6
**there is/there are** es gibt, da ist/ sind 2
**thermos can** Thermoskanne S. 122
**these** diese, die hier 1
**these silver ones** diese silbernen 6
**they** sie (Pl.) 1
**thief (*Pl.:* thieves)** Dieb 16
**thin** dünn, mager, dürr 7
**thing** Sache, Ding 3
**to think (thought, thought)** denken 4; meinen 16
**to think of s.th.** an etw. denken 13
**thirsty** durstig 3
**this** diese(r, -s); der, die, das hier 1
**this one** dieser, diese, dieses 6
**though** dennoch, trotzdem 12
**thought** dachte(n, -st) 11
**thought** Gedanke 13
**threatened** bedroht 16
**through** durch 6
**to throw (threw, thrown)** werfen 10
**Thursday** Donnerstag 4
**ticket** Strafzettel 6; Flug-, Fahrkarte, Fahrschein 11
**parking ticket** Parkschein 3
**tie** Krawatte, Schlips 6
**tights** Strumpfhose 7
**till (= until)** bis 1
**time** Zeit 2
**in time (for)** rechtzeitig (zu) 11
**two or three times** zwei- oder dreimal 1
**tin (BE)** Blechdose 9
**tin can** Blechdose S. 122
**tin opener (BE)** Dosenöffner 5
**tired** müde 5
**title** Titel 18
**to** vor (bei Uhrzeit) 2 zu, nach 3
**to get to** gelangen, (hin)kommen 3
**to lead to** führen zu 11
**toaster** Toaster S. 122
**today** heute 2; heutzutage 18
**together** zusammen 6
**toilet** Toilette 2
**toilet paper** Toilettenpapier 5
**told** erzählte(n, -st) 11 erzählt 15
**tolerance** Toleranz, Nachsicht, Duldsamkeit 11
**tolerant** tolerant, nachsichtig, geduldig 11
**toll free** gebührenfrei 9
**toll machine** Mautaumat 13
**tomatoes** Tomaten 2
**tom-cat** Kater 19
**tomorrow** morgen 4
**tongue** Zunge 20
**tonight** heute Abend, heute Nacht 4
**..., too** auch 1
**too + Adjektiv** zu ... 3
**too late** zu spät 3
**far too ...** viel zu ... 15
**took** nahm(en, -st) 11
**toothbrush** Zahnbürste 2
**toothpaste** Zahnpasta 2
**to touch** anfassen, berühren 16
**tour** Tour, Tournee 7
**on tour** auf Tournee 7
**to tour** eine Rundreise machen 15
**tourist** Tourist 1
**tournament** Turnier 8
**towards...** auf...zu 8
**towel** Handtuch 2
**town** Stadt 1
**in town** im Stadtzentrum 1
**town hall** Rathaus 3
**town wall** Stadtmauer 6
**tradition** Tradition 9
**traditional** traditionell 4
**traffic** Verkehr 13
**tragic** tragisch 18
**trail** Pfad, Weg 9
**train** Zug 6
**by train** mit der Bahn 6
**trained** ausgebildet 13
**training** Training 7
**training ground** Sportplatz 9
**to travel** reisen 11
**travel company** Reiseveranstalter 15
**travel guide** Reiseführer 11
**traveler's check (AE)** Reisescheck 5
**traveller's cheque (BE)** Reisescheck 5
**treason** (Landes)verrat 18
**to treat** behandeln 15
**treatment** Behandlung S. 167
**treble** dreifache(r, -s) 10
**trillion** Trillion 14

**trip** Reise 6
**trouble** Schwierigkeiten 20
**trousers** Hosen 6
**truck** Lastwagen 13
**true** wahr, richtig 6
**truth** Wahrheit 19
**to try** versuchen, ausprobieren 3
**to try hard** sich anstrengen 9
**tube** Rohr, Röhre; *hier:* Bez. für Londoner U-Bahn 16
**Tuesday** Dienstag 4
**tunnel** Tunnel 16
**turkey** Truthahn S. 133; 14
**Turkey** Türkei 15
**to turn** umdrehen S. 154
**to turn (into)** *hier:* abbiegen, einbiegen (in) 3
**to turn out well** gut werden 11
**turning point** Wendepunkt 18
**twice** zweimal 9
**twice a year** zweimal im Jahr 9
**type** Art 2
**typical** typisch 11

U
**ugly** hässlich, unansehnlich 6
**umbrella** Regenschirm 18
**unattended** unbeaufsichtigt 14
**unattractive** unattraktiv 8
**uncle** Onkel 4
**unclear** unklar, undeutlich 8
**under** unter 3
**underground (BE)** U-Bahn 9
**underpants** Unterhosen 6
**undershirt (AE)** Unterhemd 6
**to understand (understood, understood)** verstehen, begreifen 9
**underwear** Unterwäsche 5
**unemployed** arbeitslos 1
**unfair** unfair 13
**unfortunately** leider, bedauerlicherweise 8
**unfriendly** unfreundlich 9
**uniform** Uniform 16
**uninteresting** uninteressant 3
**unique** einmalig, einzigartig 17
**to unite** vereinen 14
**unlike** im Gegensatz zu 18
**unpaid** unbezahlt 18
**unpleasant** unangenehm 11
**unromantic** unromantisch 20
**until** bis 13
**up** oben, nach oben, hinauf, herauf 6
**to get up** aufstehen 6
**to keep up** aufrecht erhalten, *hier:* hoch halten 15
**to pick up** abholen 14
**to uproot (oneself)** (sich) entwurzeln 17
**upstairs** oben, die Treppe hinauf 2
**urban** städtisch 18
**urgent** dringend 15
**to urinate** urinieren 18
**us** uns 6
**to use** benutzen, gebrauchen S. 59; 7
**to be used to** an etw. gewöhnt sein 16
**user** Benutzer(in) 7
**usual** normal, üblich, gewöhnlich 11
**usually** normalerweise, gewöhnlich 6
**utensils** Utensilien S. 154
**u/w photography (= under water photography)** Unterwasserfotografie 9

V
**vacation (AE)** Ferien 9
**vacuum cleaner** Staubsauger S. 122
**valuable** wertvoll 18
**value** Wert 16
**van** Lieferwagen 6
**various** verschiedene, diverse 9
**vase** Vase 18
**vegetables** Gemüse S. 70
**vegetarian** Vegetarier(in) 4
**very** sehr 1
**vest (BE)** Unterhemd 6;
**vest (AE)** Weste 6
**vice-president** Vizepräsident(in) 17
**video camera** Videokamera 9
**video film** Videofilm 12
**video recorder** Videorecorder 12
**Vienna** Wien 15
**view** (Aus)blick S. 112; S. 193
**Vikings** Wikinger 3
**village** Dorf 3
**violent** gewalltätig, Gewalt- 11
**visa** Visum 13
**visit** Besuch S. 70; 11
**to visit** besuchen, besichtigen 3
**visitor** Besucher(in) 10
**voluntary** freiwillig S. 203

W
**waistcoat** Weste 6
**to wait (for)** warten (auf) 8
**waiter** Kellner 3
**waitress** Kellnerin 5
**to wake (woke, woken) up** aufwachen, aufwecken 11
**to walk** (zu Fuß) gehen, spazieren 3
**walking** Laufen, spazieren gehen 9
**wall** Mauer 6
**to want** wollen 6
**war** Krieg 14
**warehouse** Lagerhalle 18
**warm** warm 7
**was** ich war; er, sie, es, war 11
**to wash** (sich) waschen 8
**washing machine** Waschmaschine 8
**to watch** ansehen, zuschauen 7
**water** Wasser 4
**water skiing** Wasserski fahren 9
**way** Weg 3; Art, Weise 9
**by the way, …** übrigens … 12
**in a way** in gewisser Weise, irgendwie 13
**in an unfriendly way** unfreundlich 9
**in some ways** in gewisser Weise 19
**to wear (wore, worn)** tragen, anhaben 6
**weather** Wetter 13
**wedding** Hochzeit 12
**Wednesday** Mittwoch 4
**week (*Pl.:* weeks)** Woche 1
**weekday** Wochentag 2
**weekend** Wochenende 12
**weight** Gewicht 5
**to welcome** willkommen heißen 18
**well** nun, also, … 6; gut (adv.) 8
**well-off** begütert, reich 17
**went** ging(en, -st), lief(en, -st) 11
**were** warst, waren 11
**west (of)** westlich (von), West-, (nach) Westen 12
**wet** nass 13
**what** was 1
**What a pity.** Wie schade! 1
**What about you?** Und Sie?, Was ist mit Ihnen? 1
**what on earth** was um alles in der Welt 16
**when** wann, wenn, als 3
**where** wo, wohin 3
**whereabouts** Aufenthaltsort 15
**whether** ob 11
**which** welche(r, -s) (Fragewort) 6
**which** der, die, das (Relativpronomen) S. 194
**while** während 15
**white** weiß 6
**who** wer, wen, wem (Fragewort) 4
**who** der, die (Relativpronomen) 7; S. 194
**whole** ganz, gesamt 17
**whose** wessen (Fragewort) 10
**whose** dessen, deren (Relativpronomen) 17
**why** warum 1
**why on earth …?** warum zum Teufel …? 20
**wide** weit, offen, umfangreich 18
**wife** Ehefrau 1
**wild** wild 8
**will** werden, wirst, wird 12
**to be willing** bereit, willens sein 17
**to win (won, won)** gewinnen 7
**window** Fenster, Schaufenster 2
**window cleaner** Fensterputzer(in) 6
**wine** Wein 5
**winner** Gewinner(in), Sieger(in) 10
**wire fence** Drahtzaun 15
**to wish** wünschen 1
**witch** Hexe 4
**with** mit 1
**popular (with)** beliebt (bei) 5
**within** innerhalb S. 167
**without** ohne 7
**woke up** wachte(n) auf 11
**woman, (*Pl.:* women)** Frau 6
**won't (= will not)** werden/wird/wirst nicht 12
**wonder** Wunder 9
**to wonder** sich fragen, neugierig sein 18
**wonderful** wunderbar 2

**wooden spoon** Kochlöffel S. 154
**word** Wort 3
**work** Arbeit 18
**to work** arbeiten 6; funktionieren 11
**to work-out** trainieren 9
**worker** Arbeiter(in) 8
**world** Welt 11
**worried** besorgt, beunruhigt 3
**to worry** sich Sorgen machen 12
**worse** schlechter 6
**worst, the worst** der/die/das schlechteste, schlimmste, am schlechtesten, am schlimmsten 6
**worth** wert S. 70; wert, Wert 11
**would** würde(n, -st) 1, 4, 20
**Would you like ( ) ...?** Möchten Sie ...?, Möchtest du ...?, Möchtet ihr...? 4
**wouldn't** würde(n, -st) nicht 11
**WPC (Woman Police Officer)** Polizistin 6
**to wrap up** einwickeln S. 133
**to write (wrote, written)** schreiben 6
**writer** Schriftsteller(in) 8
**wrong** falsch 9
**to be wrong with ...** nicht stimmen mit 11
**wrote** schrieb(en, -st); habe(n), hast geschrieben 11

**Y**
**year** Jahr 8
**a year** jährlich 18
**yellow** gelb 6
**yes** ja 1
**yesterday** gestern 12
**yoghurt** Joghurt 5
**you** du, Sie 1; dir, dich; Sie S. 71
**young** jung 5
**your** euer(e); Ihr(e) S. 19
**yours** deine(r, -s); Ihre(r, -s); eure(r, -s) 14
**yourself** du, dir, dich (selbst) 17

**Z**
**zip** Reißverschluss S. 122
**zipcode (AE)** Postleitzahl 9
**zoo** Zoo 11

# Grammatik im Überblick

## Artikel

### *1. Der bestimmte Artikel*

Der bestimmte Artikel (*der, die, das*) lautet in der Einzahl und Mehrzahl **the** [ðə]:
the teacher, the teachers [ðəˈtiːtʃə]

Vor einem Vokal (a, e, i, o, u) wird **the** [ðə] ausgesprochen: **the apple** [ðiːæpl].

Entscheidend ist dabei die Aussprache des Anlauts. Wird er als Konsonant gesprochen, wie etwa bei **the one**, so wird der bestimmte Artikel [ðə] ausgesprochen: [ðəwʌn].

Umgekehrt verhält es sich z.B. bei **the hour**, wo das Substantiv mit Konsonant beginnt, der aber nicht ausgesprochen wird: [ð aʊa].

### *2. Der unbestimmte Artikel*

Der unbestimmte Artikel (*ein, eine, einem, etc.*) heißt **a** [ə]. Steht er vor einem Vokal, wird daraus **an** [ən]:
a book [ə bʊk]
an English teacher [ən ˈɪŋglɪʃ tiːtʃə]

Beachten Sie aber, dass dabei auch hier die Aussprache des Anlauts, nicht seine Schreibung, ausschlaggebend ist:
a uniform [ə juːnɪfɔːm]

## Substantiv

### *1. Die Bildung des Plurals*

Die Mehrzahl von Substantiven wird in der Regel durch Anhängen von **-s** gebildet:
teacher – teachers

Bei Substantiven, die auf **-s, -ss, -sh, -ch** oder **-x** enden, steht in der Mehrzahl **-es** am Ende:
box – boxes

Substantive, die auf **-f** bzw. **-fe** enden, ersetzen dies durch **-ves**:
knife – knives

Substantive auf **-y** verwandeln dieses im Plural zu **-ie-**:
party – parties

Daneben gibt es auch einige unregelmäßige Pluralformen:
fish – fish [fɪʃ – fɪʃ]
man – men [mæn – men]
child – children [tʃaɪld – tʃɪldrən]
woman – women [ˈwʊmən – ˈwɪmɪn]

▶◀ Bei Berufsbezeichnungen gibt es im Gegensatz zum Deutschen im Allgemeinen keine weibliche Form. So heißt **doctor** sowohl *Arzt* als auch *Ärztin*. Dennoch gibt es einige Ausnahmen, z.B.:
actor – actress waiter – waitress

### *2. Die Bildung des Genitivs*

Bei Menschen und Tieren verwendet man in aller Regel den so genannten s-Genitiv, d.h. man fügt an das Substantiv in der Einzahl ein **-'s** an:
my mother's sister *die Schwester meiner Mutter*

Im Plural wird ein **-s'** hinzugefügt:
the Cobbs' caravan *der Wohnwagen der Cobbs*

Bei Dingen verwendet man meist den so genannten **of**-Genitiv:
the end of the story *das Ende der Geschichte*

## Pronomen

### *1. Personalpronomen*

| als Subjekt | als Objekt |
|---|---|
| **I** *ich* | **me** *mich/mir* |
| **you** *du; Sie* | **you** *dich/dir; Sie/Ihnen* |
| **he** *er* | **him** *ihn/ihm* |
| **she** *sie* | **her** *sie/ihr* |
| **it** *er, sie, es* | **it** *es* |
| **we** *wir* | **us** *uns* |
| **you** *ihr; Sie* | **you** *euch; Sie/Ihnen* |
| **they** *sie* | **them** *sie; ihnen* |

## 2. Possessivpronomen

| adjektivisch; begleitend | substantivisch, allein stehend |
|---|---|
| **my** *mein(e, -er, -es, usw.)* | **mine** *meines, meiner, meine* |
| **your** *dein, usw.; Ihr usw.* | **yours** *deines, usw.; Ihres, usw.* |
| **his** *sein, usw.* | **his** *seines, usw.* |
| **her** *ihr, usw.* | **hers** *ihres, usw.* |
| **its** *sein, usw.; ihr usw.* | **its** *seines, usw. ihres usw.* |
| **our** *unser, usw.* | **ours** *unseres, usw.* |
| **your** *euer, usw.; Ihr usw.* | **yours** *eueres, usw.; Ihres usw.* |
| **their** *ihr, usw.* | **theirs** *ihres, usw.* |

## 3. Reflexivpronomen

**myself** *mich selbst*
**yourself** *dich; Sie (sich) selbst*
**himself** *er (sich) selbst*
**herself** *sie (sich) selbst*
**itself** *es (sich) selbst*
**ourselves** *wir (uns) selbst*
**yourselves** *ihr (euch) selbst, Sie (sich) selbst*
**themselves** *sie (sich) selbst*

## 4. Reziproke Pronomen (each other, one another)

**Each other** bzw. **one another** stehen im Englischen dann, wenn dem deutschen Pronomen *sich* noch das Wort *gegenseitig* hinzugefügt werden kann. Beachten Sie also den folgenden Unterschied:
They helped themselves. *Sie haben sich geholfen.*
They helped each other. *Sie haben sich einander gegenseitig geholfen.*

## 5. Demonstrativpronomen

**This** (*diese, -r, -s*) und **these** (*diese*) bezeichnen meist etwas Näherliegendes, während **that** (*jene, -r, -s*) und **those** (*jene*) sich meist auf etwas weiter Entferntes oder gerade Gesagtes beziehen.

## 6. Unbestimmte Pronomen

### a. much – many – a lot of/lots of

Die häufigste Übersetzung für *viel(e)* ist **a lot of** bzw. umgangssprachlich **lots of.** Sie wird sowohl bei zählbaren, als auch bei nicht zählbaren Substantiven verwendet (**a lot of cars** *viele Autos,* **a lot of smoke** *viel Rauch*), allerdings nicht nach **very, so, too, that, so** und **how**. Nach diesen Ausdrücken steht entweder **much** (für nicht zählbare Substantive, z. B. **money, milk, water,** etc.) oder **many** (für zählbare Substantive, wie z. B. **postcard, pencil, bottle**).

### b. few/a few – little/a little

Entsprechend wird **few** *wenige* und **a few** *einige* nur bei zählbaren Dingen oder Personen verwendet, **little** *wenig* und **a little** *ein wenig* wird bei nicht zählbaren Dingen oder Abstrakta gebraucht.

### c. some *und* any

In aller Regel wird **some** in bejahten Aussagesätzen verwendet, um eine unbestimmte Menge oder Größe zu bezeichnen. Es muss dabei nicht immer übersetzt werden:
We have some money. *Wir haben (etwas) Geld.*

**any** erscheint dagegen meist in Fragen und in verneinten Sätzen:
Have you got any money? *Hast du (etwas) Geld?*
No, I haven't got any money. *Nein, ich habe kein Geld.*

Daneben kann **any** auch in bejahten Aussagen stehen, und zwar in der Bedeutung von *irgendein(e), jede(r) x-Beliebige*:
Take any newspaper you like. *Nimm irgendeine Zeitung, die du willst.*

▶ Auch **some** kann in Fragen stehen, und zwar vor allem in höflichen Aufforderungen oder Bitten bzw. in Fragen, auf die man eine positive Antwort erwartet:
Could I have some more coffee, please?
*Könnte ich bitte noch etwas Kaffee haben?*

# Adjektiv

## 1. Form

▶◀ Anders als im Deutschen verändern Adjektive im Englischen nicht ihre Form, d.h. die Endung bleibt unverändert, egal ob es sich auf ein männliches oder weibliches Substantiv im Singular oder Plural bezieht:
a young woman *eine junge Frau*
a young man *ein junger Mann*

## 2. Steigerung von Adjektiven

### a. Bildung des Komparativs und Superlativs

Einsilbige Adjektive werden durch Anhängen der Endung **-er** bzw. **-est** gesteigert:
high *hoch* higher *höher* highest *am höchsten*

Endet ein Adjektiv bereits auf **-e**, so wird nur **-r** bzw. **-st** hinzugefügt:
nice *schön* nicer *schöner* nicest *am schönsten*

▶ Besonderheiten in der Schreibung:

| | |
|---|---|
| big – bigger | fat – fatter |
| hot – hotter | fit – fitter |

Zweisilbige Adjektive, die auf **-le, -er, -ow** oder **-y** enden, werden ebenfalls nach diesem Muster gesteigert, wobei **-y** zu **-i-** wird:

| | |
|---|---|
| clever – cleverer | narrow – narrower |
| gentle – gentler | happy – happier |

Zweisilbige Adjektive, die nicht auf **-le, -er, -ow** oder **-y** enden, sowie drei- und mehrsilbige Adjektive werden durch Voranstellen von **more** bzw. **most** gesteigert:
famous – more famous beautiful – more beautiful

### b. Vergleich

Beim Vergleich verwendet man im Englischen **than** für das deutsche *als*:
This shirt is nicer than the other shirt.
*Dieses Hemd ist schöner als das andere.*

Dem deutschen *(genau)so ... wie* entspricht im Englischen **as ... as**:
Unfortunately his second film is as bad as his first film. *Leider ist sein zweiter Film genauso schlecht wie sein erster Film*

## 3. Das Stützwort one

Um ein bereits genanntes Substantiv nicht wiederholen zu müssen, verwendet man das so genannte Stützwort **one** bzw. **ones**:
The Smiths have three dogs – a black one and two white ones. *Die Smiths haben drei Hunde – einen schwarzen und zwei weiße.*

# Adverb

Adverbien bestimmen ein Verb, ein Adjektiv oder einen Satz näher:
He talks slowly. *Er spricht langsam.*
This film is incredibly interesting. *Dieser Film ist unglaublich interessant.*
Suddenly I saw her. *Plötzlich sah ich sie.*

## 1. Form

Die meisten Adverbien werden durch Anhängen von **-ly** an das entsprechende Adjektiv gebildet:
slow – slowly

▶ Folgende Besonderheiten in Schreibung und Aussprache sind dabei zu beachten:

| | |
|---|---|
| a. **-le** wird zu **-ly**: | **simple – simply** |
| b. **-y** wird zu **-ily**: | **hungry – hungrily** |
| c. **-y** bleibt erhalten: | **shy – shyly** |
| d. **-ic** wird zu **-ically**: | **automatic – automatically** |

Daneben gibt es Adverbien, die eine völlig andere Form aufweisen:
good – well

Einige wenige Adverbien verändern ihre Form nicht:

| | | |
|---|---|---|
| fast – fast | early – early | hard – hard |
| high – high | late – late | long – long |

▶ Manche dieser Wörter existieren zwar mit der Endung **-ly**, sie haben dann allerdings eine andere Bedeutung:
hardly *kaum* lately *in letzter Zeit* highly *höchst*

### 2. *Steigerung von Adverbien*

Einsilbige Adverbien, sowie **early** werden mit **-er**/**-est** (bzw. **-r**/**-st** ) gesteigert, **-y** wird zu **-i-**:
hard harder hardest early earlier earliest

Alle mehrsilbigen Adverbien werden mit **more**/**most** gesteigert:
happily more happily most happily
beautifully more beautifully most beautifully

### 4. *Die Stellung von adverbialen Zeitbestimmungen*

Adverbien der unbestimmten Zeit (**always, often, usually**, etc.) stehen in aller Regel vor dem Vollverb, nach **to be** bzw. nach dem ersten Modal- oder Hilfsverb:
I often take the plane to New York.
*Ich nehme oft das Flugzeug nach New York.*
It is usually on time.
*Normalerweise ist es pünktlich.*

Adverbiale Bestimmungen der bestimmten Zeit (**on Tuesdays, at weekends**, etc.) stehen meist am Satzende oder zur besonderen Betonung auch am Satzanfang:
On Wednesdays I play football after work.
*Jeden Mittwoch spiele ich nach der Arbeit Fußball.*

## Verb

### 1. *Die Zeiten: Formen und Gebrauch*

#### a. Gegenwartsformen

Das Präsens, **simple present**, drückt Ereignisse der Gegenwart aus. Es wird aus dem Pronomen bzw. Substantiv und dem Infinitiv des Verbs ohne **to** gebildet. Nur in der 3. Person Einzahl (**he, she, it**) wird ein **-s** angehängt:
The bus leaves in Oxford Street.
*Der Bus fährt in der Oxford Street ab.*

Mit der Verlaufsform, **present continuous** oder **progressive**, wird betont, dass sich etwas gerade in dem Moment abspielt, in dem man spricht. Sie wird gebildet aus der entsprechenden Form von **to be** + dem jeweiligen Verb in der **-ing**-Form:
I'm looking for a cheap restaurant.
*Ich suche (jetzt gerade) ein billiges Restaurant.*

In Verbindung mit Zeitangaben kann sie auch auf zukünftige Ereignisse bzw. Pläne verweisen:
I'm going to London next Friday.
*Nächsten Freitag fahre ich nach London.*

#### b. Vergangenheitsformen

**Simple past:** Die einfache Vergangenheit beschreibt in der Vergangenheit abgeschlossene Vorgänge. Bei regelmäßigen Verben wird die Form durch Anhängen von **-ed** gebildet:
to walk – walked

Verben, die bereits auf **-e** enden, erhalten nur ein **-d**:
to close – closed

Bei Verben auf **-y** wird dieses zu **i**:
to try – tried

Daneben gibt es eine ganze Reihe unregelmäßiger Verben, die eigene Vergangenheitsformen haben, z. B. **to find – found, to leave – left.**
Einen Überblick über die in diesem Kurs vorkommenden unregelmäßigen Verben mit ihren Formen finden Sie im Anschluss an diese Übersicht auf Seite 73/74.

**Past progressive** bzw. **past continuous**: Die Verlaufsform betont den Verlauf bzw. die Dauer einer Handlung in der Vergangenheit:
I was looking for the cassette all morning.
*Ich habe den ganzen Vormittag nach der Kassette gesucht.*

Das **present perfect** wird durch **have** + Partizip des Verbs gebildet. Letzteres wird bei regelmäßigen Verben durch Anhängen von **-ed** gebildet. Bei unregelmäßigen Verben hat es eine eigene Form (z. B. **gone, taken**).
Im Gegensatz zur einfachen Vegangenheit bezeichnet es Vorgänge der Vergangenheit, die einen Bezug zur Gegenwart haben bzw. die sich gerade erst ereignet haben:
I've (just) washed the dishes.
*Ich habe (gerade eben) das Geschirr gespült.*

Die Verlaufsform des **present perfect**, genannt **present perfect continuous** oder **progressive**, wird bei Vorgängen verwendet, die in der Vergangenheit begonnen haben und zum Zeitpunkt des Sprechens noch andauern. Oft taucht es in Verbindung mit den Präpostitionen **for** oder **since** auf.

▶◀ Beachten Sie, dass diese Form im Deutschen in aller Regel mit dem Präsens und *schon* wiedergegeben wird:
I've been cleaning up all day.
*Ich mache (schon) den ganzen Tag sauber.*

Das **past perfect** wird aus der **simple past**-Form von **have** und der 3. Form des Verbs gebildet. Es dient zur Schilderung von Handlungen bzw. Vorgängen, die sich vor anderen Ereignissen zugetragen haben. Es drückt also Vorzeitigkeit aus:
Tom had learned some Japanese before he went to Japan. *Tom hatte etwas Japanisch gelernt, bevor er nach Japan fuhr.*

### c. Zukunft

Zukünftige Handlungen können durch das **will-future** ausgedrückt werden. Die Form besteht aus **will** + Infinitiv ohne **to**. Als Kurzform ist **'ll** sehr gebräuchlich. **Will not** kann zu **won't** verkürzt werden.

Das **will-future** wird vor allem bei allgemeinen Voraussagen oder Vermutungen verwendet. Es steht oft auch nach Ausdrücken wie **I guess, I think, I hope, I'm sure**.
Darüber hinaus werden auch spontane Entscheidungen mit dem **will**-future ausgedrückt:
I'll call him right now.
*Ich werde ihm gleich jetzt anrufen.*
I'm sure it won't rain tomorrow.
*Ich bin sicher, dass es morgen nicht regnen wird.*

Eine weitere Art, Zukünftiges auszudrücken, ist das **going-to-future**, das aus der Form von **to be + going to +** Verb gebildet wird.

Das **going-to-future** steht bei sich offensichtlich anbahnenden Ereignissen:
Look at the clouds. It's going to rain soon.
*Schau dir die Wolken an. Es wird gleich regnen.*

Es steht außerdem bei Plänen und Absichten:
I'm going to see a film tonight.
*Heute Abend sehe ich mir einen Film an.*

(Zum Ausdruck zukünftiger Ereignisse mit dem **simple present** oder **present progressive** siehe Punkt 1 *Gegenwartsformen*)

### d. Der Konditional

Der Konditional aus **would + Infinitiv** werden Sie häufig als Höflichkeitsform hören, z. B.:
● Would you like something else, sir?
○ Yes. I'd like steak and kidney pie, please.
● *Hätten Sie gerne noch etwas, mein Herr?*
○ *Ja. Ich hätte gern Steak und kidney pie, bitte.*

Daneben wird der Konditional vor allem in Bedingungssätzen verwendet, z. B.:

If I had more money I would buy a new car.
*Wenn ich mehr Geld hätte, würde ich ein neues Auto kaufen.*

### e. Frage und Verneinung

Fragen und Verneinungen müssen bei allen Vollverben durch eine Umschreibung mit **to do** gebildet werden:
Did you go to the cinema yesterday?
*Bist du gestern ins Kino gegengen?*
No, I didn't go to the cinema.
*Nein, ich bin nicht ins Kino gegangen.*

▶ Bei Fragen mit **who** bzw. **what** gibt es eine Besonderheit zu beachten: wenn das Fragewort sich auf das Subjekt (Frage nach *wer* oder *was?*) bezieht, so ist keine **to do**-Umschreibung notwendig:
Who helps Mum with the cooking? – Dad. (*wer oder was hilft?*)
*Wer hilft Mum beim Kochen? – Dad.*

Who does Dad help with the cooking? – Mum. (*wem hilft er?*)
*Wem hilft Dad beim Kochen? – Mum.*

Frageanhängsel: Die so genannten **question tags** (im Deutschen z. B. durch Anhängen von *... nicht wahr?* bzw. *... oder?* ausgedrückt) werden bei Vollverben mit einer entsprechenden Form von **to do** gebildet. Bejahte Verben erhalten dabei eine negative Form von **to do**, verneinte Verben eine bejahte Form:
You know who did it, don't you?
*Du weißt, wer es getan hat, oder?*
He doesn't like cooking, does he?
*Er kocht nicht gerne, oder?*

## f. Übersicht über die Formen (Aktiv):

Infinitiv: to look *schauen*

| | Positiv: | Verneinung: | Frage: |
|---|---|---|---|
| simple present | I look | I don't look | do I look? |
| | you look | you don't look | do you look? |
| | he/she/it looks | he/she/it doesn't look | does he/she/it look? |
| | we look | we don't look | do we look? |
| | you look | you don't look | do you look? |
| | they look | they don't look | do they look? |
| present progr. | I am looking | I'm not looking | am I looking? |
| | you are looking | you aren't looking | are you looking? |
| | he is looking | he isn't looking | is he looking? |
| | we are looking | we aren't looking | are we looking? |
| | you are looking | you aren't looking | are you looking? |
| | they are looking | they aren't looking | are they looking? |
| simple past | I looked | I didn't look | did I look? |
| | you looked | you didn't look | did you look? |
| | he looked | he didn't look | did he look? |
| | we looked | we didn't look | did we look? |
| | you looked | we didn't look | did we look? |
| | they looked | they didn't look | did they look? |
| past progr. | I was looking | I wasn't looking | was I looking? |
| | you were looking | you weren't looking | were you looking? |
| | he was looking | he wasn't looking | was he looking? |
| | we were looking | we weren't looking | were we looking? |
| | you were looking | you weren't looking | were you looking? |
| | they were looking | they weren't looking | were they looking |
| present perfect | I have looked | I haven't looked | have I looked? |
| | you have looked | you haven't looked | have you looked? |
| | he has looked | he hasn't looked | has he looked? |
| | we have looked | we haven't looked | have we looked? |
| | you have looked | you haven't looked | have you looked? |
| | they have looked | they haven't looked | have they looked? |
| | daneben findet man häufig die Kurzformen **I've looked, you've looked, …** | | |
| pr. perf. progr. | I have been looking | I haven't been looking | have I been looking? |
| | you have been looking | you haven't been looking | have you been looking? |
| | he has been looking | he hasn't been looking | has he been looking? |
| | we have been looking | we haven't been looking | have we been looking? |
| | you have been looking | you haven't been looking | have you been looking? |
| | they have been looking | they haven't been looking | have they been looking? |
| | Kurzformen: **I've been looking, you've been looking, …** | | |

| | | | |
|---|---|---|---|
| past perfect | I had looked<br>you had looked<br>he had looked<br>we had looked<br>you had looked<br>they had looked | I hadn't looked<br>you hadn't looked<br>he hadn't looked<br>we hadn't looked<br>you hadn't looked<br>they hadn't looked | had I looked?<br>had you looked?<br>had he looked?<br>had we looked?<br>had you looked?<br>had they looked? |
| | Kurzformen: **I'd looked, you'd looked, ...** | | |
| will-future | I will look<br>you will look<br>etc. | I will not (won't) look<br>you will not (won't) look | will I look?<br>will you look? |
| | Kurzformen: **I'll look, you'll look, ...** | | |
| Konditional | I would look<br>you would look<br>etc. | I wouldn't look<br>you wouldn't look | would I look?<br>would you look? |
| | Kurzformen: **I'd look, you'd look, ...** | | |

(Für eine detaillierte und ausführliche Übersicht aller Verbformen siehe z. B. Langenscheidts Verb-Tabellen Englisch.)

## *2. Passiv*

Berichtet man über eine Tat oder ein Ereignis im Passiv, so steht dabei nicht der oder die Verursacher(in) im Mittelpunkt. Er oder sie kann auch gar nicht erwähnt werden (z. B. wenn er/sie nicht bekannt sind). Bei Schilderungen im Passiv steht die Sache, der etwas "zustößt" oder "passiert" im Mittelpunkt. Vergleichen Sie z. B.:
Yesterday my father repaired our car. *Gestern reparierte mein Vater unser Auto.*
Our car was repaired (by my father) yesterday. *Unser Auto wurde gestern (von meinem Vater) repariert.*

Das Passiv wird folgendermaßen gebildet:

| Subjekt | Form von **to be** | 3. Form des Verbs (**past participle**) | |
|---|---|---|---|
| They | were | taken | to hospital immediately. |

Anstelle von **to be** wird häufig auch **to get** verwendet:
He gets called 'Fatso'. *Er wird ‚Fatso' genannt.*

Möchte man den/die Verursacher(in) nennen, so verwenden wir dazu den so genannten **by-agent** (siehe oben). Man verwendet ihn in der Regel nicht bei allgemeinen Begriffen wie **people, they, somebody**, etc.

Das englische Passiv wird im Deutschen häufig mit *man* übersetzt. Dies ist insbesondere bei den Verben **to allow, to bring, to give, to offer, to sell, to send, to show** oder **to tell** der Fall:
I was told to wait a little. *Man hat mir gesagt, ich solle ein bisschen warten.*

Hier eine kleine Übersicht über die Formen, die Ihnen im Lauf dieses Kurses begegnet sind:

| Zeit | Subjekt | Zeit von **to be** | 3. Form des Verbs | andereTeile |
|---|---|---|---|---|
| simple present | My camera | is | made | in Korea. |
| | These cars | are | made | in Japan. |
| present progr. | Our car | is being | repaired | today. |
| | The cars | are being | stopped | by the police. |
| simple past | This palace | was | built | in 1764. |
| | These plates | were | made | in Meissen. |
| past progressive | The palace | was being | renovated | last May. |
| | The boys | were being | taught | to swim. |
| present perfect | The window | has been | broken | twice this week. |
| | The windows | have been | repaired | now. |
| past perfect | (Ben said) his flat | had been | broken into | again. |
| **will**-future | The car | will be | repaired | by 2 o'clock. |

**Passivsätze mit modalen Hilfsverben**

| Subjekt | Modalverb | **be** | 3. Form | andere Satzteile |
|---|---|---|---|---|
| Postcards | can | be | bought | at the kiosk. |
| Cars | must | be | parked | in the car park. |
| Bikes | should not | be | left | here. |

## Hilfsverben

### 1. to be *und* to have

**a. Formen von *to be* (sein):**

| Positiv: | Negativ: | Frage: |
|---|---|---|
| I am (I'm) | I am (I'm) not | am I? |
| you are (you're) | you are not (aren't) | are you? |
| he/she/it is (he's/she's/it's) | he/she/it is not (isn't) | is he/she/it? |
| we are (we're) | we are not (aren't) | are we? |
| you are (you're) | you are not (aren't) | are you? |
| they are (they're) | they are not (aren't) | are they? |

**b. Formen von *to have*:**

| Positiv: | Negativ: | Frage: |
|---|---|---|
| I have (I've) | I have (I've) not | have I? |
| you have (you've) | you have (you've) not | have you? |
| he/she/it has (he's/she's/it's) | he/she/it has (he's/she's/it's) not | has he/she/it? |
| we have (we've) | we have (we've) not | have we? |
| you have (you've) | you have (you've) not | have you? |
| they have (they've) | they have (they've) not | have they? |

## 2. *Die modalen Hilfsverben* can, may, must, needn't, should*:*

Beachten Sie, dass die modalen Hilfsverben in der 3. Person Einzahl kein **-s** anhängen:
Paul needn't help me tomorrow. *Paul muss mir morgen nicht helfen.*

Da die unvollständigen Hilfsverben nicht in allen Zeitformen verwendet werden können, gibt es so genannte Ersatzverben, z. B. **to be able to, to have to, to be allowed to** etc.

| *Modalverben* | *Sprachfunktion* | *Gegenwart* | *Vergangenheit* | *Zukunft* |
|---|---|---|---|---|
| **must**<br>**have to** | Notwendigkeit, Zwang | You must buy a ticket before you get on the bus.<br>You have to buy a ticket…<br>**must/have to** | I had to buy a ticket before I went on the bus.<br>**had to** | You'll have to buy a ticket for the underground.<br>**will have to** |
| **needn't**<br>**not have to** | keine Notwendigkeit, kein Zwang | I needn't buy a ticket.<br>**needn't/not have to** | I didn't have to buy a ticket.<br>**didn't have to** | I won't have to buy a ticket.<br>**won't have to** |
| **can**<br>**could**<br>**be able to** | Fähigkeit | I can speak English now.<br>**can** | I could speak some words last year.<br>I was able to speak some words last year.<br>**could/was able to**<br>**wasn't able to** | I'm learning Spanish at the moment. I will be able to speak it in two years time but I won't be able to speak it well.<br>**will be able to/**<br>**won't be able to** |
| **can**<br>**may**<br>**be allowed to** | Erlaubnis, Verbot | You can park your car in front of this street but you can't park it in front of the station.<br>You may park your car in this street but you may not park it in front of the station.<br>**can/may/**<br>**be allowed to** | I was allowed to park my car in that street but I wasn't allowed to park it in front of the station.<br>**was allowed to/**<br>**wasn't allowed to** | You will be allowed to park your car in that street but you won't be allowed to park in it front of the station.<br>**will be allowed to/**<br>**won't be allowed to** |

## 3. *Frage und Verneinung*

Fragen werden wie im Deutschen durch einfaches Umstellen von Subjekt und Hilfsverb gebildet:
Can you help me? *Können Sie mir helfen?*
Must I go there? *Muss ich dorthin gehen?*

Die Verneinung wird durch Anhängen von **-n't** bzw. Hinzufügen von **not** gebildet. **May** kennt keine verneinte Kurzform und kann nur durch Hinzufügen von **not** verneint werden:
I can't manage that. *Das schaffe ich nicht.*

Frageanhängsel werden durch Anhängen des entsprechenden Hilfsverbs (bei bejahten Sätzen verneint, bei verneinten Sätzen bejaht) gebildet.
You have bought the tickets, haven't you? *Du hast die Tickets doch gekauft, oder?*
You aren't from here, are you? *Sie sind nicht von hier, oder?*

## Verben mit -ing-Form und to-Infinitiv

▶◀ Anders als bei Infinitivkonstruktionen im Deutschen (z. B. *Vermeiden Sie, zu schnell zu fahren.*) müssen im Englischen einige Verben mit Verben in der **-ing**-Form, andere mit dem **to-**Infinitiv verbunden werden. Die Schwierigkeit für deutsche Lerner liegt meist darin, dass sie instinktiv den **to-**Infinitiv verwenden würden, auch wenn die **-ing**-Form stehen muss:
You should avoid driving too fast.
*Sie sollten vermeiden, zu schnell zu fahren.*

Die **ing**-Form folgt z. B. auf:

| | |
|---|---|
| to avoid *vermeiden* | to imagine *sich vorstellen* |
| to admit *zugeben* | to delay *verschieben* |

Ein umfangreicheres Verzeichnis mit Verben, auf die die **ing**-Form folgt, und solchen, die mit dem **to**-Infinitiv verbunden werden, finden Sie auf S. 221 im Buch.

Verben, die ohne Bedeutungsunterschied sowohl mit **to-**Infinitiv als auch mit **ing**-Form stehen können, sind z. B. **to start, to begin** *anfangen,* **to continue** *fortfahren* oder **to intend** *beabsichtigen.*

Die Verben **to hate** *hassen,* **to like** *mögen,* **to love** *lieben* oder **to prefer** *bevorzugen* können ebenfalls mit beiden Formen verbunden werden. Hier hebt die **-ing**-Form den allgemeinen Charakter der Aussage hervor, während der **to**-Infinitiv sich eher auf bestimmte Situationen bezieht:

Generally I don't enjoy junk food. I like having a decent meal in a restaurant, instead.
*Im Allgemeinen esse ich nicht gerne Junk Food. Mir ist es lieber, in einem Restaurant eine anständige Mahlzeit zu mir zu nehmen.*

But right now I'd love to have a cheeseburger.
*Aber jetzt gerade hätte ich wahnsinnig gern einen Cheeseburger.*

Sonderfälle stellen **to forget** *vergessen,* **to remember** *sich erinnern* und **to stop** *anhalten, aufhören* dar. Bei **forget** und **remember** stellt die **-ing**-Form einen Vergangenheitsbezug her:

I'll never forget going to China for the first time in 1991. *Ich werde nie vergessen, wie ich 1991 zum ersten Mal nach China gefahren bin.*

I remember seeing the Hong Kong skyline from the plane. *Ich weiß noch, als ich die Skyline von Hongkong vom Flugzeug aus sah.*

Dagegen verweist der **to**-Infinitiv auf die Gegenwart:
Don't forget to change some money.
*Vergiss nicht, Geld zu wechseln.*

Remember to go to the bank before four o'clock.
*Denk daran, vor fünf Uhr auf die Bank zu gehen.*

In Verbindung mit der **-ing**-Form bedeutet **to stop** *aufhören etwas zu tun*:
He really should stop smoking.
*Er sollte wirklich aufhören zu rauchen.*

Folgt jedoch der **to**-Infinitiv, so bedeutet **to stop** *anhalten* bzw. *aufhören, um etwas anderes zu tun:*
After two hours of driving we stopped to have a cup of coffee. *Nach zwei Stunden Fahrt hielten wir an, um eine Tasse Kaffee zu trinken.*

## Relativsätze

Relativsätze werden im Englischen durch die Relativpronomen **who** oder **that** für Personen und **which** oder **that** für Sachen eingeleitet:
He is the one who/that can help you.
*Er ist derjenige, der dir helfen kann.*
What about the CD which/that I gave you last week? *Was ist mit der CD, die ich dir letzte Woche gegeben habe?*

Wenn das Relativpronomen Objekt des Relativsatzes ist, kann es auch weggelassen werden:
What about the CD I gave you last week? (wen oder was habe ich dir letzte Woche gegeben?)

Beim Genitiv (*wessen?*) verwenden wir sowohl für Personen als auch für Gegenstände **whose**:
This is the lady whose handbag was found yesterday. *Das ist die Dame, deren Handtasche gestern gefunden wurde.*

A&C Datronics is a company whose business is growing very fast. *A&C Datronics ist eine Firma, deren Geschäft sehr schnell wächst.*

# Die indirekte Rede

Die indirekte Rede ermöglicht uns wiederzugeben, was andere gesagt bzw. geschrieben haben.

### *1. Zeitverschiebung*

Immer wenn das einleitende Verb (**to say, to answer, to mention**, etc.) in einer Vergangenheitsform steht (**he said, he was telling**, etc.), muss die in der direkten Rede verwendete Zeit verändert werden. Dabei gelten folgende Regeln:

| | |
|---|---|
| **simple present**<br>"I need a babysitter." | → **simple past**<br>Sally said (that) she needed a babysitter. |
| **present progressive**<br>"I'm washing my hair." | → **past progressive**<br>Jane answered that she was washing her hair. |
| **simple past**<br>"We won the match!" | → **past perfect**<br>John told me (that) they had won the match. |
| **past progressive**<br>"We were celebrating all night." | → **past perfect progressive**<br>Then he added that they had been celebrating all night. |
| **present perfect**<br>"Liz hasn't broken anything." | → **past perfect**<br>The doctor told Kim (that) Liz hadn't broken anything. |
| **present perfect progressive**<br>"I've been flying around the outback for days now." | → **past perfect progressive**<br>The doctor said (that) he had been flying around the outback for days. |
| **past perfect**<br>"We had done some shopping before going home." | → **past perfect**<br>Tom said (that) they had done some shopping before going home. |
| **past perfect progressive**<br>"We had been talking all night." | → **past perfect progressive**<br>He said (that) they had been talking all night. |
| **will-future**<br>"The trip will cost you a fortune." | → **would**<br>Richard said (that) the trip would cost me a fortune. |
| **going to-future**<br>"I'm going to help you." | → **was/were going to**<br>Mary said (that) she was going to help me. |
| **can**<br>"You can walk there." | → **could**<br>The man told us (that) we could walk there. |
| **must**<br>"You must go and see this film!" | → **had to**<br>James said (that) we had to go and see that film. |
| **may**<br>"But getting tickets may be a problem." | → **might**<br>But he also mentioned that getting tickets might be a problem. |

Beachten Sie den richtigen Bezug der Orts- und Zeitangaben. Finden z. B. das Gespräch und der Bericht darüber am selben Tag statt, so bleiben die Zeitangaben unverändert. Berichtet man jedoch aus veränderter zeitlicher oder örtlicher Perspektive, so benutzt man folgende Wendungen:

| | |
|---|---|
| today | (on) that day |
| tomorrow | the next/following day |
| yesterday | the day before |
| the day after tomorrow | two days later |
| the day before yesterday | two days before |
| last Friday/week/summer/Easter | the Friday/week/summer/Easter before |
| next day/Friday/month/Christmas | the following day/Friday/month/Christmas |
| two years/centuries/weeks … ago | two years/centuries/weeks … before |
| now/at present | then |
| at the moment | at that moment |
| at this time | at that time |
| here | there |
| in this place | in that place |
| this | that |
| these | those |

### 2. Indirekte Fragen

Bei indirekten Fragen mit Fragewort (**how, who, what, when, where, why**) ist die Wortstellung wie im normalen Aussagesatz, d.h. das Subjekt steht vor dem Verb:
Dad wanted to know where Peter had been all the time. *Dad wollte wissen, wo Peter die ganze Zeit gesteckt hatte.*

Bei indirekten Fragen ohne Fragewort steht **if** oder **whether** nach dem Verb.
He asked if I had reserved the tickets.
*Er fragte, ob ich die Tickets reserviert hätte.*

### 3. Indirekte Aufforderungen und Befehle

Einleitende Verben sind hier in aller Regel **to ask s.o. to do s.th.** oder **to tell s.o. to do s.th.**. Wie Sie sehen, muss das angesprochene Objekt immer erwähnt werden:
Jane asked me to help her.
*Jane bat mich, ihr zu helfen.*
He told him to listen.
*Er sagte ihm, er solle zuhören.*

## Bedingungssätze (if-Sätze)

Im Englischen existieren wie auch im Deutschen drei Typen von Bedingungssätzen:

**Typ 1:**
If it is sunny tomorrow, we will go to the beach.
*Wenn morgen die Sonne scheint, werden wir an den Strand gehen.*

**if**-Satz: **simple present**
Hauptsatz: **will-future** bzw. modales Hilfsverb im Präsens

**Typ 2:**
If it was sunny, we would go to the beach.
*Wenn die Sonne scheinen würde, würden wir an den Strand gehen.*

**if**-Satz: **simple past**
Hauptsatz: **would** + Infinitiv ohne **to**

**Typ 3:**
If it had been sunny yesterday, we would have gone to the beach. *Wenn gestern die Sonne geschienen hätte, wären wir an den Strand gegangen.*

**if**-Satz: **past perfect**
Hauptsatz: **would have** + **past participle**

Achtung: **would** steht im **if**-Satz praktisch nie! Eine Ausnahme stellen mit **if only** eingeleitete Sätze zur Äußerung eines Wunsches dar:
If only somebody would help me.
*Wenn mir nur irgendjemand helfen würde.*

Genau wie im Deutschen kann entweder der Hauptsatz oder der **if**-Satz vorangestellt werden. Steht der **if**-Satz am Anfang so wird er häufig durch ein Komma vom Hauptsatz getrennt. Folgt er dagegen auf den Hauptsatz, so steht meistens kein Komma.

## Präpositionen

Im Folgenden eine Zusammenstellung einiger wichtiger Präpositionen mit ihren verschiedenen Bedeutungen im Deutschen und Anwendungsbeispielen:

| | | |
|---|---|---|
| **at:** | *zu* | Look at me! *Schau mich an! (Schau zu mir her!)* |
| | *an* | He is standing at the window. *Er steht am Fenster.* |
| | *bei* | She's at the butcher's. *Sie ist beim Metzger.* |
| | *um* | Let's meet at 6.30. *Wollen wir uns um halb sieben treffen?* |
| **by:** | *bis (+Zeitangabe)* | You must be here by 10 o'clock. *Sie müssen bis spätestens zehn Uhr hier sein.* |
| | *mit (Verkehrsmittel)* | We've come by train. *Wir sind mit dem Zug gekommen.* |
| | *von* | I like books by Stephen King. *Ich mag Bücher von Stephen King.* |
| **in:** | *in, im* | There are some department stores in town. *Es gibt einige Kaufhäuser in der Stadt.* |

Beachten Sie **in** bei folgenden Ausdrücken: **in a way** *in gewisser Weise,* **in time** *rechtzeitig,* **in shape** *in Form,* **in the end** *am Ende.*

| | | |
|---|---|---|
| **of:** | *aus* | Our house is entirely made of wood. *Unser Haus ist ganz aus Holz gebaut.* |
| | *von* | the windows of our house *die Fenster unseres Hauses* |
| | (unübersetzt bei Mengenangaben) | a glass of orange juice *ein Glas Orangensaft* |
| | | a cup of coffee *eine Tasse Kaffee* |
| **on:** | *auf* | We're on site 24. *Wir sind auf Platz 24.* |
| | | It's on the right. *Es ist auf der rechten Seite.* |
| | *an* | The crew is on board. *Das Personal ist an Bord.* |
| | *in, im* | We're on holiday. *Wir sind im Urlaub.* |

Beachten Sie auch folgende Ausdrücke: **on business** *geschäftlich,* **on time** *pünktlich.*

| | | |
|---|---|---|
| **past:** | *nach (Uhrzeit)* | It's ten past nine. *Es ist zehn nach neun.* |
| | *vorbei an* | Walk past the church. *Gehen Sie an der Kirche vorbei.* |
| **to:** | *nach* | Is this the train to London? *Ist das der Zug nach London?* |
| | *zu, hin* | How do I get to the station? *Wie komme ich zum Bahnhof?* |
| | *vor (Uhrzeit)* | It's a quarter to twelve. *Es ist Viertel vor zwölf.* |
| **with:** | *mit* | I'd like coffee with milk, please. *Ich hätte gerne Kaffee mit Milch bitte.* |
| | *bei* | Backpacking is very popular with young people. *Mit dem Rucksack zu verreisen ist sehr beliebt bei jungen Leuten.* |

## Zahlen

### *1. Grundzahlen*

| | | | | |
|---|---|---|---|---|
| 0 zero | 7 seven | 14 fourteen | 21 twenty-one | 60 sixty |
| 1 one | 8 eight | 15 fifteen | 22 twenty-two, etc. | 70 seventy |
| 2 two | 9 nine | 16 sixteen | 30 thirty | 80 eighty |
| 3 three | 10 ten | 17 seventeen | 31 thirty-one | 90 ninety |
| 4 four | 11 eleven | 18 eighteen | 32 thirty-two, etc. | 100 a/one hundred |
| 5 five | 12 twelve | 19 nineteen | 40 forty | |
| 6 six | 13 thirteen | 20 twenty | 50 fifty | |

Ab **twenty** wird immer in derselben Weise gezählt (**twenty-one, twenty-two, twenty-three, ...; thirty-one, thirty-two, thirty-three, ...; forty-one, forty-two, forty-three**, usw.) Ab 100 gibt es Besonderheiten:

| | |
|---|---|
| 100 | a/one hundred |
| 101 | a hundred and one |
| 102 | a hundred and two, etc. |
| 200 | two hundred |
| 201 | two hundred and one, etc. |
| 1,000 | a/one thousand |
| 1,001 | a thousand and one |
| 2,000 | two thousand |
| 100,000 | a/one hundred thousand |
| 1,000,000 | a million |

Anders als im Deutschen steht bei Zahlen ab 1000 im Englischen immer ein Komma.
Bei Dezimalzahlen steht dagegen ein Punkt: 1.5 (gesprochen **one point five** *eins Komma fünf*)

Jahreszahlen werden in der Regel folgendermaßen ausgesprochen:

2005 two thousand and five
1998 nineteen ninety-eight

## 2. Ordnungszahlen

| | | | |
|---|---|---|---|
| 1st | first | 17th | seventeenth |
| 2nd | second | 18th | eighteenth |
| 3rd | third | 19th | nineteenth |
| 4th | fourth | 20th | twentieth |
| 5th | fifth | 21st | twenty-first |
| 6th | sixth | 22nd | twenty-second |
| 7th | seventh | 23rd | twenty-third |
| 8th | eighth | 24th | twenty-fourth |
| 9th | ninth | 30th | thirtieth |
| 10th | tenth | 40th | fortieth |
| 11th | eleventh | 50th | fiftieth |
| 12th | twelfth | 60th | sixtieth |
| 13th | thirteenth | 70th | seventieth |
| 14th | fourteenth | 80th | eightieth |
| 15th | fifteenth | 90th | ninetieth |
| 16th | sixteenth | 100th | (one) hundredth |

| | |
|---|---|
| 101st | (one) hundred and first |
| 102nd | (one) hundred and second |
| 135th | (one) hundred and thirty-fifth |
| 200th | two hundredth |
| 201st | two hundredth and first |
| 1,000th | (one) thousandth |
| 4,956th | four thousand nine hundred and fifty-sixth |
| 1,000,000th | (one) millionth |

## 3. Die Uhrzeit

Das 24-Stunden System wird nur begrenzt (z. B. bei Termin- oder Fahrplänen) benutzt. Deshalb kann z. B. **4 o'clock** *4 Uhr früh* oder *16 Uhr* heißen. Präzisierungen erfolgen durch Hinzufügen von **a.m.** *vormittags* oder **p.m.** *nachmittags* bzw. **in the morning** oder **in the evening**.

Die Zeit kann ganz einfach durch Angabe der Stunde und der Minuten gesagt werden:
It's ten twenty-five. (= 10.25)
*Es ist zehn Uhr fünfundzwanzig.*

Minutenangaben, sowie halbe und Viertelstunden können aber auch wie mit **to** bzw. **past** angegeben werden:
It's five to ten. *Es ist fünf vor zehn.*
It's (a) quarter to ten. *Es ist Viertel vor zehn.*

It's (a) quarter past ten. *Es ist Viertel nach zehn.*
It's twenty-five past ten. (=10.25) *Es ist fünf vor halb elf.*
It's half past ten. *Es ist halb elf.*

▶◀ Beachten Sie bitte den Unterschied zwischen dem Englischen und dem Deutschen:
It's half past <u>seven</u>. *Es ist halb <u>acht</u>.*

# Unregelmäßige Verben

| Infinitiv | **past tense** | **past participle** | dt. Übersetzung |
|---|---|---|---|
| be | was | been | *sein* |
| beat | beat | beaten | *schlagen* |
| become | became | become | *werden* |
| begin | began | begun | *anfangen* |
| bite | bit | bitten | *beißen* |
| break | broke | broken | *(zer)brechen* |
| bring | brought | brought | *(mit-, her)bringen* |
| build | built | built | *bauen* |
| buy | bought | bought | *kaufen* |
| catch | caught | caught | *fangen* |
| choose | chose | chosen | *(aus)wählen* |
| come | came | come | *kommen* |
| cost | cost | cost | *kosten* |
| cut | cut | cut | *schneiden* |
| do | did | done | *tun; machen* |
| draw | drew | drawn | *ziehen; zeichnen* |
| dream | dreamt/dreamed | dreamt/dreamed | *träumen* |
| drink | drank | drunk | *trinken* |
| drive | drove | driven | *fahren* |
| eat | ate | eaten | *essen* |
| fall | fell | fallen | *fallen* |
| feed | fed | fed | *füttern* |
| feel | felt | felt | *(sich) fühlen* |
| fight | fought | fought | *kämpfen* |
| find | found | found | *finden* |
| fly | flew | flown | *fliegen* |
| forget | forgot | forgotten | *vergessen* |
| get | got | got (AE *auch:* gotten) | *bekommen* |
| give | gave | given | *geben* |
| go | went | gone | *gehen* |
| grow | grew | grown | *wachsen* |
| have | had | had | *haben* |
| hear | heard | heard | *hören* |
| hide | hid | hidden | *(sich) verstecken* |
| hit | hit | hit | *schlagen; treffen* |
| hold | held | held | *halten* |
| hurt | hurt | hurt | *wehtun; verletzen* |
| keep | kept | kept | *behalten* |
| know | knew | known | *wissen; kennen* |
| lead | led | led | *führen* |
| learn | learnt/learned | learnt/learned | *lernen* |
| leave | left | left | *lassen, verlassen* |
| lend | lent | lent | *(aus-, ver)leihen* |
| let | let | let | *lassen* |
| lie | lay | lain | *liegen* |
| lose | lost | lost | *verlieren* |

| | | | |
|---|---|---|---|
| make | made | made | *machen* |
| mean | meant | meant | *bedeuten* |
| meet | met | met | *treffen; kennen lernen* |
| pay | paid | paid | *(be)zahlen* |
| put | put | put | *legen; setzen; stellen* |
| read | read | read | *lesen* |
| ride | rode | ridden | *reiten; fahren* |
| ring | rang | rung | *läuten; klingeln* |
| run | ran | run | *laufen; rennen* |
| say | said | said | *sagen* |
| see | saw | seen | *sehen* |
| sell | sold | sold | *verkaufen* |
| send | sent | sent | *schicken* |
| shoot | shot | shot | *(er)schießen* |
| show | showed | shown | *zeigen* |
| shut | shut | shut | *schließen, zumachen* |
| sing | sang | sung | *singen* |
| sit | sat | sat | *sitzen* |
| sleep | slept | slept | *schlafen* |
| speak | spoke | spoken | *sprechen* |
| spend | spent | spent | *ausgeben; (Zeit) verbringen* |
| stand | stood | stood | *stehen* |
| steal | stole | stolen | *stehlen* |
| swim | swam | swum | *schwimmen* |
| take | took | taken | *nehmen* |
| teach | taught | taught | *lehren, unterrichten* |
| tell | told | told | *sagen; erzählen* |
| think | thought | thought | *denken; meinen* |
| throw | threw | thrown | *werfen* |
| wake | woke | woken | *aufwachen; wecken* |
| wear | wore | worn | *(Kleidung) tragen* |
| win | won | won | *gewinnen* |
| write | wrote | written | *schreiben* |

## Test 1

### Units 1–5 (Lösungen S. 39)

**1** Fill in the blanks
Füllen Sie die Lücken mit den fehlenden Wörtern aus.

a. The Kellers ........ from Dresden.
b. Uli ........ an engineer.
c. Anna ........ Uli's wife.
d. The Cobbs ........ the Kellers' neighbours.
e. ........ you German?
f. "Yes, I ........ . And this is your car, ........ it?"

**2** Translate the following dialogue.
Übersetzen Sie den folgenden Dialog.

*Dave: Hallo Sabine. Wie geht es dir?*
*Sabine: Hallo David. Danke, mir geht es gut. Ich würde dir gerne meinen Freund Thomas vorstellen.*
*Dave: Hallo Thomas. Schön, dich kennen zu lernen. Bist du auch Deutscher?*
*Thomas: Ja, aus Frankfurt. Ich bin hier in Urlaub.*
*Sabine: Ja, er ist nur für zwei Wochen hier. Wir müssen jetzt leider weg. Aber lass uns doch heute Abend etwas essen gehen.*
*Dave: Großartige Idee. Lasst uns ins 'Waterhole' gehen.*
*Thomas: OK. Wir könnten uns dort um halb acht treffen.*

**3** Form the plural.
Können Sie die Mehrzahl der folgenden Substantive bilden?

a. child: ..........................................
b. box: ..........................................
c. bus: ..........................................
d. knife: ..........................................
e. house: ..........................................
f. check: ..........................................

**4** "Odd word out" – say which of the words doesn't fit in.
Geben Sie an, welcher der Ausdrücke nicht in die Reihe passt.

a. engineer – supermarket – teacher – unemployed – plumber
b. signature – wife – brother – divorced – father
c. garden – house – people – kitchen – door
d. bacon – underwear – cheese – juice – egg

**5** Possessive pronouns: Fill in the blanks.
Beim Essen in der Gruppe kommt es zu einiger Verwirrung, als der Kellner die Getränke bringt.

*Kellner:* Excuse me sir, is this .................... coffee?
*Sie (deuten auf Ihre Tischnachbarin Tina):* No, it's .............. coffee. *(dann deuten Sie auf Ihren Nebenmann Joel):* And that's .................... cream tea, I think.
*Tina:* Thanks.
*Joel:* Thanks a lot.
*Kellner (fragt Terry und Lisa):* This is .................... mineral water, isn't it?
*Terry und Lisa:* No, that's not .................... mineral water, *(sie deuten auf das Paar gegenüber):* in fact; it's .................................... bottle.
*Sie:* And is this .................... wine, Karen?
*Karen:* Yes, that's .................... wine. Thanks.

**6** Replace the underlined words by object pronouns.
Ersetzen Sie die unterstrichenen Wörter durch das jeweils passende Objektpronomen.

a. She can speak French. She can speak **it**.
b. Steve must ask a man for help. He must ask ........ .
c. Steve can't go with Sheila. He can't go with ........ .
d. "Hello. We are your new neighbours at 'Happy Days'. Can you tell ........ the way to the supermarket, please?"
e. Our new neighbours aren't very nice people. We don't like ........ .

**7** Write down the following numbers.
Schreiben Sie die folgenden Zahlen aus.

a. 25: ..........................................
b. 17: ..........................................
c. 31: ..........................................
d. 13: ..........................................

**8** Jobs: Translate the following words.
Berufe: Übersetzen Sie die folgenden Berufsbezeichnungen.

a. *Lehrer(in):* ..........................................
b. *Photograph(in):* ..........................................
c. *arbeitslos:* ..........................................
d. *Maurer:* ..........................................
e. Dolmetscher(in): ..........................................

## Test 2

### Units 6–10 (Lösungen S. 39)

**1** An interview. Fill in the right form.
Setzen Sie die richtige Form (bejaht oder verneint) der folgenden Verben in die Lücken ein.

**to buy  to commute  to enjoy  to go  to have**
**to live  to love  to take  to walk  to leave**

a. Stella and Pete …………………… in New Jersey.
b. Stella …………………… a job at a big computer company in New York, so during the week she …………………… between *(zwischen)* New Jersey and "the big apple".
c. She usually …………………… breakfast at 6 o'clock and she …………………… the house at 7 o'clock.
d. Pete …………………… a job as a teacher in New Jersey, so he …………………… …………………… .
e. On weekends they often …………………… shopping to New York.
f. But they …………… …………… there by car. And in the city they always …………………… the subway because there is such a lot of traffic.
g. When they …………………… around the shops in Manhattan Stella always …………………… a lot.
h. Pete …………………… shopping very much but he …………………… …………………… it as much as his girlfriend does. Sometimes, however, he …………………… some clothes.
i. He …………………… cafes and bars and so they often …………………… a cappuchino in Little Italy before they …………………… back to New Jersey.

**2** In a clothes shop. Can you put the sentences in the correct order?
In einem Bekleidungsgeschäft. Können Sie die Sätze in die richtige Reihenfolge bringen?

– Over there.
– Sure. Try these ones.
– Yes, where are the fitting rooms *(Umkleidekabinen)*?
– I think they are too small. Could I try on the next size?
– They are perfect. I take this pair. How much are they, please?
– Would you like to try on this pair? They look good.
– I'd like a pair of blue jeans, please.

**3** Übersetzen Sie folgende gesteigerten Adjektive ins Englische.

a. *am größten*
b. *schneller*
c. *interessanter*
d. *am höchsten*
e. *am schönsten*
f. *schlechter*

**4** Compare:
Bilden Sie Sätze, in denen Sie die folgenden Dinge miteinander vergleichen.

+ *mehr*  – *weniger*  = *genauso(viel) wie*

a. our car  our neighbours' car  fast  =
**Our car is as fast as our neighbours' car.**
b. Los Angeles  Hamburg  big  +
c. e-mails  ordinary letters  quick  +
d. Her new boyfriend  her other boyfriends  charming  –

**5** Adjective or adverb.
Setzen Sie die richtige Form ein.

a. John has done a …………………… (fantastic) job. He always does things …………………… (good).
b. He asked very …………………… (polite) if we could do an interview. Most of the reporters I know are very …………………… (rude).
c. That summer camp was …………………… (perfect) for me. Everything was organized …………………… (perfect).

**6** Some advice on how to lose weight and improve your health.
Einige Ratschläge fürs erfolgreiche Abnehmen und für die Gesundheit. Können Sie die Aussagen des Fitnesstrainers richtig in die Tabelle einordnen?

You needn't come every day, but you should come to the gymn regularly because you really must lose some weight. You must eat less. No sweets. You should walk a lot and use your car less. You needn't become a vegetarian but you should eat less meat. You mustn't smoke and you shouldn't drink much alcohol.

*Sie müssen:*
*Sie sollten:*
*Sie brauchen nicht:*
*Sie dürfen nicht:*

## Test 3

### Units 11–15 (Lösungen S. 40)

**1 Simple past** forms.
Setzen Sie die folgenden Verben ins **simple past.**

a. to clean: ........................
b. to arrange: ........................
c. to go: ........................
d. to sleep: ........................
e. to tell: ........................
f. to eat: ........................
g. to think: ........................

**2** Make sentences with **ago**.
Bilden Sie Sätze mit **ago**.

a. Danny phoned me at about 6 o'clock. It's eight o'clock now.
**Danny phoned me about two hours ago.**
b. It's half past three now. We arrived in London at half past twelve.
........................
c. Jane started her job as a stewardess last August. It's January now.
........................
d. The performance began at half past seven. Now it's nine o'clock.
........................
e. I met Harry on Tuesday. Today is Friday.
........................
f. We went to South Africa in 1999. Now is: current year *(aktuelles Jahr)*
........................

**3** Questions in the **simple past.**
Bilden Sie Fragen im **simple past**.

a. When / to arrive / Heathrow airport
........................?
b. Why / the flight to New York / delayed
........................?
c. When / the next plane to New York / to go
........................?
d. You / to have / time for breakfast
........................?
e. Clive / to enjoy / his meal / on the plane
........................?

**4** The **passive voice**.
Setzen Sie die folgenden Sätze ins Passiv.

a. John and Molly chose the anniversary presents.
**The anniversary presents were chosen by John and Molly.**
b. A lot of radio stations played this song last summer.
........................
c. My parents paid the trip to Greece.
........................
d. Computers make our work a lot easier.
........................
e. A lot of people in African countries speak French.
........................
f. My boss told me to write the report immediately.
........................

**5 Simple past** or **present perfect**?
Bilden Sie Sätze mit der richtigen Zeit. Wenn Sie sich bei einigen Vergangenheitsformen unsicher sind, schlagen Sie auf der Tabelle auf S. 73/74 nach.

a. • you / to call / Mr Denning / yet?
**Have you called Mr Denning yet?**
• Yes / yesterday.
........................
b. • When / Terry and Joe / to go / to Australia?
........................
• They / to go / there / 1998.
........................
c. • Ben / to check / our e-mails / already?
........................
• No.
........................
d. • you / ever / to eat / Indian food?
........................
• No / never / to try
........................
e. • How / to be / the meeting in Manchester / last week?
........................
• Interesting.
........................

## Test 4

### Units 16 – 20 (Lösungen S. 41)

**1** Put the following text into reported speech.
Joe erzählt seiner Mutter von seiner Australien-Reise. Wenig später erzählt sie ihrem Mann die Eindrücke ihres Sohnes. Setzen Sie Joes Schilderungen in die indirekte Rede.

"... Australia is just incredible. Tina and I were there for three weeks. We hired a car and went from Sydney up to the Barrier Reef. Of course, we also went to see Ayers Rock. Tina had always wanted to do that. And it was well worth the trip. I've never seen anything like it. We're already planning our next trip. I hope we'll be able to go to New Zealand next year ..."

**2** Put the following statements into reported speech.
Setzen Sie die folgenden Sätze in die indirekte Rede.

a. *Derek:* John, have you ever been to Australia? (to want to know)
*John:* Yes, Tina and I went there two years ago. (to answer)
..............................
..............................
..............................

b. *Policeman:* Please show me your driving licence. (to tell)
..............................
..............................

c. *Woman:* Can you tell me where Lexington Road is, please? (to ask)
..............................
..............................

d. *Ben:* I want my CDs back, Fiona. Now! (to tell)
..............................
..............................

**3** Complete the sentences with the right form of the verbs in brackets.
Vervollständigen Sie die Sätze mit der richtigen Form des Verbs in Klammern.

a. Our trip to China last year was very expensive. It .................. (to be) much cheaper, if we .................. (to compare) prices more carefully.

b. It's a pity I always have to work late. If I .................. (to have) more time I .................. (to try) to learn French in an evening course.

c. If the weather .................. (to be) fine we .................. (can) go to the beach later.

d. If you .................. (to read) the report earlier, you .................. (to know) all the important facts.

e. We .................. (to invite) Susan and Tom to our barbecue if they .................. (to have) time next weekend.

**4** Infinitive or **-ing**-form?
Setzen Sie die richtige Form ein.

a. I hope .................. (to find) a good job soon.

b. We really enjoyed .................. (to go) on a holiday for two weeks after all the stress of the last months.

c. Although the doctor has warned him not to he keeps on .................. (to smoke).

d. "Don't forget .................. (to post) the letters that I gave you."

e. I'll never forget .................. (to see) my first Shakespeare play. I was only fourteen years old at the time.

**5** Relative clauses
Setzen Sie das richtige Relativpronomen ein. Wenn das Relativpronomen auch weggelassen werden kann, so schreiben Sie es in Klammern.

a. "Look, here is an article about the film .................. I told you about yesterday."

b. "I think that is the man .................. wife died two weeks ago."

c. The company is looking for an expert .................. knows the foreign markets well.

d. The book .................. we were talking about is an international bestseller.

e. Is there anybody .................. can help me, please?

Blaue Stichwörter und Info-Fenster
L
Langenscheidt
Taschenwörterbuch Englisch
@ NEU:
LANGENSCHEIDT SERVICE GARANTIE
Englisch–Deutsch
Deutsch–Englisch